高等学校内部审计知识系列丛书
Series On Internal Audit In Higher Education

建设工程管理审计知识读本

复旦大学审计处 /编

复旦大学出版社

编 委 会

丛书策划：袁正宏

丛书编委会：主　　编　郁　炯
　　　　　　　编　　委　张　育　　刘丹丹　　郑　勇
　　　　　　　　　　　　谢静芳

本书编委会：主　　编　刘丹丹
　　　　　　　副 主 编　张晓钧　　陆茂华
　　　　　　　编写人员　刘丹丹　　张晓钧　　陆茂华
　　　　　　　　　　　　郑耀琦　　陈家骏　　朱碧芸
　　　　　　　　　　　　刘丽琴

序

进入 21 世纪,内部审计在组织中的地位不断提升,以内部控制为中心、增值为目标、风险为导向的现代管理审计实践框架逐渐形成。建设工程审计是组织内部审计的重要组成部分,随着内部管理审计概念的兴起,建设工程审计也已突破早年造价审计的藩篱,正在向投资绩效审计、工程管理审计等领域延伸。受诸多因素的影响,我国的建设工程审计还存在很多问题需要破解:从理论视角看,国内外关于建设工程审计的研究不多,就内部审计站位开展建设工程管理审计的研究更少,现有研究也大多停留在审计内容、程序、方法等一般性问题的解释和描述方面;从实践视角看,与组织内的其他经济活动比较,工程建设活动具有建设周期的长期性、组织管理的复杂性及业务内容的综合性等特点,其审计难度较大,且缺乏系统性与针对性并具的实践指引和实操指南。

复旦大学审计处原处长郁炯及其带领的写作团队,基于其深厚的理论研究功底和丰富的实践经验,编写了《建设工程管理审计知识读本》(以下简称《读本》)。在我的想象中,《读本》应该是一些名词解释、基本概念阐述和基础知识介绍,但打开书稿,却发现这本读本着实不一般。

首先,它打破传统的平铺直叙的写作模式,以问题为导向,直奔主题,设问紧凑周到,内容精炼丰富;其次,《读本》紧扣什么是工程管理审计、工程管理审计包含哪些内容以及如何开展工程管理审计这样一个逻辑主题展开阐释,并从审计主体和审计客体两个维度进行了分析与论证,具有系统性和针对性,既能指导审计实践,又给人以启迪和思考;第三,以服务审计实践为终极目标,《读本》从建设工程管理审计知识问答、审计业务指南、审计实务操作文本和表单、审计案例选编和部分审计常见合规性问题的相关法规条款等五个部分介绍了建设工程管理审计的内涵与外延、程序与方法,打破了一般读本写作的风格,体系完整,务实创新;第四,《读本》根植于组织目标,着眼于未来,以帮助建设工程实现建设目标为主旨,将建设工程审计定位在优化管理、提升能力、实现价值方面,超越了传统的查错纠弊审计定位,突出建设工程管理审计的服务性特征,起点高,立意新,符合新时代内部审计发展主旋律;第五,《读本》以高校建设工程审计为案例,以项目建设程序为主线展开分析和讨论,内容全面,逻辑清晰,重点突出,并具有示范性和指导性。

进入新时代,建设工程内部审计面临新机遇与新挑战。更好地开展建设工程管理审计,实现转型升级和高质量发展,是新时代赋予内部审计人员的新使命。相信这本集建设工程管理审计实践之精华形成的《建设工程管理审计知识读本》,会不辱使命、不负初心,其丰富的思想内涵,必将给我们以行动的引领和思维的启迪。

南京财经大学　时现
2018 年 11 月 18 日

前言

"审计还是审价?"这是长期以来困扰高等学校工程审计的一个核心问题。自2016年12月教育部下发了《教育部关于加强直属高校建设工程管理审计的意见》后,各高校审计部门对理念和定位的认识,已迅速归集到正确的范畴里。然而,在实际运行中仍在一定程度上存在着诸多的操作难点、工作盲点或是运行惯性。因此,为帮助高校审计从业人员在建设工程管理审计中更好地履行职责,我们以复旦大学审计处的实践经验为基础,立足审计内涵和工作实际,组织编撰了《建设工程审计管理知识读本》(以下简称《读本》)。这也是继《经济责任审计知识读本》推出后"高等学校内部审计知识系列丛书"的第二本书。

《读本》精选了建设工程管理审计中适用于普及和推广的共性内容编辑而成,由审计知识问答、审计业务指南(参考)、审计实务操作文本和表单(参考)、审计案例选编和部分审计常见合规性问题的相关法律法规条款五个章节以及附录组成。

第一章为"建设工程管理审计知识问答"。从审计的视角,自设了60个问题,通过一问一答的形式,用简单直达的语言表述了对相关知识、基本概念、组织形式、审计内容、实施程序、审计结果运用、责任追究七个方面内容的释义。其中,有在工程管理部门和审计部门已形成的共识,有本应清晰明了但却常被忽略或忽视的认知,也不乏一些无意中易被混淆、或因各式缘由被故意混淆的概念。"知识问答"旨在方便不同阅读对象(工程审计人员、审计助手单位人员和工程管理人员等)带着问题,进行有针对性的检索,帮助其进一步掌握概念、把握要义。

第二章为"建设工程管理审计业务指南(参考)"。本章是源于审计实践的原创之作,是我们多年来的不断积淀的产物。2014年首次在内部发布时仅四项业务,现已形成了较为成熟的七项业务,且还在持续地更新与增补之中。编写指南,旨在审计实施过程加强执业指引、促进执业规范,从而为高质量的审计结果提供切实保障。

第三章为"建设工程管理审计实务操作文本和表单(参考)"。本章借助我们十年来的实务积累,整理归集了建设工程管理审计中各类实务操作的文本与表单,既可为学校规模相近、审计理念相同的高校审计部门直接借鉴或参考使用,也可作为软件公司在建设高校内部审计信息系统时通用文本与表单的设计思路和参考。

第四章为"建设工程管理审计案例选编"。我们选取了近年来高校建设工程管理审计实施中所发现的23例典型性案例,其内容与范围涉及工程建设主要阶段和重要环节的多项业务事项,分别从案例事实、审计处理和案例分析三个维度,阐述了审计发现问题后的操作思路及处理技巧。

第五章为"部分审计常见合规性问题的相关法律法规条款"。本章针对部分高校建设工程管理审计常见的合规性问题,分类为工程建设程序、招投标管理、合同管理、工程造价与结算、竣工财务决算、工程档案和内部审计七个节次,列示了现行适用于审计判断的主要法规条款,作为审计人员实务操作中发表审计意见时的依据指引。

附录为"建设工程管理审计相关法律法规制度汇编"。收录了建设工程管理审计可能涉及的通用法律法规、审计类法律法规、建设类法律法规以及其他相关法律法规,以方便审计工作者在审计检查和评价时的检索,亦可为高校完善审计制度体系提供参考。

《读本》的主要阅读群体为高校内部审计部门和建设工程管理审计从业人员(其中包括作为内部审计助手的社会中介机构及相应专业人员)。同时,它也可作为高校建设工程管理部门和各层级管理人员以及参与高校固定资产投资建设的社会企业学习与参考读物。这两个部门的职能虽有所不同,但其工作目标是一致的,即为实现学校所确定的固定资产投资目标而共同努力。

内部审计任重道远,挑战和机遇始终同在。在当下内部审计已进入一个新的历史时期之际,高校建设工程管理审计的转型已缓不济急,不容再步履蹒跚。对于编者所在高校的审计部门而言,也只是行百里路半九十,当继续上下而求索。编撰本书,正是冀望推动并助力各高校建设工程管理审计向纵深发展,创造高校建设工程管理审计更加美好的明天。

因站位制约和水平有限,《读本》的内容存在不足和瑕疵,敬请阅读者雅涵并指正。

丛书编委会
2018 年 11 月 15 日

目 录

第一章 建设工程管理审计知识问答　1

第一节 相关知识 …………………………………………… 1
一、什么是高校的建设工程？……………………………… 1
二、高校建设工程管理的主要目标是什么？……………… 1
三、高校建设工程管理的主要内容是什么？……………… 2
四、高校承担建设工程管理责任的部门主要有哪些？…… 3
五、高校建设工程管理部门的共性职能是什么？………… 3

第二节 基本概念 …………………………………………… 3
六、什么是高校建设工程管理审计？……………………… 3
七、高校建设工程管理审计的工作目标是什么？………… 4
八、在高校建设工程管理中审计部门如何定位？………… 4
九、"三不原则"的内涵是什么？………………………… 4
十、高校开展建设工程管理审计的主要依据是什么？…… 4
十一、高校建设工程管理审计对象主要包括哪些？……… 5
十二、高校开展建设工程管理审计的基本方式有哪些？… 5
十三、高校建设工程管理审计的业务类型有哪些？……… 6
十四、高校建设工程管理审计业务类型与基本方式、审计定位之间的关系是怎样的？………………………………… 6
十五、如何落实教育部要求的建设工程管理审计

　　　　全覆盖？ ……………………………………………………… 7
　十六、确保建设工程管理审计工作有效开展的主要措施
　　　　有哪些？ ……………………………………………………… 7
　十七、什么是全过程跟踪审计？其与全过程审计是同一
　　　　概念吗？ ……………………………………………………… 8
　十八、全过程跟踪审计的工作目标是什么？ ………………… 8
　十九、确定建设工程项目列为全过程跟踪审计的依据
　　　　是什么？ ……………………………………………………… 8
　二十、什么是竣工结算审计？其不同审计模式下的主要特征
　　　　是什么？ ……………………………………………………… 8
　二十一、上述审价模式和审计模式的差异主要体现在
　　　　　哪几个方面？ …………………………………………… 9
　二十二、竣工结算审计的工作目标是什么？ ………………… 9
　二十三、确定建设工程项目列为竣工结算事中审计或事后
　　　　　审计的依据是什么？ …………………………………… 10
　二十四、什么是审计承诺书？建设工程管理审计中的审计
　　　　　承诺书应当由谁签署？ ………………………………… 10
　二十五、什么是高校建设工程管理审计结果性文书？ ……… 10

第三节　组织形式 ……………………………………………… 11
　二十六、高校建设工程管理审计的组织形式有哪几类？ …… 11
　二十七、高校审计部门在建设工程管理审计中有哪些
　　　　　权力？ …………………………………………………… 11
　二十八、高校工程管理部门在建设工程管理审计中的主要
　　　　　职责是什么？ …………………………………………… 11
　二十九、社会中介机构参与建设工程管理审计工作的职责
　　　　　是什么？ ………………………………………………… 12

第四节　审计内容 ……………………………………………… 12
　三十、建设工程管理审计的基本内容有哪些？ ……………… 12
　三十一、投资立项阶段的重点审计内容是什么？ …………… 12

三十二、勘察设计阶段的重点审计内容是什么？ ………… 13

三十三、施工准备阶段的重点审计内容是什么？ ………… 13

三十四、工程实施阶段的重点审计内容是什么？ ………… 14

三十五、竣工验收及交付使用阶段的重点审计内容
是什么？ ……………………………………………… 14

三十六、竣工结算阶段的重点审计内容是什么？ ………… 14

三十七、财务决算阶段的重点审计内容是什么？ ………… 15

三十八、审核设计概算文件须提交哪些基本资料？审计
重点内容是什么？ …………………………………… 15

三十九、审核招标文件须提交哪些基本资料？审计重点内容
是什么？ ……………………………………………… 16

四十、审核合同文件须提交哪些基本资料？审计重点内容
是什么？ ……………………………………………… 16

四十一、审核竣工结算项目审计须提交哪些基本资料？审计
重点内容是什么？ …………………………………… 17

第五节　实施程序 18

四十二、建设工程管理审计主要包括哪些程序？ ………… 18

四十三、审计计划程序主要包括哪些工作？ ……………… 18

四十四、审计准备程序主要包括哪些内容？ ……………… 19

四十五、审计实施程序主要包括哪些工作？ ……………… 19

四十六、审计报告程序主要包括哪些内容？ ……………… 19

四十七、审计整改程序主要包括哪些工作？ ……………… 19

四十八、全过程跟踪审计项目需要收集哪些基本情况？ … 20

四十九、审计时效指什么？为什么审计部门需要对审计时效
作出承诺？ …………………………………………… 20

五十、如何处理无法按照审计时效要求送审的业务
事项？ ………………………………………………… 20

五十一、为何竣工结算送审资料须经工程管理部门审核后
高校审计部门才能接收？ …………………………… 21

　　　　五十二、竣工结算审计中,工程造价咨询报告的作用
　　　　　　是什么? ………………………………………………… 21
　第六节　审计结果运用 ……………………………………………… 21
　　　　五十三、高校有关部门如何运用建设工程管理审计
　　　　　　结果? …………………………………………………… 21
　　　　五十四、工程管理部门提交整改结果报告应包括哪些基本
　　　　　　内容? …………………………………………………… 22
　　　　五十五、高校审计部门在审计整改工作中有哪些基本
　　　　　　职责? …………………………………………………… 22
　第七节　责任追究 …………………………………………………… 23
　　　　五十六、建设工程管理审计中涉及责任追究的对象主要包括
　　　　　　哪些部门(人员)? ……………………………………… 23
　　　　五十七、审计部门(人员)哪些行为应被追究责任? ………… 23
　　　　五十八、工程管理部门(人员)及相关部门(人员)哪些行为应
　　　　　　被追究责任? …………………………………………… 24
　　　　五十九、参与建设工程管理审计的社会中介机构(人员)哪些
　　　　　　行为应被追究责任? …………………………………… 24
　　　　六十、参与建设工程管理的单位(人员)哪些行为应被追究
　　　　　　责任? …………………………………………………… 25

第二章　建设工程管理审计业务指南(参考)　　26

　第一节　审核设计概算文件 ………………………………………… 26
　第二节　审核招标文件 ……………………………………………… 35
　第三节　审核合同文件 ……………………………………………… 46
　第四节　审核暂估价 ………………………………………………… 57
　第五节　审核工程变更与现场签证 ………………………………… 63
　第六节　审核材料设备批价 ………………………………………… 69
　第七节　审核工程结算 ……………………………………………… 76

第三章　建设工程管理审计实务操作文本和表单(参考)　87

第一节　实务操作文本和表单清单　87
一、有关全过程跟踪审计　87
二、有关竣工结算审计　90

第二节　实务操作文本和表单模板　92
一、全过程跟踪审计　92
二、竣工结算审计　152

第四章　建设工程管理审计案例选编　187

案例1　可行性研究报告存在缺陷　187
案例2　设计概算存在缺陷　188
案例3　潜在投标人资质条件设定不恰当　190
案例4　分包形式不恰当　191
案例5　招标文件表述不准确、内容不完整　192
案例6　施工招标文件常见缺陷　193
案例7　回标分析报告符合性检查有误　197
案例8　施工合同未约定工程变更的结算方式　198
案例9　施工合同约定工程款支付方式不当　199
案例10　合同签订流程不规范　200
案例11　未满足招标条件即开展施工招标　200
案例12　工程进度款与工程实际产值不符　202
案例13　参建单位未按合同约定规范履职　203
案例14　工程预付款未按合同约定支付或扣回　203
案例15　变更依据不足　204
案例16　工程结算中人工及材料价差调整有误　205
案例17　工程结算增减项目及工程量计算不准确　206
案例18　工程变更的计价取费与合同约定不符　207

案例 19　承包商索赔不合理 …………………………………… 208

案例 20　隔音项目结算取费计取有误 ………………………… 210

案例 21　会计核算不规范 ……………………………………… 210

案例 22　擅自提高装修标准导致投资超概算 ………………… 212

案例 23　财务决算将非概算批复内容计入建设成本 ………… 213

第五章　部分审计常见合规性问题的相关法律法规条款　214

第一节　工程建设程序 ………………………………………… 214

一、直属高校申请中央预算内的基建项目未按规定报批 …… 214

二、向教育部报请审批事项，未按规定提供必要的材料 …… 215

三、可行性研究报告内容不完善 ……………………………… 216

四、未按规定重新报批可行性研究报告 ……………………… 217

五、初步设计概算超过可行性研究报告批复估算 …………… 217

六、直属高校利用自有资金的建设项目未按规定办理项目
　　备案手续 ………………………………………………… 217

七、未按规定办理施工图设计文件审查或使用未经审查批准
　　的施工图设计文件 ……………………………………… 218

八、未办理施工许可，违规开工 ……………………………… 218

九、延期开工未按规定申请施工许可延期 …………………… 219

十、工程中止、复工，未按规定办理施工许可的相关手续 … 219

十一、不满足验收条件或未经验收的建筑工程提前使用 …… 220

十二、竣工验收备案材料不完整 ……………………………… 220

十三、未按批复内容实施建设项目 …………………………… 221

第二节　招投标管理 …………………………………………… 221

一、未按规定进行招标 ………………………………………… 221

二、未满足招标条件即开始招标 ……………………………… 223

三、招标方式不恰当或不符合规定 …………………………… 223

四、发布招标公告的方式、内容不符合规定 ………………… 226

五、招标文件的内容有欠缺 …………………………………… 226
六、招标文件澄清或修改不符合规定 …………………………… 228
七、招标文件中关于招投标具体事宜的时间安排不符合
　　规定 …………………………………………………………… 228
八、招标工程量清单未按规定列出安全文明施工措施
　　清单 …………………………………………………………… 229
九、招标人对潜在投标人作出不合理的限制 ………………… 230
十、投标保障金和履约保证金的要求不符合规定 …………… 230
十一、对投标文件的要求不符合规定 ………………………… 231
十二、接收投标文件的方式不符合规定 ……………………… 232
十三、未按规定组织开标 ……………………………………… 232
十四、评标委员会的组建不符合规定 ………………………… 233
十五、评标办法不符合规定 …………………………………… 234
十六、未按规定否决投标 ……………………………………… 234
十七、未按规定重新招标 ……………………………………… 235
十八、未确定排名第一的中标候选人为中标人 ……………… 235
十九、招标中招标人与投标人之间存在违规行为 …………… 235

第三节　合同管理 ……………………………………………… 236

一、未根据规定，按招投标文件订立书面合同 ……………… 236
二、订立无效的施工合同 ……………………………………… 237
三、建设工程施工合同中对主要内容约定不完整 …………… 237
四、施工合同订立中发包人行为不符合规定 ………………… 238
五、施工合同订立中承包人行为不符合规定 ………………… 239
六、施工合同中违约条款约定不合理 ………………………… 239
七、施工合同中工程结算条款缺失或约定不明 ……………… 240
八、施工合同未按规定约定安全文明施工措施费用的相关
　　条款 …………………………………………………………… 241
九、施工合同中对保修年限的约定不符合规定 ……………… 242

— 7 —

第四节　工程造价与结算 … 242

一、工程价款结算未按规定或约定编审 … 242

二、合同约定不明或未作约定的事项的结算依据不符合规定 … 243

三、未按规定对有质量争议部分暂缓办理竣工结算 … 243

四、施工合同实质性背离招投标文件导致结算争议的处置不符合规定 … 244

五、竣工结算中未执行合同约定的奖惩条款或未对承包商违约提出反索赔 … 245

六、国有资金投资建设工程未按规定审核结算文件 … 245

七、建筑工程施工发承包计价方式不符合规定 … 246

八、确定工程合同价款的方式不合理 … 246

九、工程预付款比例或支付不符合规定 … 247

十、合同价款调整不恰当 … 248

十一、工程变更价款结算不符合规定 … 248

第五节　竣工财务决算 … 249

一、未在规定时限内编制竣工财务决算 … 249

二、建设成本列支不符合规定 … 249

三、未按规定核算各项投资 … 250

四、竣工财务决算内容不完整 … 251

五、建设单位管理费列支不符合规定 … 251

六、代建管理费列支不符合相关规定 … 252

七、基本建设项目竣工财务决算审核报批不符合规定 … 253

八、未按规定在竣工财务决算前完成各项清理工作 … 253

第六节　工程档案 … 254

一、未按规定移交工程档案 … 254

二、未按规定在组织工程竣工验收前进行工程档案预验收 … 254

三、基本建设项目档案资料不完整 … 255

四、基本建设项目档案工作滞后 ………………………………… 255
　　五、基本建设项目档案管理不完善 ……………………………… 255
　　六、基本建设项目档案管理制度缺失 …………………………… 256
第七节　内部审计 ………………………………………………………… 256
　　一、基本建设项目未按规定实施内部审计 ……………………… 256
　　二、相关部门、人员未按规定配合审计工作 …………………… 257
　　三、审计结果运用不符合相关规定 ……………………………… 258
　　四、基本建设项目监督不到位 …………………………………… 259

附录　建设工程管理审计相关法律法规制度选编　260

一、通用法律法规 ……………………………………………………… 260
　　中华人民共和国合同法(节选) …………………………………… 260
　　中华人民共和国招标投标法 ……………………………………… 265
　　中华人民共和国招标投标法实施条例 …………………………… 277
　　工程建设项目招标范围和规模标准规定 ………………………… 295
　　必须招标的工程项目规定 ………………………………………… 298
　　房屋建筑和市政基础设施工程施工招标投标管理办法 ………… 300
　　工程建设项目施工招标投标办法 ………………………………… 311
　　建筑工程设计招标投标管理办法 ………………………………… 330
　　工程建设项目勘察设计招标投标办法 …………………………… 337
　　评标委员会和评标方法暂行规定通知 …………………………… 348
　　建筑工程安全防护、文明施工措施费用及使用管理规定 ……… 358
　　工程量清单计价规范(GB50500-2008)(节选) ………………… 364
　　工程量清单计价规范(GB50500-2013)(节选) ………………… 366

二、审计类法律法规 …………………………………………………… 368
　　中华人民共和国审计法 …………………………………………… 368
　　中华人民共和国审计法实施条例 ………………………………… 377
　　审计署关于内部审计工作的规定 ………………………………… 390

教育系统内部审计工作规定 …………………………………… 397
教育部关于加强直属高等学校内部审计工作的意见 ………… 403
教育部关于加强直属高校建设工程管理审计的意见 ………… 408
教育部关于加强和规范建设工程项目全过程审计的意见 …… 411

三、建设类法律法规 ………………………………………………… 413

中华人民共和国建筑法 ………………………………………… 413
建设工程勘察设计管理条例 …………………………………… 426
建设工程质量管理条例 ………………………………………… 433
建设工程安全生产管理条例 …………………………………… 446
建筑工程施工许可管理办法 …………………………………… 461
房屋建筑和市政基础设施工程竣工验收备案管理办法 ……… 466
建筑工程施工发包与承包计价管理办法 ……………………… 469
实施工程建设强制性标准监督规定 …………………………… 474
基本建设财务规则 ……………………………………………… 478
基本建设项目竣工财务决算管理暂行办法 …………………… 489
基本建设项目建设成本管理规定 ……………………………… 495
中央基本建设项目竣工财务决算审核批复操作规程 ………… 499
建设工程价款结算暂行办法 …………………………………… 508
财政部关于切实加强政府投资项目代建制财政财务管理有关
　　问题的指导意见 …………………………………………… 517
教育部直属高校基本建设管理办法(2017年修订) ………… 521
教育部直属高校及事业单位基本建设项目竣工财务决算管理
　　办法 ………………………………………………………… 530

四、其他相关法律法规 ……………………………………………… 535

中华人民共和国政府采购法 …………………………………… 535
中华人民共和国政府采购法实施条例 ………………………… 550
关于加强政府采购活动内部控制管理的指导意见 …………… 567
最高人民法院关于审理建设工程施工合同纠纷案件适用法律
　　问题的解释 ………………………………………………… 573

最高人民法院关于印发《全国民事审判工作会议纪要》的通知
（节选） ··· 578

后　记　　　　　　　　　　　　　　　　　　　　　　　581

第一章
建设工程管理审计知识问答

第一节 相关知识

一、什么是高校的建设工程？

高校的建设工程，是指学校以国拨、自筹等各种资金来源投资的各类建设工程，包括土建安装、装饰装修、园林绿化、安防技防、校园管网和信息化等。

高校的建设工程除具有一般建设项目的目标明确性、整体性、程序性、约束性、一次性、风险性的特点外，还有一些显著的特点：

1. 无论资金来源，一般须按国有资金投资项目进行监管。
2. 具有较强的公共建筑属性。
3. 投资刚性比较严格。
4. 投资决策中相对更关注功能需求和社会效益。
5. 校园风貌协调、人文传承的要求相对较高。
6. 工程施工节点通常需要与教学科研活动的规律相匹配。

二、高校建设工程管理的主要目标是什么？

高校建设工程管理的主要目标包括质量、安全、环保、进度和成本等。

1. 质量目标：各项建筑物、构筑物、设备材料、半成品等质量符合设计文件、国家行业或单位的有关标准、规程、规范等技术要求，并满足用户的相关需求。

2. 进度目标：通过编制进度纲要论证总进度目标实现的可能性，并通过落实工程实施条件和工程实施管理确保工程项目完成计划进度。

3. 成本目标：按照经济规律的要求，利用科学的管理方法和先进的管理手段，合理确定和有效控制工程成本，以提高项目的投资效益和社会效用。

4. 安全目标：减少和控制危害和事故的发生，尽量避免建设过程中由于事故造成的人身伤害、财产损失、环境污染以及其他损失。

5. 环保目标：减少污染排放，降低资源消耗。

三、高校建设工程管理的主要内容是什么？

1. 集成管理。含计划制定、计划执行和总体变更控制等；其作用是确保建设工程各种要素协调运作，最大限度满足相关人员的利益要求和期望。

2. 范围管理。含范围规划、范围定义、范围审核和范围变更控制等；其作用是确保完成建设工程计划所需要进行的所有工作。

3. 人力资源管理。含组织计划、人员计划和团队建设等；其作用是确保最有效地使用人力资源完成建设工程活动。

4. 质量管理。含质量计划、质量保证和质量控制等；其作用是确保实现既定的建设工程质量目标。

5. 时间管理。含活动定义、活动排序、工期估算、进度安排和进度控制等；其作用是确保在规定时间内完成建设工程。

6. 成本管理。含资源计划、成本估算、成本预算和成本控制；其作用是确保在规定预算内完成建设工程。

7. 采购管理。含采购、招标和合同管理等；其作用是获得建设工程所需的产品和服务。

8. 沟通管理。含沟通计划、信息传播和结果汇报等；其作用是确保及时准确地产生、收集、传播、贮存以及处理建设工程信息。

9. 风险管理。含风险管理计划、风险辨识、定性风险分析、定量风险分析、风险处理计划和风险监控等；其作用是识别、分析以及处理建设工程风险。

四、高校承担建设工程管理责任的部门主要有哪些？

高校承担建设工程管理责任的部门，主要包括基本建设管理部门、总务后勤管理部门、安防技防管理部门和信息化管理部门等。

五、高校建设工程管理部门的共性职能是什么？

在通常情况下，负有对学校各类建设工程投资立项、勘察设计、施工准备、工程实施、竣工验收及交付使用、竣工结算、财务决算等各项业务活动的管理职能。

第二节 基本概念

六、什么是高校建设工程管理审计？

高校建设工程管理审计，是指高校审计部门依法依规对建设工程业务活动及其内部控制等管理行为的恰当性和有效性，所进行的独立、客观的确认和咨询活动。

七、高校建设工程管理审计的工作目标是什么？

在新形势下，高校建设工程管理审计应通过运用各种现代化的审计方法和手段，实现促进完善内部控制，促进落实管理责任，促进提高资源绩效，促进廉政建设的工作目标。

八、在高校建设工程管理中审计部门如何定位？

高校审计部门应当发挥"确认"和"咨询"的主要工作职能，并在履行职能的过程中，遵守可称之为"三不原则"（不缺位、不越位、不错位）的审计职能定位。

九、"三不原则"的内涵是什么？

1. 不缺位。按照学校部署，提前介入、及时纠偏、主动作为，切实念好建设工程管理的"紧箍咒"，当好资金、资产、资源的"守护者"，做到监督不缺位。

2. 不越位。确保审计的独立性和客观性，立足监督和评价，有所为有所不为，不可既当运动员又当裁判员，做到有为不越位。

3. 不错位。摸清真实情况、揭示风险隐患、反映突出问题和体制机制性障碍，提出审计意见和建议，推动及时有效解决，实现"四个促进"的审计目标，做到履职不错位。

十、高校开展建设工程管理审计的主要依据是什么？

高校开展建设工程管理审计的依据主要包括《审计法》等审计法律法规、《合同法》等通用法律法规、《建筑法》等建设法律法规、教育部《教育部关于加强直属高校内部审计工作的意见》《教育部关于加强直属高校建设工程管理审计的意见》和高校工程管理、预算管理和内部审计等规章制度。

十一、高校建设工程管理审计对象主要包括哪些？

高校建设工程管理审计对象，主要是指从事建设工程管理活动的主体。从总体而言，主要涉及基建修缮、道路绿化、安防技防和信息化等业务管理部门；就具体而言，则是指建设项目的相应工程造价情况和工程管理行为。

十二、高校开展建设工程管理审计的基本方式有哪些？

高校开展建设工程管理审计的基本方式有三种：事前审计、事中审计和事后审计。

1. 事前审计。对于工程项目的业务事项是否符合国家有关政策法规、学校相关制度规定以及是否可行和有效，所提前进行的一种审计检查和评价活动。其作用体现在对尚未进入实质性运行的业务事项的一种约束力，以防患于未然，防止和限制可以避免的缺陷、低效或违法违规现象发生。

2. 事中审计。一种动态的审计监督手段，适用于规模较大、工期较长的建设工程项目。事中审计实施的时点，一般介于被审计业务事项已初步决策、但决策尚未执行之间。其作用是及时发现建设过程中的问题与风险并提出审计建议，促进达到建设项目的既定工作目标或及时修正调整工作目标。

3. 事后审计。事后审计是相对于事前审计、事中审计的对称，是指经济业务发生并尘埃落定之后所进行的审计监督活动，其作用是通过对建设工程业务活动及其内部控制等管理行为的恰当性和有效性进行确认，从而提出加强管理、堵塞漏洞的审计建议。

十三、高校建设工程管理审计的业务类型有哪些？

高校建设工程管理审计业务类型有四种。

1. 全过程跟踪审计。对于达到一定投资规模以上或学校认为须列为重点监督的建设工程项目，实施全过程跟踪审计。

2. 竣工结算审计。对于未列为全过程跟踪审计的建设工程项目，按照学校批准的资金起点，可分别实施工程款项结算前的竣工结算事中审计或结算后的竣工结算事后审计。

3. 审计咨询。对于学校建设工程投资评审工作中的建设标准和投资计划等有关业务事项、全过程跟踪审计建设工程项目实施启动前的重要业务事项、未实施全过程跟踪审计建设工程项目的特殊业务事项和学校建设工程管理内部控制相关事项等可提供审计咨询服务。

4. 专项审计/专项审计调查。对于与建设工程管理有关的特定事项，开展专项审计或专项审计调查。

前两种属于以监督为主导的基本业务类型，后两种属于以服务为主导的专项业务类型。

十四、高校建设工程管理审计业务类型与基本方式、审计定位之间的关系是怎样的？

它们之间的关系如下表所示：

业务类型	基本方式	审计定位
全过程跟踪审计	以事中审计为主，辅以事前审计/事后审计	确认＋咨询（制度授权）
竣工结算审计	事中审计	咨询（制度授权）
	事后审计	确认（制度授权）

续表

业务类型	基本方式	审计定位
审计咨询服务	事前审计/事中审计	咨询（学校授权/部门委托）
专项审计和专项审计调查	事后审计	确认（学校授权）
	事前/事中/事后审计	确认＋咨询（学校授权）

十五、如何落实教育部要求的建设工程管理审计全覆盖？

高校审计部门应根据重要性和成本效益原则，综合考虑建设工程类型、投资、工期等因素，采用各类实用高效的审计方式和工作措施，实现对"项目类型""项目过程"和"业务类型"的审计全覆盖。

1. 项目类型的审计全覆盖：高校各类资金来源的新建、改扩建及修缮工程均应纳入审计范围。

2. 项目过程的审计全覆盖：建设工程的投资评审、投资立项、勘察设计、施工准备、工程实施、竣工验收及交付使用、竣工结算、财务决算等各重要阶段的业务和管理活动均应纳入审计范围。

3. 业务类型的审计全覆盖：全面运用全过程跟踪审计、竣工结算审计、审计咨询、专项审计/专项审计调查等多种手段。

十六、确保建设工程管理审计工作有效开展的主要措施有哪些？

1. 常规审计、专项审计和审计调查相结合。
2. 事前审计、事中审计和事后审计相结合。
3. 合规性审查、技术经济审查和内部控制检查相结合。
4. 现场审计和非现场审计相结合。

十七、什么是全过程跟踪审计？其与全过程审计是同一概念吗？

全过程跟踪审计是一种业务类型，即指采用事前审计和事中审计相结合的方式，以一种动态、实时的审计手段，对大中型建设工程项目的主要阶段和重要环节实施全过程跟踪审计。在实际工作中，根据重要性和成本效益原则，全过程跟踪审计可选择部分阶段或环节予以实施。

全过程审计是一种工作要求，即无论是小型或大型建设工程项目，建设工程管理审计均应当关注从项目立项到竣工结算或财务决算等各个主要阶段和重要环节的管理情况，开展独立、客观的检查和评价活动。

因此，全过程跟踪审计与全过程审计并非同一概念。

十八、全过程跟踪审计的工作目标是什么？

根据以上概念，全过程跟踪审计是为建设项目提供及时、有效的确认与咨询服务，旨在预防、揭示和抵御建设过程中的可能出现的问题和风险，达到审计与整改同步、监督与服务并行的目标。

十九、确定建设工程项目列为全过程跟踪审计的依据是什么？

体现在规章制度和决策程序两个方面，即高校应当通过制度，明确投资规模达到多少金额以上的建设工程项目应当实施全过程跟踪审计；同时通过一定的有效程序，确定每一计划年度全过程跟踪审计的具体项目。

二十、什么是竣工结算审计？其不同审计模式下的主要特征是什么？

竣工结算审计是指对承包方提交且经工程管理部门审核后的工程

结算的真实性、合法合规性和效益性及工程管理行为的有效性，所独立进行的检查和评价工作。

长期以来，高校开展竣工结算审计存在两种审计模式，即审价模式和审计模式。审价模式下的特征是：审计部门以审计的名义，主要以工程结算价格确认为核心、以核减金额和核减率为工作成果所进行的审计检查与评价活动。审计模式下的特征是：由审计部门对包括工程结算价格在内的各类经济指标、各项经济活动和工程管理行为的真实性、合法性及效益性所进行的检查与评价活动。

二十一、上述审价模式和审计模式的差异主要体现在哪几个方面？

它们之间的差异如下表所示：

差异	竣工结算审价	竣工结算审计
监督对象	承包方等相关单位	工程管理部门
检查范围	主要着眼于结算环节	既包括对结算环节的检查，也包括对招投标、合同、施工等环节的检查
结果表现方式	造价审核报告	审计报告（含造价审核报告）
对人员的要求	以造价工程师为主	以工程管理、法律、财务人员为主，综合能力要求较高

二十二、竣工结算审计的工作目标是什么？

竣工结算审计主要是通过运用恰当的审计方式与方法，对建设工程项目的工程结算及相应的工程管理行为进行检查和评价，以合理确定工程造价、提高建设资金使用效益、促进落实管理责任，从而整体提高高校工程管理水平，防范内部舞弊风险。

二十三、确定建设工程项目列为竣工结算事中审计或事后审计的依据是什么？

体现在规章制度和决策程序两个方面，即高校应当通过制度，明确投资规模达到多少金额以上的建设工程项目应当实施竣工结算事中审计，此金额以下的建设工程项目则实施竣工结算事后审计；同时通过一定的有效程序，确定每一计划年度竣工结算事中审计或事后审计的具体项目。

二十四、什么是审计承诺书？建设工程管理审计中的审计承诺书应当由谁签署？

审计承诺书主要是指高校审计部门在开展审计工作时，要求被审计单位签署的承诺性文件，其中包括对审计工作要求的了解，以及对已提交资料的真实性、完整性、合法性予以保证，对未提交资料承担后果的承诺性文件。审计承诺书实际上是明确有关责任，确保审计职能正常履行的一种必要文件。审计承诺书需要被审计单位的负责人签字确认，以确保承诺书具有相应的管理效力。

建设工程管理审计中的审计承诺书由工程管理部门出具。为确保承诺的严肃性，工程管理部门也可要求承包方在提交有关资料时同时签署审计承诺书，以确保对承包方进行有效的约束和责任追究。

二十五、什么是高校建设工程管理审计结果性文书？

高校审计部门通过审计准备、审计实施、审计报告等审计程序而形成的审计意见，统称为审计结果性文书。主要包括建设工程造价咨询意见书、审计意见（建议）书、管理建议书、审计报告、审计咨询意见书、专项审计调查或专项审计报告、审计要情等。

第三节 组 织 形 式

二十六、高校建设工程管理审计的组织形式有哪几类？

高校建设工程管理审计的组织形式主要有以下三类：
1. 高校审计部门自行实施。
2. 高校审计部门委托社会中介机构实施。
3. 高校审计部门与社会中介机构共同组建审计组实施。

二十七、高校审计部门在建设工程管理审计中有哪些权力？

为保证审计工作成果的客观与效用，高校审计部门有权要求工程管理部门建立和完善前置审核工作机制，有权取得开展确认或咨询所需的全部资料，有权要求有关部门提供审计事项的情况说明并配合开展相关的访谈、询问等工作，也有权对与工程相关的勘察、设计、施工、监理、供货、造价咨询、项目管理、招标代理等单位进行调查。

此外，高校审计部门有权向有关部门通报审计发现，并向学校领导报告审计结果。对于发现的严重违反法律法规以及或将造成重大损失浪费的行为，有权向有关部门作出临时制止决定。

二十八、高校工程管理部门在建设工程管理审计中的主要职责是什么？

高校工程管理部门应建立和完善前置审核工作机制，积极配合高校审计部门的审计工作，积极落实审计结果运用及整改工作。

二十九、社会中介机构参与建设工程管理审计工作的职责是什么?

社会中介机构参与建设工程管理审计工作,是为学校内部审计工作提供审计专业技术的支持和补充。其职责在于根据既定的审计工作要求开展审计工作,全面、客观地发现建设工程管理活动中的问题,提出支持相关审计意见和建议的专业意见。

第四节 审 计 内 容

三十、建设工程管理审计的基本内容有哪些?

建设工程管理审计的基本内容主要是对项目的基本建设程序、投资控制和资金管理、工程成本支出、项目管理及相关内部控制等情况进行检查和评价。

三十一、投资立项阶段的重点审计内容是什么?

投资立项阶段的重点审计内容主要包括以下四个方面:

1. 项目立项程序是否符合国家、教育部等相关部委、地方建设行政管理部门以及学校的相关规定。

2. 立项申请、项目建议书和可行性研究报告是否经过有效批复。

3. 投资估算合理性、资金来源落实情况。

4. 其他须列为审计内容的相关业务活动。

三十二、勘察设计阶段的重点审计内容是什么？

勘察设计阶段的重点审计内容主要包括以下五个方面：

1. 勘察、设计等单位资质应符合项目需求。
2. 设计招投标文件内容、招投标程序以及设计合同内容的合法合规性和恰当性。
3. 设计方案的征集、论证、会审和优化等程序的真实性、合法合规性和恰当性。
4. 设计概算是否控制在投资估算范围内，概算费用构成的恰当性、合规性。
5. 其他须列为审计内容的相关业务事项。

三十三、施工准备阶段的重点审计内容是什么？

施工准备阶段的重点审计内容主要包括以下九个方面：

1. 项目各类证照的齐备情况。
2. 承发包行为的合法合规性和恰当性。
3. 招投标执行程序的合法合规性和恰当性。
4. 招标文件（含招标清单）与答疑文件内容的完整性、合规性和有效性，尤其有关最高投标限价、暂列金额、暂估价等确定依据是否合理和确定规则是否明确。
5. 施工图预算或类似造价文件是否在批复的设计概算范围内。
6. 建设工程投资控制体系的恰当性。
7. 代建、监理和施工等单位资质的真实性和符合性。
8. 施工合同的合规性、恰当性。
9. 其他须列为审计内容的相关业务活动。

三十四、工程实施阶段的重点审计内容是什么？

工程实施阶段的重点审计内容主要包括以下八个方面：

1. 各分包招标的管理情况。
2. 各合同单位的履约管理情况。
3. 施工合同的实际履行情况。
4. 重要材料及设备采购程序和执行结果的真实性和合法合规性。
5. 建设工程投资控制目标管理的有效性。
6. 各类具体业务事项程序的完备性、依据的充分性、行为合规性，包括但不限于工程款支付、工程变更、现场签证、批价、索赔。
7. 隐蔽工程管理的有效性。
8. 其他须列为审计内容的相关业务活动。

三十五、竣工验收及交付使用阶段的重点审计内容是什么？

竣工验收及交付使用阶段的重点审计内容主要包括以下四个方面：

1. 批复的建设内容是否完成。
2. 竣工图纸与施工现场的一致性。
3. 分部分项和整体竣工验收程序的合法合规性。
4. 其他须列为审计内容的相关业务活动。

三十六、竣工结算阶段的重点审计内容是什么？

竣工结算阶段的重点审计内容主要包括工程造价和工程管理两方面，即通过对工程管理部门送审的工程结算审核意见及相应的结算资料和对反映工程管理行为的有关资料的检查，发表相关审计意见。

三十七、财务决算阶段的重点审计内容是什么?

财务决算阶段的重点审计内容主要包括以下六个方面:

1. 建安投资、设备投资、待摊投资的合法合规性、真实性、完整性。
2. 建设工程投资决算是否控制在批复预算范围内。
3. 建设工程财务竣工决算报表列示的合规性、准确性、完整性。
4. 建设工程资金管理的内部控制有效性。
5. 建设工程竣工财务决算行为的合规性。
6. 其他须列为审计内容的相关业务活动。

三十八、审核设计概算文件须提交哪些基本资料?审计重点内容是什么?

检查设计概算文件所需的送审资料一般包括且不限于以下三个方面:

1. 可研批复及其完整附件。
2. 纸质初步设计文件及其 CAD(计算机辅助设计)版本的电子文件。
3. 工程管理部门对送审设计概算文件的审核意见。

审计重点内容主要有以下五个方面:

1. 送审资料是否完整。
2. 立项文件是否已获得有关批复。
3. 设计概算是否完整,是否在可研报告批复的范围内。
4. 编制依据是否完整、合规。
5. 各项取费标准是否符合规定。

三十九、审核招标文件须提交哪些基本资料？审计重点内容是什么？

检查招标文件所需的送审资料一般包括但不限于以下六个方面：
1. 设计概算批复及其完整附件。
2. 拟提供给投标人的设计文件及其 CAD 版本的电子文件。
3. 完整的纸质招标文件及其 word 版本或者 pdf 版本的电子文件。
4. 招标代理委托合同（如有招标代理）。
5. 招标工程量清单和最高投标限价编制的委托合同。
6. 工程管理部门对送审招标文件（含工程量清单及最高投标限价）的审核意见。

审计重点内容主要有以下八个方面：
1. 设计文件是否满足招标需求。
2. 招标文件是否完整，包括拟订合同的主要条款、投标格式、废标条款等。
3. 是否提供了招标控制价及规范的招标工程量清单。
4. 投标报价方式及评标办法的设置是否要求明确。
5. 招标行为是否符合现行法规和建设单位的有关规定。
6. 资质等级与招标、投标及合同等是否匹配。
7. 工程价款的调整因素、方法、程序、支付及时间是否设置合理。
8. 违约责任以及工程价款发生争议的解决方法及程序是否合理。

四十、审核合同文件须提交哪些基本资料？审计重点内容是什么？

检查合同文件所需的送审资料一般包括但不限于以下四个方面：
1. 中标通知书（如有）。

2. 招标文件、中标人的投标文件、评标报告（如有）。

3. 拟定稿的合同文本。

4. 工程管理部门对送审合同的审核意见。

审计重点内容主要有以下五个方面：

1. 合同签订的主体是否合格、内容是否完整，合同条款是否清晰、明确。

2. 合同的签订过程是否完整、手续是否齐全。

3. 合同中的质量标准、工期标准、价格标准是否符合有关标准的要求。

4. 合同的履行与索赔约定。

5. 工程管理部门的送审表。

四十一、审核竣工结算项目审计须提交哪些基本资料？审计重点内容是什么？

检查竣工结算文件所需的送审资料一般包括但不限于以下十二个方面：

1. 立项审批文件。

2. 审计承诺书。

3. 施工单位资质等级证书。

4. 包括招投标文件在内的合同文件。

5. 工程竣工图或竣工示意图。

6. 开竣工报告。

7. 竣工验收资料。

8. 施工组织设计或施工方案。

9. 工程变更与签证。

10. 要素价格确认单。

11. 施工单位工程结算书（含计价软件版）。

12. 工程管理部门对工程造价的检查意见。

审计重点内容主要有以下七个方面：

1. 项目相关批文是否齐全。

2. 结算的综合单价是否符合合同约定。

3. 变更、签证、材料批价程序是否合理、合规。

4. 竣工图反映的内容是否与实际施工内容一致。

5. 结算条款有无违背招标文件及所附的合同条款。

6. 分包合同内容及结算条款约定是否在总包范围内，总、分包结算有无重复。

第五节 实 施 程 序

四十二、建设工程管理审计主要包括哪些程序？

建设工程管理审计的程序与其他审计业务的程序基本一致，主要包括审计计划、审计准备、审计实施、审计报告、审计整改、审计归档。

四十三、审计计划程序主要包括哪些工作？

在工程管理部门提交年度建设工程项目计划后，高校审计部门应相应制定与学校建设目标相一致的年度建设工程管理审计计划，并报学校相关决策机构审批。年度建设工程管理审计计划获批后，高校审计部门应对年度审计计划中实施全过程跟踪审计的项目进行审计预立项，并细化每一项目的实施计划。

若年度建设工程项目计划发生变动，高校审计部门应当随之调整相应的年度审计计划。

四十四、审计准备程序主要包括哪些内容?

审计准备程序主要包括以下四个方面:
1. 对于不同类型的审计项目,按程序和规定组建审计组。
2. 开展审前调查,及时收集审计实施所必需的资料。
3. 在审核确认送审资料基本完整后,予以正式立项。
4. 编制包括审计目标和范围、审计内容和重点、审计程序及主要审计方法、人员分工、时间安排等内容的项目审计实施方案。

四十五、审计实施程序主要包括哪些工作?

审计实施程序主要是根据批准的审计实施方案,通过送达审计通知书、召开审计进点会、踏勘现场、分析测试、编制工作底稿等必要程序,依法依规实施审计,编制审计报告(审计意见书)初稿。

四十六、审计报告程序主要包括哪些内容?

审计报告程序主要包括以下四个方面:
1. 审计组出具审计报告(审计意见书)初稿。
2. 征求工程管理部门和有关部门意见。
3. 对审计报告(审计意见书)初稿和相关回复意见进行分级审核。
4. 完成规定的审批程序,出具正式审计文书,并按规定送达审计整改通知书。

四十七、审计整改程序主要包括哪些工作?

审计整改程序主要包括对被审计对象的审计整改落实情况实行跟踪检查,并定期或不定期向相关校领导汇报审计整改督查和审计结果运用的整体情况。

四十八、全过程跟踪审计项目需要收集哪些基本情况?

全过程跟踪审计项目需要收集的基本情况主要包括建设项目管理制度建设及执行情况、建设项目概况及项目立项审批情况、建设进度情况、项目管理人员分工情况、参建单位情况、已实施及拟进行但尚未实施的招投标情况、拟开展专业分包工程情况等。

四十九、审计时效指什么？为什么审计部门需要对审计时效作出承诺？

审计时效是指审计部门自收到工程管理部门完整的送审资料起至发表审计意见的时间间隔。根据工程管理部门送审业务的不同，审计时效也会有所不同。

工程进度是建设项目管理的重要指标之一。跟踪审计的实施，无疑须花费一定的时间。因此，审计部门应根据不同的送审业务设定必要的审计时效，有利于工程管理部门心中有数、提前运作、及时送审，既保证跟踪审计实施的有效性，也不影响正常的工程进度。同时，审计时效承诺机制也有利于审计部门开展内部管理、监督与考核等工作。

要特别说明的是，工程管理部门提交送审事项的时点，应当是在本部门已完成实质性决策程序、而决策尚未执行或尚未上报学校审议之际。

五十、如何处理无法按照审计时效要求送审的业务事项？

如因建设工程项目情况特殊，工程管理部门无法按照审计时效要求及时送审，经工程管理部门的分管校领导批准，高校审计部门可启动实施同步审计的特殊程序，也可实施由工程管理部门先行操作并及时备案后的事后审计。

五十一、为何竣工结算送审资料须经工程管理部门审核后高校审计部门才能接收？

实现建设工程项目投资控制的管理目标，是高校工程管理部门的天然职责。因此，对承包方等提交的竣工结算资料进行审核是造价控制工作的有机组成部分，是工程管理部门不容置疑与不可推卸的重要任务之一。内部审计部门则是对被审计对象的经济活动和管理行为开展检查和评价，在建设工程管理审计运行中，则体现为对工程管理部门的审核结果进行检查和评价。

五十二、竣工结算审计中，工程造价咨询报告的作用是什么？

高校审计部门在完成竣工结算审计后出具工程造价咨询报告，主要是对工程管理部门的工程造价审核意见进行确认，是向学校提供有关工程造价的咨询意见。

高校可以根据实际情况，决定是以工程管理部门的造价审核意见，还是以高校审计部门的造价咨询意见作为工程项目的结算依据。

第六节 审计结果运用

五十三、高校有关部门如何运用建设工程管理审计结果？

工程管理部门对建设工程管理审计结果的运用主要表现为以下两个方面：

1. 根据审计结果，从项目本身以及管理源头上纠正问题或完善管理的有关工作计划措施。

2. 根据审计整改通知书或学校领导批示的要求,向高校审计部门或学校办公室报告本部门整改工作的落实情况。

学校办公室对建设工程管理审计结果的运用主要表现为以下三个方面:

1. 会同工程管理部门落实整改结果的确认。
2. 责成工程管理部门及时报告接受外部审计后的审计整改情况。
3. 及时报告主要校领导所重点关注的审计整改结果情况。

五十四、工程管理部门提交整改结果报告应包括哪些基本内容?

工程管理部门提交的审计整改结果报告应包括但不限于以下七个方面:

1. 对审计要求自行纠正事项的落实结果。
2. 对审计决定的执行情况(若有)。
3. 对审计整改通知书中主要问题和审计意见的整改结果。
4. 对审计报告中其他问题和审计建议的落实、采纳结果。
5. 有关责任追究处理结果(若有)。
6. 尚未整改到位的原因和下一步整改和处理的计划安排。
7. 其他审计整改的有效措施和方法。

五十五、高校审计部门在审计整改工作中有哪些基本职责?

在审计整改工作中,高校审计部门的基本职责是对被审计单位落实审计意见的整改情况进行跟踪检查,并定期向学校报告审计整改结果情况。落到实处,其具体任务有以下五个方面:

1. 下发整改通知书。
2. 建立整改工作台账,开展以审计项目为导向的挂号、销账管理工作。

3. 跟踪检查有关审计整改要求的落实情况。

4. 根据计划和需要,定期或不定期向学校领导报告审计整改情况。

5. 按照学校规定,进行审计整改结果公开。

第七节 责 任 追 究

五十六、建设工程管理审计中涉及责任追究的对象主要包括哪些部门(人员)?

1. 高校审计部门和审计人员。

2. 高校相关业务部门及其工作人员,其中:主体为工程管理部门人员。

3. 社会中介机构及其工作人员。

4. 参与建设工程管理的单位及相关人员,如项目管理、设计、勘察、施工、监理、造价咨询、招标代理等。

五十七、审计部门(人员)哪些行为应被追究责任?

高校审计部门和审计人员在建设工程管理审计中,有下列滥用职权行为之一的,应按照学校相关规定予以处理;涉嫌违法的,依法追究相应的法律责任:

1. 在对学校组织的投资评审和建设工程管理活动审计实施过程中,未充分或正确履职而造成较为严重后果的行为。

2. 出具虚假造价审核意见、审计意见的行为。

3. 隐瞒重大违法、违纪问题的行为。

4. 因管理失职而造成较为严重后果的行为。

5. 利用职务之便索取或者收受财物及谋取其他不正当利益的行为。

6. 因泄露审计中获悉的有关业务秘密并造成重大损失的行为。

7. 其他滥用职权、徇私舞弊、玩忽职守、违纪违法的行为。

五十八、工程管理部门(人员)及相关部门(人员)哪些行为应被追究责任?

高校相关部门和相关人员存在下列行为或现象的,高校审计部门应当及时报告学校,对相关责任人建议按照学校相关规定予以处理;涉嫌犯罪的,应当依法移交有关部门处理:

1. 在学校组织的投资评审和建设工程管理活动中,未充分或正确履职而造成较为严重后果的行为。

2. 由工程管理部门审核并已支付的建设项目工程造价金额,经审计确认存在超出学校允许的误差、且已造成实际损失的。

3. 对勘察、设计、施工、监理、项目管理、造价咨询、招标代理等单位管理失职而造成较为严重后果的行为。

4. 违反规定的程序,擅自支付建设工程结算款项的行为。

5. 其他滥用职权、徇私舞弊、玩忽职守、违纪违法的行为。

五十九、参与建设工程管理审计的社会中介机构(人员)哪些行为应被追究责任?

服务于高校的社会中介机构和相关人员若存在下列行为和现象的,学校可予以警戒告示、扣减或追回服务费用、取消其在学校承担审计任务资格等相应处理;涉嫌违法的,依法追究相应的法律责任:

1. 已出具的工程造价审计咨询报告经再核查后,被确认其核减率高于学校规定允许误差率以上的。

2. 未在规定时间内发表审计意见或审计意见质量未达要求并造

成严重后果的行为。

3. 违反国家、行业和学校规定的弄虚作假行为。

4. 其他滥用职权、徇私舞弊、玩忽职守、违纪违法的行为。

六十、参与建设工程管理的单位(人员)哪些行为应被追究责任?

若审计中发现项目管理、设计、勘察、施工、监理、造价咨询、招标代理等单位和相关人员存在下列行为,高校审计部门应向工程管理部门提出警戒告示、扣减服务费用直至取消其在学校承接建设工程项目资格的建议;涉嫌犯罪的,应当依法移交有关部门处理:

1. 违反国家、行业、学校等法规制度以及相关合同约定等弄虚作假的行为。

2. 因专业履职失误而造成学校较大损失的行为。

3. 无故拖延或拒绝提供与审计事项有关资料,或提供的资料不真实,或阻碍检查、扰乱审计工作的行为。

4. 其他滥用职权、徇私舞弊、玩忽职守、违纪违法的行为。

第二章

建设工程管理审计业务指南（参考）

本章依据国家有关工程建设的法律、法规、标准，结合编者所在高校的工作实践，从规范性与操作性出发，撷取了设计概算、招标文件、合同文件、暂估价、工程变更与现场签证、材料设备批价和工程结算七项主要建设工程业务，编制了"建设工程管理审计业务指南（参考）"，以此指导审计从业人员切实履行职责和义务，明确高校建设工程管理审计执业的基本标准，为高质量的审计结果提供切实保障。

第一节　审核设计概算文件

1. **（定义）**设计概算文件是指由建设单位委托设计单位或有资质的专业机构，根据投资估算、初步设计文件或扩大初步设计文件，使用适用的定额、指标和各项费用取费标准，用科学的方法计算和确定建设工程全部投资的经济文件。

2. **（文件形成过程）**审核的设计概算文件在送审前通常须经过编制、复核、拟定稿三个过程。

2.1　编制、复核、拟定稿应分别由三个不同的组织或岗位完成。

2.2　一般情况下，建设单位相关部门委托有资质的专业机构编制设计概算文件，项目管理单位、投资监理机构（或需求方）对其进行复核,项目管理部门确定并负责按相关审计规定送审。

2.3 审计人员应该审核送审的设计概算文件在项目管理团队流转过程的工作痕迹,并适当取证。对流转过程不规范的设计概算文件应在审计成果文件中详细说明,并重点明示对审计意见的影响。此处所指的不规范包括但不限于以下四个方面。

2.3.1 编制单位不具备专业资质。

2.3.2 未加盖编制人造价工程师执业章并签名。

2.3.3 设计概算未在管理部门内部就其可行性、合理性、合规性进行必要的决策。

2.3.4 送审设计概算未经项目管理部门审定或未见审核痕迹。

3. **(设计概算送审条件)** 包括完整的设计概算在内的初步设计文件已经形成,相关程序合规,是设计概算送审的必要条件。

3.1 审计务必关注是否已具备设计概算送审的条件,这些条件通常包括以下三个方面。

3.1.1 建设项目立项文件已获得批复(包括项建书批复及可研报告批复)。

3.1.2 建设项目初步设计的设计文件已完成。

3.1.3 设计标准、规模及设计概算总额在可研报告批复的范围内。

3.2 初步设计文件(含设计概算)是否具备送有关政府部门评审的条件。

4. **(整体性审核)** 从整体审核、评价设计概算文件。

4.1 完整性。

4.1.1 设计概算文件形成的主要节点过程是否完整,关注送审设计概算文件形成过程是否受控,即编制单位是否具有相应资质,编制、审核等不相容岗位是否分离,内部流转是否到位等。

4.1.2 设计概算文件送审资料是否完整,即是否影响审计的专业判断。

4.1.3 设计概算文件本身是否完整。设计概算文件通常应至少包括完整的初步设计文件、完整的设计概算(费用表、概算书、工料机汇总表、编制说明等)内容。

4.2 合规性。

4.2.1 审核设计概算文件的编制依据是否完整、合规。

4.2.2 设计概算的计价方式是否合规。

4.2.3 设计概算的各项费率取定是否合规。

4.2.4 设计标准、规模及设计概算的金额是否超过可研报告批复等审批性文件的规定。

4.2.5 设计概算的结构与可研批复所附的投资明细是否匹配。

4.3 准确性。

4.3.1 设计概算是否包含了设计文件的所有内容,是否有重大遗漏。

4.3.2 设计概算的工程量是否准确(可重点关注设计文件中可明确计量的主要内容)。

4.3.3 设计概算的工、料、机价格取定是否合理。

4.3.4 设计概算的各项费用计取是否完整。

4.3.5 是否取得拟建项目使用部门(单位)对设计概算是否匹配使用功能的书面意见。

5. (细节性审核)审核设计概算文件的具体内容。

5.1 概算表内的内容是否完整,各分部分项的内容与初步设计文件是否符合。

5.2 概算表内的工程量是否准确。重点关注以下五个方面。

5.2.1 初步设计文件中明确可以计量的工程量。

5.2.2 以项为单位估算的内容。

5.2.3 桩基及基坑围护工程。

5.2.4 土方工程。

5.2.5 机电工程各子系统是否完整。

5.3 概算表内概算子目的套用是否合理准确,重点关注有无不合理的换算或系数调整。

5.4 工料机表的工、料、机的价格取用是否准确，重点关注概算中人工价格、主材价格与同期信息价的差异，有条件的建议进行建安投资对人工和主要材料的敏感性分析。

5.5 概算书中所取定的材料、设备（或系统）与初步设计文件是否匹配，重点关注以下五个方面。

5.5.1 主要装饰材料。

5.5.2 砌体。

5.5.3 防水保温材料。

5.5.4 混凝土及砂浆级配。

5.5.5 机电设备（或系统）选型。

5.6 费用表内的各项费率取定是否准确。

5.7 注意对比概算金额与设计文件中投资估算表的总投资的差异。

5.8 其他需要关注的事项。

5.8.1 是否存在水电气的扩容需求，设计概算是否充分体现。

5.8.2 有无压缩施工工期的需求，设计概算是否充分体现。

5.8.3 二类费用列项是否完整，计费是否充分。

5.8.4 是否需要包括活动家具、设备和其他专用设备。

5.8.5 拟建项目是否参与质量评奖，是否建成绿色建筑、智能建筑。

6. （审核基础）审核设计概算文件所必需的送审资料包括但不限于以下两个方面。

6.1 完整的送审资料详见逐年更新的《全过程跟踪审计送审资料交接表》。

6.2 出具设计概算审核意见必须取得的送审资料包括以下四个方面。

6.2.1 可研批复及其完整附件。

6.2.2 纸质初步设计文件及其CAD版本的电子文件。

6.2.3 学校项目管理部门负责人签发的送审表。

6.2.4 学校项目管理部门及其委托的专业机构对送审设计概算的审核意见。

7.（审核成果）全过程审计对设计概算文件的审核报告。

7.1 关于××项目××设计概算文件的审核报告。

7.1.1 概况。

7.1.1.1 对送审事项的基本描述。

7.1.1.2 对送审资料的基本描述。

7.1.1.3 如工作条件受到限制，应具体说明。

7.1.2 对设计概算文件的整体评价。

7.1.2.1 完整性。

7.1.2.2 合规性。

7.1.2.3 准确性。

7.1.3 对设计概算文件的具体意见和建议：根据设计概算文件的条文顺序进行评价。

7.1.4 其他重要事项说明。

7.2 审计意见和审计建议。

7.2.1 "审计意见"通常针对违规或重大不合理的情形。一般可描述为"……违反……，应……"，或者"……存在……问题，审计认为……"。

7.2.2 "审计建议"通常针对非原则性的分歧或非重大的不合理，以及可能存在的更合理的情形。一般描述为"审计建议……"。

7.3 报告的工作流程。

7.3.1 接受送审资料时初步审核，存在送审资料不完整的情况时应退回不受理，并书面取证，或送审单位书面承诺限时补送，同时明确资料未补充完整前不予受理。

7.3.2 在审计部门承诺的审计时限前3个工作日，经办造价工程师办结，项目经理复核；或项目经理直接办理。

7.3.3 在审计部门承诺的审计时限前2个工作日，完成项目经理所在机构内部审核流程。

7.3.4 在审计组对外承诺的审计时限内,审计小组完成复核、文印、送达。

7.3.5 汇总审计组审计意见(建议)执行情况,并行成书面记录(统计表)。

7.3.6 单一事项资料归档。

8. **(备查资料)** 审核设计概算文件的依据。

8.1 法律法规(略)。

8.2 建设单位及其上级单位的制度。

8.2.1 《××大学建设工程管理审计规定》。

8.2.2 《××大学建设工程全过程跟踪审计实施办法》。

8.3 行业规范及惯例(略)。

9. **(审核重点)** 全过程审计对以下事项须重点关注。

9.1 设计概算与满足建筑功能需求所需的投资是否匹配。

9.2 设计概算是否存在重大漏项。

9.3 项目管理单位是否进行优化,并据以优化设计以及确定实际的投资控制目标。

9.4 拟建项目的使用单位是否就功能满足程度发表意见。

设计概算文件审核要点

工程名称：

指南条款号	审计标准		审核要求（合规性、合理性、准确性）	审核结果			问题描述	审议意见		审计建议		备注
	审计关注点			是	否	不适用		条款号		条款号		
3.1 基础条件	3.1.1	立项文件	立项文件是否已获得有关批复？	□	□	□						
	3.1.2	初步设计文件	初步设计的设计文件是否已完成？	□	□	□						
	3.1.3	是否超可研批复	设计概算是否在可研报告批复的范围内？	□	□	□						
3.2 文件评审		文件评审条件	是否具备送有关政府部门评审的条件？	□	□	□						
4.1 完整性	4.1.1	文件产生过程	文件产生的流程及审批程序是否完整？	□	□	□						
	4.1.2	送审资料	送审资料是否完整？	□	□	□						
	4.1.3	文件内容	文件内容是否有缺项？	□	□	□						
4.2 合规性	4.2.1	编制依据	编制依据是否完整、合规？	□	□	□						
	4.2.2	计价标准和方式	计价标准和方式与现行国家及地方标准是否相匹配？	□	□	□						

续表

指南条款号	审计标准		审核要求(合规性、合理性、准确性)	审核结果			问题描述	审议意见	审计建议	备注
		审计关注点		是	否	不适用		条款号	条款号	
	4.2.3	取费标准	各项取费标准是否符合规定?	□	□	□				
	4.2.4	建设标准	规模、金额是否在批复可研范围内?	□	□	□				
	4.2.5	其他	结构与可研批复所附的投资明细是否匹配?	□	□	□				
4.3 准确性	4.3.1	与设计文件是否匹配	概算内容是否与设计文件一致?	□	□	□				
	4.3.2	主要工作量	工程量是否不存在重大差异?	□	□	□				
	4.3.3	工料机价格	是否不存在重大价格偏差?	□	□	□				
	4.3.4	各类取费	各类取费是否完整、准确?	□	□	□				
5 细节性审核	5.1	内容完整	是否不存在重大漏项?	□	□	□				
	5.2	工程量计量	是否不存在计量不足?	□	□	□				
	5.3	子目套用	是否不存在子目套用不合理?	□	□	□				
	5.4	要素价格	是否不存在要素价格偏低?	□	□	□				

续表

指南条款号	审计标准		审核结果			问题描述	审议意见		审计建议		备注
	审计关注点	审核要求(合规性、合理性、准确性)	是	否	不适用		条款号		条款号		
5.5	材料与设计匹配	是否不存在材料与设计不匹配?	□	□	□						
5.6	造价费率	是否不存在造价费率不准确?	□	□	□						
5.7	与投资估算的差异	是否不存在与投资估算的重大差异?	□	□	□						
5.8	其他内容	是否存在特殊需求?	□	□	□						

编制人：　　　　　　　　　　　　　审核人：

主审：

第二节　审核招标文件

1. **(定义)** 招标文件一般指由招标人或招标代理人编制,提供给投标人用以明确招标需求、资格条件、招标组织、合同条款、评标方法和投标文件响应格式等内容的文件。本指南中的招标文件指拟正式发布的,包括竞争性谈判、询价等各种采购方式下的邀约邀请文件。

2. **(适用范围)** 本指南适用于各类竞标性质的采购活动。本指南针对公开招标的工程标的招标文件撰写,其他情形宜根据实际情况参照执行。

3. **(文件形成过程)** 审核的招标文件在送审前通常须经过编制、复核、拟定稿三个过程(具体要求见业务指南第一号的相应内容)。

4. **(招标文件送审条件)** 招标文件拟定,具备招标条件是发布招标信息的必要条件,也是全过程审计受理的必要条件。

4.1 审计务必关注拟招标事项是否已具备招标的条件,这些条件通常包括以下四个方面。

4.1.1 建设项目初步设计获得批复。

4.1.2 设计文件满足招标需求。

4.1.3 招标需求以及招标人的目标明确。

4.1.4 拟招项目所需的资金,来源明确,到位保证程度较高。

4.2 工程类招标务必额外关注以下三个方面。

4.2.1 按规定设置招标控制价(最高投标限价),按规定编制最高限价的造价文件。

4.2.2 按规定以工程量清单计价模式计价。

4.2.3 提供规范的招标工程量清单。

4.3 仅审核招标文件的文本时,可忽略前述招标条件,但招标文件载明的发布时点之前应具备全部招标条件。

5. **(整体性审核)** 从整体审核、评价招标文件。

5.1 完整性。

5.1.1 招标文件产生的过程是否完整，关注送审招标文件过程是否受控，即编制单位是否具有相应资质，编制、审核等不相容岗位是否分离，内部流转是否到位等。

5.1.2 招标文件送审资料是否完整，即是否影响全过程审计的专业判断。

5.1.3 招标文件本身是否完整。招标文件通常应至少包括投标人须知（含前附表）、招标公告、说明招标标的的内容（包括文字、图表等）、投标文件格式要求、工程量清单、主要合同条款、评标办法等内容。审核时须重点关注投标报价方式、评标办法、主要合同条款和工程类项目的工程量清单、安全文明措施费、社会保险费等应强制性执行的规费费率。

5.2 合规性。

5.2.1 采购方式是否合规。主要关注公开招标采购、集中采购、招标采购等的界限。

5.2.2 审核招标行为是否符合现行法规和建设单位的有关规定，需要重点关注的是是否遵循"依法必须进行招标的项目，全部使用国有资金投资或者国有资金投资占控股或者主导地位的，应当公开招标"。

5.2.3 招标方式是否合规，主要关注有无应进入建筑招标有形市场的而未进入的。

5.2.4 工程项目招标的计价方式是否采用现行工程量清单计价规范，并关注其强制性规范的遵循情况。

5.2.5 招标标的的金额（或招标最高限价等）是否超过批复、概算等审批性文件的规定。

5.3 合理性。

5.3.1 对投标单位的资质要求是否符合国家资质管理规定，有无抬高或降低施工资质等级，特别应认真审查施工资质的种类、等级以及业绩要求是否与本工程的实际相符。

5.3.2 对项目负责人的要求是否明确、合理，是否有"类似工程业绩"要求,其要求的业绩是否合理。

5.3.3 质量目标、工期目标及标段划分是否合理,工期要求与国家规定是否基本吻合。

5.3.4 发包筹划的其他内容是否科学。

5.3.5 暂估价金额比例是否符合相关规定,暂估项目的金额是否超过概算标准。

6. (细节性审核)审核招标文件的具体内容。

6.1 前附表内容索引是否准确,与正文是否一致。

6.2 招标工作时间安排是否合规合理,主要审核发布、报名、截标、开标、评标、公示、中标通知、合同事宜等时间。

6.3 投标保证金、预付款保函、履约保证金设置比例或数额是否合理。目前,国家对投标保证金的规定:一般不得超过招标项目控制价的2%,上限不超过80万元;履约保证金或履约保函的金额没有明确的规定,一般为工程造价的5%～10%;预付款保函金额与工程预付款的金额匹配。

6.4 招标控制价(最高投标限价)是否按现行规定编制。

6.5 投标文件格式是否完整,是否使用推荐的示范文本。

6.6 评标委员的组织是否合规、有效。

6.7 评标办法、评分标准是否科学、合理,是否适应招标人的招标目的。商务标、技术标的分值是否合理,是否采取了合理的量化评分办法。

6.8 否决投标条款是否合理、明确,是否符合国家、本市有关规定,与招标文件中其他涉及否决投标的条款是否一致,并在《投标人须知前附表》中集中明示;是否有排斥潜在投标人的条款。

6.9 商务报价计算方式、报价条件与要求是否明确,与所附合同专用条款是否匹配。

6.10 对工程量清单的审核重点是工程量清单编制深度和规范程度。主要审核内容包括以下九个方面。

6.10.1 工程量清单数量是否基本准确。

6.10.2 分部分项子目项是否缺项。

6.10.3 措施项目和其他项目是否合理。

6.10.4 主要材料的标准是否明确。

6.10.5 项目特征描述是否完整、准确。

6.10.6 计价格式表是否齐全等。

6.10.7 暂估价是否合理(具体可参照全过程审计业务指南第四号)。

6.10.8 总承包服务费的说明是否清晰,包括计费基数、工作内容、是否调整、如何结算等。

6.10.9 招标工程量清单与投标最高限价文件是否匹配。

6.11 非竞争内容是否明确,填报要求是否清晰。

6.12 审查拟定合同专用条款是否对下列事项进行约定(具体可参照全过程审计业务指南第三号)。

6.12.1 预付工程款的数额、支付时间及抵扣方式。

6.12.2 安全文明施工措施的支付计划、使用要求等。

6.12.3 工程计量与支付工程进度款的方式、数额及时间。

6.12.4 工程价款的调整因素、方法、程序、支付及时间。

6.12.5 施工索赔与现场签证的程序、金额确认与支付时间。

6.12.6 承担计价风险的内容、范围及超出约定内容、范围的调整办法。

6.12.7 工程竣工价款结算编制与核对、支付及时间。

6.12.8 工程质量保证金的数额、预留方式及时间。

6.12.9 违约责任以及工程价款发生争议的解决方法及时间。

6.12.10 其他诸如工期或者交货期、水电费的支付、合同文件及解释顺序等。

6.12.11 总承包服务内容、范围、管理,总承包服务费的计费基数调整,以及与专业分包的工作界面划分。

6.13 是否提供拟签的合同协议书和合同通用条款,建议使用建设单位拟定的统一版本或者权威部门推荐的示范(定型)文本。

7. **(审核基础)** 审核招标文件所必需的送审资料包括但不限于：

7.1 完整的送审资料详见逐年更新的《全过程跟踪审计送审资料交接表》。

7.2 出具招标文件审核意见必须取得的送审资料。

7.2.1 设计概算批复及其完整附件。

7.2.2 拟提供投标人的设计文件及其CAD版本的电子文件。

7.2.3 学校项目管理部门负责人签发的送审表。

7.2.4 学校项目管理部门及其委托的专业机构对送审招标文件（含工程量清单及最高投标限价）的审核意见。

7.2.5 完整的纸质招标文件及其word版本或者pdf版本的电子文件。

7.2.6 招标代理委托合同（如有招标代理）。

7.2.7 招标工程量清单和最高投标限价的编制的委托合同。

8. **(审核成果)** 全过程审计对招标文件的审核报告（参见全过程审计业务指南第一号）。

9. **(备查资料)** 审核招标文件的依据。

9.1 法律法规。

9.1.1 《中华人民共和国招标投标法》（主席令第21号）。

9.1.2 《中华人民共和国招标投标法实施条例》（国务院令第613号）。

9.1.3 《工程建设项目施工招标投标办法》（七部委30号令）。

9.1.4 《评标委员会和评标方法暂行规定通知》。

9.1.5 《工程建设项目自行招标试行办法》（国家发展计划委员会令第5号）。

9.1.6 《建设工程设计招标投标管理办法》（建设部令第92号）。

9.1.7 《必须招标的工程项目规定》（国家发展和改革委员会令第16号）。

9.1.8 《标准施工招标资格预审文件》和《标准施工招标文件》试行规定（九部委56号令）。

9.1.9 《上海市建筑市场管理条例》。

9.2 建设单位及其上级单位的制度。

9.2.1 《××大学建设工程管理审计规定》。

9.2.2 《××大学建设工程全过程跟踪审计实施办法》。

9.2.3 《××大学建设工程竣工结算审计实施办法》。

9.3 行业规范及惯例。

9.3.1 《建设工程工程量清单计价规范》(GB50500-3)。

9.3.2 《上海市建设工程工程量清单计价应用规则》。

9.3.3 《上海市房屋建筑和市政工程招标评标办法》。

9.3.4 其他适用于当前招标项目的文件。

10. (**审核重点**)审核招标文件时应重点关注以下三个方面。

10.1 对进入建筑交易有形市场招标的招标文件重点关注以下四个方面：

10.1.1 招标工程量清单的完整性。

10.1.2 投标报价编制说明是否清晰明确。

10.1.3 评标办法是否合理，与招标目标是否匹配。

10.1.4 合同专用条款是否完备。

10.2 对不进入建筑交易有形市场招标的招标文件重点关注招标合规性。

10.3 当设计文件深度存在缺陷时重点关注是否有预防性措施。

招标文件审核要点

工程名称：

指南条款号	审计标准		审核要求（合规性、合理性、准确性）	审核结果			问题描述	审议意见		审计建议		备注
	审计关注点			是	否	不适用		条款号		条款号		
4.1 招标条件	4.1.1	设计文件报批	初步设计批复相关批文是否齐全？	□	□	□						
	4.1.2	设计文件深度	设计文件是否满足招标需求？	□	□	□						
	4.1.3	招标需求明确	招标文件需求是否明确？	□	□	□						
	4.1.4	资金情况	资金来源及到位是否满足招标要求？	□	□	□						
4.2 工程招标	4.2.1	招标控制价合规	是否设置招标控制价？	□	□	□						
	4.2.2	招标工程量清单	是否提供规范的招标工程量清单？	□	□	□						
5.1 完整性	5.1.1	文件产生过程	送审招标文件过程是否受控？	□	□	□						
	5.1.2	送审资料	送审资料是否完整？	□	□	□						
	5.1.3	文件内容	评标办法是否设置？投标报价方式是否明确要求？	□	□	□						

续表

指南条款号	审计标准		审核要求(合规性、合理性,准确性)	审核结果			问题描述	审议意见		审计建议		备注
		审计关注点		是	否	不适用		条款号		条款号		
5.2 合规性	5.2.1	采购方式	招标文件是否含工程量清单?	☐	☐	☐						
			招标文件是否含合同附件?	☐	☐	☐						
	5.2.2	招标行为	采购方式是否合合规?	☐	☐	☐						
			招标行为是否符合现行法规和建设单位的有关规定?	☐	☐	☐						
	5.2.3	招标方式	是否采用公开招标方式?	☐	☐	☐						
	5.2.4	计价方式	计价方式是否采用现行工程量清单审计价规范?	☐	☐	☐						
	5.2.5	是否超概	招标控制价是否在概算范围内?	☐	☐	☐						
5.3 合理性	5.3.1	资质要求	资质等级与招标、投标及合同等是否匹配?	☐	☐	☐						
	5.3.2	项目负责人要求	对项目负责人的要求是否合理?	☐	☐	☐						
	5.3.3	工期、质量要求	工期要求与国家规定是否基本吻合?	☐	☐	☐						

续表

指南条款号	审计标准		审核要求(合规性、合理性、准确性)	审核结果			问题描述	审议意见		审计建议		备注
				是	否	不适用		条款号		条款号		
		审计关注点										
6 细节性审核	5.3.4	标段划分	项目是否不存在拆分标段行为?	□	□	□						
	5.3.5	暂估内容比例	暂估价金额比例是否符合相关规定?	□	□	□						
	6.1	前附表是否准确	前附表内容索引是否准确?	□	□	□						
	6.2	招标的时间安排	招标工作时间安排是否合理?	□	□	□						
	6.3	保证金	各类保证金设置是否合理?	□	□	□						
	6.4	招标控制价文件	招标控制价文件是否符合招标条件?	□	□	□						
	6.5	投标文件的要求	投标文件格式是否完整?	□	□	□						
	6.6	评标委员会	评标委员的组织是否合规,有效?	□	□	□						
	6.7	评标办法	商务标,技术标的分值是否合理?是否采取了合理的量化评分办法?	□	□	□						

续表

指南条款号	审计标准		审核要求（合规性、合理性、准确性）	审核结果			问题描述	审议意见		审计建议		备注
		审计关注点		是	否	不适用		条款号		条款号		
	6.8	否决标条款的设置	是否不存在排斥潜在投标人的条款？	□	□	□						
	6.9	商务报价的要求	报价与招标文件工程量清单项是否对应？	□	□	□						
	6.10	工程量清单	清单编制是否无重大漏项？	□	□	□						
	6.11	非竞争性报价	非竞争内容是否明确？	□	□	□						
	6.12	合同条款	是否提供拟签的合同协议书和合同通用条款？	□	□	□						
			预付工程款的比例、支付时间及抵扣方式是否合理？	□	□	□						
			工程价款的调整因素、方法、程序、支付及时间是否设置？	□	□	□						
			承担计价风险的内容、范围及超出约定内容、范围的调整办法是否设置？	□	□	□						

续表

审计标准		审核要求(合规性、合理性、准确性)	审核结果			问题描述	审议意见	审计建议	备注
指南条款号	审核关注点		是	否	不适用		条款号	条款号	
		违约责任以及工程价款发生争议的解决方法及时间是否合理?	□	□	□				
		总承包服务内容、范围、管理,总承包服务费的计费基数调整,以及与专业分包的工作界面划分是否明确?	□	□	□				

编制人: 审核人:

主审:

第三节　审核合同文件

1. **(定义)** 本指南所指的合同文件是指作为全过程审计对象的建设项目所涉及的符合送审要求的,与对方当事人之间设立、变更、终止民事关系的书面文本。

2. **(适用范围)** 根据全过程审计实施办法的精神,本指南主要针对基本定稿尚未签署的施工合同文本,也包括构成送审招标文件内容的合同条款。其他类别的合同参照执行。

3. **(文件形成过程)** 审核的合同文件在送审前通常须经过编制、复核、拟定稿三个过程(具体要求见业务指南第一号的相应内容)。

对使用对方当事人提供的范本或格式文本,同样需要经过前款所述流程,并审慎对待。

4. **(合同文本送审条件)** 对处于不同阶段的合同文本应区别对待,凡拟签署前送审的正式合同文件,务必关注下列五个条件:

4.1　直接发包的合同,应取得选择合同对方的书面的决策意见。

4.2　对有限竞争条件下发包的合同,应取得能反映合同事项选择过程的资料(形式不限)。

4.3　对通过公开招标或集中采购发包的,必须取得中标通知书。

4.4　应已经完成内部制度规定的程序,包括结果公示、文本流转等。

4.5　在特殊情况下,在无法具备送审条件而需要出具审计意见,应以取得项目管理部门对上述条件的书面解释为前提。

5. **(整体性审核)** 从整体审核、评价合同文件。

5.1　完整性。

5.1.1　合同文件产生的过程是否完整,即编审分离、内部流转等控制痕迹是否完整。

5.1.2　合同文件送审资料是否完整,即有无影响审计判断的资料缺失。

5.1.3 合同文件本身是否完整,包括有无缺页、主要内容是否空白等。

5.2 合规性。

5.2.1 审核合同发包是否符合现行法规和建设单位的有关规定,包括但不限于以下五个方面。

5.2.1.1 采购方式。

5.2.1.2 发包方式。

5.2.1.3 工程项目的计价方式。

5.2.1.4 合同金额是否超过批准概算的对应金额,有条件时须关注同类合同累计金额是否超过对应概算项目。

5.2.1.5 建设单位对合同的相关具体规定。

6. **(细节性审核)** 审核合同文件的具体内容。

6.1 不同情形不同环节应关注的重点。

6.1.1 通过招投标与中标人拟签订的合同文件。

6.1.1.1 在审核合同文件时应关注以下四个方面。

(1) 招标文件中是否提供拟签订的合同文本。

(2) 合同文本是否明确了以下重要内容:标的及其交付标准、工期或交货期、权利义务、付款方式、结算规则、变更约定、风险承担、合同终止、违约责任等。

(3) 合同文件的解释顺序是否有利于学校。

(4) 合同文本是否须经法务部门审核。

6.1.1.2 在合同签署环节应关注以下四个方面。

(1) 合同有无实质性违背招标文件的情况(重点关注不利于招标人的变化)。

(2) 合同审批的控制节点是否有效。

(3) 重点关注与结算相关条款的合理性。

(4) 合同文本相关信息与中标通知书是否一致。

6.1.2 直接与供应商(承包商、服务商)签订的合同文件。

6.1.2.1　在合同文本审核时关注6.1.1款的所有内容。

6.1.2.2　直接授予合同的行为是否合规。

6.1.3　审计应关注合同文件产生的过程以及保有的工作痕迹，并取得相应的证据。

6.2　审核合同对方的主体资格。

6.2.1　通过招投标授予合同时应关注以下四个方面。

6.2.1.1　合同对方与中标人是否一致。

6.2.1.2　代理人的授权是否包括合同签署。

6.2.1.3　营业执照、资格资质等证书是否在有效期内。

6.2.1.4　法人签字及公章是否真实有效，重要的合同应建议通过签字仪式完成签署过程。

6.2.2　对未经过招投标程序授予的合同，还须额外关注以下三个方面。

6.2.2.1　资质资格是否满足合同要求，必要时通过查询进行确认；并在合同条款内明确丧失资质资格的处理办法。

6.2.1.2　有无实地、现场考察记录等资格审查文件。

6.2.1.3　核对营业执照。

6.3　与招标文件、中标通知及投标文件（如有）一致性审核，包括标的物（或承包范围）、工期（交货期）、金额、付款方式、变更、风险承担等；如审核招标文件所附的合同条款未涉及前述内容应建议补充。

6.3.1　重点关注投标承诺有无在合同中体现。

6.4　合同主要内容完整性审核。

6.4.1　在招投标过程中形成的补遗、修改、书面答疑、询标纪要等是否均已作为合同文件的组成部分，是否明确解释顺序。

6.4.2　关于合同工期（或交货期，下同）。

6.4.2.1　开竣工日期及其标志是否明确约定。

6.4.2.2　工期延误、变更的条件、程序是否明确约定。

6.4.2.3　工期的奖罚条款是否明确约定。

6.4.3　关于质量与验收。

6.4.3.1 质量标准或验收标准是否明确约定。

6.4.3.2 验收的条件、程序是否明确约定。

6.4.3.3 成品保护和交付的责任是否明确。

6.4.3.4 隐蔽工程和中间验收的条件和程序是否明确约定,一同交付的资料是否明确。

6.4.3.5 与质量相关的奖惩是否明确。

6.4.4 关于施工条件需要明确的内容至少包括以下七个方面。

6.4.4.1 七通一平。

6.4.4.2 基准点。

6.4.4.3 施工图。

6.4.4.4 地下管线、障碍物。

6.4.4.5 文物保护。

6.4.4.6 植物保护。

6.4.4.7 不可抗力。

6.4.5 关于安全文明施工的标准、要求、责任是否明确约定。

6.4.6 关于材料供应(包括甲供设备、材料,乙供材料设备验收)的约定是否明确,包括品种、数量、时间、检验、保管、结算等。

6.4.7 关于总包和分包的事项需要约定以下六个方面:

6.4.7.1 分包的内容。

6.4.7.2 分包商的选择。

6.4.7.3 总包与分包的工作界面。

6.4.7.4 总包的责任。

6.4.7.5 总包的配合与管理,包括临设、脚手架使用、修补、资料、验收、成品保护、安全施工等条款。

6.4.7.6 分包的结算与支付。

6.4.8 质保金、质保期及质保金返还的方式和利息支付是否明确约定。

6.4.9 合同生效条件、时间以及签署地点等是否明确。

6.4.10 争议解决途径、地点是否明确约定。

6.4.11　款项支付的约定是否明确,至少应包括支付条件、时间、金额或比例、结算前累计支付限额。

6.4.12　与结算的相关条款是否明确。

6.4.12.1　结算的条件、程序、时效。

6.4.12.2　结算的计价计量方式。

6.4.12.3　变更的条件、程序、结算。

6.4.12.4　变更工作内容的计量、计价。

6.4.12.5　签证的管理和结算。

6.4.12.6　合同价款调整的条件、程序。

6.4.12.7　风险的承担。

6.4.12.8　预付款保函及履约保证金(比例没有明确的规定,一般为工程造价的5%～10%;预付款保函金额与工程预付款金额匹配)。

6.4.12.9　质保金。

6.4.13　农民工工资支付的承诺等。

7.　**(审核基础)** 审核合同文件所必需的送审资料包括但不限于如下内容。

7.1　通过建筑交易市场公开招标的项目。

7.1.1　中标通知书。

7.1.2　招标文件、中标人的投标文件、评标报告。

7.1.3　拟定稿的合同文件。

7.1.4　反映合同文件形成流程的过程文件。

7.2　其他情况须增加以下资料。

7.2.1　项目可研报告及批复、设计概算及批复(不需要上级审批的项目应提供建设单位的立项文件)。

7.2.2　合同对方的基本信息和证明文件。

7.2.3　授权委托书(如未提供应在审计意见中提示关注)。

8.　**(审核成果)** 审计对合同文件的审核报告(参见全过程审计业务指南第一号)。

9.　**(备查资料)** 审核招标文件的依据。

9.1 法律法规。

9.1.1 《中华人民共和国建筑法》(主席令第91号)。

9.1.2 《中华人民共和国合同法》(主席令第15号)。

9.1.3 《中华人民共和国招标投标法》(主席令第21号)。

9.2 建设单位及其上级单位的制度。

9.2.1 《中华人民共和国招标投标法实施条例》(国务院令第613号)。

9.2.2 《建设工程监理范围和规模标准规定》(建设部令第86号)。

9.2.3 《建设工程勘察设计管理条例》(国务院令第293号)。

9.2.4 《国务院有关部门实施招标投标活动行政监督的职责分工意见的通知》(国办发〔2000〕34号)。

9.2.5 《建设工程质量管理条例》。

9.2.6 《建筑业企业资质管理规定》(建设部令第159号)。

9.2.7 《建设工程勘察设计资质管理规定》(建设部令第160号)。

9.2.8 《工程监理企业资质管理规定》(建设部令第158号)。

9.2.9 《工程造价咨询企业管理办法》(建设部令第149号)。

9.2.10 《建设工程质量检测管理办法》(建设部令第141号)。

9.2.11 《关于印发〈建设工程质量保证金管理暂行办法〉的通知》(建质〔2005〕7号)。

9.2.12 《房屋建筑和市政基础设施工程施工分包管理办法》(建设部令第124号)。

(以下至9.3.8,为地方性法规文件。)

9.2.13 《上海市建设工程监理管理办法》(上海市人民政府令第72号)。

9.2.14 《上海市建筑节能条例》。

9.2.15 《上海市建设工程文明施工管理规定》(上海市人民政府令第18号)。

9.2.16 《上海市建筑市场管理条例》。

9.2.17 《建筑工程施工发包与承包计价管理办法》(住房和城乡

建设部令第 16 号)。

9.3 文件、规范、范本、惯例。

9.3.1 《关于明确本市建筑工程施工许可前质量安全措施现场审核办理程序的通知》(沪建交〔2013〕405 号)。

9.3.2 《关于建设工程总监理工程师任职兼项、变更、核销的操作意见》(沪建建管〔2012〕50 号)。

9.3.3 《关于印发 2012 版〈投标保证金提交与退还操作须知〉的通知》。

9.3.4 《关于对本市建设工程施工招投标中社会保障费报价及评审方法的监管工作规则》(沪建市管〔2012〕82 号)。

9.3.5 《关于发布〈上海市建设工程报建管理办法〉的通知》(沪建交〔2011〕1034 号)。

9.3.6 《关于贯彻实施〈上海市城乡建设和交通委员会关于加强本市建设工程施工工期管理的意见〉的通知》(沪建市管〔2012〕33 号)。

9.3.7 《关于印发〈上海市建设工程文明施工标准〉的通知》(沪建交〔2010〕1032 号)。

9.3.8 《关于印发〈上海市建设工程工程量清单计价应用规则〉的通知》(沪建管〔2014〕872 号)。

9.3.9 《住房城乡建设部财政部关于印发〈建筑安装工程费用项目组成〉的通知》。

9.3.10 《住房城乡建设部关于发布国家标准〈建设工程工程量清单计价规范〉的公告》(住房和城乡建设部公告第 1567 号)。

9.3.11 《建设工程施工合同范本》(GF-2013-0201)。

9.3.12 《建设工程监理合同(示范文本)》(GF-2012-0202)。

9.3.13 《建设工程设计合同(示范文本)》(GF-2000-0210)。

10. (审核重点)审核合同文件时应重点关注以下七个方面。

10.1 标的的描述是否清晰无歧义,包括质量标准、工期、交付方式等。

10.2 支付方式、结算条款是否明确可操作。

10.3 对变更、索赔、签证是否明确约定。
10.4 对风险承担有无明确约定。
10.5 对争议、合同终止有无明确约定。
10.6 通过招标的,与招标文件有无实质性违背。
10.7 通过招标的,投标承诺在合同中是否充分体现。

合同文件审核要点

工程名称：

指南条款号	审计标准		审核要求（合规性、合理性、准确性）	审核结果			问题描述	审议意见 条款号	审计建议 条款号	备注
		审计关注点		是	否	不适用				
4. 签署合同的条件	4.1	直接发包	是否有相关决策过程资料？	□	□	□				
	4.2	有限竞争	是否有相关决策程序资料？	□	□	□				
	4.3	充分竞争	是否有中标通知书？	□	□	□				
	4.4	内部制度	是否履行内部决策流程？	□	□	□				
5.1 完整性	5.1.1	文件产生过程	合同文件产生的过程是否完整？	□	□	□				
	5.1.2	送审资料	送审资料是否完整？	□	□	□				
	5.1.3	文件内容	文件内容是否完整？	□	□	□				
5.2 合规性		采购方式	采购方式是否符合国家及学校有关规定？	□	□	□				
5.3 合理性	5.3.1	资质要求	资质等级与招标、投标及合同等是否匹配？	□	□	□				
	5.3.2	项目负责人要求	人员要求与招标、投标及合同等是否匹配？	□	□	□				

续表

指南条款号	审计标准 审计关注点	审核要求（合规性、合理性、准确性）	审核结果 是	审核结果 否	审核结果 不适用	问题描述	审议意见 条款号	审计建议 条款号	备注
5.3.3	工期、质量要求	合同中对工期、质量等是否有相关奖罚条款？	☐	☐	☐				
5.3.4	标段划分	标段划分是否合理？	☐	☐	☐				
5.3.5	暂估内容比例	暂估价内容比例是否在规定范围内？	☐	☐	☐				
6. 细节性审核									
6.1	主体资格	资质等级与招标、投标及合同等是否匹配？	☐	☐	☐				
6.2	会签	是否经相关部门进行会签？	☐	☐	☐				
6.3	与中标通知书一致性	合同价与中标价是否一致？	☐	☐	☐				
6.4	内部流转	内部流转程序是否完备？	☐	☐	☐				
6.5	计价标准	计价标准是否准确？	☐	☐	☐				
6.6	与招标文件一致性	投标承诺是否在合同中体现？	☐	☐	☐				
6.7	合同是否体现投标承诺	合同主要结算条款有无违背招标文件及所附的合同条款？	☐	☐	☐				

续表

指南条款号	审计标准		审核要求（合规性、合理性、准确性）	审核结果			问题描述	审议意见		审计建议		备注
				是	否	不适用		条款号		条款号		
		审计关注点										
	6.8	合同工期或交货期	合同中对工期、质量等是否有相关奖罚条款？	□	□	□						
	6.9	质量标准	质量标准是否明确约定？	□	□	□						
	6.10	验收	验收标准是否明确约定？	□	□	□						
	6.11	总分包约定	结算条款约定是否与总包约定一致？	□	□	□						
	6.12	款项支付	预付款、进度款等是否按照合同规定要求支付？	□	□	□						
	6.13	结算条款	结算条款中是否不存在明显不合理的条款？	□	□	□						

编制人：　　　　　　　　　　　　　审核人：
主审：

第四节 审核暂估价

1.（**定义**）在招标工程量清单中通常包含一些因各种原因不竞争的内容,因技术原因不参与竞争的内容主要包括暂估价和暂列金额,暂估价包括材料(工程设备)暂估价和专业工程暂估价。

1.1 暂估价是指招标人在工程量清单中提供的用于支付必然发生但暂时不能确定价格的材料的单价、工程设备的单价以及专业工程的金额。

1.2 暂列金额是招标人在工程量清单中暂定并包含在合同价款中的一笔款项。用于工程合同签订时尚未确定或者不可预见的所需材料、工程设备、服务的采购,施工中可能发生的工程变更、合同约定调整因素出现时的合同价款调整以及发生的索赔、现场签证确认等的费用。

2.（**适用范围**）本指南所指审核暂估价包括招标工程量清单、暂定内容的实施、暂估价结算三个环节;本指南以审核暂估价为例,审核暂列金额时自行参照。

暂估价的审计通常不会作为一个单独事项送审,故必要时宜在竣工决算阶段对整个项目的暂估内容进行全面评价。

3.（**暂估价的形成过程**）暂估价应该至少经过提出、论证、决策三个过程。

3.1 根据实际情况,项目管理团队同时或分阶段提出招标工程量清单的暂定内容并说明暂定的原因、后续采购办法。

3.2 项目管理团队组织招投标代理单位或投资监理单位充分论证暂定的合理性、必要性,暂定内容采购的合规性、有效性,并形成初步意见。

3.3 项目管理部门形成暂定事项的初步决策意见。

4.（**暂估的条件**）基于暂估通常不作为独立事项送审,一般会在审核招标清单时初次涉及该项内容。暂估是因条件限制为了能公平竞标而作出的妥协,本质上削弱了总承包的竞争范围和效果。因此,只有当条件确实受限时,暂估才是合理的,这些条件包括以下三个方面。

4.1 因技术条件限制对标的尚未作出明确决策。

4.2 因时间限制导致无法对标的作出合理选择。

4.3 拟今后通过市场竞价取得更好的价格条件。

5. **(整体性审核)** 从整体上审核暂估价及相关事宜。

5.1 完整性。

5.1.1 暂定价初步决策的流程是否完整(从送审资料判断)。

5.1.2 送审资料是否完整。

5.1.2.1 在招标工程量清单节点,暂估价内容通常包括在招标工程量清单内,必要时提请送审单位书面说明暂估的原因。

5.1.2.2 在暂估内容实施节点,至少应包括含招标工程量清单在内的该项招标文件、总承包合同、暂定价内容的具体参数和说明、采购数量、拟采购的方式及相关文件、论证和初步决策的过程文件等。

5.1.2.3 在暂估价结算节点,通常随同总承包结算或分包结算一并进行,应关注送审资料中是否包含暂定价结算的计价依据和计量依据,以及计价依据产生的过程文件。

5.1.3 构成暂估价的要素是否完整,通常应包括原暂定价、数量、金额、计量计价及列示。

5.1.4 暂估的价格依据是否充分,包括初步的技术标准、数量、单价等;如果无相关信息,至少应取得书面的估价说明。

5.2 合理性。

5.2.1 暂估价项目是否属于概算范围或原总承包的范围。

5.2.2 拟确定的暂估价的金额是否超过概算或者原承包合同中暂估金额(暂估内容实施时)。

5.2.3 重点关注暂估的必要性,应提请项目管理部门尽可能减少暂估。

5.3 合规性。

5.3.1 暂估价总额占招标控制价的比例是否合理。

5.3.2 暂估内容实际采购或发包时拟确定的方式是否合规(包括邀请招标和公开招标,依法必须进行招标的项目,全部使用国有资金投资或者国有资金投资占控股或者主导地位的,应当公开招标)。

6. (细节性审核)审核暂估价的具体相关事项。

6.1 在招标工程量清单节点对暂估价的审核。

6.1.1 暂估价的比例或内容是否符合工程实际情况,或有无人为扩大了暂估价的范围。

6.1.2 暂估理由是否充分,关注暂定内容的选择是否符合建设意图。

6.1.3 暂估价格合理性依据是否充分,并与原概算和当前市场价比较。

6.2 招标方式实施暂估内容的审核(除下列内容外,具体参照业务指南第一号)。

6.2.1 须关注该暂定专业工程招标文件中关于工作界面、总包服务费、付款方式等内容与总承包合同相关内容是否匹配。

6.2.2 须关注该暂定专业工程的报价方式是否执行现行工程量清单计价规范。

6.2.3 须设计、施工一体化的项目,其功能要求及技术参数是否已经过使用单位、管理部门的确认。

6.2.4 是否按现行规定编制控制价,综合单价是否合理。

6.3 非招标方式实施暂估内容的审核。

6.3.1 对国家或法律法规允许情况下,通过非招标形式确定的暂估价的范围、内容(如国家秘密、专利技术等情形)进行判别。

6.3.2 对暂估内容实施的价格合理性等作出判断。

6.3.3 关注有无应招标采购或发包的内容,直接采购或发包。

6.4 关注暂估价确定的结果对总投资的影响。

7. (审核成果)审计对(××节点)暂估价的审核报告。

7.1 当需要对暂估事项单独作出评价时需要出具审核(审计)报告。

7.2 报告体例参照业务指南第一号的相关内容。

7.3 报告中需要针对性说明以下内容：

7.3.1 暂估内容的总体描述(建议列表描述)。

7.3.1.1 招标时暂估的总金额,占最高投标限价的比例。

7.3.1.2 结算时暂估内容的结算金额,占结算造价的比例。

7.3.1.3 暂估价和暂估内容结算价的比较。

7.3.1.4 暂估的原因。

7.3.2 暂估内容的实施情况。

7.3.2.1 采购方式。

7.3.2.2 承包商或供应商。

7.3.3 暂估内容非总承包实施时,关注以下四个方面。

7.3.3.1 暂估内容对建安投资的影响。

7.3.3.2 暂估价范围的工作内容与总承包工作界面划分是否合理。

7.3.3.3 暂估内容实施对建设进度的影响。

7.3.3.4 暂估内容对整体质量的影响。

8. (审核重点)暂估价的管理对招标效果,施工阶段的进度控制,乃至整体质量、项目投资都有重要影响,所以审计务必重点关注以下四个方面：

8.1 暂估内容的必要性。

8.2 暂估价的合理性。

8.3 暂估内容实施的合规性。

8.4 施工阶段对暂估价管理的科学性,即减少实施中对建设进度、工程质量、投资控制的负面影响。

暂估价审核要点

工程名称：

指南条款号	审计标准		审核要求(合规性、合理性、准确性)	审核结果			问题描述	审议意见 条款号	审计建议 条款号	备注
		审计关注点		是	否	不适用				
3.	暂估价的形成过程	3.1 设置的原因	暂估价设置理由是否充分？	□	□	□				
		3.2 暂估价流程	暂估价设置是否有相应的审批流程？	□	□	□				
4.	暂估的条件	4.1 技术原因	因技术条件限制对标的尚未作出明确决策理由是否充分？	□	□	□				
		4.2 时间限制	时间限制导致无法对标的作出合理选择理由是否充分？	□	□	□				
		4.3 市场竞争	是否拟采取更好市场竞争方式采购？	□	□	□				
5.1	整体性	5.1.1 决策流程	是否有相应的决策流程？	□	□	□				
		5.1.2 资料完整	送审资料是否完整？	□	□	□				
		5.1.3 构成要素	构成要素是否齐备？	□	□	□				
5.2	符合性	5.2.1 暂估范围	暂估范围是否超概算？	□	□	□				
		5.2.2 暂估金额	暂估金额是否超概算？	□	□	□				

续表

指南条款号	审计标准		审核结果			问题描述	审议意见	审计建议	备注
	审核关注点	审核要求(合规性、合理性、准确性)	是	否	不适用		条款号	条款号	
5.3 合规性	5.2.3 必要性	暂估项目是否必要?	☐	☐	☐				
	5.3.1 暂估比例	暂估比例是否超有关规定?	☐	☐	☐				
	5.3.2 采购方式	后续采购方式是否符合相关规定?	☐	☐	☐				
6. 细节性审核	6.1 清单编制阶段	暂估价是否缺项?	☐	☐	☐				
	6.2 招标方式采购	暂估与总包包的界面划分是否清楚?	☐	☐	☐				
	6.3 非招标方式采购	是否有相应的内部采购流程?	☐	☐	☐				

编制人：

主审：

审核人：

第五节　审核工程变更与现场签证

1. (定义)本指南引用工程量清单计价规范的相关定义。

1.1　工程变更指合同实施过程中由发包人提出或由承包人提出经发包人批准的合同工程任何一项工作的增、减、取消或施工工艺、顺序、时间的变化。设计图纸的修改,施工条件的改变,招标工程量清单的错、漏从而引起合同条件的改变或工程量的增减变化。

1.2　现场签证指发包人现场代表(或其授权的监理人、工程造价咨询人)与承包人现场代表就施工过程中涉及的责任事件所作的签认证明。

2. (适用范围)基于项目管理效率和审计绩效的角度,全过程审计应明确建设过程中变更和签证事前送审的触发条件。一般可作以下要求(具体在项目审计实施方案中确定)。

2.1　单项变更估计影响造价大于等于建安投资 0.5%,实施前送审。

2.2　当变更累计影响造价大于等于建安投资 5%,将已发生的变更一并送审;同时将单项变更送审的触发条件降低为建安投资的 0.25%。

2.3　单项签证估计影响造价大于等于建安投资 0.05%,签发前送审。

2.4　当签证累计影响造价大于等于建安投资 2%,将已发生的签证一并送审;同时将单项签证送审的触发条件降低为建安投资的 0.025%。

3. (文件形成过程)审核的变更或签证在送审前须经过提出、论证、初步决策三个过程。

3.1　工程变更送审前的形成过程包括:提出及其原因,监理单位就具体事项必要性、可行性、合规性作出评价(必需的设计文件修改除外),投资监理单位对变更进行计量计价并作出经济性评价,项目管理部门作出初步决策并负责按相关审计规定送审。

3.2 签证送审前的形成过程包括:承包人提出,监理单位核定事实(含工作量),发包人现场人员确认事实,投资监理计量计价,项目管理部门作出初步决策并负责按相关审计规定送审。

4. **(送审的要求)** 为使全过程审计达到预期效能,对送审事项提出明确要求。

4.1 达到触发条件必须及时送审,全过程审计应关注其实施与送审的时点;对未满足触发条件的事项可以事后送审,审计有明确要求的除外。

4.2 重大变更和重大签证(根据全过程审计方案确定)原则上应初步决策后实际实施(签证签发)前送审。

4.3 单项签证应在承包商送达,合同约定回复时间前7个工作日送审。

4.4 单项变更送审应在该项变更必须实施前10个工作日,涉及施工关键线路适当提前,突发事件导致的变更除外。

5. **(整体性审核)** 从整体审核、评价工程变更和现场签证。

5.1 完整性。

5.1.1 文件形成的过程是否完整。

5.1.2 文件送审资料是否齐全(重点关注事由、专业单位意见、隐蔽工程的资料等)。

5.1.3 工程变更和现场签证文件本身要素是否完整,至少包括:事由、结果、计量、计价、各岗位或机构的意见等。

5.2 合规性。

5.2.1 文件提出时间是否符合合同相关约定。

5.2.2 文件的签章是否齐全,签署人是否具备权限。

5.3 合理性。

5.3.1 审计通过设计、监理等机构的专业意见判断其合理性。

5.3.2 审计在其专业能力内独立判断合理性。

5.3.3 合理性判断的核心为是否必须或者业主是否有利于实现建设目标,当无法判断时务必在成果文件中详细说明事项事实及对投资的影响。

6.(细节性审核) 审核工程变更和现场签证的具体内容。

6.1 类别、序号是否异常,形式要素是否完备。

6.2 事由描述是否清晰并附有相关证明。

6.3 内容描述是否完整,一般包括项目编号、工程名称、发生的时间、发生的部位或范围、签证的内容做法及原因说明、增加的工程量、减少的工程量、相关图纸说明、拟结算金额等。

6.4 计量计价依据是否齐全,计算是否准确。

6.5 结合设计、监理、投控单位的意见,复核相关事项的必要性、合理性、可行性、真实性等;重点关注是否存在承包人通过变更、签证规避不利的投标报价。

6.6 根据合同文件(含招投标文件)判断涉及费用是否应由业主承担。

6.7 根据合同文件(含招投标文件)判断涉及费用是否已包含在投标报价中。

6.8 根据合同文件(含招投标文件)判断涉及费用其组价的依据是否符合合同约定。

6.9 对项目投资的影响。

7.(审核基础) 审核工程变更和现场签证所必需的资料除全部合同文件、管理部门的管理制度外还包括且不限于以下四个方面。

7.1 变更送审资料。

7.1.1 设计单位出具的设计变更。

7.1.2 不涉及设计单位时,业主拟签发的变更通知。

7.1.3 变更的内部决策文件和决策过程文件。

7.1.4 变更估价。

7.1.5 相关单位的专业意见。

7.1.6 说明工程变更必要且合理的其他依据。

7.2 签证送审资料。

7.2.1 业主指令或事实证明资料。

7.2.2 监理及业主现场代表对事实的确认以及对责任的确认。

7.2.3 投资监理对签证的估价。

7.2.4 签证事项完成的证明材料。

7.3 项目管理部门提交签证统计明细表或变更统计明细表(至少应包括时间、事项、缘由、估价、签发人等)。

7.4 有条件且必要时,审核人应通过现场直接获得的证据。

8.(审核成果)全过程审计对工程变更和现场签证的审核报告。

8.1 参见业务指南第一号。

8.2 成果文件应体现累计变更或签证对投资的影响,未获得此类统计表时应明确提示关注。

9.(参考资料)可供借鉴判断合理性、必要性的资料。

9.1 《中华人民共和国合同法》。

9.2 建设工程工程量清单计价规范。

9.3 建设部或地方发布的施工合同示范文本。

9.4 施工技术标准和验收规范。

9.5 最高院的司法解释。

9.6 设计规范。

10.(审计重点)全过程审计应重点关注以下五个方面:

10.1 签证事实是否真实,描述是否准确。

10.2 变更是否必要、合理。

10.3 计价是否准确。

10.4 是否严格遵循合同文件的约定。

10.5 是否符合结算条件。

工程变更与签证审核要点

工程名称：

指南条款号	审计标准		审核要求(合规性、合理性、准确性)	审核结果			问题描述	审议意见		审计建议		备注
	审计关注点			是	否	不适用			条款号		条款号	
3. 工程变更与签证的形成过程	3.1	原因	工程变更与签证是否有相应的理由？	□	□	□						
	3.2	流程	工程变更与签证是否有相应的审批流程？	□	□	□						
4. 签证的条件	4.1	送审时间	是否在规定时间内送审	□	□	□						
	4.2	重大签证	是否在初步决策后实际实施(签证签发)前送审？	□	□	□						
5.1 整体性	5.1.1	签证流程	是否有相应的管理流程？	□	□	□						
	5.1.2	资料完整	送审资料是否完整	□	□	□						
	5.1.3	构成要素	构成要素是否齐备？	□	□	□						
5.2 合规性	5.2.1	提出时间	文件提出时间是否符合合同相关约定？	□	□	□						
	5.2.2	签章	文件的签章是否齐全	□	□	□						
	5.2.3	授权	签署人是否具备相应权限？	□	□	□						

续表

审计标准		审核要求(合规性、合理性、准确性)	审核结果			问题描述	审议意见		审计建议		备注
指南条款号	审计关注点		是	否	不适用		条款号		条款号		
5.3 合理性	提出原因	文件提出原因是否符合合同相关约定?	□	□	□						
6. 细节性	6.1 事项描述	事由描述是否清晰、完整?	□	□	□						
	6.2 计量计价	计量计价依据是否齐全、准确?	□	□	□						
	6.3 与合同文件比较	费用是否已包含在投标报价中?	□	□	□						

编制人:

主审:

审核人:

第六节　审核材料设备批价

1. **(定义)** 本指南中材料设备批价指工程承包合同履行过程中,发包方对承包方提出的材料设备拟结算价作出确认,并以此作为工程造价结算依据的行为。本指南以下简称批价。

2. **(适用范围)** 本业务指南仅适用于工程承包范围内需要业主确认价格的事宜,一般指以下三个方面。

2.1　招标时在招标工程量清单中暂定的未经竞价的且不适合以招标定价的内容。

2.2　招标工程量清单遗漏的子目涉及的内容。

2.3　因工程变更产生的无法根据合同约定参照投标文件商务标定价的内容。

3. **(文件形成过程)** 审核的批价在送审前通常须经过提出、咨询、拟定三个过程。

3.1　提出、咨询、拟定应分别由三个不同的组织或不同的岗位完成。

3.2　一般情况下,承包商(包括分包商)提出批价申请,施工监理机构和投资监理机构对批价作出咨询意见,项目管理部门确定并负责按相关审计规定送审。

3.3　审计人员应该审核批价产生的全部过程的工作痕迹,并适当取证;对不符要求的批价文件应予退回或重点说明。

4. **(批价条件)** 不应批价的情况和审核批价的基础。

4.1　通过竞标形成的价格。

4.1.1　招标已经确定的价格。

4.1.2　根据合同约定,有类似项目可以参照。

4.1.3　应该通过招标定价的内容。

4.1.4　合同约定采购数量发生较大变化,可以调整价格的情况例外。

4.2 拟批价的材料设备必须经施工监理(必要时还须经设计单位)书面确认适合拟建项目使用。

4.3 批价申请应符合合同约定的规则。

4.4 批价应建立在比较、复核的基础上。

5. **(整体性审核)** 从整体审核、评价批价文件。

5.1 完整性。

5.1.1 批价的管理流程以及各方审核签字盖章手续是否齐全。

5.1.2 批价送审资料是否完整,是否包括了多家供应商的报价、施工监理的意见、投资监理的意见、材料设备的相关资料等。

5.1.3 批价文件内容是否完整,通常应至少包括品名、品牌、供应商、规格、型号、数量、价格、价格条件等内容以及批价原因的说明。

5.2 必要性。

5.2.1 批价材料或设备是否不属于原投标报价范围。

5.2.2 新增材料或设备是否有变更依据。

5.2.3 原清单漏项材料或设备是否提供相应施工图纸的图号等依据。

5.3 合规性。

5.3.1 必须通过招标确定材料或设备是否已按照有关规定执行。

5.3.2 非招标的一般设备材料是否按照管理方的核价程序进行审批。

5.3.3 材料及设备确定的标准是否与概算标准相符。

6. **(细节性审核)** 审核批价的具体内容。

6.1 审核批价的要素内容包含材料设备名称、规格、数量、单价、品牌、供应商、使用部位等是否正确。

6.2 审核批价清单及相关附件,如施工单位是否报送3家以上供货商的报价资料、投资控制单位的核价依据、监理单位就是否适用作出的意见、管理部门是否有初步决策意见等。

6.3 将材料及设备批价清单与概算进行核对,查看是否按概算和设计要求采购,型号、规格、品牌等有无超概算标准范围,是否有超概算标准现象。

6.4 无法提供3个或3个以上品牌供应商的情况,管理部门应提交情况说明,全过程审计应全面仔细复核。

6.5 重点关注的细节内容有以下三个方面。

6.5.1 投标报价中是否存在可以执行的同样或类似材料设备的价格。

6.5.2 材料设备变更产生的批价,务必关注变更的必要性,有无通过变更批价规避投标时的低价的情况。

6.5.3 批价后对总投资的影响,并调整预期总投资。

7. (审核成果)审计对批价文件的审核报告(参照业务指南第一号)。

8. (审核资料)送审资料能满足审核批价的需要是受理审核的基础条件。除项目基础资料和批价的流程文件(参见其他指南文件)外,应取得以下四类文件和资料。

8.1 说明批价原因的文件。

8.2 拟批材料设备适用的证明文件(根据惯例显而易见的例外)。

8.3 根据合同约定提出批价须附的资料,一般应有可供选择的多个技术资料和商务报价。

8.4 包括投资监理询价记录或其他支撑价批价结论的依据。

9. (价格依据)支撑批价结论的依据通常包括以下五个方面。

9.1 当地主管部门发布的工程造价信息。

9.2 第三方提供的询价结果。

9.3 供应商提供的价格反馈(须甄别后审慎采用)。

9.4 造价机构自行积累的有效价格信息。

9.5 网络搜索或其他方式获取的信息。

10. (审核重点)审核批价时务必重点关注的事项。

10.1 批价是否必要,即排除根据合同文件(包括招投标文件)无须批价的材料设备。

10.2 批价程序和申请批价的资料是否符合合同约定。

10.3 是否应该通过招标市场定价。

10.4 拟批材料设备是否适用于建设项目(一般应具备施工监理的书面确认)。

10.5 关注批价结果对项目投资的影响,尤其是突破单项概算的风险。

材料设备核价审核要点

工程名称：

指南条款号	审计标准	审计关注点	审核要求（合规性、合理性、准确性）	审核结果 是	审核结果 否	审核结果 不适用	问题描述	审议意见 条款号	审计建议 条款号	备注
3. 材料设备的形成过程	3.1	批价的原因	材料设备批价是否有相应的理由？	☐	☐	☐				
	3.2	材料设备批价流程	材料设备批价是否有相应的审批流程？	☐	☐	☐				
4. 批价的条件	4.1	竞标形成	是否不存在应招标而未招标的材料？	☐	☐	☐				
	4.2	监理审批	监理审批程序是否合理？	☐	☐	☐				
	4.3	合同原则	材料核价是否符合合同规定？	☐	☐	☐				
5.1 整体性	5.1.1	批价流程	是否有相应的管理流程？	☐	☐	☐				
	5.1.2	资料完整	送审资料是否完整？	☐	☐	☐				
	5.1.3	构成要素	构成要素是否齐备？	☐	☐	☐				
5.2 必要性	5.2.1	原投标范围	批价材料或设备是否属于原投标报价范围	☐	☐	☐				

续表

指南条款号	审计标准	审计关注点	审核要求(合规性、合理性、准确性)	审核结果 是	审核结果 否	审核结果 不适用	问题描述	审议意见 条款号	审计建议 条款号	备注
5.3 合规性	5.2.2	新增材料	新增材料或设备是否有变更依据?	□	□	□				
	5.2.3	清单漏项	是否提供相应施工图纸的图号等依据?		□	□				
	5.3.1	招标方式	必须通过招标确定材料或设备是否已按照有关规定执行?	□		□				
	5.3.2	非招标方式	非招标的一般设备材料是否按照管理方的核价程序进行审批?		□	□				
	5.3.3	标准	设备材料标准是否在原概算标准内?		□	□				
6. 细节性	6.1	清单编制阶段	材料设备是否缺项?	□						
	6.2	对总投资的影响	批价材料是否在概算投资范围内?		□					

续表

审计标准		审核要求(合规性、合理性、准确性)	审核结果		问题描述	审议意见	审计建议	备注
指南条款号	审计关注点		是	否	不适用		条款号	条款号	
6.3	必要性	材料变更是否有设计变更?	□	□	□				
6.4	其他	是否通过变更批价规避投标时的低价的情况?	□	□	□				

编制人：

主审：

审核人：

第七节　审核工程结算

1. **(定义)** 工程结算是业主(建设单位)与承包商对已完成的工作,根据合同文件进行计量计价、确认,并按此支付款项的经济行为。工程结算书是承包商根据合同文件和完工工程技术经济资料编制的,要求业主(建设单位)确认,并据此支付工程款的书面造价文件。本指南审核的工程结算书特指经业主工程建设管理部门委托的造价咨询机构审价,承包商认可,工程建设管理部门同意送审的拟办理结算的造价文件。

2. **(适用范围)** 本指南适用于建设工程的竣工结算,包括总承包结算和分包结算。

3. **(文件形成过程)** 审核的工程结算书在送审前通常须经过提出、咨询(审价)、拟定三个过程。

3.1　提出、咨询、拟定应分别由三个不同的组织或不同的岗位完成。

3.2　一般情况下,承包商(包括分包商)提出工程结算书,造价咨询(投资监理)机构对其审价并与承包商达成一致,工程建设管理部门确定并负责按相关审计规定送审。

3.3　审计人员应该关注送审工程结算书产生的全部过程,并适当取证;对不符要求的送审结算书应予退回或重点说明。

4. **(审核条件)** 审计审核工程结算书应具备的基本条件。

4.1　满足工程结算的条件。

4.1.1　工程已竣工,并通过竣工验收,完成竣工备案手续;特殊情况下提前交付的例外。

4.1.2　竣工结算资料已完备(详见下文)。

4.1.3　其他合同约定的结算条件。

4.2　具备审核工程结算书的条件。

4.2.1　送审资料完整合规。

4.2.2 造价咨询机构与承包商对送审结算书达成一致。

4.2.3 取得工程建设管理部门对送审工程结算书的书面认可。

5. **(整体性审核)** 从整体上评价工程结算书,务必详细说明影响审计意见的事项。

5.1 完整性。

5.1.1 工程决算书的管理程序是否完整,是否保留管控痕迹。

5.1.2 包括结算资料在内的送审资料是否齐全,其内容是否完整,其文件本身有无残缺等。

5.2 合规性。

5.2.1 结算书以及造价咨询机构的造价文件形式要件是否合规。

5.2.2 计价办法是否符合规定和合同约定。

5.2.3 特殊情况的说明是否合理。

5.3 准确性。

5.3.1 结论性意见与造价文件是否一致。

5.3.2 汇总数据与明细是否匹配。

6. **(细节性审核)** 以单个合同的单体(或单项)工程为单位,逐项审核计量计价数据,并以对比表的形式反映,同时说明调整原因。

6.1 审核竣工结算资料。

6.1.1 送审竣工结算资料是否完整,一般应包括以下内容。

6.1.1.1 工程管理部门送审表。

6.1.1.2 造价咨询单位编制的结算造价文件。

6.1.1.3 承包商编制的工程结算书。

6.1.1.4 工程结算书的支撑依据,主要包括以下九个方面。

(1) 包括招投标文件在内的合同文件。

(2) 中标通知书。

(3) 工程竣工图(或小型修缮项目的工程竣工示意图)。

(4) 开竣工报告。

(5) 竣工验收报告。

(6) 施工组织设计(小型修缮项目例外)。

(7) 工程变更与签证。

(8) 要素价格确认单。

(9) 其他与结算相关的资料。

6.2 提取与结算相关的合同条款(包括招投标文件),核实结算中是否执行。

6.2.1 合同类型。

6.2.2 计价标准。

6.2.3 风险承担范围的约定。

6.2.4 调价的范围、条件与方式。

6.2.5 要素价格的取定方式。

6.2.6 签证、变更、索赔的条件、流程。

6.2.7 施工条件。

6.2.8 现场代表。

6.2.9 合同奖惩。

6.2.10 工程结算的相关约定。

6.3 以全面审查的方法审核送审造价文件的计量计价数据(推荐使用第三方工具审核造价模型和统一数据接口下的造价文件)。

6.3.1 审核分部分项工程量。

6.3.2 审核工程量清单子目综合单价。

6.3.3 审核整体措施费。

6.3.4 审核规费。

6.3.5 审核合同其他相关条款的执行。

6.4 以分析性复核的方式审核计量计价结果。

6.4.1 以送审造价文件(或初步复核结果)的实物消耗量指标判断工程量异常的风险。

6.4.2 通过送审造价文件(或初步复核结果)不同子目工程量的勾稽关系判断数据异常的风险。

6.4.3 计算送审造价文件(或初步复核结果)的人、材、机的占比,结构、建筑、措施的占比判断数据异常的风险。

6.4.4 分析变更、签证的占比判断数据异常的风险。

6.4.5 抽查新增单价的组价是否符合合同约定或行业惯例。

6.4.6 抽查变更、签证、索赔的结算是否依据充足,且符合合同约定。

7. **(成果文件)** 全过程审计形成初步意见和成果文件。

7.1 根据目前的行业惯例,全过程审计的初步意见与工程管理部门和/或承包商达成一致,造价咨询机构据此出具审价报告。

7.2 审计的意见以完整的书面形式反馈工程管理部门,由其牵头组织相关各方通过核对、解释、复算等多种方式取得共识。

7.3 其他工作要求参见业务指南第一号。

8. **(审核重点)** 审计在审核结算造价文件时务必重点关注的事项。

8.1 各种竣工结算资料的签署是否正确,是否存在与实际施工不符的可能,不同资料之间是否存在相互矛盾之处,是否与惯例存在明显差异等。

8.2 竣工图、变更、签证等的形式是否规范。

8.3 新增单价能否计价,其组价是否符合合同约定。

8.4 签证是否可以计价。

8.5 投标承诺有无切实履行。

8.6 额外关注完全沿用投标工程量的子目。

8.7 全面查阅工程变更资料,关注有无减少的工程量。

建设项目竣工结算审计审核要点

工程名称：

序号	审计事项	审核内容	审核要求（合规性、合理性、准确性）	审核结果 是	审核结果 否	审核结果 不适用	问题描述	审议意见 条款号	审计建议 条款号	备注
☆1	工程造价审核意见书	符合性检查	意见书中项目名称、金额等内容填写是否准确？	□	□	□				
☆2	项目立项审批文件	批复事项	(1) 教育部相关批文是否齐全？（须报教育部的项目）	□	□	□				
			(2) 学校相关批文是否齐全？（无须报教育部的项目）	□	□	□				
☆3	审计承诺书	符合性检查	(1) 与《送审资料要求》的内容是否一致？	□	□	□				
			(2) 承包单位盖章及法人签字是否与合同一致？	□	□	□				
☆4	工程预算书	符合性检查	预算书内容与合同内容是否一致？	□	□	□				
☆5	施工单位资质等级证书	主体资格	(1) 资质等级与招标、投标及合同等是否匹配？	□	□	□				
		资质有效期	(2) 资质有效期是否在承包项目施工期内？	□	□	□				

续表

序号	审计事项	审核内容	审核要求（合规性、合理性、准确性）	审核结果			问题描述	审议意见	审计建议	备注
				是	否	不适用		条款号	条款号	
☆6	施工合同	合同价款	合同价与中标价是否一致？	□	□	□				
		结算条款	合同主要结算条款有无违背招标文件及所附的合同条款？	□	□	□				
			结算条款中是否不存在未约定条款从而影响结算？	□	□	□				
			结算条款中是否不存在明显不合理的条款约定？	□	□	□				
		付款情况	合同中有关预付款的约定是否与校规定相符？	□	□	□				
			预付款、进度款等是否按照合同规定要求支付？	□	□	□				
		工期、质量	合同中对工期、质量等是否有相关奖罚条款？	□	□	□				
			工期、质量等实际执行情况与合同约定是否一致？	□	□	□				
		其他要素	实际施工有关签字人员与合同授权人是否相符？	□	□	□				

续表

序号	审计事项	审核内容	审核要求（合规性、合理性、准确性）	审核结果 是	审核结果 否	审核结果 不适用	问题描述	审议意见 条款号	审计建议 条款号	备注
			项目预算安排时间与合同订立时间是否在同一公历年度内？	☐	☐	☐				
			实际开工时间是否晚于合同订立时间？	☐	☐	☐				
			合同订立时间是否在招标结束后的规定时间内？	☐	☐	☐				
7	分包合同	合同范围	分包合同内容是否在总包范围内？	☐	☐	☐				
		结算条款	结算条款约定是否与总包约定一致？	☐	☐	☐				
8	补充协议	约定内容	是否是主合同的延续和有效补充？	☐	☐	☐				
☆9	管理部门审核后工程结算书	符合性检查								
☆10	审核后结算书计价软件电子文档		电子文档与书面资料是否一致？	☐	☐	☐				

续表

序号	审计事项	审核内容	审核要求（合规性、合理性、准确性）	审核结果 是	审核结果 否	审核结果 不适用	问题描述	审议意见 条款号	审计建议 条款号	备注
☆11	竣工图或竣工示意图（含电子文档）	符合性检查	标准竣工图的内容是否与实际施工内容一致？	□	□	□				
			竣工示意图是否符合《送审资料要求》中的相关规定？	□	□	□				
☆12	竣工报告	符合性检查	报告签署人是否与合同约定一致？	□	□	□				
			报告签署时间是否与合同约定一致？	□	□	□				
☆13	竣工验收资料	符合性检查	签署人是否与合同约定一致？	□	□	□				
			签署时间是否与合同约定一致？	□	□	□				
☆14	隐蔽工程验收资料	符合性检查	验收时间及签字人员是否符合验收规定？	□	□	□				
			隐蔽工程的内容是否与竣工图相应内容一致？	□	□	□				
15	隐蔽工程影像资料	符合性检查	验收时间及签字人员是否符合验收规定？	□	□	□				

续表

序号	审计事项	审核内容	审核要求（合规性、合理性、准确性）	审核结果 是	审核结果 否	审核结果 不适用	问题描述	审议意见 条款号	审计建议 条款号	备注
16	招标文件（含计价软件电子文档）/施工方案	招标方式	隐蔽工程的内容是否与竣工图相应内容一致？	☐	☐	☐				
			招标方式与国家及学校有关规定是否相冲突？	☐	☐	☐				
		招标控制价	是否设置招标控制价？	☐	☐	☐				
		工程量清单	招标文件是否含工程量清单？	☐	☐	☐				
			清单编制是否无重大漏项？	☐	☐	☐				
		合同附件	招标文件是否含合同附件？	☐	☐	☐				
		暂估价	暂估价比例是否符合规定？	☐	☐	☐				
☆17	投标文件（含计价软件电子文档）/施工方案	商务标	报价与招标文件工程量清单项是否对应？	☐	☐	☐				
			不平衡报价情况是否不存在？	☐	☐	☐				
		技术标	与招标文件中相关要求是否匹配？	☐	☐	☐				
18	评标文件	评标报告	评标结果与评标办法是否一致？	☐	☐	☐				

续表

序号	审计事项	审核内容	审核要求（合规性、合理性、准确性）	审核结果			问题描述	审议意见	审计建议	备注
				是	否	不适用		条款号	条款号	
19	监理合同	回标分析	回标分析是否如实反映实际投标情况？	□	□	□				
		中标通知书	中标通知书与评标结果是否一致？	□	□	□				
		监理人员	签字人员与合同授权人是否一致？	□	□	□				
21	变更及图纸会审资料	变更程序	变更程序是否符合规定？	□	□	□				
		签章情况	各种签章手续是否齐备？	□	□	□				
22	签证资料	有效性	签证的事项、人员、时间等是否符合要求？	□	□	□				
			是否不存在重复签证？	□	□	□				
		签章情况	监理、甲方等各种签章手续是否齐备？	□	□	□				
		编号	编号是否连续？	□	□	□				
			是否不存在以签证代替补充协议的情况？	□	□	□				
		其他要素	工作内容增加的签证是否有相应审批手续？	□	□	□				

续表

序号	审计事项	审核内容	审核要求(合规性、合理性、准确性)	审核结果 是	审核结果 否	审核结果 不适用	问题描述	审议意见 条款号	审计建议 条款号	备注
23	主要材料、设备清单	批价审核	批价手续是否齐全?	□	□	□				
		批价程序	批价程序是否符合规定?	□	□	□				
		批价金额	批价金额是否在市场合理范围内?	□	□	□				
			批价金额若在市场合理范围内,是否不接近上限或下限?	□	□	□				
24	回收(折价)材料或设备	符合性检查	回收(折价)材料或设备的计价依据是否充分?	□	□	□				
25	超合同结算说明	情况说明	超合同情况说明与工程实际是否相符?	□	□	□				
26	其他有关资料(说明)		本项目是否无特殊情况?	□	□	□				
			送审资料是否完整?	□	□	□				
27	其他审计重点		工程是否及时完成审核?	□	□	□				
			工程是否及时送审?	□	□	□				

备注:1.本表中序号前标"☆"的内容为必送资料。
2.表中审核要点包括对工程造价和工程管理行为的审核。

编制人:
主审: 审核人:

第三章

建设工程管理审计实务操作文本和表单（参考）

本章按照开展建设工程管理审计的生命周期顺序（即从审计计划阶段、审计准备阶段、审计实施阶段、审计报告阶段直至审计整改阶段的全流程），列示了审计流程管理所经常性使用的相关实务操作的基础文本和表单之清单，并简要说明了各文本、表单的用途等情况。同时，按建设工程管理审计两大基本业务类型的条线，梳理、归集了清单中所列示各类实务操作的文本与表单的模板，以方便高校审计同行借鉴或参考，同时也可作为软件公司创建高校建设工程管理审计信息化系统时制作通用文本与表单的思路或参考。

第一节 实务操作文本和表单清单

一、有关全过程跟踪审计

1. ××年度应列为全过程跟踪审计建设工程项目清单（审计计划阶段）——说明：为编制学校年度审计计划并确定审计项目，审计部门要求工程管理部门提交当年度建设工程项目计划的样表。

2. **全过程跟踪审计立项送审表**（审计计划阶段）——说明：审计

划内建设工程项目实际启动时,工程管理部门应当提交的立项送审样表。

3. **审计工作方案**(审计准备阶段)——说明:审计部门针对开展某类别审计所确定的主要工作目标和重要工作措施的工作方案样本。

4. **全过程跟踪审计项目立项书**(审计准备阶段)——说明:确定全过程跟踪审计某具体项目正式立项,明示项目基本情况、审计组成员等相关信息的文书样本。

5. **审计实施方案**(审计准备阶段)——说明:由审计组编制、审计部门负责人批准,以确保有重点、有步骤实施审计的文书样本,其内容涉及具体审计项目的风险评估、审计范围、审计内容、审计程序、人员分工等。

6. **全过程跟踪审计通知书**(审计实施阶段)——说明:通知工程管理部门某工程项目接受审计的书面文件样本,该通知书一般应当在召开审计进点会的三天前送达。

7. **全过程跟踪审计工作要求**(审计通知书附件)(审计实施阶段)——说明:下达审计通知书时的附件之一。这是向工程管理部门明示相关送审业务范围、审计时限承诺、特殊情况处理等工作规则的文书样本。

8. **审计组人员情况一览表**(审计通知书附件)(审计实施阶段)——说明:下达审计通知书时的附件之一。这是向工程管理部门明示审计组人员组织结构、对口业务负责等人员情况的文书样本。

9. **审计承诺书**(审计通知书附件)(审计实施阶段)——说明:下达审计通知书时的附件之一。供工程管理部门作出配合审计承诺时的参考文书样本。

10. **项目概况和建设进度情况**(审计通知书附件)(审计实施阶段)——说明:下达审计通知书时的附件之一。被审计单位须提交的有关全过程跟踪审计项目的项目概况和建设进度情况的样本。

11. **审计调查表**(审计通知书附件)(审计实施阶段)——说明:下达审计通知书时的附件之一。审计部门要求工程管理部门提交的被审计项目管理人员分工情况、参建单位情况、已实施的招投标情况、拟进行但尚未实施的招标情况、拟专业分包工程情况等内容的样表。

12. **建设工程全过程跟踪审计送审业务提交相关资料清单(审计通知书附件)**(审计实施阶段)——说明：下达审计通知书时的附件之一。明示被审计项目在全过程跟踪审计过程中须提交或送审的有关资料清单样表。

13. **全过程跟踪审计送审表(审计通知书附件)**(审计实施阶段)——说明：下达审计通知书时的附件之一。要求被审计项目在送审时统一使用的送审样表。

14. **关于××的审计意见回复(审计通知书附件)**(审计实施阶段)——说明：下达审计通知书时的附件之一。被审计项目对于跟踪审计过程出具审计意见(建议)书的回复意见样表。

15. **全过程跟踪审计工程例会情况表**(审计实施阶段)——说明：审计组人员在参加工程例会后提交审计组长的记录例会情况样表。

16. **全过程跟踪审计意见(建议)书**(审计实施阶段)——说明：审计组在审计过程中针对某项具体工程业务所出具的审计意见(建议)书模板。

17. **工作联系函**(审计实施阶段)——说明：审计组在实施跟踪审计过程中，根据审计工作需要所出具的各类联系函样本。

18. **全过程跟踪审计意见汇总表**(审计实施阶段)——说明：在撰写阶段性或综合审计报告时，审计组对审计过程中所发现各类别问题的汇总样表。

19. **审计报告(征求意见稿)**(审计实施阶段)——说明：由审计组撰稿，经内部审核程序后准备送达工程管理部门的审计报告征求意见稿撰写参考模板。

20. **审计报告征求意见函**(审计报告阶段)——说明：送达审计报告征求意见稿时审计部门的正式文函样本。

21. **对被审计单位回复意见的处理意见报告**(审计报告阶段)——说明：针对工程管理部门的回复意见，审计组在核实情况后所提出采纳、修正或不予采纳等处理意见的书面报告样本。

22. **审计报告**（审计报告阶段）——说明：在完成内部审核和审批程序后，审计部门所形成的审计报告正式稿撰写参考模板。

23. **审计文书报批单**（审计报告阶段）——说明：用于部门内部的审核和审批程序的样表。

24. **审计文书呈报单**（审计报告阶段）——说明：审计处呈报学校领导审阅、批示的样表。

25. **审计整改通知书**（审计整改阶段）——说明：送达工程管理部门、提出明确审计整改意见的文书样本。

26. **审计发现问题清单/整改通知书附件**（审计整改阶段）——说明：审计整改通知书的附件之一，用于列示审计发现问题的清单。

27. **审计整改方案清单/审计整改通知书附件**（审计整改阶段）——说明：审计整改通知书的附件之一，用于工程管理部门列示其逐项落实审计发现问题的整改工作清单。

28. **审计整改结果清单/审计整改通知书附件**（审计整改阶段）——说明：审计整改通知书的附件之一，用于工程管理部门列示其审计整改结果的清单。

29. **学校领导对审计结果批示移交表**（审计整改阶段）——说明：为落实学校领导的批示，审计部门将审计结果移交其他相关职能部门的样表。

30. **审计整改跟踪检查台账**（审计整改阶段）——说明：审计部门为跟踪检查审计整改情况而建立的整改台账。

二、有关竣工结算审计

1. **××年度应列为竣工结算审计建设工程项目清单**（审计计划阶段）——说明：为编制学校年度审计计划，要求工程管理部门提交当年度建设工程项目计划。

2. **竣工结算审计送审表及资料交接表**（审计计划阶段）——说明：

针对一定金额以上（即采用事中审计方式实施的）建设工程项目，在送审时由工程管理部门统一填制，并用以与审计部门交接的样表。

3. **竣工结算审计备案表**（审计计划阶段）——说明：针对一定金额以下（即采用事后审计方式实施的）建设工程项目，在工程管理部门完成结算工程款的审核并支付款项前向审计部门报备工程项目情况的样表。

4. **竣工结算审计项目立项书**（审计准备阶段）——说明：确定竣工结算审计某具体项目立项并载明项目基本情况、任务分配等相关信息的文书样本。

5. **竣工结算审计内部审理工作表**（审计实施阶段）——说明：审计组在审理过程中经常性使用的各类工作表格样表。

6. **《造价咨询报告征求意见稿》征询函**（审计实施阶段）——说明：审计组送达工程管理部门造价咨询报告征求意见稿时的正式文函样本。

7. **竣工结算审计问题（风险）汇总表**（审计实施阶段）——说明：在撰写审计报告时，审计组对审计中所发现各类别问题的汇总样表。

8. **审计报告**（审计报告阶段）——说明：同以上全过程跟踪审计。

9. **审计文书报批单**（审计报告阶段）——说明：同以上全过程跟踪审计。

10. **审计文书呈报单**（审计报告阶段）——说明：同以上全过程跟踪审计。

11. **审计整改通知书**（审计整改阶段）——说明：同以上全过程跟踪审计。

12. **审计发现问题清单**（审计整改阶段）——说明：同以上全过程跟踪审计。

13. **审计整改方案清单**（审计整改阶段）——说明：同以上全过程跟踪审计。

14. **审计整改结果清单**（审计整改阶段）——说明：同以上全过程跟踪审计。

15. **审计结果批示移交表**（审计整改阶段）——说明：同以上全过程跟踪审计。

16. **审计整改跟踪检查台账**（审计整改阶段）——说明：同以上全过程跟踪审计。

第二节 实务操作文本和表单模板

一、全过程跟踪审计

（一）审计计划阶段

1. ××年度应列为全过程跟踪审计建设工程项目清单。

序号	项目名称	项目立项批复文号	项目投资额（万元）	拟完成设计概算时间	建筑面积(m²)	计划开竣工日期	计划工期	项目进展情况	投控单位	投控合同价	备注
1											
2											

填表人：   单位负责人：

填报单位（盖章）：   填报日期：

2. 全过程跟踪审计立项送审表。

建设项目名称			
工程管理部门			
资金来源	□国拨资金 □自筹资金	学校批复预算金额（单位：元）	
财务处立项编号		项目经费代码	
建设期间		建筑面积(m²)	

续表

投资控制单位名称		联系人及电话		
设计单位名称		联系人及电话		
全过程跟踪审计立项送审资料交接					
序号	资料名称	份数	页数	金额	备注	审计处审核情况
1	项目建议书					
2	项目建议书批复					
3	可行性研究报告（含批文及评估报告）					
4	其他					
工程管理部门对项目重要情况或特殊情况的说明（填写不下，请另附页）						
工程管理部门签章	根据《中华人民共和国审计法》，本部门承诺对所提供资料的真实性、完整性、合法性负责。					
	负责人：	项目管理人员（签字）： 年　月　日				
	单位盖章：	经办人（签字）： 年　月　日				
审计处签收及处理意见	经办人（签字） 年　月　日					

（二）审计准备阶段

3. 审计工作方案。

×××项目全过程跟踪审计工作方案

为实现×××项目的建设目标，现制订全过程跟踪审计工作方案如下。

一、工作目标

根据《教育部关于加强直属高校建设工程管理审计的意见》，进一步加强对学校建设工程全过程的跟踪观察和检查力度，协同规范工程建设行为，促使项目管理部门和相关单位自觉履行职责，促进合理控制工程造价、完善工程管理，保障建设资金安全，增强处理问题的时效性，进一步提高学校建设资金的使用效率。

二、组织管理

1. 成立审计组，由××担任组长，项目组成员由有关社会中介机构人员和审计处有关人员组成。

2. 审计处负责组织本项目社会中介机构选聘的招标工作。

3. 审计处负责组织审计组，按工作方案的相关原则和要求，制订具体的审计实施方案，并对各阶段的实施进展情况进行指导和督查。

4. 审计过程中若遇重大事项或重要问题，应及时向上级请示、报告。

三、工作原则和方法

1. 本着××的原则，遵循××的规律，坚守审计的定位，有效发挥内部审计作用，合理使用社会审计资源，进一步完善并探索学校建设工程管理与监督的运行机制。

2. 本项目采用动态的审计方式，将事前、事中、事后审计相结合，将技术经济审查与审计控制、审计评价相结合，找准并把握本项目的主要阶段和重点环节以及运行过程中的"审计关键点"，有针对性地开展审计。

3. 本项目的跟踪审计以××为重点。

4. 本项目审计成果的体现，由审计意见建议书、阶段性审计报告、造价咨询意见书和综合审计报告等组成。

四、工作流程

1. 制订审计工作方案和有关全过程跟踪审计的招标文件,报主管校领导批准。

2. 向社会中介机构发布招标文件。

3. 有投标意向的社会中介机构编制并提交投标书,其中的技术标以《×××项目全过程跟踪审计实施方案》为表现形式。

4. 组成评标小组。

5. 开展招投标和评标等工作,确定参与全过程跟踪审计工作的社会中介机构。

6. 成立审计组,确认跟踪审计实施方案,召开工作布置会。

7. 下发审计通知书,择日审计进点。

8. 按照全过程跟踪审计实施方案组织实施检查,及时出具审计意见,按时出具阶段性审计报告。

9. 根据学校要求或审计中出现的情况,提出调整审计实施方案的建议。

10. 出具正式审计报告,送呈学校领导。

五、审计工作要求、内容

(一) 工作要求

1. (定位明确)。

2. (审计成果)。

3. (工作方式)。

(二) 主要审计内容

六、审计工作时效规定

具体审计作业工作的时限和时效,由社会中介机构根据行业惯例并结合全过程跟踪审计的工作目标,在投标文件的审计实施方案中予以明确。工作时效是否合理可行,将作为评标时的一项重要参考指标。

审 计 处

××年××月××日

4. 全过程跟踪审计项目立项书。

项目情况	项目名称			
	建设项目类型		招标方式	
	工程项目编号 （财务处立项编号）		工程建筑面积（m²）	
	估算金额		经费代码	
	经费来源			
	计划建设开始时间		计划建设结束时间	
	项目开工时间		项目竣工时间	
	项目主管部门		联系人及联系电话	
	设计单位		联系人及联系电话	
	施工单位		联系人及联系电话	
	监理单位		联系人及联系电话	
	投资控制单位		联系人及联系电话	
审计组情况	审计组名称			
	审计组长		社会中介机构名称	
	副组长		协审负责人	
	主审		协审组长	
	审计组组成方式备注：			
	主审签名		协审组长签名	
立项批示	本项目全过程跟踪审计实施方案已通过审核，批准立项。 　　请审计组根据我处《××大学建设工程全过程跟踪审计实施办法》和本项目《全过程跟踪审计实施方案》组织实施。			
	业务负责人签名：		年　月　日	
	办公室主任签名：		年　月　日	
	分管副处长签名：		年　月　日	
	处长签名：		年　月　日	
备注				

5. 审计实施方案。

审计实施方案

一、审计项目及概况

（一）项目名称：×××工程

（二）工程地点：（项目实施地点）

（三）建筑面积：（项目管理部门批复面积）

（四）项目投资：（项目管理部门批复投资额）

（五）建设工期：（计划工期）

（六）现阶段进度：（实际进度，如施工准备阶段）

二、审计类型

建设工程全过程跟踪审计。

三、编制依据

（一）《中华人民共和国审计法实施条例》

（二）《教育部关于加强直属高校建设工程管理审计的意见》

（三）上海市审计条例

（四）××学校关于建设工程管理审计的有关制度与规定

四、审计目标

1. 强化对建设工程项目主要阶段和重要环节的审计监督力度，及时发现问题、辨析风险，提出审计意见，促进建设工程实现既定的建设目标。

2. 审计检查重点。

五、审计风险的评估

风险评估：

本项目因存在以下情况，审计工作存在一定风险：

（具体风险描述）

六、审计方式

本项目送达审计与现场审计相结合，综合使用×××等方式，切实把握运行过程中主要阶段和重点环节的审计关键点。

七、审计范围

（审计范围。）

八、审计事项

（具体审计事项。）

（一）施工准备阶段

（二）工程实施阶段

（三）竣工验收及交付使用阶段

（四）竣工结算阶段

（五）财务决算阶段

（六）其他

九、选择性的审计事项

在项目建设过程中，从提高项目绩效、降低项目风险的角度，针对存在的、或有的问题和风险，审计组还将采取主动介入的方式，力求发现症结、予以预警。此类跟踪事项的触发点包括但不限于以下内容。

1. 当项目投资存在偏离控制目标的重大风险时。
2. 当项目进度存在偏离进度计划的重大风险时。
3. 当内部控制体系和造价管理系统有明显失效的迹象时。
4. 当项目建设的相关单位履约、履职存在重大问题时。
5. 其他或将对建设目标产生重大影响的事项。

十、审计时间承诺

为减少跟踪审计对建设进度的影响，审计组应尽力提高审计效率，并在承诺的审计周期内完成工作。

（具体时效承诺）

十一、审计项目组成员及分工

姓名	职务	主要负责事项	备注
	组长	主持本项目的审计工作……促进本审计项目任务的顺利进行。	

续表

姓名	职务	主要负责事项	备注
	副组长	督促项目日常工作按计划开展……协助组长工作。	
	副组长	负责落实本建设工程审计实施方案……	
	主审	管理和监督社会中介机构工作,督促项目日常审计工作按计划开展……	
	……		

十二、审计实施的必要条件

（审计实施的前置条件、工程管理部门送审须知、审计组权利义务、授权盖章等条件。）

十三、审计业务成果的审核机制和要求

本项目跟踪审计的成果,包括各类审计意见(建议)书、审计联系函、竣工结算审计意见书(含"工程造价审计咨询报告")、竣工决算审计意见书及综合审计报告等书面文本。

本项目实施三级复核的工作机制。

审计成果文本,均应加盖××印章,并有相应的编号为有效,口头表述以及不符合上述要素的书面文本,一律不得作为正式的审计意见。

×××工程审计组

××年××月××日

（三）审计实施阶段

6. 全过程跟踪审计通知书。

××工程全过程跟踪审计通知书

〔×审×××项〕01 号

××（工程管理部门）：

根据审计年度计划，××工程实施全过程跟踪审计。现将有关事宜通知如下：

1. 本项目实施全过程跟踪审计，由×××审计组负责实施。

2. 审计组将依据批准的全过程跟踪审计实施方案开展审计工作。

3. 为有效开展审计工作，确保审计成果的客观、及时与准确，工程管理部门应根据下发的"××工程全过程跟踪审计工作要求"（详见附件1）及时提供有关送审资料，做好相应的审计配合工作。

4. 近期须配合提交的资料，包括"审计承诺书""项目概况和建设进度情况"和"审计调查表"（详见附件3～5），务请于××月××日前送交审计组。

5. 请贵单位负责联络并妥善协调审计组与工程参建单位（如监理、设计、招标代理、投资控制、项目管理和施工承包方等）之间的关系，确保本项目全过程跟踪审计工作的顺利开展。

特此通知。

附件：1. 全过程跟踪审计工作要求
    2. 审计组人员情况一览表
    3. 审计承诺书
    4. 项目概况和建设进度情况
    5. 审计调查表
    6. 建设工程全过程跟踪审计送审业务提交相关资料清单

7. 全过程跟踪审计送审表
8. 审计意见回复

××工程审计组
××年××月××日

7. 全过程跟踪审计工作要求。

全过程跟踪审计工作要求

为规范全过程跟踪审计行为,明确相关各方的责任、义务以及相关程序,进一步提高审计效率,特制定本项目的审计工作要求。

一、已确定的审计事项

本项目的全过程跟踪审计,以施工准备阶段为切入点,至财务决算阶段出具综合审计报告后为正式结项。根据《××大学××工程全过程跟踪审计实施方案》,已明确的建设工程各阶段的跟踪审计事项如下:

1. 施工准备阶段;

2. 工程实施阶段;

3. 竣工验收及交付使用阶段;

4. 竣工结算阶段;

5. 财务决算阶段;

6. 其他。

上述各阶段建设资金使用,是审计重点关注内容。对于审计要求明确列为送审范畴的资金支付,应当在支付前检查支付条件是否满足、支付金额是否准确、收款单位是否正确,以及相关合同对款项的约定是否全面执行。

二、选择性的审计事项

在项目建设过程中,从提高项目绩效、降低项目风险的角度,针对存在的、或有的问题和风险,审计组还将采取主动介入的方式,力求发现症结、予以预警。此类跟踪事项的触发点包括但不限于以下内容。

1. 当项目投资存在偏离控制目标的重大风险时;

2. 当项目进度存在偏离进度计划的重大风险时;

3. 当内部控制体系和造价管理系统有明显失效的迹象时;

4. 当项目建设的相关单位履约、履职存在重大问题时;

5. 其他或将对建设目标产生重大影响的事项。

三、有关报送审计的资料

(一) 报送要求

（二）审计所需的资料（包括但不限于以下内容）

1. 基础资料；

2. 承包商和供应商的资料（经核对的影印件）；

3. 计价计量和结算需要的资料（包括承包商、分包商、供应商）；

4. 规费和其他二类费用的相关资料。

四、审计时间承诺

为减少跟踪审计对建设进度的影响，审计组应尽力提高审计效率，并在承诺的审计周期内完成工作。

（具体时效承诺）

五、审计实施的必要条件

六、其他要求与说明

未尽事宜，由审计项目组负责补充或解释。

审 计 处
××年××月××日

8. 审计组人员情况一览表。

姓名	职务	主要负责事项	备注
	组长	主持本项目的审计工作……促进本审计项目任务的顺利进行。	
	副组长	督促项目日常工作按计划开展……协助组长工作。	
	副组长	负责落实本建设工程审计实施方案……	
	主审	管理和监督社会中介机构工作,督促项目日常审计工作按计划开展……	
	……		

9. 审计承诺书。

审计处：

　　我部门将积极配合审计组开展建设工程全过程跟踪审计工作。根据《中华人民共和国审计法》有关要求，特承诺如下：

　　1. 严格执行国家有关法律法规，遵守《××建设工程管理审计规定》等规章制度和学校相关工作规则。

　　2. 提供审计所需要的相关资料，对送审资料的真实性、合法性、完整性负责，并愿意承担因提供资料不全、不实或不准确所造成后果的责任。

　　3. 负责协调相关参建单位在规定期限内，配合审计组完成相应审计工作。

　　　　　　　　建设工程项目名称：＿＿＿＿＿＿＿＿＿
　　　　　　　　项目组负责人(签字)：
　　　　　　　　工程管理部门负责人(签字/公章)：
　　　　　　　　　　　　年　　月　　日

10. 项目概况和建设进度情况。

项目概况和建设进度情况

（撰写参考提纲）

一、项目概况

二、目前建设进展情况

三、后续建设计划安排情况

四、其他需要说明的情况

11. 审计调查表。

11-1 本项目管理人员分工情况调查表

建设工程名称：
填写单位（盖章）：

序号	姓名	职务	联系方式（电话、邮箱）	工作职责	管理权限	备注
1						
2						
3						

注：填写不下可另续页。

负责人(签字)： 填表人(签字)： 填表日期：

11-2 本项目参建单位情况调查表

建设工程名称：
填写单位：（盖章）

序号	单位名称	职责	选定方式	预计费用	合同编号	合同金额	备注
1							
2							
3							

注：本表填写到填表截止日前，本项目的监理、设计、招标代理、投资控制和施工承包等已参建单位的相关情况，填写不下可另续页。

负责人（签字）： 填表人（签字）： 填表日期：

11-3 本项目已实施的招投标情况调查表

建设工程名称：

建设单位(盖章)：

填写单位(盖章)：

序号	招标实施时间	招标项目名称	招标方式	中标单位	中标金额	合同编号	合同金额	招标代理机构名称	备注
1									
2									
3									

注：1. 本表填列到填表截止日期，本项目已招标事项的相关情况；
　　2. 招标方式按拟订中的相关招标管理办法填列；
　　3. 填写不下可另续页。

负责人(签字)：　　　　　　　　　　填表人(签字)：　　　　　　　　　　填表日期：

11-4 本项目拟进行但尚未实施招标情况调查表

建设工程名称：
填写单位（盖章）：

序号	拟招标项目名称	拟采用招标方式	拟招标项目预算金额	拟选用招标代理单位	备注
1					
2					
3					

注：1. 本表填写拟招标事项相关情况；
2. 拟招标方式按拟订中的相关招标管理办法填列；
3. 若招标时间已有计划，请在备注栏中注明。
4. 填写不下可另加续页。

负责人（签字）：　　　　　　　　　　填表人（签字）：　　　　　　　　　　填表日期：

11-5 本项目拟专业分包工程情况调查表

建设工程名称：

填写单位（盖章）：

序号	拟专业分包工程名称	分包原因	分包单位选择方式	分包工程暂估金额	备注
1					
2					
3					

注：1. 本表填写拟分包部分工程情况；
2. 分包单位的选择方式有公开招标、邀请招标或其他方式，如其他方式请写明；
3. 填写不下可另续页。

负责人（签字）： 填表人（签字）： 填表日期：

12. 建设工程全过程跟踪审计送审业务提交相关资料清单。

建设工程全过程跟踪审计送审业务提交相关资料清单

阶段	实施内容	管理部门送审事项	审计须具备资料要求	须提交备案文件
			一、基础资料 1. 送审表 2. 管理部门内部流转表 3. 投资控制单位审核意见（若有）	一、备案基础资料 审计意见的回复
			二、具体送审事项资料	二、备案送审资料
一、投资立项	1. 学校立项			学校立项批复
	2. 项目建议书	拟定项建书	拟定的项建书	项建书批复
	3. 可行性研究报告	拟定可行性研究报告（含投资估算）	拟定的可行性研究报告（含投资估算）	可研报告批复（含批文及评估报告）
二、勘察设计	1. 勘察招标	拟定勘察招标文件或竞争性谈判文件（含合同）	拟定的勘察招标文件或竞争性谈判文件（含合同）	正式发布的勘察招标文件
	2. 设计招标与方案选定	拟定设计招标文件（含合同）	拟定的设计招标文件（含合同）	正式发布的设计招标文件
	3. 概算审核	设计概算	1. 初步设计方案 2. （初步设计）设计概算	批复后的设计概算（含批文及评审报告）
		修正设计概算	1. 技术设计方案 2. 技术设计（修正）设计概算	批复后的修正设计概算

续表

阶段	实施内容	管理部门送审事项	审计须具备资料要求	须提交备案文件
	4. 施工图审核	施工图预算	1. 经审核合格的施工图 2. 施工图预算	
	5. 勘察、设计合同	拟定勘察、设计合同	1. 拟定的勘察、设计合同文本 2. 中标通知书 3. 评标报告 4. 招、投标文件 5. 询标记录(若有)	签订的勘察、设计合同
三、施工准备	1. 投资控制单位招标	拟定投资控制单位招标文件(含合同)	拟定的投资控制单位招标文件(含合同)	正式发布的招标文件
	2. 施工监理单位招标	拟定施工监理单位招标文件(含合同)	拟定的施工监理单位招标文件(含合同)	正式发布的招标文件
	3. 施工总承包招标	拟定施工总承包招标文件(含合同)	1. 拟定的总承包施工招标文件(含合同) 2. 工程量清单 3. 招标控制价 4. 经审核合格的施工图(含CAD版)	正式发布的招标文件
	4. 专业工程分包招标	拟定专业工程分包招标文件(含合同)	1. 拟定的分包施工招标文件(含合同) 2. 工程量清单 3. 投标控制价 4. 经审核合格的施工图(含CAD版)	正式发布的招标文件
	5. 施工承包合同(总、分包)	拟定施工承包合同(总、分包)	1. 拟定的施工承包合同文本(总、分包) 2. 中标通知书 3. 评标报告 4. 招、投标文件 5. 询标记录(若有)	签订的施工承包合同(总、分包)

续表

阶段	实施内容	管理部门送审事项	审计须具备资料要求	须提交备案文件
	6. 施工监理合同	拟定施工监理合同	1. 拟定的施工监理合同 2. 中标通知书 3. 评标报告 4. 招、投标文件 5. 询标记录（若有）	签订的监理合同
	7. 投资控制合同	拟定投资控制合同	1. 拟定的投资控制合同 2. 中标通知书 3. 评标报告 4. 招、投标文件 5. 询标记录（若有）	签订的投资控制合同
	8. 招标代理招标（如有）	拟定招标代理招标文件（含合同文本）	拟定的招标代理招标文件（含合同）	正式发布的招标文件
	9. 项目管理单位招标（如有）	拟定项目管理单位招标文件（含合同）	拟定的项目管理单位招标文件（含合同）	正式发布的招标文件
	10. 招标代理合同（如有）	拟定招标代理合同	1. 拟定的招标代理合同 2. 中标通知书 3. 评标报告 4. 招、投标文件 5. 询标记录（若有）	签订的招标代理合同
	11. 项目管理合同（如有）	拟定项目管理合同	1. 拟定的项目管理合同 2. 中标通知书 3. 评标报告 4. 招、投标文件 5. 询标记录（若有）	签订的项目管理合同
四、施工过程	1. 签证	拟定签证费用报价审核单	1. 签证费用审核单 2. 签证单及费用报价单（须有建设单位及施工监理单位审核意见） 3. 施工合同 4. 招、投标文件 5. 其他支持性材料	最终会签的签证单

续表

阶段	实施内容	管理部门送审事项	审计须具备资料要求	须提交备案文件
	2. 变更（含技术核定单）	拟定变更费用报价审核单	1. 设计变更费用审核单 2. 技术核定单及费用报价单（须有建设单位、设计单位及施工监理单位审核意见） 3. 施工合同 4. 招、投标文件 5. 其他支持性材料	最终的变更单
	3. 主要材料和设备价格核价单	拟定主要材料和设备价格单	1. 主要材料和设备价格单（须有建设单位、施工监理单位审核意见） 2. 施工合同 3. 招、投标文件 4. 其他支持性材料（材料样品等）	最终的材料批价单
五、竣工验收	竣工结算送审	竣工结算	根据学校发布的《建设项目竣工结算审计送审资料基本要求和交接规则》执行，包括但不限于： 1. 竣工验收报告（须有建设单位、施工单位、监理单位验收意见） 2. 投资控制单位编制的竣工结算审核意见书 3. 施工单位编制的结算书 4. 竣工图纸（含CAD版） 5. 施工合同及补充协议（含分包） 6. 招、投标文件 7. 经审核的签证单、技术核定单、核价单等 8. 其他支持性材料（经审批通过的施工组织设计、施工专项方案等）	

备注：1. 上述资料根据实际发生送审，顺序可发生变化。
2. 备案资料未包含各项目审计工作要求中的其他应送达审计组备案的事项，备案资料应在相关文本签订后×个工作日内备案。
3. 应送审事项包括但不限于上述内容。
4. 若前一阶段的备案资料未及时送达，须在后一阶段事项送审时补齐。
5. 审计咨询项目送审资料参照本清单执行。

13. 全过程跟踪审计送审表

13-1 全过程跟踪审计设计概算阶段送审表及资料清单

建设项目名称： 送审序号：

序号	送审业务内容	一、送审事项资料清单	应提交份数	页数/份
1	招标文件： □勘察 □设计	拟定的招标文件或竞争性谈判文件（含合同）	2	
2	合同： □勘察 □设计	1. 拟定的合同文本	2	
		2. 中标通知书	2	
		3. 评标报告	2	
		4. 招、投标文件	2	
		5. 询标记录（若有）	2	
		6. 其他	2	
3	□设计概算	1. 设计方案	2	
		2. 设计概算	2	
4	□其他		2	
二、基础资料（每个送审事项均须提交）				
1. 送审事项管理部门内部审批表			2	
2. 投资控制单位审核意见（若有）			2	
送审要求	□审计备案 □紧缩时限 □同步实施（请附相关审批表） □其他	说明：（若填写不下，请另附页，具体内容亦请附相关资料）		
送审部门经办人 （签字） 日期：		送审部门负责人 （签字/单位盖章） 日期：		
审计组签收		审计结果（编号）		

填表说明：

1. 此表为已立项全过程跟踪审计项目设计概算阶段业务送审的必填表格，送审部门应完整、准确填写本表。

2. 选择审计业务内容类别及送审要求，请在方框内打"√"。

13-2 全过程跟踪审计施工准备阶段送审表及资料清单

建设项目名称：　　　　　　　　　　　　送审序号：

序号	送审业务内容	一、送审事项资料清单	应提交份数	页数/份
1	招标文件： ☐招标代理 ☐投资控制 ☐监理 ☐项目管理 ☐其他	拟定的招标文件(含合同)	2	
2	招标文件： ☐施工总包招标文件 ☐分包招标文件	1. 拟定的招标文件(含合同)	2	
		2. 工程量清单	2	
		3. 招标控制价文件	2	
		4. 经审核合格的施工图(含CAD版)	2	
3	合同： ☐招标代理 ☐投资控制 ☐监理 ☐项目管理 ☐施工总包 ☐分包 ☐其他	1. 拟定的合同文本	2	
		2. 中标通知书	2	
		3. 评标报告	2	
		4. 招、投标文件	2	
		5. 询标记录(若有)	2	
4	☐其他		2	
二、基础资料(每个送审事项均须提交)				
1. 送审事项管理部门内部审批表			2	
2. 投资控制单位审核意见(若有)			2	
送审要求	☐审计备案 ☐紧缩时限 ☐同步实施(请附相关审批表) ☐其他	说明：(若填写不下，请另附页，具体内容亦请附相关资料)		

续表

送审部门经办人 （签字） 日期：	送审部门负责人 （签字/单位盖章） 日期：
审计组签收	审计结果（编号）

填表说明：

1. 此表为已立项全过程跟踪审计项目施工准备阶段业务送审的必填表格，送审部门应完整、准确填写本表。

2. 选择审计业务内容类别及送审要求，请在方框内打"√"。

3. 如有关资料前期已送，请标注说明。

13-3 全过程跟踪审计施工阶段送审表及资料清单

建设项目名称：　　　　　　　　　　　　　送审序号：

序号	送审业务内容	一、送审事项资料清单	应提交份数	页数/份
1	□签证	1. 签证费用审核单	2	
		2. 签证单及费用报价单（须有工程管理部门及施工监理单位、投控单位审核意见）	2	
		3. 其他支持性材料	2	
2	□变更（含技术核定单）	1. 设计变更费用审核单	2	
		2. 技术核定单及费用报价单（须有工程管理部门、设计单位及施工监理单位审核意见）	2	
		3. 其他支持性材料	2	
3	□主要材料和设备价格核价单	1. 主要材料和设备价格单（须有工程管理部门、施工监理单位、投控单位审核意见）	2	
		2. 其他支持性材料（材料样品等）	2	
4	□其他		2	
二、基础资料（每个送审事项均须提交）				
1. 施工合同			2	
2. 招、投标文件			2	
3. 送审事项管理部门内部审批表			2	
4. 投资控制单位审核意见（若有）			2	
送审要求	□审计备案 □紧缩时限 □同步实施（请附相关审批表） □其他		说明：（若填写不下，请另附页，具体内容亦请附相关资料）	

续表

送审部门经办人 （签字） 日期：	送审部门负责人 （签字/单位盖章） 日期：
审计组签收	审计结果（编号）

填表说明：
1. 此表为已立项全过程跟踪审计项目施工阶段送审的必填表格，送审部门应完整、准确填写本表。
2. 选择审计业务内容类别及送审要求，请在方框内打"√"。
3. 如有关资料前期已送，请标注说明。

13-4 竣工结算审计送审表

建设项目名称（编号）				资金来源	☐国拨资金
财务处立项编号		项目经费代码			
项目分类（单位：元）		建筑面积（m²）			
学校批复预算金额		招标方式	☐公开招标 ☐邀请招标 ☐谈判比选 ☐其他（请注明）：		☐自筹资金
工程预算书金额		设计单位名称		联系人及电话	
合同金额		监理单位名称			
工程结算书金额		施工单位名称			
管理方审核确认金额		审核单位名称			
核减金额		核减率(%)			
核增金额		核增原因			
已支付工程款合计		其中：工程预付款　　　万元，进度款　　　万元。			
工程管理部门					

项目开工日期	年 月 日	竣工验收日期	年 月 日	审核日期	年 月 日
工程管理部门签章	本部门承诺：与本项目结算有关的资料均已送交，并对所提供资料的真实性、完整性、合法性负责，且本项目未重复送审。 部门盖章 部门授权负责人（签字）　　　　项目负责人（签字） 经办人（签字） 　　　　　　　　　　　　　　　　　年　月　日				
审计处签收及处理意见	经办人（签字） 　　　　　　　　　　　　　　　　　年　月　日				

注：
1. 填表说明详见《建设工程项目竣工结算审计送审资料基本要求和交接规则》。
2. 送审资料名称及要求见交接表。

13－5 送审项目竣工结算资料交接表

建设项目名称(编号)					财务处立项编号		
工程管理部门							
序号	资料名称	份数	页数	备注	审计处预审核情况	
					齐备完整	手续有效
☆1	工程造价审核意见书(附审核报告)	2				
☆2	项目立项审批文件(含合同清单目录)	2				
☆3	审计承诺书	2				
☆4	施工单位资质等级证书	2				
☆5	施工合同	2				
6	施工合同的补充协议	2				
7	分包合同	2				
8	勘察、设计、监理等合同	2				
9	招标文件(图纸、答疑、工程量清单等)	2		招标项目必须提供招标文件		
☆10	投标文件(商务标、技术标)或预算书(施工方案)	2				
11	评标文件(询标记录、评标报告、中标通知书等)	2				
☆12	施工单位工程结算书	2				
13	签证资料	2				
14	变更及图纸会审资料	2				
15	主要材料、设备清单及批价单	2				

续表

序号	资料名称	份数	页数	备注	审计处预审核情况	
					齐备完整	手续有效
16	回收(折价)材料或设备	2				
☆17	开、竣工报告	2				
☆18	竣工验收资料	2				
19	隐蔽工程验收及影像资料	2				
☆20	竣工图或竣工示意图(附CAD版光盘)	2		超A4图纸，请扫描目录页即可		
☆21	审核报告、商务标(或预算书)、结算书计价软件版	2				
22	项目重要情况或特殊情况说明	2		见样张		
23	其他有关资料(说明)	2				
(以上左栏由送审单位填写,右栏由审计处人员填写)							
移交与签收	工程管理部门(签章) 年　月　日			审计处人员(签字) 年　月　日		
记录						

注：1. 以上标注"☆"项为必送资料；未标注项若实际发生，则为必送资料。
　　2. 跟踪审计项目，过程中已送审或备案的定稿资料，竣工结算时可不再重复提交。

14. 关于××的审计意见回复。

〔×审×××项〕 号

序号	具体内容	审计建议	工程管理部门反馈意见		
			完全采纳	部分采纳	未采纳
1					
2					
3					

填表人：　　　　　　　　　　单位负责人：

填报单位(盖章)：　　　　　　填报日期：

15. 全过程跟踪审计工程例会情况表。

建设工程全过程跟踪审计工程例会情况表

编号		填报日期	
建设项目名称		会议日期	
参会单位			
例会/现场主要内容			
存在问题/风险			
拟采取措施			

16. 全过程跟踪审计意见(建议)书。

××全过程跟踪审计
关于××(业务事项)文件的审计意见(建议)书

〔×审××项〕第×号

工程管理部门并转项目组：

自×年×月×日(书面送审日期)至×月×日(审计意见发表日期)，我组对贵单位送审的××全过程跟踪审计项目的××(业务事项)文件进行了审核。根据所提交的送审资料，现对相关事项评价如下。

一、(业务事项)情况概况

二、送审资料情况

(列举收到送审资料时间、名称、数量、总页码等。)

三、审计依据

(列举审计的依据，举例如下。)

1. 国家、行业和上海市有关法律、法规和相应规定。

2. ××大学的有关要求与规定。

3. ……

四、对(业务事项)文件的总体意见及建议

(对照业务指南作出合规性或合理性评价，并提出相应建议。)

五、对(业务事项)文件的具体意见及建议

1. 原文第×章　××"……"，P×。

审计意见及建议：有关……不符合《……》"……"的相关规定，应"……"。

2. ……

六、其他审计意见及建议

对于本次(业务事项)文件的审计意见及建议(不限于上述)，是审计组立足项目管理之外独立的客观评价，供管理部门结合项目实际情

况参考。

请在收到审计意见（建议）书后的××个工作日内，将回复意见送达审计组，谢谢配合。

××审计组

××年×月×日

17. 工作联系函。

××工程

关于××的工作联系函

〔××项〕第×号

工程管理部门转项目组：

1.（审计依据。）

2.（工程审计事宜。）

3.（相关审计要求。）

特发此函,请贵单位收到此函后的×个工作日内回复意见并提供相应资料。

望予积极配合！

××审计组

××年××月××日

18. 全过程跟踪审计意见汇总表。

全过程跟踪审计意见汇总表

问题（风险）来源			问题（风险）类别			业务指南条款			问题（风险）描述	审计意见（建议）	管理部门回复意见			审计意见整改情况检查
项目名称	送审事项名称	文号	报告日期	业务类型	一级	二级	三级	关键词	业务类型	条款号	关注点			完全采纳	部分采纳	不采纳	
					合规性	工程管理											
					非合规性	工程造价											

19. 审计报告(征求意见稿)。

19-1 全过程跟踪审计单项阶段性审计报告
××全过程跟踪审计项目××阶段性审计报告

×审字〔××〕××号

××工程管理部门：

自××年××月以来，我处依据"××项目"(下称"本项目")全过程跟踪审计工作要求，围绕与××相关的业务事项，根据××(工程管理部门)提供的送审资料，对本项目实施全过程跟踪审计。

现将截至××年××月的有关审计情况报告如下。

一、本阶段审计实施情况

（一）时间范围

本次审计的时间范围为××年××月至××年××月(下称"当期")。

（二）审计内容

根据本项目的审计实施方案，当期的主要审计内容如下。

××××××。

（三）审计实施

当期，审计组通过独立踏勘现场、列席工程例会、审核送审业务事项及备案资料等多种方式实施了跟踪审计，对……进行即时检查，出具相应审计意见(建议)书××份，提出审计意见××条。

二、建设项目当期概况

（一）投资计划及批复

（二）主要参建单位

（三）项目建设进度

（四）项目支出情况

三、审计评价

（对当期的建设目标实现情况、建设程序规范性、取得的突出业绩等方面进行评价。）

四、审计发现的主要问题

（精确描述所发现的主要问题，问题须进行归类分段描述，标题准确简练，所发现的问题如为合规性问题应附相应的制度依据。）

五、审计意见与建议

（针对所发现的问题发表意见与建议，建议须有针对性，简明扼要，所提建议以促进管理为目的，须切实可行。）

审计处

××年××月××日

19－2　全过程跟踪审计单项综合审计报告
××项目全过程跟踪审计综合报告

×审字〔××〕××号

××工程管理部门：

××项目（下称"本项目"）已完成竣工结（决）算审计工作。现根据《××建设工程全过程跟踪审计实施办法》的要求，对本项目的全过程跟踪审计工作综合汇报如下。

一、项目基本情况

（一）立项情况

（二）参建单位

（三）建设周期

二、全过程跟踪审计实施情况

（描述项目全过程跟踪审计具体实施情况。）

××年××月我组开始对本项目实施全过程跟踪审计，对××送审业务事项出具审计意见书××份，发表审计意见及建议××条；在项目××阶段出具阶段性审计报告×份，提出审计建议××条。

××年××月至××年××月，以工程管理部门送审的竣工结算相关资料为基础，依据适用期内的工程计价规范、取费标准，以及工程建设相关法律法规的规定，参照国家审计准则实施竣工结算审计。本项目建安工程送审造价××万元，工程管理部门审核造价××万元，审计审定造价为××万元，审减金额××万元，审减率××%。

××年××月至××年××月，以工程管理部门送审的竣工决算相关资料为基础，参照国家审计准则实施竣工决算审计。

三、审计评价

（对项目的建设目标实现情况、建设程序规范性、取得的突出业绩等方面进行评价。）

审计发现，本项目在××等方面还存在不足。

四、审计发现的主要问题

（一）招标方面的问题

（二）合同管理方面的问题

（三）进度管理方面的问题

（四）施工管理方面的问题

（五）竣工结算审核管理方面的问题

（六）竣工决算审核管理方面的问题

（七）资料归集整理方面的问题

（八）以往审计意见运用情况

五、审计意见与建议

（针对所发现的问题发表意见与建议，建议须有针对性，简明扼要，所提建议以促进管理为目的，须切实可行。）

审计处
××年××月××日

(四)审计报告阶段

20. 审计报告征求意见函。

××审计报告(征求意见稿)征求意见函

××(被审计单位):

现送达《××审计报告(征求意见稿)》征求意见,请审阅。不论有无意见,均请在×月×日前,填妥书面回复意见并签名盖章后,与征求意见稿一并退还审计组。审计组将在综合反馈意见并作必要调整后上报审计处,由处领导批准后正式出具审计报告。逾期无反馈意见,视同无异议。

××审计组
×年×月×日

回复意见栏:

(本页不够填写,请另加附页)   负责人签字: 单位盖章: 　　　　　　年　月　日

21. 对被审计单位回复意见的处理意见报告。

关于《××审计报告》（征求意见稿）回复意见的处理意见报告

处领导：

　　审计组于×年×月×日将《××审计报告》（征求意见稿）送达××单位（工程管理部门），××单位于××年×月×日将回复意见送达审计组。

　　××单位对审计报告（征求意见稿）共提出×条回复意见，审计组经过讨论，初步商定处理意见如下：

　　1. ××单位对报告中第×页指出的"……"问题进行了说明。说明因"……"。

　　审计组认为……

　　因此，此条审计结论不变。

　　2. ××单位对报告第×页所述"……"不明，提出"……"。

　　审计组认为……

　　因此，此处不作改动。

　　3. ××单位对报告第×页所述"……"存在疑议，认为"……"。

　　审计组认为……

　　因此，此条审计结论调整为"……"。

　　综上为审计组对××单位回复意见的处理意见，现呈请处领导审阅酌定！

　　附件：1. ××单位回复意见及审计报告征求意见稿
　　　　　2. 审计报告（征求意见后修改稿）

××审计组

××年×月×日

22. 审计报告。

22‑1　全过程跟踪审计单项阶段性审计报告
××全过程跟踪审计项目××阶段性审计报告

×审字〔××〕××号

校领导：

自××年××月以来，我处依据"××项目"（下称"本项目"）全过程跟踪审计工作要求，围绕与××相关的业务事项，根据××（工程管理部门）提供的送审资料，对本项目实施全过程跟踪审计。

现将截至××年××月的有关审计情况报告如下。

一、本阶段审计实施情况

（一）时间范围

本次审计的时间范围为××年××月至××年××月（下称"当期"）。

（二）审计内容

根据本项目的审计实施方案，当期的主要审计内容如下。

××××××。

（三）审计实施

当期，审计组通过独立踏勘现场、列席工程例会、审核送审业务事项及备案资料等多种方式实施了跟踪审计，对……进行即时检查，出具相应审计意见（建议）书××份，提出审计意见××条。

二、建设项目当期概况

（一）投资计划及批复

（二）主要参建单位

（三）项目建设进度

（四）项目支出情况

三、审计评价

（对当期的建设目标实现情况、建设程序规范性、取得的突出业绩等方面进行评价)。

四、审计发现的主要问题

(精确描述所发现的主要问题,问题须进行归类分段描述,标题准确简练,所发现的问题如为合规性问题应附相应的制度依据。)

五、审计意见与建议

(针对所发现的问题发表意见与建议,建议须有针对性,简明扼要,所提建议以促进管理为目的,须切实可行。)

审计处

××年××月××日

22-2 全过程跟踪审计单项综合审计报告

××项目全过程跟踪审计综合报告

×审字〔××〕××号

校领导：

××项目(下称"本项目")已完成竣工结(决)算审计工作。现根据《××建设工程全过程跟踪审计实施办法》的要求，对本项目的全过程跟踪审计工作综合汇报如下。

一、项目基本情况

（一）立项情况

（二）参建单位

（三）建设周期

二、全过程跟踪审计实施情况

（描述项目全过程跟踪审计具体实施情况。）

××年××月我组开始对本项目实施全过程跟踪审计，对××送审业务事项出具审计意见书××份，发表审计意见及建议××条；在项目××阶段出具阶段性审计报告×份，提出审计建议××条。

××年××月至××年××月，以工程管理部门送审的竣工结算相关资料为基础，依据适用期内的工程计价规范、取费标准，以及工程建设相关法律法规的规定，参照国家审计准则实施竣工结算审计。本项目建安工程送审造价××万元，工程管理部门审核造价××万元，审计审定造价为××万元，审减金额××万元，审减率××％。

××年××月至××年××月，以工程管理部门送审的竣工决算相关资料为基础，参照国家审计准则实施竣工决算审计。

三、审计评价

（对项目的建设目标实现情况、建设程序规范性、取得的突出业绩等方面进行评价。）

审计发现，本项目在××等方面还存在不足。

四、审计发现的主要问题

（一）招标方面的问题

（二）合同管理方面的问题

（三）进度管理方面的问题

（四）施工管理方面的问题

（五）竣工结算审核管理方面的问题

（六）竣工决算审核管理方面的问题

（七）资料归集整理方面的问题

（八）以往审计意见运用情况

五、审计意见与建议

（针对所发现的问题发表意见与建议，建议须有针对性，简明扼要，所提建议以促进管理为目的，须切实可行。）

审计处

××年××月××日

22‑3　全过程跟踪审计年度综合审计报告

××年度建设工程全过程跟踪审计综合报告

×审字〔××〕××号

校领导：

根据《××建设工程审计规定》和《××建设工程全过程跟踪审计实施办法》，我处对××项目实施全过程跟踪审计。××年度我处开展建设工程全过程跟踪审计项目××项，其中：……

现综合上述××个项目的跟踪审计情况，呈报年度综合报告如下。

一、审计实施概况

（一）实施范围

（二）实施结果

二、审计评价

××年度，工程管理部门按国家、地方和学校的法律法规和规章制度的规定对建设工程实施管理，在基本满足项目的进度、安全、质量、成本目标的同时，积极响应全过程跟踪审计的要求。

审计中发现，工程管理部门在建设工程××方面的工作尚待进一步加强。

三、审计发现的主要问题

（一）投资管理方面的问题

（二）进度管理方面的问题

（三）合同变更或履约管理方面的问题

（四）招标文件合同文本等审核管理方面的问题

（五）送审的及时性完整性方面的问题

（作为年度综合审计报告，归纳总结当年度全过程跟踪审计提出的问题，可按问题发生概率作为重要程度排序。）

四、审计意见与建议

（针对所发现的问题发表意见与建议，建议须有针对性，简明扼要，所提建议以促进管理为目的，须切实可行。）

审计处

××年××月××日

23. 审计文书报批单。

审计处审计文书报批单

文本编号	重点项目□ 常规项目□	类别	审计报告□　审计调查报告□ 审计要情□　审计建议书□ 其他(须注明)：		
文本标题			总页数 (不含本页)		
附件					
协管校领导审批					
处长审阅意见				年　月　日	
	协管领导审批后,请分送：被审计单位□　组织部□　监察处□　财务处□ 资产处□　其他(注明)：				
分管处长审阅意见				年　月　日	
办公室主任审阅意见				年　月　日	
审计组长意见				年　月　日	
审计项目实施基本情况					
审计进点会日期					
审计组人员			××(组长)、××		
助手单位			××(主审)		

24. 审计文书呈报单。

审计业务文书呈报单

文本编号		分类	重点项目□　常规项目□	
文本类别	审计报告□　审计调查报告□　审计要情□　审计建议书□　其他□			
文本标题			总页数 (不含本页)	
附件				
审计处长签发				年　月　日
协管校领导批示				年　月　日
	分送分管领导：工程□　财务□　资产□　其他：			
学校主要领导或分管领导批示				
审计处长处理意见	校领导批复后,请分送相关职能部门：监察□　工程□　财务□　资产□　科研□ 其他(注明)：			
审计组处理结果记录				年　月　日

（五）审计整改阶段

25. 审计整改通知书。

××大学审计处

×审整〔××〕×号

审计整改通知书

（××工程管理部门）：

根据审计计划，我处已完成对××审计报告。在审计报告中，我们将××审计中发现的主要问题进行了披露，审计报告详见附件1。

根据《××审计整改工作规定》，你单位应对审计意见（建议）进行研究并结合实际落实整改，具体如下：

1. 将审计整改工作列入本部门的重要议事日程，成立整改工作小组，逐项落实审计发现问题的整改工作（问题清单见附件2），制定整改时间表，明确整改责任人员。

2. 在收到本通知书的××日内，向我处报送审计整改工作方案并附审计整改方案清单（附件3），并呈送分管校领导。工作方案内容主要包括对审计整改工作的总体安排部署情况、对未在报告及问题清单中反映的审计要求自行纠正事项的落实情况等。整改工作方案清单主要反映对审计报告中所提出问题的整改计划及措施，对审计建议的采纳措施，拟对相关责任人追究责任的措施，整改工作完成时间节点、具体责任人员等。

3. 在收到本通知书的××日内，向我处报送审计整改结果报告并附审计整改结果清单（附件4）。整改结果报告须由分管校领导签字并随附必要证明资料。报告可总体介绍整改工作开展及整改结果情况，对审计意见（建议）的采纳与落实结果，有关问题的原因分析和责任落实，以及在项目后续建设及其他同期建设项目中的改进措施和方法等。

整改结果清单逐项反映整改结果，包括对审计发现问题（风险）的整改落实结果,对审计意见(建议)的采纳与落实结果,有关责任追究处理结果等。

我处将对审计整改结果进行跟踪检查,并将检查结果上报学校领导。

附件：1. ××审计报告
　　　2. 审计发现问题清单
　　　3. 审计整改方案清单
　　　4. 审计整改结果清单

审计处

××年××月××日

××大学审计处　　　　　　　　　　　　××年××月××日印

26. 审计发现问题清单。

序号	问题摘要	整改意见或建议
1		
2		
3		

27. 审计整改方案清单。

序号	问题摘要	整改计划及措施	计划完成时间	责任人
1				
2				
3				

填表单位(盖章)：　　　　　　　　填表日期：

填表人(签字)：　　　　　　　　　单位负责人(签字)：

28. 审计整改结果清单。

序号	已整改	正在整改			尚未整改	
	整改情况	已采取措施和进度	下一步计划及措施	预计完成时间	主要原因	拟采取措施	预计完成时间
1							
2							
3							

填表单位(盖章):
填表人(签字):
填表日期:
单位负责人(签字):

29. 审计结果批示移交表。

学校领导对审计结果批示移交表

编号：×审移〔×〕×号	
审计类别	审计报告□ 审计调查报告□ 审计要情□ 审计建议书□ 其他(注明)：
审计项目名称	
领导批示情况 (注：一般情况下，只移交主要领导的批示。若主要领导无批示而副职校领导有批示，则移交副职校领导的批示。移交时请删除此备注。)	
批示领导	
批示内容	
附　件	1. 有关校领导批示(复印件)； 2. 审计文本。
审计处经办人 （签名/日期）	
接收部门经办人 （签名/日期）	

30. 审计整改跟踪检查台账。

序号	审计类别	项目名称	整改通知书文号	整改通知书发布日期	问题类别	问题描述	整改事项及意见	整改工作方案			整改结果报告				整改结果
								应回复日期	实际回复日期	应回复日期	实际回复日期	工程管理部门	整改措施及结果	

二、竣工结算审计

（一）审计计划阶段

1. ××年度应列为竣工结算审计建设工程项目清单。

序号	项目名称	立项批复文号	合同金额（万元）	预计竣工验收时间	备注
1					
2					

填表人：　　　　　　　　　　单位负责人：

填报单位(盖章)：　　　　　　填报日期：

2. 竣工结算审计送审表及资料交接表。

2-1 竣工结算审计送审表

建设项目名称(编号)					
财务处立项编号		项目经费代码		资金来源	□ 国拨资金
项目分类 （单位：元）		建筑面积(m²)			
学校批复预算金额		招标方式	□ 公开招标 □ 邀请招标 □ 谈判比选 □ 其他（请注明）：		□ 自筹资金
工程预算书金额		设计单位名称		联系人及电话	
合同金额		监理单位名称			
工程结算书金额		施工单位名称			
管理方审核确认金额		审核单位名称			
核减金额		核减率(％)			
核增金额		核增原因			
已支付工程款合计		其中：工程预付款　　万元,进度款　　万元。			
工程管理部门					
项目开工日期	年　月　日	竣工验收日期	年月日	审核日期	年月日
工程管理部门签章	本部门承诺：与本项目结算有关的资料均已送交,并对所提供资料的真实性、完整性、合法性负责,且本项目未重复送审。				

续表

	部门盖章	
	部门授权负责人(签字)　　　　项目负责人(签字) 经办人(签字)	
		年　月　日
审计处签收及处理意见	经办人(签字)	
		年　月　日

注：
1. 填表说明详见《建设工程项目竣工结算审计送审资料基本要求和交接规则》。
2. 送审资料名称及要求见交接表。

2-2 竣工结算审计资料交接表

建设项目名称(编号)				财务处立项编号		
工程管理部门						
序号	资料名称	份数	页数	备注	审计处预审核情况	
					齐备完整	手续有效
☆1	工程造价审核意见书(附审核报告)	2				
☆2	项目立项审批文件(含合同清单目录)	2				
☆3	审计承诺书	2				
☆4	施工单位资质等级证书	2				
☆5	施工合同	2				
6	施工合同的补充协议	2				
7	分包合同	2				
8	勘察、设计、监理等合同	2				
9	招标文件(图纸、答疑、工程量清单等)	2		招标项目必须提供招标文件		
☆10	投标文件(商务标、技术标)或预算书(施工方案)	2				
11	评标文件(询标记录、评标报告、中标通知书等)	2				
☆12	施工单位工程结算书	2				
13	签证资料	2				
14	变更及图纸会审资料	2				
15	主要材料、设备清单及批价单	2				
16	回收(折价)材料或设备	2				

续表

序号	资料名称	份数	页数	备注	审计处预审核情况	
					齐备完整	手续有效
☆17	开、竣工报告	2				
☆18	竣工验收资料	2				
19	隐蔽工程验收及影像资料	2				
☆20	竣工图或竣工示意图(附CAD版光盘)	2		超A4图纸,请扫描目录页即可		
☆21	审核报告、商务标(或预算书)、结算书计价软件版	2				
22	项目重要情况或特殊情况说明	2		见样张		
23	其他有关资料(说明)	2				
	(以上左栏由送审单位填写,右栏由审计处人员填写)					
移交与签收记录	工程管理部门(签章) 年　月　日				审计处人员(签字) 年　月　日	

注:1. 以上标注"☆"项为必送资料;未标注项若实际发生,则为必送资料。
　　2. 跟踪审计项目,过程中已送审或备案的定稿资料,竣工结算时可不再重复提交。

3. 竣工结算审计备案表。

建设项目名称(编号)		审计备案立项编号				
项目建设地点		施工单位入围年度		资金来源	☐国拨资金	
财务处立项编号		项目经费代码				
项目分类 (单位：元,小数点后保留两位)		建筑面积(m²)			☐自筹资金	
学校批复预算金额		招标方式	☐公开招标 ☐邀请招标 ☐谈判比选 ☐其他(请注明)：			
工程预算书金额		设计单位名称		联系人及电话		
合同金额		监理单位名称				
工程结算书金额		施工单位名称				
管理方审核确认金额		审核单位名称				
核减金额		核减率(％)				
核增金额		核增原因				
审价费(合计)		甲方审价费		施工单位审价费		
已支付工程款合计		其中：工程预付款　　　万元，进度款　　　万元。				
工程管理部门		☐基建处　☐总务处　☐保卫处　☐信息办　☐其他(请注明)：				
项目开工日期	年月日	竣工验收日期	年　月　日	审核日期	年　月　日	

续表

工程管理部门对项目重要情况或特殊情况的说明（填写不下，请另附页）	包括但不限于如：超合同结算10％以上；未按建筑规范实施和学校规定实施；现场被覆盖或拆除；若工程延期，请明确延期责任和奖罚执行情况；其他事由等说明。
工程管理部门签章	本部门承诺：与本项目结算有关的资料均已送交，并对所提供资料的真实性、完整性、合法性负责，且本项目未重复送审。 部门盖章 负责人（签字） 经办人（签字） 　　　　　　　　　　　　　　　年　月　日
审计处签收及处理意见	经办人（签字） 　　　　　　　　　　　　　　　年　月　日

注：
1. 填表说明详见《建设工程项目竣工结算审计送审资料基本要求和交接规则》。
2. 项目信息及资料上传审计管理系统，并经审核通过后生成备案号，请打印《备案表》办理财务结算手续。

(二) 审计准备阶段

4. 竣工结算审计项目立项书。

	立项编号:			
项目情况	送审项目名称			
	工程项目编号 (财务处立项编号)		工程建筑面积(m²)	
	项目主管部门		联系人及联系电话	
	工程项目预算		经费代码	
	资金来源：校级预算安排□　985等专项资金□　银行贷款□　捐赠收入□ 院系自筹□			
	管理方送审金额		施工方结算书金额	
	合同金额		已支付工程款	
	已支付工程款：	工程预付款：	;进度款：	元
	施工单位			
		法人代表：	项目联系人：	
任务分配情况	拟分配事务所		拟分配主审	
	分配说明：			
	分配轮次	第( )轮	任务批次	第( )批
	办事员签名：	年　月　日		
立项批示	批准立项			
	根据我处《××大学建设工程竣工结算审计项目任务分配规则》，现决定委托以下协审单位具体实施，请我处相关人员配合、协助协审单位开展工作，并对实施过程加强监管。			
	社会中介机构：			
	项目主审或联系人：			
	业务负责人签名：	年　月　日		

续表

资料交接	送审资料一式两份。由办事员负责加盖印戳后,一份(复印件)交项目主审或联系人转送社会中介机构,另一份(原件)交项目主审或联系人预审并妥善保管。
	受托中介机构签收：　　　　年　月　日
	项目主审签收：　　　　　　年　月　日
备注	
	本项目于　　　年　月　日审结,审定金额　　　　元。

（三）审计实施阶段

5. 竣工结算审计内部审理工作表。

5-1 竣工结算审计查勘阶段工作表

立项编号：

项目情况	项目名称			
	委托部门及项目负责人		项目编号	
	社会中介机构			
	施工单位		送审结算书金额	
查勘阶段事项记录					
现场查勘	送审稿下达日期		受托中介机构签收： 年 月 日		
	现场查勘日期	到场人员			
		社会中介机构	施工单位	工程管理部门	其他
	年 月 日				
	必须查勘的事项	是/否			
	是否进行了对按原设计图纸施工情况（有无未施工项目、未完成工程量）的检查工作				
	是否进行了实际变更与变更签证相核对、所办签证的合理性及有否重复计算的检查工作				
	是否进行了对有无偷工减料、低档替代现象的检查工作				
	是否进行了对变更工程量增减及有无虚报、多报等情况的检查工作				
	是否进行了对实际使用材料规格、品质、等级情况的检查工作				

续表

确认工程量	工作量核对日期	到场人员名单			
		社会中介机构	施工单位	管理部门	其他
	年　月　日				
	需要提示的事项				
	取得三方签署的"工程量及工作内容核对书"日期：				
	主审人员签字： 年　月　日		办事员登记并签字： 年　月　日		
备注					

5－2 竣工结算审计初稿阶段工作表

编号：

项目名称		项目编号	
项目主管部门		施工单位	
社会中介机构		项目负责人	
审核后送审金额		施工方结算书金额	

内部审理记录（若有异议请分类打"√"，并在工作底稿中详细说明）			
一、初稿金额		收到日期：	
审计情况	发现问题分类	造价咨询问题	审计问题
	送审资料的真实、完整和合规情况		
	招投标程序、文本等情况		
	工程合同情况		
	施工企业资质情况		
	工程量的真实性和准确性情况		
	主要建材采购及设备采购的程序和价格情况		
	工程取费费率等情况		
	设计变更和现场签证的真实性和计费的合理性情况		
	分部分项工程、措施项目清单计价等情况		
	其他需要指出的情况		
年 月 日转事务所 （工作联系单共 份）		主审人员签名 年 月 日	
二、调整后初稿金额	审核意见：无异议□ 保留意见□		

续表

	主审人员签名	年　月　日
三、审定稿金额	审核意见：无异议□　保留意见□	
	主审人员签名	年　月　日
审定稿及相关资料移交，办事员签收		年　月　日
办公室主任处理意见		年　月　日

5-3 竣工结算审计审结阶段工作表
建设工程项目审计造价咨询审结情况报告书

工程项目名称：				
基本情况				
施工单位名称		法人代表或执行经理		
社会中介机构		项目组负责人		
造价审核情况	金额	备注		
投资估算或预算		1. 送审日期：		
招投标中标额		2. 立项日期：		
工程合同金额		3. 初稿日期：		
施工方结算书金额		4. 初稿(征求意见稿)下达日期：		
审核后送审金额		5. 审结日期：		
工程造价审定额				
其中：核增(元)		核减率		
核减(元)				
审计费用	建设方承担额		合计	
	施工方承担额			
一、项目备注				
二、尚存主要争议问题				
审计处主审人员签名：			年 月 日	
办公室主任处理意见：				
分管处长处理意见：				

6.《造价咨询报告征求意见稿》征询函。

××项目《造价咨询报告征求意见稿》征询函

_____（工程管理部门）：

依据现有资料，_____（事务所）已出具关于_____工程项目的《造价咨询报告征求意见稿》（见附件）。该项目送审金额_____元，初审金额_____元。请予审核。

若你部门对该初稿有异议，请在下列"回复意见栏"里填写相关意见（若填写不下，可另附页），并在_____个工作日内连同征求意见稿反馈我处。

若你部门对该征求意见稿无异议，请在下列空栏里签署"同意"并盖章后，将所附征询函和征求意见稿一并送至施工方，并督促施工方在_____个工作日内将回复连同征求意见稿返回我处（不论有无意见均应请其签章回复）。

为确保造价咨询工作的时效性，若逾时仍未见回音，我处将依据现有资料，出具单方面《造价咨询报告》。

谢谢支持！

××审计组
年　月　日

工程管理部门回复意见栏（本页不够写，请另附页）：

     部门及负责人　　　　　　　　　（签章） 　　　　　　　　　　　　　　　年　月　日

7. 竣工结算审计问题（风险）汇总表。

问题（风险）类别			问题（风险）描述	定性	定性依据	审计意见（建议）	项目名称（文号）
一级	二级	三级					
工程造价	（一）工程量计算方面的问题	1. 计算差错					
		2. 计量依据不准确、不充分					
		3. 重复、多计、高算					
		……					
	（二）工料机价格方面的问题	1. 未执行合同价或投标价					
		2. 要素价格调整有误					
		3. 单价组价有误					
		……					
	（三）计价方式或费率计取方面问题	1. 适用费率有误					
		2. 计费基数有误					
		3. 计价方式有误					
	（四）未按学校有关规定执行	1. ……					

续表

一级	问题(风险)类别			问题(风险)描述	定性	定性依据	审计意见(建议)	项目名称(文号)
	二级	三级						
工程管理	(一)立项与预算管理方面的问题	1. 立项审批程序						
		2. 预算口径						
		3. 合同金额、结算价超预算金额						
		……						
	(二)招投标方面的问题	1. 招标形式						
		2. 未设置招标控制价						
		3. 与现行政策性文件的相关规定不符						
		4. 招标文件不完整、不规范						
		……						
	(三)合同管理方面问题	1. 条款约定不明						
		2. 补充协议的签订不规范						
		3. 相关单位责任人未明确或约定不一致						
		4. 合同价与中标价不一致						
		……						

续表

一级	二级	问题(风险)类别 三级	问题(风险)描述	定性	定性依据	审计意见(建议)	项目名称(文号)
工程管理	(四)施工管理方面的问题	1. 经济技术文件未按相关规定办理审批手续、未经有效授权					
		2. 签证内容及具体意见不明确					
		3. 签证时间不符合施工实际					
		4. 竣工图纸与实际施工内容不一致					
		5. 竣工结算审核不及时、竣工结算送审不及时					
		……					
责任落实		1. 质量、工期、文明施工等罚责未落实					
		……					

— 169 —

(四) 审计报告阶段

8. 审计报告。

8-1 单项工程竣工结算审计造价审计咨询意见书

××大学建设工程项目竣工结算审计造价咨询意见书

(三方认定版本)

×审建字〔××〕第　　号

在工程项目竣工结算审计过程中,审计处组织_____(社会中介机构)进行的建设工程项目竣工结算审计造价咨询工作已基本完成。现经建设单位、施工单位和社会中介机构三方签章认可,造价咨询结果如下:

1. 项目名称:_____。
   项目编号:_____。
2. 施工单位:_____。
3. 报送结算总价:_____元。
4. 审定结算总价:_____元。
5. 审减_____元,审增_____元,审减率_____%。

故请相关部门作如下有关处理。

附:××大学建设工程竣工结算审计项目　工程结算款付款通知书

工程管理部门:

　　请按上述核定的工程结算总价_____元,扣除已支付工程项目预付款、进度款和有关法定费用后,向施工单位支付(或索回)差额工程款。同时,应列入我校建设工程项目成本的审计费用(核增和核减5%以内)_____元,请开具相应结算凭证交财务处支付。若有异议,请速与我处联系。

附：××大学建设工程审计项目　审计费用付款通知书

财务处：

　　应列入我校建设成本的审计费_____元（见正式发票和相应的结算凭证），同时请在工程管理部门申请支付的工程余款中扣除按规定应由施工单位承担的审计费（核增和核减超过5%的部分）_____元（见发票复印件），合计审计费用_____元，一并汇付（事务所）。

　　若有问题，请速与我处联系。

××大学审计处（公章）

××年××月××日

　　注：本意见书一式三份，一份由工程管理部门留存，一份交财务部门支付审计费用，一份审计处存档。

8-2 单项工程竣工结算审计管理建议书

××工程竣工结算审计管理建议书

××(工程管理部门)：

审计组××年××月××日至××年××月××日,对"××工程"(下称"本项目")竣工结算实施了审计。根据所提交的送审资料,现将相关管理建议报告如下。

一、审计项目概况

(一) 项目基本情况

1. 项目名称：_____。
2. 工程地点：_____。
3. 工程管理部门：_____。
4. 工程管理责任人：_____。
5. 工期：_____天。
   合同工期：_____；
   实际工期：_____。
6. 审核时效。
   竣工日期：_____；
   管理部门审核完成日期：_____；
   竣工与审核间隔时间：_____；
   管理部门送审日期：_____；
   审核与送审间隔时间：_____。
7. 工程施工单位：_____。
8. 其他参与建设的单位。
   (1) 招标代理单位：_____。
   (2) 造价咨询单位：_____。
   (3) 施工监理单位：_____。

（二）工程造价情况

1. 学校批复预算：＿＿＿＿＿＿＿＿＿元。

2. 施工合同金额：＿＿＿＿＿＿＿＿＿元。

3. 承包单位送审金额：＿＿＿＿＿＿＿＿＿元。

4. 管理部门送审金额：＿＿＿＿＿＿＿＿＿元，其中，核减＿＿＿＿＿＿＿＿元，核增＿＿＿＿＿＿＿＿＿元，净核减率＿＿＿＿＿＿＿＿＿％。

5. 审定金额：＿＿＿＿＿＿＿＿＿元，审减额＿＿＿＿＿＿＿＿＿元，审减率＿＿＿＿＿＿＿＿＿％。

（详见《造价咨询报告》。）

二、审计中发现的问题

（一）关于工程造价方面的问题

1. 工程量计算方面的问题。

    （1）计算差错。

    （2）量依据不准确、不充分。

    （3）重复、多计、高算。

    ……

2. 工料机价格方面的问题。

    （1）未执行合同价或投标价。

    （2）要素价格调整有误。

    （3）单价组价有误。

    ……

3. 计价方式或费率计取方面的问题。

    （1）适用费率有误。

    （2）计费基数有误。

    （3）计价方式有误。

    ……

4. 未按学校有关规定执行。

    ……

(二) 关于工程管理方面的问题

1. 立项与预算管理方面的问题。
   (1) 立项审批程序。
   (2) 预算口径。
   (3) 合同金额、结算价超预算金额。
   ……

2. 招投标方面的问题。
   (1) 招标形式。
   (2) 未设置招标控制价。
   (3) 与现行政策性文件的相关规定不符。
   (4) 招标文件不完整、不规范。
   ……

3. 合同管理方面的问题。
   (1) 条款约定不明。
   (2) 补充协议的签订不规范。
   (3) 相关单位责任人未明确或约定不一致。
   (4) 合同价与中标价不一致。
   ……

4. 施工管理方面的问题。
   (1) 经济技术文件未按相关规定办理审批手续、未经有效授权。
   (2) 签证内容及具体意见不明确。
   (3) 签证时间不符合施工实际。
   (4) 竣工图纸与实际施工内容不一致。
   (5) 竣工结算审核不及时、竣工结算送审不及时。
   ……

(三) 责任落实情况

1. 质量、工期、文明施工等罚责未落实。
   ……

(按照《竣工结算审计问题(风险)汇总表》的分类形式,对照审核要点提出审计发现问题。）

三、审计意见与建议

（针对所发现的问题发表意见与建议，建议须有针对性，简明扼要，所提建议以促进管理为目的，须切实可行。）

附表：审减额分析表

××审计组
××年××月××日

附表：审减额分析表
审减额：　　　元

	审减原因	审减额(元)	问题描述	典型例子
1				
2				

8-3 竣工结算审计年度综合审计报告

××年度建设工程竣工结算审计综合报告

×审字〔××〕××号

校领导：

根据《××大学建设工程审计规定》和《××大学建设工程竣工结算审计实施办法》等相关制度，××年度我处完成了竣工结算审计××项，出具单项报告××份，管理建议书××份，提出审计意见（建议）××条。在此基础上，我处对以上项目的立项程序、预算安排等情况进行了整理、汇总、分析。现将综合情况报告如下：

一、审计实施概况

（一）审计方式和审计重点

（二）审计项目范围

（三）审计实施程序

（四）工程管理部门造价审核平均核减率

（五）审计所认定的工程管理部门造价平均审核误差率

二、审计评价

（从工程管理部门在执行政策规定、履行工程管理职责、送审及时性和完整性等方面作出审计评价，关注履行造价审核职能方面的"工程造价审核平均误差率"趋势，可附表说明。）

本次审计中有×个建设工程造价审核误差率远超学校制度规定允许×‰的红线，造价控制有待加强。在对建设项目××等管理行为的检查中，审计发现仍存在着不同程度的管理缺失和漏洞，有待进一步提高与改善。

三、审计发现的主要问题

（一）工程造价方面的问题

（二）工程管理方面的问题

（三）责任落实情况

（作为年度综合审计报告，归纳总结当年度竣工结算审计管理建议书发现问题，可按问题发生概率作为重要程度排序。）

四、审计意见与建议

（针对所发现的问题发表意见与建议，建议须有针对性，简明扼要，所提建议以促进管理为目的，须切实可行。）

审计处

××年××月××日

9. 审计文书报批单。

审计处审计文书 报批单

文本编号	重点项目□ 常规项目□	类别	审计报告□ 审计调查报告□ 审计要情□ 审计建议书□ 其他(须注明):		
文本标题			总页数 (不含本页)		
附件					
协管校领导审批					
处长审阅意见				年 月 日	
	协管领导审批后,请分送:被审计单位□ 组织部□ 监察处□ 财务处□ 资产处□ 其他(注明):				
分管处长审阅意见				年 月 日	
办公室主任审阅意见				年 月 日	
审计组长意见				年 月 日	
审计项目实施基本情况					
审计进点会日期					
审计组人员	××(组长),××				
助手单位	××(主审)				

10. 审计文书呈报单

审计业务文书　呈报单

文本编号		分类	重点项目□　常规项目□	
文本类别	审计报告□　审计调查报告□　审计要情□　审计建议书□　其他(注明)			
文本标题		总页数 (不含本页)		
附件				
审计处长签发				年　月　日
协管校领导批示				年　月　日
	分送分管领导：工程□　财务□　资产□　其他(注明)			
学校主要领导或分管领导批示				
审计处长处理意见	校领导批复后,请分送相关职能部门：监察□　工程□　财务□　资产□　科研□ 其他(注明):			
审计组处理结果记录				年　月　日

（五）审计整改阶段

11. 审计整改通知书。

××大学审计处

×审整〔××〕×号

审计整改通知书

×××（工程管理部门）：

　　根据审计计划,我处已完成对××审计报告。在审计报告中,我们将××审计中发现的主要问题进行了披露(审计报告详见附件1)。

　　根据《××审计整改工作规定》,你单位应对审计意见(建议)进行研究并结合实际落实整改,具体如下：

　　1. 将审计整改工作列入本部门的重要议事日程,成立整改工作小组,逐项落实审计发现问题的整改工作(问题清单见附件2),制定整改时间表,明确整改责任人员。

　　2. 在收到本通知书的30日内,向我处报送审计整改工作方案并附审计整改方案清单(附件3),并呈送分管校领导。工作方案内容主要包括对审计整改工作的总体安排部署情况、对未在报告及问题清单中反映的审计要求自行纠正事项的落实情况等。整改工作方案清单主要反映对审计报告中所提出问题的整改计划及措施,对审计建议的采纳措施,拟对相关责任人追究责任的措施,整改工作完成时间节点、具体责任人员等。

　　3. 在收到本通知书的90日内,向我处报送审计整改结果报告并附审计整改结果清单(附件4)。整改结果报告须由分管校领导签字并随附必要证明资料。报告可总体介绍整改工作开展及整改结果情况,对审计意见(建议)的采纳与落实结果,有关问题的原因分析和责任落实,以及在项目后续建设及其他同期建设项目中的改进措施和方法等。

　　整改结果清单逐项反映整改结果,包括对审计发现问题(风险)的整改落实结果,对审计意见(建议)的采纳与落实结果,有关责任追究处理结果等。

我处将对审计整改结果进行跟踪检查,并将检查结果上报学校领导。

附件:1. ××审计报告
   2. 审计发现问题清单
   3. 审计整改方案清单
   4. 审计整改结果清单

审计处
××年××月××日

××大学审计处   ××年××月××日印

12. 审计发现问题清单。

序号	问题摘要	整改意见或建议
1		
2		
3		

13. 审计整改方案清单。

序号	问题摘要	整改计划及措施	计划完成时间	责任人
1				
2				
3				

填表单位(盖章)：　　　　　　　填表日期：
填表人(签字)：　　　　　　　　单位负责人(签字)：

14. 审计整改结果清单。

序号	问题摘要	已整改	正在整改			尚未整改	
		整改情况	已采取措施和进度	下一步计划及措施	预计完成时间	主要原因	拟采取措施	预计完成时间
1								
2								
3								

填表单位(盖章)：

填表人(签字)：

填表日期：

单位负责人(签字)：

15. 审计结果批示移交表。

学校领导对审计结果批示移交表

编号：×审移〔×〕 号	
审计类别	审计报告□　审计调查报告□　审计要情□ 审计建议书□　其他（注明）
审计项目名称	
领导批示情况 （注：一般情况下，只移交主要领导的批示。若主要领导无批示而副职校领导有批示，则移交副职校领导的批示。移交时请删除此备注。）	
批示领导	
批示内容	
附　件	1. 有关校领导批示（复印件）； 2. 审计文本。
审计处经办人 （签名/日期）	
接收部门经办人 （签名/日期）	

16. 审计整改跟踪检查台账。

序号	审计类别	项目名称	文号	整改通知书发布日期	问题类别	问题描述	整改事项及意见	整改工作方案			整改结果报告			
								应回复日期	实际回复日期	应回复日期	实际回复日期	工程管理部门	整改措施及结果	整改结果

第四章

建设工程管理审计案例选编

本章节选了近年各高校建设工程管理审计的23个案例,从案例事实、审计处理和案例分析三个方面着眼进行了阐述。希望能够帮助审计人员了解案例中相关问题的各种表现形式和产生原因,并为进一步从根源上全面、系统地解决问题提供参考。此外,也希望能够帮助工程管理部门直观地了解此类管理行为存在的问题,以及有效地予以纠正的办法。

案例1 可行性研究报告存在缺陷

一、案例事实

本案例为某大学校区建设项目的可研报告。审计发现,该可研报告中,对于一些可研评审比较重要的内容未作详细的说明(如拟建项目与校区的关系论述等),专业工程招标计划等部分重要内容有遗漏;投资估算指标不平衡,部分估算内容与设计存在差异;施工进度计划的可操作性不强。

二、审计处理

审计认为,可研报告首先应客观、全面、科学地反映拟建项目的情况,工程管理部门应予以高度重视并作为重要环节加以管理,使之成为资金筹集、招标投标、合同签订、工程设计、设备购置、绩效评价的基础。因此,明确提出此可研报告须作以下调整的审计意见:

1. 补充缺失内容。
2. 合理确定建设标准。
3. 根据实际建设内容,完善投资估算。
4. 模拟推演建设过程,科学确定建设进度计划。

三、案例分析

可研报告应综合考虑和平衡影响项目建设的各方面因素,对于影响到可研报告评审结果的重要因素,更应着重、全面考虑。具体表现在以下三个方面。

1. 该项目可研报告缺失部分重要内容,对拟建项目与校区的关系论述较少,如项目建设对整个校区在容积率、绿化率、教育用房指标等变化方面的影响。对于投资占比较大的建筑装饰用材未说明其必要性,如外立面玻璃幕墙和干挂石材、天然石材地坪等未作说明。对比较重要的节能评估,缺少对建筑节能措施的说明。对电梯、空调等专业工程分包的招标计划没有涉及。

2. 该可研报告投资估算中每平方米建筑面积的建筑安装工程造价处于较高水平,但其中消防工程、幕墙工程的估算指标却处于较低水平。桩基础按混凝土钻孔灌注桩估算,但设计说明中明确采用预制混凝土管桩,两者在施工周期、环保措施、造价等方面均有较大差异。

3. 该可研报告建设进度计划中,施工图设计与前期准备为1~4月共4个月时间,加之其间还包含了农历春节,却须完成施工图出图到取得施工许可证的全部工作。梳理其关键线路,为设计、优化、出图、审图、招标(含招标文件及招标工程量清单)、办证,发现该进度计划不具备可操作性。

案例2 设计概算存在缺陷

一、案例事实

某项目可研批复总建筑面积11 789 m²,概算总投资9 113万元。审计发现如下六个问题。

1. 根据可研批复,该项目建筑面积为11 789 m²,但初步设计中建筑面积却扩大为 12 292 m²,建设规模超标 4.27%。

2. 根据可研批复,该项目总投资为 9 113 万元,拟报设计概算总造价为 9 294 万元,超出可研批复范围 1.99%。

3. 根据《上海市建筑和装饰工程概算定额(2010)》的费用计算说明,零星费的计取费率应为 6%,设计概算费用表中零星费的计取费率为 3%,少计该项费用缺乏依据。

4. 根据设计概算编制说明,材料价格根据 2013 年 12 月市场价计取。但经核对,各工种人工单价明显低于信息价,如混凝土工概算编制单价为 78 元/工日,信息价则为 119 元/工日。

5. 设计概算中围护工程总价仅为 275 万元,但未见具体围护方案及技术说明,计价依据不足。

6. 扩初设计中的部分子目未在设计概算清单中列项,如主体工程及专家楼工程均未见防雷接地及设备接地的子目;工程建设其他费用中的全过程造价咨询费、工程保险费等均未列项。

二、审计处理

审计认为,设计概算作为项目投资估算的细化和投资控制目标,应严格在可研批复的范围内执行。设计概算是编制建设项目投资计划、确定和控制建设项目投资目标、考核建设项目管理绩效和投资效果的依据。设计概算应当做到依据充分、内容完整、费用合理。设计概算一经批准,将作为控制建设项目投资控制目标的最高限额,不得随意突破。如因设计概算编制不合理而导致建设费用超概,则须重新报审批准。因此,设计概算准确与否,关系到建设项目能否顺利通过评审并如期建成,建设单位、设计单位对此应充分重视。故此,审计提出以下两条意见:

1. 初步设计建设规模及设计概算必须控制在批复的可研报告范围内。

2. 概算编制人员应与建设单位、设计师、投资监理人员充分沟通,各项概算费用必须有充分的计取依据,各类价格确定均应符合相应定额的相关规定及市场变化情况。

三、案例分析

初步设计的建设规模及其相应的设计概算不能超过批复的可研报告有明确的规定;而错、漏、少算、部分子项价格取定与市场实际情况脱节的问题,可能会导致批复的概算不足,既影响工程顺利实施,又增加决算超概风险。

案例3 潜在投标人资质条件设定不恰当

一、案例事实

教育部某直属高校下属学院自筹资金,通过公开招标方式,以EPC(设计施工采购一体化)合同模式建设新院区。为有效控制投资成本,EPC承包方拟通过招标方式选择变冷剂流量多联分体式空调系统采购及安装工程的分包商。招标文件载明最高投标限价为2 037万元,投标人资质条件为"具有机电设备安装工程专业承包叁级或以上资质"。

二、审计处理

审计意见如下:

1. 考虑竞争的效果,中标价较大概率会在2 000万元左右,故招标人应把专业分包的资质等级设定为二级或以上,既确保竞争充分,也避免超越资质等级标准。

2. 引用规范标准时须使用规范的表述,以利于潜在投标人准确理解招标要求和项目需求。

三、案例分析

根据《建筑业企业资质标准》,建筑机电安装工程专业承包三级资质承包工程的范围是"可承担单项合同额1 000万元以下的各类建筑工程项目的设备、线路、管道的安装"。显然,最高投标限价为2 037万元的招标标的,其成本不应低于1 000万元,该工程理应在建筑机电安装工程专业承包三级资质可承包工程的范围之外,故该资质条件的设定是不恰当的。

如招标文件确定的评标办法对投标人历史业绩、经营资质等评分指标的权重不大时,通过商务竞价、施工方案等优势,三级资质的潜在投标人存在中标的可能。三级资质的投标人固然存在顺利完成该专业分包工程的可能性,但建设单位没有必要承担不必要的风险。同时,因不满足资质条件,该分包合同无法按规定完成备案,同样会影响项目顺利实施。

此外,招标文件中"机电设备安装工程专业承包叁级或以上资质"的表述亦不规范。

案例4 分包形式不恰当

一、案例事实

2017年某部属高校拟改造扩建校内一幢受保护的优秀历史建筑,改造建筑面积1 777 m², 扩建建筑面积约3 270 m²。该项目施工总承包以公开招标方式发包。施工过程中建设单位以对施工质量担忧为由,拟对其中的木门窗修缮工程,以邀请招标方式进行分包。经查阅施工总承包招标文件的招标工程量清单,有如下内容:

项目名称"外立面木门整修(仿古洋松木门)"工程量为19.24 m², 木门材料暂估价为2 200元/m², 总承包商综合单价报价为2 240.79元/m²;"外立面木窗整修(仿古洋松木窗)"工程量为233.92 m², 木窗材料暂估价为2 000元/m², 总承包商综合单价报价为2 004.06元/m²。

二、审计处理

审计意见如下:

1. 本次招标内容,属于施工总承包分部分项范围内的工作内容,无合法合规的行为依据,不应再进行分包招标。

2. 招标标的应该是木门窗材料,而不是木门窗修缮工程。此外,招标的主体应是总承包单位,建设单位须参与招标工作。

三、案例分析

根据《建设工程工程量清单计价规范》(GB50500-2013),暂估价是招标人在工程量清单中提供的用于支付必然发生但暂时不能确定价格的材料、工程设备的单价以及专业工程的金额。综合单价是完成一个规定清单项目所需的人工费、材料和工程设备费、施工机具使用费和企业管理费、利润以及一定范围内的风险费用。

结合本案例,可以明确以下三点:

1. 比较暂估价和综合单价,总承包商所报的综合单价处于较低的价格水平,建设单位另行分包没有商务价值。

2. 拟分包的木门窗修缮工程在总承包范围内,也是承包商的合同义务。除合同文件约定发包人保留分包专业工程的权利,且确有必要将其分包;或者承包人拒绝履行合同义务外,建设单位将其另行发包是不恰当的。

3. 通过招标或其他竞价方式确定总承包招标时暂定价的木门窗的供应价格和供应商,是合理合规的操作方式。

案例5 招标文件表述不准确、内容不完整

一、案例事实

本项目建设内容为新建研究生院、教学楼大楼、留学生公寓、食堂浴室及配套设施。建筑面积 91 196 m^2,其中地下建筑面积 15 580 m^2。项目总投资 53 730 万元。审计组在审计中发现以下问题:

1. 招标文件中明确:"本合同采用固定单价合同形式,工程量最终按实结算。工程量清单内容的确认:综合单价以承包人投标文件为准。"但是,招标文件并未对综合单价进行具体描述。

2. 招标文件中明确:"本工程措施项目列表报价不受设计变更、工程量清单变化、人工、材料和机械市场价格变动、总造价变动的影响,一次性包干使用,结算时不作调整。"但是,措施项目清单报价结算原则描述与之矛盾,脚手架、水泥及现浇水泥模板为综合单价闭口包干,数量按实调整。

二、审计处理

审计意见如下:

1. 本合同执行《建设工程工程量清单计价规范》(GB50500 - 2013),采用固定单价合同形式,工程量最终按实结算。工程量清单内

容的确认建议描述为:"综合单价以承包人投标文件为准。综合单价包含按工程量清单项的工程内容、范围和特征描述,并结合施工图对该项目的描述来完成工程量清单中一个规定计量单位项目所需的全部费用,包括人工费、材料费、施工机械使用费、企业管理费和利润等,并考虑招标文件中明示或暗示的所有责任、义务及风险因素,结算不得调整。"

2. 措施项目清单报价结算原则建议调整为:"以承包人投标文件中工程量列表中措施项目报价为依据(除招标清单已列措施外,完成本工程所需的措施项目由承包人自行列明,如未列明的视作承包人已将其包含在其他措施项目中,结算不再新增任何措施项目),本工程措施项目列表报价(除脚手架、现浇水泥模板外)一次性包干使用,竣工结算不作调整。但如有未发生或未实施的工作内容,则应从合同总价中扣除其相应费用。脚手架、现浇水泥模板为综合单价闭口包干,数量按实调整。"

三、案例分析

招标文件应对综合单价、措施费的报价要求、结算原则等进行全面、准确的表述,从而有利于招投标工作的有效开展,以及工程施工和竣工结算工作的顺利进行。

案例6 施工招标文件常见缺陷

一、案例事实

审计人员在检查建设工程招标文件时,发现比较典型的缺陷包括以下五大方面。

1. 招标文件不完整,主要表现在:
(1) 无拟签订合同的文本,或只提供合同示范文本。
(2) 无评标办法。
(3) 无招标标的的设计文件、技术标准等技术要求文件。

2. 招标文件重要内容缺失,主要表现在:
(1) 公开招标的招标文件未载明招标公告的发布媒体。
(2) 招标文件未载明最高投标限价。

(3) 施工合同的工作界面不清晰。

(4) 施工条件表述不明确。

3. 招标文件前后不一致,主要表现在:

(1) 投标须知前附表与投标须知不一致。

(2) 对投标文件的要求与评标办法不匹配。

(3) 招标文件中对报价要求与所附合同条款不一致。

4. 招投标组织安排不合规,主要表现在:

(1) 时间安排不符合规定。

(2) 保证金要求不符合相关规定。

(3) 开标方式不合规。

(4) 投标资格条件设定不合规。

(5) 评标办法不符合建设地的相关规定。

5. 招标工程量清单存在缺陷,主要表现在:

(1) 招标工程量清单漏项。

(2) 工程量有重大误差。

(3) 分部分项中子目特征描述错误、遗漏。

(4) 暂估价比例过高。

(5) 对措施费用的报价要求不明确。

二、审计处理

审计发现招标文件的缺陷或差错,应视不同的时间节点给出不同的意见:

1. 在投标截止时间前,审计发现的所有不符合规定的问题均应要求相关部门予以纠正,审计发现的合理性方面的缺陷应提请相关单位根据可能出现的后果审慎决策是否调整。

2. 投标截止时间后,审计应要求相关部门查明原因,针对可能出现的问题制定对策,以最大限度减少负面影响;同时应要求相关部门切实整改,避免再次出现类似问题。

三、案例分析

1. 相关法规对招标文件的内容有明确的要求。

招标投标法释义第十九条明确规定:"招标人应当根据招标项目的特点和需要编制招标文件。招标文件应当包括招标项目的技术要求、对投标人资格审查的标准、投标报价要求和评标标准等所有实质性要求和条件以及拟签订合同的主要条款。"

《房屋建筑和市政基础设施工程施工招标投标管理办法》第十七条也相应规定:"招标人应当根据招标工程的特点和需要,自行或者委托工程招标代理机构编制招标文件。"招标文件应当包括下列内容:

(1) 投标须知,包括工程概况,招标范围,资格审查条件,工程资金来源或者落实情况,标段划分,工期要求,质量标准,现场踏勘和答疑安排,投标文件编制、提交、修改、撤回的要求,投标报价要求,投标有效期,开标的时间和地点,评标的方法和标准等。

(2) 招标工程的技术要求和设计文件。

(3) 采用工程量清单招标的,应当提供工程量清单。

(4) 投标函的格式及附录。

(5) 拟签订合同的主要条款。

(6) 要求投标人提交的其他材料。

2. 工程量清单计价规范中强制性条文对招投标的计价方式等有明确规定。

《建设工程工程量清单计价规范》(GB50500－2013)为国家标准,包括15条强制性条文,必须严格执行,其中最为关键的条文如下:

【3.1.1】使用国有资金投资的建设工程发承包,必须采用工程量清单计价。

【3.1.4】工程量清单应采用综合单价计价。

【3.4.1】建设工程发承包,必须在招标文件、合同中明确计价中的风险内容及其范围,不得采用无限风险、所有风险或类似语句规定计价中的风险内容及其范围。

【4.3.1】措施项目清单必须根据相关工程现行国家计量规范的规定编制。

【5.1.1】国有资金投资的建设工程招标,招标人必须编制招标控

制价。

此外,《建筑工程施工发包与承包计价管理办法》第六条规定:"全部使用国有资金投资或者以国有资金投资为主的建筑工程,应当采用工程量清单计价。国有资金投资的建筑工程招标的,应当设有最高投标限价。"

3. 招投标法及实施条例对招投标中发售招标文件、投标、澄清、公示等时间均有具体规定。

4. 相关法规对招投标的具体工作也有明确要求。

(1) 实施条例第二十六条规定,招标人在招标文件中要求投标人提交投标保证金的,投标保证金不得超过招标项目估算价的2%。投标保证金有效期应当与投标有效期一致。

依法必须进行招标的项目的境内投标单位,以现金或者支票形式提交的投标保证金应当从其基本账户转出。

(2) 实施条例第三十二条规定,招标人不得以不合理的条件限制、排斥潜在投标人或者投标人。

A. 就同一招标项目向潜在投标人或者投标人提供有差别的项目信息;

B. 设定的资格、技术、商务条件与招标项目的具体特点和实际需要不相适应或者与合同履行无关;

C. 依法必须进行招标的项目以特定行政区域或者特定行业的业绩、奖项作为加分条件或者中标条件;

D. 对潜在投标人或者投标人采取不同的资格审查或者评标标准;

E. 限定或者指定特定的专利、商标、品牌、原产地或者供应商;

F. 依法必须进行招标的项目非法限定潜在投标人或者投标人的所有制形式或者组织形式;

G. 以其他不合理条件限制、排斥潜在投标人或者投标人。

5. 根据工程量清单计价规范中【4.1.2】款强制性条文,招标工程量清单必须作为招标文件的组成部分,其准确性和完整性应由招标人负责。一般施工合同通用条款也有如下表述:除专用合同条款另有约

定外,发包人提供的工程量清单,应被认为是准确的和完整的。出现下列情形之一时,发包人应予以修正,并相应调整合同价格:

(1) 工程量清单存在缺项、漏项的;

(2) 工程量清单偏差超出专用合同条款约定的工程量偏差范围的;

(3) 未按照国家现行计量规范强制性规定计量的。

因此,工程量清单的缺陷最终可能导致不利于建设单位的结算后果。

案例 7 回标分析报告符合性检查有误

一、案例事实

某实验室装修改造项目总面积 2 450 m^2,总投资为 186 万元。审计组在中标通知书发布之前,对回标分析进行复核检查时发现,招标代理所做回标分析报告中,对各投标单位投标文件的符合性检查存在错误。

该项目招标文件规定:"为防止恶意低价竞标,本次投标的建筑和装饰工程综合费率应按 3‰～8‰ 范围取定;安装工程综合费率应按 31‰～41‰ 范围取定,未按要求填报的,经评标委员认定后均作否决标处理。"

经审阅本项目各投标单位投标文件,商务标排名第一的投标人的建筑和装饰工程综合费率、安装工程综合费率均为 0‰。

二、审计处理

审计认为,招标单位应对商务标排名第一的投标人的投标文件作进一步的核实。若情况属实,则应作为否决标处理。同时,招标代理单位应对回标分析报告进行相应整改、调整。

三、案例分析

在评标的初步评审阶段,应对投标单位的资格是否符合要求、投标文件是否完整、投标文件是否基本上符合招标文件的要求、有无计算错误等进行评审,如发现有明示否决标条款的情况,应予以无效投标处理,不得允许投标单位通过修改投标文件或撤销不合要求的部分等而使其投标具有响应性。

回标分析作为评标前的重要工作环节,理应对招标文件符合性包括实质性响应作出详细检查分析。

案例8 施工合同未约定工程变更的结算方式

一、案例事实

某空气源热泵系统采购含安装工程的合同金额为386.00万元,施工地点在上海。审计组在对该项目进行竣工结算审计中发现,合同中约定合同总价款"包括全部合同标的物,以及标的物的运输、保险、包装、吊驳、就位、安装、调试、检测(含第三方检测及费用)、验收、培训、维修保养、税费以及相应为完成本合同义务所需要的所有费用,除此之外买方就本合同不再需要向卖方支付任何费用",但未约定工程变更的结算方式。在施工单位上报的竣工结算报告中包括了一部分因变更引起的合同外单价。

二、审计处理

审计建议参照示范合同内容,对以下事宜补充约定。

1. 结算依据。

工程竣工后,由承包人按施工图纸、经发包人确认的设计变更和工程签证、技术核定单、竣工图纸、招标文件、招标补充文件、投标文件及其附件、施工合同及补充协议等内容结合投标文件编制结算,工程量按实结算。

2. 变更工程的单价调整遵循以下规定。

(1) 施工条件及性质与工程量清单内项目相同的工作应以工程量清单内的价格为准。

(2) 施工条件及性质与工程量清单内项目类似的工作,则上述价格应尽可能在合理范围内成为该项工作的价格基础,原则上只调整主材价格和相应税金。

(3) 当工作不属前述的类似性质或在类似条件下施工时,工程量

清单内无适用或类似的综合单价,新增综合单价中人、材、机的消耗量、单价和费率的取定顺序为:

A. 人、材、机的消耗量按《上海市 2000 定额》计取。

B. 要素价格首选投标文件内的相应人工、材料、机械单价;投标文件内无类似单价的,采用《上海市建设工程建材与造价资讯》中的按照投标期(2017 年 6 月)发布的信息价取定;投标文件和信息价中没有的,则由施工单位报价现场投资监理工程师审核确认。在投标报价中的优惠浮动率仍适用(如费率及材料人工的下浮)。

C. 费率按投标文件内的费率计算。

本项目即参考以上示范合同原则,对变更引起的合同外单价进行审计。

三、案例分析

由于合同中未约定工程变更的结算方式,导致审计在对施工单位上报的竣工结算报告中因变更引起的合同外单价审计时,缺乏相关组价依据,故须补充约定相关内容,如承发包商无法达成一致,则应按合同约定的争议处理程序执行。

案例 9 施工合同约定工程款支付方式不当

一、案例事实

某改造项目批复的项目总投资概算 2 184 万元,批复建筑面积 3 642.3 m²。审计组通过调阅项目施工合同、招标文件等资料,以及对项目相关负责人员的访谈资料发现,施工合同中进度款支付条款与招标文件中的进度款支付条款不一致。

招标文件中的付款方式为:"预付款合同价的 20%,扣回工程款的时间、比例为从发包人支付首期工程进度款开始,每期以适当的比例扣除,直到扣完为止。具体比例在签订合同时明确。"

施工合同中约定:"预付款按合同金额(扣除暂列金额)的 25% 支付。预付款在进度款支付达到合同签约金额的 50% 后开始扣回,扣回比例为每期进度款金额的 50%。"

二、审计处理

审计意见如下：

1. 修改施工合同相关条款，与招标文件相应内容保持一致。

2. 建立招投标、合同发包、签约流转签订等管理制度，严格审核招投标文件及拟签订的合同，避免出现合同管理和执行漏洞。

三、案例分析

施工合同主要条款与招标文件不一致，是对招标内容的实质性改变，违反了《招投标法》的相关规定，应相应予以修正。

案例 10 合同签订流程不规范

一、案例事实

某整体加固改造项目批复的总投资概算为 3 295 万元。审计组在对该项目进行竣工结算审计中发现，施工合同签订流程存在以下问题：

1. 投资监理单位对合同审核意见的发表时间（2013 年 12 月 3 日）晚于合同实际签订日期（2013 年 11 月 4 日）。

2. 合同实际签订日期（2013 年 11 月 4 日）早于中标通知书发布时间（2013 年 11 月 5 日）。

二、审计处理

审计意见如下：

1. 建立合同管理制度，规范流转签订流程，避免出现以上类似合同管理和执行的漏洞。

2. 积极发挥投资监理等第三方机构的作用，并定期对其工作进行考核。

三、案例分析

本案例反映出建设过程中投资监理对合同审核滞后，工程管理部门的合同管理流程不严谨、不规范，须尽快予以调整完善。

案例 11 未满足招标条件即开展施工招标

一、案例事实

某部属高校新建宿舍楼，建筑面积 9 825 m^2，批复的概算投资

6 014万元。审计进点后开展标后预算工作时发现,招标工程量清单与施工图存在重大差异。主要包括如下两个方面。

1. 工程量清单子目不同。例如,招标工程量清单中桩基础为PHC管桩,施工图为钻孔灌注桩;招标工程量清单中外墙为保温砂浆和涂料,施工图为挤塑保温板和面砖;招标工程量清单中阳台栏杆为铝合金栏杆,施工图为中空玻璃不锈钢栏杆。

2. 工程量差异较大。例如,招标工程量清单中钢筋的工程量为500吨,按施工图计算工程量为612吨;招标工程量清单中有纸面石膏板吊顶工程量,而施工图则无此项工程量。

随后审计人员检查招标文件发现,招标时未提供设计图纸,招标工程量清单系根据同类项目套用,招标控制价根据批复概算中的建安投资金额下浮10%确定。

二、审计处理

鉴于施工合同已经订立,但工程尚未正式施工,审计意见如下:

1. 根据标后预算判断建安投资的超概风险,通过降低装饰性建安投资支出等途径优化投资,确保在批复概算内实现建设目标。

2. 应在正式开工前,根据投标的要素价格和约定的消耗量定额,确定工程量清单中缺项子目的综合单价。

3. 工程管理部门应调整招标事项的管控流程,高效、合规地开展招标工作。

三、案例分析

1. 根据发改委等7部委令《工程建设项目施工招标投标办法》第8条规定:"依法必须招标的工程建设项目,应当具备下列条件才能进行施工招标:

(一)招标人已经依法成立;

(二)初步设计及概算应当履行审批手续的,已经批准;

(三)有相应资金或资金来源已经落实;

(四)有招标所需的设计图纸及技术资料。"

该项目属于依法必须招标的工程建设项目,显然该项目招标时并不具备条件。

2. 根据《建设工程工程量清单计价规范》(GB50500-2013)强制性条文"5.1.1 国有资金投资的建设工程招标,招标人必须编制招标控制价",该项目招标控制价亦与之不符。另外,根据该规范强制性条文"4.1.2 招标工程量清单必须作为招标文件的组成部分,其准确性和完整性由招标人负责"的精神,招标工程量清单的缺陷导致的结算风险较多部分会由发包人承担。

案例 12 工程进度款与工程实际产值不符

一、案例事实

某项目总建筑面积约 14 580 m^2,概算总投资 10 417 万元。该项目于 2014 年 8 月 5 日正式开工,2017 年 6 月 20 日竣工。审计组在对年底节点进度款申请进行审核时发现,监理单位核定的形象进度工程量和实际完成工程量不符。例如:

1. 监理单位核定的形象进度中,4~6 层吊顶、走道地砖工程量均已全部完成。但是,实际吊顶只完成龙骨铺设,面层均未安装;地砖只完成局部,约占核定工程量 50%。

2. 监理单位核定的形象进度中,电梯已完成安装,但实际只完成电梯设备进场,因春节假期,未及时完成安装。

二、审计处理

审计意见如下:

1. 工程监理应重新核实形象进度工程量,以确保与实际完成工程量相符。

2. 工程管理部门应加强施工现场的管理,合理安排设备进场时间,对已进场设备加强管理,安排专人看管,降低发生相关风险的可能性。

三、案例分析

按照《建设工程监理规范》(GB 50319-2000),专业监理工程师应该"进行现场计量,按施工合同的约定审核工程量清单和工程款支付申请表"。但是,本项目监理单位未按实核定工程量,使实际工程产值与核定工程进度款不符。

此外,电梯设备在春节假期前运抵现场,无疑增加设备损失风险,相关管理细节亦有待提升。

案例 13 参建单位未按合同约定规范履职

一、案例事实

某项目总投资 21 098 万元,总建筑面积 31 678 m²。审计组在审计时发现,该项目存在多种未按合同约定规范履职的情况。例如:

1. 项目管理单位未按合同约定完成"标后调整预算"工作。
2. 监理合同约定的监理人员与实际签署相关资料的人员不一致。
3. 施工总承包实际到位的管理、技术人员与施工合同不符。
4. 承包商更换了项目经理,但未见施工合同约定的相关手续,也未见工程管理部门按合同约定进行处罚。
5. 设备供货单位未按合同约定时间按时供货。

二、审计处理

审计意见如下:

1. 工程管理部门应加强对参建单位相关人员的管理,敦促相关各方严格履行合同义务,协同项目管理、施工监理加强项目现场管理。
2. 工程管理部门应组织人员全面检查各项合同的履约情况,寻找履约管理的薄弱环节,全面评估合同管理风险,及时整改。

三、案例分析

工程管理部门疏于对各参建单位相关人员的管理,未督促其按照各类合同履行相应的权利和义务,也未及时完善相关书面手续。合同管理不到位,对完成项目建设目标存在负面影响,可能增加工程质量风险和安全生产风险。

案例 14 工程预付款未按合同约定支付或扣回

一、案例事实

某项目批复的概算总投资为 2 184 万元,建筑面积 3 642.3 m²。审计发现,该项目工程预付款未按合同约定支付或扣回。

该项目施工合同暂定总价为 1 245.70 万元,其中暂列金额 300 万元。合同约定"预付款按合同金额(扣除暂列金额)的 10% 支付。预付款在进度款支付达到合同签约金额的 30% 后开始扣回,扣回比例为每期进度款金额的 50%"。

但是,在实际操作过程中建设单位支付给总包单位的预付款金额为 124.57 万元,即完全按照合同金额的 10% 支付,未扣除暂列金额。此外,该项目第三期进度款累计已支付金额 423.54 万元,超过合同签约金额的 30%,但当期进度款支付未扣回预付款。

二、审计处理

审计认为,应按照合同相关条款约定重新计算预付款及工程进度款,超付预付款在当期进度款中进行扣回。

三、案例分析

1. 工程进度款管理是工程管理的重要内容,是维护建设单位利益、防范合同风险的重要措施。

2. 进度款管控流程不到位,申请、审核、复核、支付任一环节都可以发现的问题,居然发生支付错误,这说明内控失效,应予以足够重视。

案例 15 变更依据不足

一、案例事实

2015 年 9 月,审计人员在对某政府财力项目进行财务竣工决算审计时发现,有一份纳入工程结算的设计变更要求增加一根方桩,扩大桩承台,但未明确变更的原因。因该变更有些异常,审计人员经查阅相关记录,询问设计人员和项目管理人员,确认该变更确已实施,但变更原因是由于承包商确定桩位时放线错误,导致成桩后偏离设计桩位较大,超出了桩承台范围。

二、审计处理

审计意见如下:

1. 核减相应的建安投资。

2. 如果可能,积极追讨多结算的款项。

3. 向相关单位和相关人员追责。

4. 梳理变更管理的相关流程,确保相关管理措施有效。

5. 加强对施工监理单位和造价咨询单位的管理,促进其积极高效履约。

三、案例分析

本项目施工合同约定:"因承包人原因造成工程质量未达到合同约定标准的,发包人有权要求承包人返工直至工程质量达到合同约定的标准为止,并由承包人承担由此增加的费用和(或)延误的工期。"

但是,以上变更中的施工放线错误显然是承包人的责任。建设单位聘请的施工监理未能发现承包商的错误,同意承包商施工,但不能免除承包商的责任。设计变更是为弥补承包人的过失,设计变更导致的增加费用理应由责任方承担,故不应结算,也不应纳入建安投资。

案例 16 工程结算中人工及材料价差调整有误

一、案例事实

某宿舍楼绿化工程项目预算 96.10 万元,施工地点在上海。施工合同中约定人工及材料价按施工期信息价平均值计取。在竣工结算审计中发现,工程结算中人工及材料价差调整有误。此项目施工期为 2013 年 5 月~2013 年 11 月,但部分材料未按施工期信息价平均值计取。例如:

1. 工程管理部门对水泥 32.5 级的审核单价为 0.5 元/kg,施工期信息价取平均值应为 0.33 元/kg。

2. 工程管理部门对成型钢筋的审核单价为 7 800 元/t,施工期信息价取平均值应为 3 957.14 元/t。

二、审计处理

审计认为,应根据本结算送审文件所依据的合同以及竣工报告描述的施工期,重新复核调整材料价格。

三、案例分析

该案例显示，参与结算的人员合同意识薄弱，对工程结算的依据理解不充分，抑或缺乏应有的工作责任心。同时，亦说明现阶段工程结算审计中仍须重点关注施工合同的结算条款和工程结算依据。

案例17 工程结算增减项目及工程量计算不准确

一、案例事实

某实验室改造工程，主要施工内容为拆除原有地砖、隔墙、吊顶；新铺PVC地板、新做铝扣板及矿棉板吊顶、墙面新做涂料；新排电气配线、网线、开关等。竣工结算审计中发现，施工单位办理的工程签证不仅包括确认拆除工程的内容及工程量，还包括了能在竣工图上但未在竣工图上反映的"新铺PVC地板、新做铝扣板及矿棉板吊顶、墙面新做涂料；新排电气配线、网线、开关"等新建工程的工程量。工程管理部门在对造价进行审核时均按签证单计取工程量。

二、审计处理

审计意见如下：

1. 工程管理部门应完善签证审批流程，严格控制签证使用范围，规范签证权限。

2. 重新编制竣工图纸，加强竣工图纸的审核校验，竣工图应准确、清楚、完整、规范、修改到位、真实反映竣工验收时的实际情况。

3. 竣工结算审计按照竣工图重新计量工程量。

三、案例分析

现场签证经常用于确认在施工中遇到的一些责任事件。现场签证的内容通常有：

1. 合同外的必要措施类项目（如地下障碍物处理）。

2. 建设单位要求新增的临时工程项目。

3. 非承包商原因引起的拆改项目。

4. 建设单位委托的合同外的非工程项目。

上述"新铺PVC地板、新做铝扣板及矿棉板吊顶、墙面新做涂料；

新排电气配线、网线、开关"等新建工程的内容不属于以上"特殊情况"的范畴,不宜以现场签证的方式予以确认。此类工作属于项目正常施工内容,应在竣工图中予以反映。

因此,工程管理部门也不应按照现场签证来计取以上工作内容的工作量。

案例 18 工程变更的计价取费与合同约定不符

一、案例事实

某工程主要施工内容为新做石膏板隔墙及砌块墙体、新铺地砖、新做硅钙板吊顶、墙面新做涂料等。施工承包合同约定采用固定单价形式计价。竣工结算审计时发现,该项目竣工结算存在工程变更的计价取费与合同约定不符的问题。

该项目施工承包合同中约定"内墙乳胶漆的人工费按定额含量的50%计取",但送审结算在项目变更部分"内墙乳胶漆"子目的人工费计取时按定额含量的100%计取,与合同约定不符。

二、审计处理

审计认为,应对该项目竣工结算书中该类问题进行系统的梳理、统计,并严格按照施工承包合同约定执行。合同清单外工程,如施工承包合同已有的单价,按原合同单价计取。

三、案例分析

根据合同约定,工程量变更单价的确定应遵循以下原则:

1. 合同中已有适用于变更工程的价格,按合同已有的价格变更合同价款。

2. 合同中只有类似于变更工程的价格,可参照类似价格变更合同价款。

3. 合同中没有适用或类似于变更工程的价格,由承包人提出适当的变更价格,经工程师认可后执行。

本项目变更中"内墙乳胶漆"按照上述第一条原则,应按原合同清单的单价计取。

案例 19　承包商索赔不合理

一、案例事实

某部属高校新建综合楼建筑面积 19 995 m²，概算总投资 11 285.6 万元，工程竣工延误 126 天。在工程结算中承包商提出索赔，原因如下：

1. 因实际开工日期晚于开工通知上的开工日期 66 天，为加快施工进度，在结构施工阶段采用技术措施，导致施工成本增加。因此，索赔工期 66 天，索赔费用 83 万元。

2. 施工中建设单位未按时确认铝合金外窗的颜色导致施工延误 60 天，以及窝工、机械闲置、外脚手架租赁费用增加。因此，索赔工期 60 天，索赔费用 102 万元。

二、审计处理

审计意见如下：

1. 承包商提出的工期索赔和费用索赔均不成立。

2. 承包商应承担 63 万元的延期竣工合同罚金。

3. 延期竣工的实际损失远不是合同罚金可以覆盖的，其直接原因是承包商延期开工，但工程管理部门漠视其发生，未积极作为，当属管理不到位。

4. 工程管理部门未按合同约定的要求回复承包商关于铝合金外窗颜色的问题，尽管未产生不良后果，但违约的事实不容置疑。工程管理部门应予以重视。

三、案例分析

1. 索赔程序不符合合同约定。

该工程的施工合同通用条款对索赔程序有明确约定，"根据合同约定，承包人认为有权得到追加付款和(或)延长工期的，应按以下程序向发包人提出索赔：(1)承包人应在知道或应当知道索赔事件发生后 28 天内，向监理人递交索赔意向通知书，并说明发生索赔事件的事由；承包人未在前述 28 天内发出索赔意向通知书的，丧失要求追加付款和(或)延长工期的权利……"。该案例中，承包商在工程结算时提出索赔显然不符合合同约定的索赔程序。

2. 索赔责任界定。

(1) 当承包商不能证明因发包人原因无法如期开工,理应以施工监理签发的开工通知上的开工日期作为工期的起算日。承包商以其实际开工的日期作为开工日无理无据。

承包商未按开工通知的要求如期开工,延期动工既非发包人造成,也非因不可抗力所致,故应由承包商承担责任,工期不应顺延,对应的索赔费用83万元不予支持。

(2) 承包商书面提请发包人确定铝合金颜色到发包人通知承包人最终的决定,历时60天。发包人未及时确认铝合金外窗对工程施工确有影响,但根据实际材料到现场时间比较计划施工节点时间,实质影响有限,可以通过施工线路调整而不影响施工工期目标。查阅施工记录、供应合同的交货周期、同期的施工进度计划和计划完成情况,发现实际影响施工不足9天,而且可以通过合理安排,不对施工关键线路产生实质性影响。所以,工期索赔60天不予支持。

工期索赔为零,是以调整施工线路为前提,类似调整通常会产生费用。本案例中,窝工损失、机械闲置损失都是可能需要定量计算的内容。如果合同没有约定,通常计量其实际损失,即闲置台班价格或机械租赁台班价格、窝工工人的工资支出。但是,因承包商提供的资料无法证明其主张的窝工和机械闲置损失,也无法说明其调整施工计划产生的额外损失,费用索赔102万元不予支持。

(3) 本案例工期延误126天为事实,承包商延迟开工是造成工期延误的重要原因。根据施工合同约定"在合同履行过程中发生的下列情形,属于承包人违约:……(5)承包人未能按施工进度计划及时完成合同约定的工作,造成工期延误的……",承包商应按合同专用条款中约定的工期延误处理条款承担其违约责任。本项目施工合同约定"因承包商原因每延误一天竣工,在工程结算中扣减3 000元",该工程延期竣工126天,据此工程结算应扣减63万元。

案例 20 隔音项目结算取费计取有误

一、案例事实

某学生公寓洗浴设施改善项目的空气源热泵采购含安装工程,合同总价款 386 万元,其中隔音项目 1.5 万元。竣工结算审计中发现,原设计为热泵机组外围安装 3.5 米高的隔音屏,实际施工中改成直接装在循环泵上的隔音罩,且未见相关变更审批文书。然而,在提交的送审工程竣工结算资料中,隔音罩价格还是按隔音屏单价计取,相应费用约 1 万元。

二、审计处理

审计意见如下:

1. 因送审资料中未见隔音屏改隔音罩的变更审批手续,隔音罩工程的计价依据不充分,故这部分费用不予计取。

2. 竣工图应按现场实际施工情况绘制,并补充完善相应的计价依据。

三、案例分析

1. 如果将原设计中的"热泵机组外围安装 3.5 米高的隔音屏"改为"直接装在循环泵上的隔音罩"确属必要,应办理相关变更审批手续。

2. 隔音罩与隔音屏的施工条件及性质不同,隔音罩的综合单价不能按照隔音屏的综合单价计取,而应由施工单位报价、现场投资监理工程师审核并确认。

3. 竣工图应和现场实际施工情况一致。

案例 21 会计核算不规范

一、案例事实

某实验中心项目建筑面积为 21 025 m^2,概算总投资 6 469 万元。竣工财务决算审计时发现,该项目虽设置基建账户单独核算,但核算内容不完整。例如:

1. 将支付给某施工单位的工程款尾款 229 万元计入了学校账的"在建工程—二期土建"科目下,而未计入基建账的建安投资。

2. 某设备有限公司捐赠的2台价值53万元的电梯设备仅计入学校捐赠收入,未在对应项目的基建账中反映。

3. 部分成本费用及资金来源未在基建账上记录反映,只反映在学校财务账上,并且只通过在建工程一个科目核算成本,未核算投入该项目的拨入资金。

4. 工程成本未按规定分别按建安投资、设备投资、待摊投资、其他投资等科目进行核算。

以上做法不符合建设单位会计核算的有关规定。

二、审计处理

审计认为,财务管理部门应严格按照《基本建设财务规则》记录项目基建账户,并确保竣工决算报表与基建账户反映的情况一致。

三、案例分析

《基本建设财务规则》第二十一条规定:

"建设成本是指按照批准的建设内容由项目建设资金安排的各项支出,包括建筑安装工程投资支出、设备投资支出、待摊投资支出和其他投资支出。

建筑安装工程投资支出是指项目建设单位按照批准的建设内容发生的建筑工程和安装工程的实际成本。

设备投资支出是指项目建设单位按照批准的建设内容发生的各种设备的实际成本。

待摊投资支出是指项目建设单位按照批准的建设内容发生的,应当分摊计入相关资产价值的各项费用和税金支出。

其他投资支出是指项目建设单位按照批准的建设内容发生的房屋购置支出,基本畜禽、林木等的购置、饲养、培育支出,办公生活用家具、器具购置支出,软件研发和不能计入设备投资的软件购置等支出。"

由此可见,以上三类成本均应计入项目基建账户,核算内容应真实、完整。

此外,工程成本应分别按建安投资、设备投资、待摊投资、其他投资等科目进行核算。

案例 22 擅自提高装修标准导致投资超概算

一、案例事实

新建某教学中心项目建筑面积为 22 526 m², 批复概算总投资 9 110 万元, 竣工财务决算 9 779 万元。该项目送审竣工财务决算超过批复概算 669 万元, 但建设过程中无调整概算的申请, 也未见超概的警示。经比对, 发现玻璃幕墙、外墙花岗石、室内装饰、铝合金窗的决算明显大于批复概算中的相应金额, 具体见下表:

概算项目	概算金额(万元)	决算金额(万元)	变动原因
玻璃幕墙	174	302	面积增加 1 093 平方米
外墙花岗岩	121	456	面积增加 3 252 平方米
室内装饰	405	555	装饰材料变化
铝合金窗	278	436	变更为断桥中空隔热铝合金窗
小计	978	1 749	

二、审计处理

审计意见如下:

1. 工程管理部门应按相关规定, 对超概算投资报项目原批复部门进行审批, 待批准后列入项目成本。

2. 工程管理部门在今后的项目管理中, 应加强设计概算的管理, 充分评估概算的可行性; 加强设计管理, 严格按照批准的标准进行限额设计。

三、案例分析

该项目外立面装饰方案发生变化, 导致玻璃幕墙和外墙石材装饰面积大幅度增加, 投资支出相应增加; 室内装修用材标准提高, 导致室内装修投资增加; 因建筑节能需求将一般铝合金窗变更为断桥中空隔热铝合金门窗, 导致该项投资支出增加。

大幅度增加玻璃幕墙和石材装饰面积, 提高室内装饰用材标准, 显然属于提高装饰标准, 同时增加玻璃幕墙面积导致建筑能耗指标不能满足规范要求,必须通过变更铝合金窗提高节能效果,致该项投资支出增加。综上,该项目决算超过概算主要原因是提高标准。

根据《基本建设财务规则》第二十二条"项目建设单位应当严格控制建设成本的范围、标准和支出责任,以下支出不得列入项目建设成本:(一)超过批准建设内容发生的支出……",根据《基本建设项目竣工财务决算管理暂行办法》第十七条"财政部门和项目主管部门审核批复项目竣工财务决算时,应当重点审查以下内容:……(三)项目是否按照批准的概(预)算内容实施,有无超标准、超规模、超概(预)算建设现象",故前述未经原概算批复机构批准的投资支出无法列入项目决算。

案例 23 财务决算将非概算批复内容计入建设成本

一、案例事实

某工程建筑面积 22 736 m^2,概算总投资额为 7 727 万元,资金来源为自筹。竣工结算审计中发现,施工总承包合同结算中计取调平台设备费用 92.730 3 万元。该项目内容在上报概算中有列项,但批复概算中认为调平台"不属于固定资产投资",应予以扣除。

二、审计处理

审计认为,应在财务决算中调减相应费用。

三、案例分析

根据《基本建设财务管理规定》第十八条"设备投资支出是指建设单位按照项目概算内容发生的各种设备的实际成本……",调平台设备未纳入该项目批复概算,故不应计入本项目设备投资,应调减相应金额。

第五章
部分审计常见合规性问题的相关法律法规条款

本章针对高校建设工程管理审计中部分常见的合规性问题,引用了部分相应法律法规条款,为审计人员实施审计时提供参考。

文中引用的依据均为国家和部门制定的法律法规[①],是高校建设工程管理工作必须严格遵守的底线标准。同时,在实际工作中,各地区、各高校也往往会根据上位法,结合高校实际,制定更为详尽和严格的地方性法规、校内规章制度。因此,审计人员会引用的规范性文件不仅包括国家和相关部门颁布的,工程所在地颁布的,也包括工程所属高校制定的各项规章制度,以细致严谨的态度履行好审计人员的职责。

第一节 工程建设程序

一、直属高校申请中央预算内的基建项目未按规定报批

【教育部直属高校基本建设管理办法(2017年修订)】

第十五条 直属高校申请中央预算内基建投资的建设项目,应当按照国家有关规定报送教育部或国家发展和改革委员会审批,获得批

---

① 审计实务中引用相关条款时务必完整阅读准确理解规范性文件的原文,并关注适用范围、适用时间。

准后方可实施。

第十六条 直属高校报国家发展和改革委员会审批的建设项目，由教育部初审后，按要求报送国家发展和改革委员会审批。

第十七条 报教育部审批的建设项目，其审批环节包括项目建议书、可行性研究报告、初步设计及概算。对已列入五年基建规划的建设项目，不再审批项目建议书。

二、向教育部报请审批事项，未按规定提供必要的材料

【教育部直属高校基本建设管理办法（2017年修订）】

第十八条 直属高校因规划设计、土地征用、争取投资等需要，可报请教育部审批建设项目的<u>项目建议书</u>。

直属高校申请审批项目建议书应当提供以下材料：

（一）请示文件；

（二）学校决策会议纪要；

（三）校园规划；

（四）项目建议书，主要包括项目概况、建设依据和必要性、投资估算、效益分析等内容；

（五）其他相关材料。

第十九条 直属高校申请审批<u>可行性研究报告</u>应当提供以下材料：

（一）请示文件；

（二）学校决策会议纪要；

（三）校园规划；

（四）可行性研究报告及编制单位资质文件；

（五）城乡规划、用地、环评等批复文件，以及节能评估材料；

（六）资金筹措证明；

（七）其他相关材料。

第二十五条 直属高校申请审批<u>初步设计及概算</u>应当提供以下

材料：

（一）请示文件；

（二）初步设计及概算，主要包括设计总说明、总平面图、各专业计算书及设计图纸、工程概算书等；

（三）可行性研究报告批复文件；

（四）其他相关材料。

三、可行性研究报告内容不完善

【教育部直属高校基本建设管理办法(2017年修订)】

第二十条　建设项目可行性研究报告应当委托有相应资质的单位编制，符合国家相关部门要求的前期工作质量和深度，应当包括以下内容：

（一）总论；

（二）需求分析与建设规模；

（三）场址选择；

（四）建筑方案选择；

（五）节能节水措施；

（六）环境影响评价；

（七）劳动安全卫生消防；

（八）组织机构与人力资源配置；

（九）项目实施进度；

（十）投资估算与资金筹措；

（十一）招标方案及项目招标基本情况表；

（十二）财务评价；

（十三）社会评价；

（十四）研究结论与建议。

四、未按规定重新报批可行性研究报告

【教育部直属高校基本建设管理办法(2017年修订)】

第二十三条　建设项目应当在可行性研究报告批复文件下达之日起3年内开工建设。

存在下面情况之一时,应重新报批可行性研究报告：

（一）逾期未开工建设的；

（二）建设地点、主要建设内容等发生重大变化的；

（三）总投资超过批复金额10%的。

五、初步设计概算超过可行性研究报告批复估算

【教育部直属高校基本建设管理办法(2017年修订)】

第二十四条　可行性研究报告获批后,应委托有相应资质的单位严格依照可行性研究报告批复文件编制初步设计及概算。直属高校应当采取有效措施保证建设项目设计质量,有效控制项目变更。

第二十六条　建设项目概算调增幅度超过原批复概算10%的,学校应当委托审计部门进行审计后报教育部申请调整。

六、直属高校利用自有资金的建设项目未按规定办理项目备案手续

【教育部直属高校基本建设管理办法(2017年修订)】

第二十七条　直属高校利用自有资金的建设项目,应当先向教育部申请办理项目备案手续。申请项目备案时,直属高校需填写《教育部直属高校基本建设项目备案申请表》,并提供下列材料：

（一）请示文件；

（二）学校决策会议纪要；

（三）校园规划；

（四）五年基本建设规划；

（五）其他需要特殊说明的相关材料。

第二十八条　直属高校申请备案项目应当符合高等教育发展规划，符合学校事业发展规划、校园规划和五年基本建设规划。

第三十一条　建设项目应当在备案意见下达之日起5年内开工建设。

存在下面情况之一时，应重新备案：

（一）逾期未开工建设的；

（二）建设地点、主要建设内容等发生重大变化的；

（三）总投资超出备案金额20%的。

七、未按规定办理施工图设计文件审查或使用未经审查批准的施工图设计文件

【建设工程质量管理条例】

第十一条　施工图设计文件审查的具体办法，由国务院建设行政主管部门、国务院其他有关部门制定。

施工图设计文件未经审查批准的，不得使用。

八、未办理施工许可，违规开工

【中华人民共和国建筑法】

第七条　建筑工程开工前，建设单位应当按照国家有关规定向工程所在地县级以上人民政府建设行政主管部门申请领取施工许可证；但是，国务院建设行政主管部门确定的限额以下的小型工程除外。

按照国务院规定的权限和程序批准开工报告的建筑工程，不再领取施工许可证。

【建筑工程施工许可管理办法】

第二条 在中华人民共和国境内从事各类房屋建筑及其附属设施的建造、装修装饰和与其配套的线路、管道、设备的安装,以及城镇市政基础设施工程的施工,建设单位在开工前应当依照本办法的规定,向工程所在地的县级以上地方人民政府住房城乡建设主管部门(以下简称发证机关)申请领取施工许可证。

工程投资额在30万元以下或者建筑面积在300平方米以下的建筑工程,可以不申请办理施工许可证。省、自治区、直辖市人民政府住房城乡建设主管部门可以根据当地的实际情况,对限额进行调整,并报国务院住房城乡建设主管部门备案。

按照国务院规定的权限和程序批准开工报告的建筑工程,不再领取施工许可证。

九、延期开工未按规定申请施工许可延期

【建筑工程施工许可管理办法】

第八条 建设单位应当自领取施工许可证之日起三个月内开工。因故不能按期开工的,应当在期满前向发证机关申请延期,并说明理由;延期以两次为限,每次不超过三个月。既不开工又不申请延期或者超过延期次数、时限的,施工许可证自行废止。

十、工程中止、复工,未按规定办理施工许可的相关手续

【建筑工程施工许可管理办法】

第九条 在建的建筑工程因故中止施工的,建设单位应当自中止施工之日起一个月内向发证机关报告,报告内容包括中止施工的时间、原因、在施部位、维修管理措施等,并按照规定做好建筑工程的维护管理工作。

建筑工程恢复施工时,应当向发证机关报告;中止施工满一年的工

程恢复施工前,建设单位应当报发证机关核验施工许可证。

十一、不满足验收条件或未经验收的建筑工程提前使用

【中华人民共和国建筑法】

第六十一条 交付竣工验收的建筑工程,必须符合规定的建筑工程质量标准,有完整的工程技术经济资料和经签署的工程保修书,并具备国家规定的其他竣工条件。

建筑工程竣工经验收合格后,方可交付使用;未经验收或者验收不合格的,不得交付使用。

【建设工程质量管理条例】

第十六条 建设单位收到建设工程竣工报告后,应当组织设计、施工、工程监理等有关单位进行竣工验收。

建设工程竣工验收应当具备下列条件:

(一)完成建设工程设计和合同约定的各项内容;

(二)有完整的技术档案和施工管理资料;

(三)有工程使用的主要建筑材料、建筑构配件和设备的进场试验报告;

(四)有勘察、设计、施工、工程监理等单位分别签署的质量合格文件;

(五)有施工单位签署的工程保修书。

建设工程经验收合格的,方可交付使用。

十二、竣工验收备案材料不完整

【房屋建筑和市政基础设施工程竣工验收备案管理办法】

第五条 建设单位办理工程竣工验收备案应当提交下列文件:

(一)工程竣工验收备案表;

(二)工程竣工验收报告,竣工验收报告应当包括工程报建日期,

施工许可证号,施工图设计文件审查意见,勘察、设计、施工、工程监理等单位分别签署的质量合格文件及验收人员签署的竣工验收原始文件,市政基础设施的有关质量检测和功能性试验资料以及备案机关认为需要提供的有关资料;

(三)法律、行政法规规定应当由规划、环保等部门出具的认可文件或者准许使用文件;

(四)法律规定应当由公安消防部门出具的对大型的人员密集场所和其他特殊建设工程验收合格的证明文件;

(五)施工单位签署的工程质量保修书;

(六)法规、规章规定必须提供的其他文件。

住宅工程还应当提交《住宅质量保证书》和《住宅使用说明书》。

十三、未按批复内容实施建设项目

【教育部直属高校基本建设管理办法(2017年修订)】

第四十一条 直属高校应当严格按照批复文件实施建设项目,不得擅自改变建设选址、建筑面积、项目投资和建设用途。

第二节 招投标管理

一、未按规定进行招标

【中华人民共和国招标投标法】

第三条 在中华人民共和国境内进行下列工程建设项目包括项目的勘察、设计、施工、监理以及与工程建设有关的重要设备、材料等的采购,必须进行招标:

(一)大型基础设施、公用事业等关系社会公共利益、公众安全的项目;

（二）全部或者部分使用国有资金投资或者国家融资的项目；

（三）使用国际组织或者外国政府贷款、援助资金的项目。

【中华人民共和国国家发展和改革委员会令第 16 号】

第一条 为了确定必须进行招标的工程项目,规范招标投标活动,提高工作效率、降低企业成本、预防腐败,根据《中华人民共和国招标投标法》第三条的规定,制定本规定。

第二条 全部或者部分使用国有资金投资或者国家融资的项目包括：

（一）使用预算资金 200 万元人民币以上,并且该资金占投资额 10％以上的项目；

（二）使用国有企业事业单位资金,并且该资金占控股或者主导地位的项目。

第三条 使用国际组织或者外国政府贷款、援助资金的项目包括：

（一）使用世界银行、亚洲开发银行等国际组织贷款、援助资金的项目；

（二）使用外国政府及其机构贷款、援助资金的项目。

第四条 不属于本规定第二条、第三条规定情形的大型基础设施、公用事业等关系社会公共利益、公众安全的项目,必须招标的具体范围由国务院发展改革部门会同国务院有关部门按照确有必要、严格限定的原则制订,报国务院批准。

第五条 本规定第二条至第四条规定范围内的项目,其勘察、设计、施工、监理以及与工程建设有关的重要设备、材料等的采购达到下列标准之一的,必须招标：

（一）施工单项合同估算价在 400 万元人民币以上的；

（二）重要设备、材料等货物的采购,单项合同估算价在 200 万元人民币以上；

（三）勘察、设计、监理等服务的采购,单项合同估算价在 100 万元人民币以上。

同一项目中可以合并进行的勘察、设计、施工、监理以及与工程建设有关的重要设备、材料等的采购,合同估算价合计达到前款规定标准的,必须招标。

二、未满足招标条件即开始招标

【中华人民共和国招标投标法】

第八条 依法必须招标的工程建设项目,应当具备下列条件才能进行施工招标:

1. 招标人已经依法成立;
2. 初步设计及概算应当履行审批手续的,已经批准;
3. 招标范围、招标方式和招标组织形式等应当履行核准手续的,已经核准;
4. 有相应资金或资金来源已经落实;
5. 有招标所需的设计图纸及技术资料。

第九条 招标项目按照国家有关规定需要履行项目审批手续的,应当先履行审批手续,取得批准。

招标人应当有进行招标项目的相应资金或者资金来源已经落实,并应当在招标文件中如实载明。

三、招标方式不恰当或不符合规定

【中华人民共和国招标投标法实施条例】

第七条 按照国家有关规定需要履行项目审批、核准手续的依法必须进行招标的项目,其招标范围、招标方式、招标组织形式应当报项目审批、核准部门审批、核准。项目审批、核准部门应当及时将审批、核准确定的招标范围、招标方式、招标组织形式通报有关行政监督部门。

【工程建设项目施工招标投标办法】

第十条 按照国家有关规定需要履行项目审批、核准手续的依法必须进行施工招标的工程建设项目,其招标范围、招标方式、招标组织形式应当报项目审批部门审批、核准。项目审批、核准部门应当及时将审批、核准确定的招标内容通报有关行政监督部门。

【中华人民共和国招标投标法实施条例】

第八条 国有资金占控股或者主导地位的依法必须进行招标的项目,应当公开招标;但有下列情形之一的,可以邀请招标:

1. 技术复杂、有特殊要求或者受自然环境限制,只有少量潜在投标人可供选择;

2. 采用公开招标方式的费用占项目合同金额的比例过大。

有前款第二项所列情形,属于本条例第七条规定的项目,由项目审批、核准部门在审批、核准项目时作出认定;其他项目由招标人申请有关行政监督部门作出认定。

【工程建设项目施工招标投标办法】

第十一条 依法必须进行公开招标的项目,有下列情形之一的,可以邀请招标:

(一)项目技术复杂或有特殊要求,或者受自然地域环境限制,只有少量潜在投标人可供选择;

(二)涉及国家安全、国家秘密或者抢险救灾,适宜招标但不宜公开招标;

(三)采用公开招标方式的费用占项目合同金额的比例过大。

有前款第二项所列情形,属于本办法第十条规定的项目,由项目审批、核准部门在审批、核准项目时作出认定;其他项目由招标人申请有关行政监督部门作出认定。

全部使用国有资金投资或者国有资金投资占控股或者主导地位的并需要审批的工程建设项目的邀请招标,应当经项目审批部门批准,但项目审批部门只审批立项的,由有关行政监督部门批准。

【中华人民共和国招标投标法实施条例】

第九条 除招标投标法第六十六条规定的可以不进行招标的特殊情况外,有下列情形之一的,可以不进行招标:

1. 需要采用不可替代的专利或者专有技术;

2. 采购人依法能够自行建设、生产或者提供；

3. 已通过招标方式选定的特许经营项目投资人依法能够自行建设、生产或者提供；

4. 需要向原中标人采购工程、货物或者服务，否则将影响施工或者功能配套要求；

5. 国家规定的其他特殊情形。

【工程建设项目施工招标投标办法】

第十二条　依法必须进行施工招标的工程建设项目有下列情形之一的，可以不进行施工招标：

（一）涉及国家安全、国家秘密、抢险救灾或者属于利用扶贫资金实行以工代赈需要使用农民工等特殊情况，不适宜进行招标；

（二）施工主要技术采用不可替代的专利或者专有技术；

（三）已通过招标方式选定的特许经营项目投资人依法能够自行建设；

（四）采购人依法能够自行建设；

（五）在建工程追加的附属小型工程或者主体加层工程，原中标人仍具备承包能力，并且其他人承担将影响施工或者功能配套要求；

（六）国家规定的其他情形。

【房屋建筑和市政基础设施工程施工招标投标管理办法】

第九条　工程有下列情形之一的，经县级以上地方人民政府建设行政主管部门批准，可以不进行施工招标：

（一）停建或者缓建后恢复建设的单位工程，且承包人未发生变更的；

（二）施工企业自建自用的工程，且该施工企业资质等级符合工程要求的；

（三）在建工程追加的附属小型工程或者主体加层工程，且承包人未发生变更的；

（四）法律、法规、规章规定的其他情形。

四、发布招标公告的方式、内容不符合规定

【中华人民共和国招标投标法】

第十六条　招标人采用公开招标方式的,应当发布招标公告。依法必须进行招标的项目的招标公告,应当通过国家指定的报刊、信息网络或者其他媒介发布。

招标公告应当载明招标人的名称和地址、招标项目的性质、数量、实施地点和时间以及获取招标文件的办法等事项。

第十七条　招标人采用邀请招标方式的,应当向三个以上具备承担招标项目的能力、资信良好的特定的法人或者其他组织发出投标邀请书。

投标邀请书应当载明本法第十六条第二款规定的事项。

【工程建设项目施工招标投标办法】

第十四条　招标公告或者投标邀请书应当至少载明下列内容：

（一）招标人的名称和地址；

（二）招标项目的内容、规模、资金来源；

（三）招标项目的实施地点和工期；

（四）获取招标文件或者资格预审文件的地点和时间；

（五）对招标文件或者资格预审文件收取的费用；

（六）对招标人的资质等级的要求。

五、招标文件的内容有欠缺

【中华人民共和国招标投标法】

第十九条　招标人应当根据招标项目的特点和需要编制招标文件。招标文件应当包括招标项目的技术要求、对投标人资格审查的标准、投标报价要求和评标标准等所有实质性要求和条件以及拟签订合同的主要条款。

国家对招标项目的技术、标准有规定的，招标人应当按照其规定在招标文件中提出相应要求。

招标项目需要划分标段、确定工期的，招标人应当合理划分标段、确定工期，并在招标文件中载明。

【工程建设项目施工招标投标办法】

第二十四条　招标人根据施工招标项目的特点和需要编制招标文件。招标文件一般包括下列内容：

（一）招标公告或投标邀请书；

（二）投标人须知；

（三）合同主要条款；

（四）投标文件格式；

（五）采用工程量清单招标的，应当提供工程量清单；

（六）技术条款；

（七）设计图纸；

（八）评标标准和方法；

（九）投标辅助材料。

招标人应当在招标文件中规定实质性要求和条件，并用醒目的方式标明。

【房屋建筑和市政基础设施工程施工招标投标管理办法】

第十七条　招标人应当根据招标工程的特点和需要，自行或者委托工程招标代理机构编制招标文件。招标文件应当包括下列内容：

（一）投标须知，包括工程概况，招标范围，资格审查条件，工程资金来源或者落实情况，标段划分，工期要求，质量标准，现场踏勘和答疑安排，投标文件编制、提交、修改、撤回的要求，投标报价要求，投标有效期，开标的时间和地点，评标的方法和标准等；

（二）招标工程的技术要求和设计文件；

（三）采用工程量清单招标的，应当提供工程量清单；

（四）投标函的格式及附录；

（五）拟签订合同的主要条款；

（六）要求投标人提交的其他材料。

六、招标文件澄清或修改不符合规定

【中华人民共和国招标投标法】

第二十三条 招标人对已发出的招标文件进行必要的澄清或者修改的，应当在招标文件要求提交投标文件截止时间至少十五日前，以书面形式通知所有招标文件收受人。该澄清或者修改的内容为招标文件的组成部分。

七、招标文件中关于招投标具体事宜的时间安排不符合规定

（一）发售资格预算文件或招标文件的时间

【中华人民共和国招标投标法实施条例】

第十六条 招标人应当按照资格预审公告、招标公告或者投标邀请书规定的时间、地点发售资格预审文件或者招标文件。资格预审文件或者招标文件的发售期不得少于5日。

（二）提交资格预审文件的时间

第十七条 招标人应当合理确定提交资格预审申请文件的时间。依法必须进行招标的项目提交资格预审申请文件的时间，自资格预审文件停止发售之日起不得少于5日。

（三）投标时间

【中华人民共和国招标投标法】

第二十四条 招标人应当确定投标人编制投标文件所需要的合理时间；但是，依法必须进行招标的项目，自招标文件开始发出之日起至投标人提交投标文件截止之日止，最短不得少于二十日。

（四）澄清、修改的时间

【中华人民共和国招标投标法实施条例】

第二十一条 招标人可以对已发出的资格预审文件或者招标文件

进行必要的澄清或者修改。澄清或者修改的内容可能影响资格预审申请文件或者投标文件编制的,招标人应当在提交资格预审申请文件截止时间至少 3 日前,或者投标截止时间至少 15 日前,以书面形式通知所有获取资格预审文件或者招标文件的潜在投标人;不足 3 日或者 15 日的,招标人应当顺延提交资格预审申请文件或者投标文件的截止时间。

(五) 提出异议的时间

【中华人民共和国招标投标法实施条例】

第二十二条 潜在投标人或者其他利害关系人对资格预审文件有异议的,应当在提交资格预审申请文件截止时间 2 日前提出;对招标文件有异议的,应当在投标截止时间 10 日前提出。招标人应当自收到异议之日起 3 日内作出答复;作出答复前,应当暂停招标投标活动。

(六) 中标公示

【中华人民共和国招标投标法实施条例】

第五十四条 依法必须进行招标的项目,招标人应当自收到评标报告之日起 3 日内公示中标候选人,公示期不得少于 3 日。

(七) 提交招标投标报告

【中华人民共和国招标投标法】

第四十七条 依法必须进行招标的项目,招标人应当自确定中标人之日起十五日内,向有关行政监督部门提交招标投标情况的书面报告。

八、招标工程量清单未按规定列出安全文明施工措施清单

【建筑工程安全防护、文明施工措施费用及使用管理规定】

第四条 建筑工程安全防护、文明施工措施费用是由《建筑安装工程费用项目组成》(建标〔2003〕206 号)中措施费所含的文明施工费,环境保护费,临时设施费,安全施工费组成。

第六条 依法进行工程招投标的项目,招标方或具有资质的中介

机构编制招标文件时,应当按照有关规定并结合工程实际单独列出安全防护、文明施工措施项目清单。

投标方安全防护、文明施工措施的报价,不得低于依据工程所在地工程造价管理机构测定费率计算所需费用总额的90%。

九、招标人对潜在投标人作出不合理的限制

【中华人民共和国招标投标法实施条例】

第三十二条　招标人不得以不合理的条件限制、排斥潜在投标人或者投标人。

招标人有下列行为之一的,属于以不合理条件限制、排斥潜在投标人或者投标人:

1. 就同一招标项目向潜在投标人或者投标人提供有差别的项目信息;

2. 设定的资格、技术、商务条件与招标项目的具体特点和实际需要不相适应或者与合同履行无关;

3. 依法必须进行招标的项目以特定行政区域或者特定行业的业绩、奖项作为加分条件或者中标条件;

4. 对潜在投标人或者投标人采取不同的资格审查或者评标标准;

5. 限定或者指定特定的专利、商标、品牌、原产地或者供应商;

6. 依法必须进行招标的项目非法限定潜在投标人或者投标人的所有制形式或者组织形式;

7. 以其他不合理条件限制、排斥潜在投标人或者投标人。

十、投标保障金和履约保证金的要求不符合规定

(一)投标保证金

【中华人民共和国招标投标法实施条例】

第二十六条　招标人在招标文件中要求投标人提交投标保证金

的,投标保证金不得超过招标项目估算价的2%。投标保证金有效期应当与投标有效期一致。

依法必须进行招标的项目的境内投标单位,以现金或者支票形式提交的投标保证金应当从其基本账户转出。

【工程建设项目施工招标投标办法】

第三十七条 招标人可以在招标文件中要求投标人提交投标保证金。投标保证金除现金外,可以是银行出具的银行保函、保兑支票、银行汇票或现金支票。

投标保证金不得超过项目估算价的百分之二,但最高不得超过八十万元人民币。投标保证金有效期应当与投标有效期一致。

投标人应当按照招标文件要求的方式和金额,将投标保证金随投标文件提交给招标人或其委托的招标代理机构。

依法必须进行施工招标的项目的境内投标单位,以现金或者支票形式提交的投标保证金应当从其基本账户转出。

(二)履约保证金

【中华人民共和国招标投标法实施条例】

第五十八条 招标文件要求中标人提交履约保证金的,中标人应当按照招标文件的要求提交。履约保证金不得超过中标合同金额的10%。

十一、对投标文件的要求不符合规定

【工程建设项目施工招标投标办法】

第三十六条 投标人应当按照招标文件的要求编制投标文件。投标文件应当对招标文件提出的实质性要求和条件作出响应。

投标文件一般包括下列内容:

(一)投标函;

(二)投标报价;

(三)施工组织设计;

（四）商务和技术偏差表。

投标人根据招标文件载明的项目实际情况，拟在中标后将中标项目的部分非主体、非关键性工作进行分包的，应当在投标文件中载明。

十二、接收投标文件的方式不符合规定

【中华人民共和国招标投标法】

第二十八条　投标人应当在招标文件要求提交投标文件的截止时间前，将投标文件送达投标地点。招标人收到投标文件后，应当签收保存，不得开启。投标人少于三个的，招标人应当依照本法重新招标。

十三、未按规定组织开标

【中华人民共和国招标投标法实施条例】

第三十四条　开标应当在招标文件确定的提交投标文件截止时间的同一时间公开进行；开标地点应当为招标文件中预先确定的地点。

第三十五条　开标由招标人主持，邀请所有投标人参加。

第三十六条　开标时，由投标人或者其推选的代表检查投标文件的密封情况，也可以由招标人委托的公证机构检查并公证；经确认无误后，由工作人员当众拆封，宣读投标人名称、投标价格和投标文件的其他主要内容。

招标人在招标文件要求提交投标文件的截止时间前收到的所有投标文件，开标时都应当当众予以拆封、宣读。

开标过程应当记录，并存档备查。

第四十四条　招标人应当按照招标文件规定的时间、地点开标。

投标人少于3个的，不得开标；招标人应当重新招标。

投标人对开标有异议的，应当在开标现场提出，招标人应当当场作出答复，并制作记录。

第五十条　招标项目设有标底的，招标人应当在开标时公布。标

底只能作为评标的参考,不得以投标报价是否接近标底作为中标条件,也不得以投标报价超过标底上下浮动范围作为否决投标的条件。

十四、评标委员会的组建不符合规定

【中华人民共和国招标投标法】

第三十七条 评标由招标人依法组建的评标委员会负责。

依法必须进行招标的项目,其评标委员会由招标人的代表和有关技术、经济等方面的专家组成,成员人数为五人以上单数,其中技术、经济等方面的专家不得少于成员总数的三分之二。

前款专家应当从事相关领域工作满八年并具有高级职称或者具有同等专业水平,由招标人从国务院有关部门或者省、自治区、直辖市人民政府有关部门提供的专家名册或者招标代理机构的专家库内的相关专业的专家名单中确定;一般招标项目可以采取随机抽取方式,特殊招标项目可以由招标人直接确定。

与投标人有利害关系的人不得进入相关项目的评标委员会;已经进入的应当更换。

评标委员会成员的名单在中标结果确定前应当保密。

【房屋建筑和市政基础设施工程施工招标投标管理办法】

第三十五条 评标由招标人依法组建的评标委员会负责。

依法必须进行施工招标的工程,其评标委员会由招标人的代表和有关技术、经济等方面的专家组成,成员人数为5人以上单数,其中招标人、招标代理机构以外的技术、经济等方面专家不得少于成员总数的三分之二。评标委员会的专家成员,应当由招标人从建设行政主管部门及其他有关政府部门确定的专家名册或者工程招标代理机构的专家库内相关专业的专家名单中确定。确定专家成员一般应当采取随机抽取的方式。

与投标人有利害关系的人不得进入相关工程的评标委员会。评标委员会成员的名单在中标结果确定前应当保密。

十五、评标办法不符合规定

【房屋建筑和市政基础设施工程施工招标投标管理办法】

第四十条　评标可以采用综合评估法、经评审的最低投标标价法或者法律法规允许的其他评标方法。

采用综合评估法的,应当对投标文件提出的工程质量、施工工期、投标价格、施工组织设计或者施工方案、投标人及项目经理业绩等,能否最大限度地满足招标文件中规定的各项要求和评价标准进行评审和比较。以评分方式进行评估的,对于各种评比奖项不得额外计分。

采用经评审的最低投标价法的,应当在投标文件能够满足招标文件实质性要求的投标人中,评审出投标价格最低的投标人,但投标价格低于其企业成本的除外。

十六、未按规定否决投标

【中华人民共和国招标投标法】

第四十二条　评标委员会经评审,认为所有投标都不符合招标文件要求的,可以否决所有投标。

依法必须进行招标的项目的所有投标被否决的,招标人应当依照本法重新招标。

【中华人民共和国招标投标法实施条例】

第五十一条　有下列情形之一的,评标委员会应当否决其投标:

1. 投标文件未经投标单位盖章和单位负责人签字;
2. 投标联合体没有提交共同投标协议;
3. 投标人不符合国家或者招标文件规定的资格条件;
4. 同一投标人提交两个以上不同的投标文件或者投标报价,但招标文件要求提交备选投标的除外;
5. 投标报价低于成本或者高于招标文件设定的最高投标限价;

6. 投标文件没有对招标文件的实质性要求和条件作出响应；

7. 投标人有串通投标、弄虚作假、行贿等违法行为。

十七、未按规定重新招标

【中华人民共和国招标投标法】

第三十六条　投标人少于3个的，不得开标；招标人应当重新招标。

第四十二条　……依法必须进行招标的项目的所有投标被否决的，招标人应当依照本法重新招标。

十八、未确定排名第一的中标候选人为中标人

【中华人民共和国招标投标法实施条例】

第五十五条　国有资金占控股或者主导地位的依法必须进行招标的项目，招标人应当确定排名第一的中标候选人为中标人。排名第一的中标候选人放弃中标、因不可抗力不能履行合同、不按照招标文件要求提交履约保证金，或者被查实存在影响中标结果的违法行为等情形，不符合中标条件的，招标人可以按照评标委员会提出的中标候选人名单排序依次确定其他中标候选人为中标人，也可以重新招标。

十九、招标中招标人与投标人之间存在违规行为

【中华人民共和国招标投标法实施条例】

第四十一条　禁止招标人与投标人串通投标。

有下列情形之一的，属于招标人与投标人串通投标：

1. 招标人在开标前开启投标文件并将有关信息泄露给其他投标人；

2. 招标人直接或者间接向投标人泄露标底、评标委员会成员等信息；

3. 招标人明示或者暗示投标人压低或者抬高投标报价；

4. 招标人授意投标人撤换、修改投标文件；

5. 招标人明示或者暗示投标人为特定投标人中标提供方便；

6. 招标人与投标人为谋求特定投标人中标而采取的其他串通行为。

【工程建设项目施工招标投标办法】

第四十七条　下列行为均属招标人与投标人串通投标：

（一）招标人在开标前开启投标文件并将有关信息泄露给其他投标人，或者授意投标人撤换、修改投标文件；

（二）招标人向投标人泄露标底、评标委员会成员等信息；

（三）招标人明示或者暗示投标人压低或抬高投标报价；

（四）招标人明示或者暗示投标人为特定投标人中标提供方便；

（五）招标人与投标人为谋求特定中标人中标而采取的其他串通行为。

【中华人民共和国招标投标法实施条例】

第五十七条　招标人和中标人应当依照招标投标法和本条例的规定签订书面合同，合同的标的、价款、质量、履行期限等主要条款应当与招标文件和中标人的投标文件的内容一致。招标人和中标人不得再行订立背离合同实质性内容的其他协议。

【中华人民共和国招标投标法】

第四十三条　在确定中标人前，招标人不得与投标人就投标价格、投标方案等实质性内容进行谈判。

第三节　合同管理

一、未根据规定，按招投标文件订立书面合同

【中华人民共和国招标投标法】

第四十六条　招标人和中标人应当自中标通知书发出之日起三十日内，按照招标文件和中标人的投标文件订立书面合同。招标人和中

标人不得再行订立背离合同实质性内容的其他协议。

【中华人民共和国招标投标法实施条例】

第七十五条　招标人和中标人不按照招标文件和中标人的投标文件订立合同，合同的主要条款与招标文件、中标人的投标文件的内容不一致，或者招标人、中标人订立背离合同实质性内容的协议的，由有关行政监督部门责令改正，可以处中标项目金额5‰以上10‰以下的罚款。

二、订立无效的施工合同

【中华人民共和国最高人民法院公告（法释〔2004〕14号）】

第一条　建设工程施工合同具有下列情形之一的，应当根据中华人民共和国合同法第五十二条第（五）项的规定，认定无效[①]：

（一）承包人未取得建筑施工企业资质或者超越资质等级的；

（二）没有资质的实际施工人借用有资质的建筑施工企业名义的；

（三）建设工程必须进行招标而未招标或者中标无效的。

【中华人民共和国合同法】

第五十二条　有下列情形之一的，合同无效：

（一）一方以欺诈、胁迫的手段订立合同，损害国家利益；

（二）恶意串通，损害国家、集体或者第三人利益；

（三）以合法形式掩盖非法目的；

（四）损害社会公共利益；

（五）违反法律、行政法规的强制性规定。

三、建设工程施工合同中对主要内容约定不完整

【中华人民共和国合同法】

第十二条　合同的内容由当事人约定，一般包括以下条款：

[①] 合同无效并不意味不予结算，具体请研读文件全文。

1. 当事人的名称或者姓名和住所；
2. 标的；
3. 数量；
4. 质量；
5. 价款或者报酬；
6. 履行期限、地点和方式；
7. 违约责任；
8. 解决争议的方法。

当事人可以参照各类合同的示范文本订立合同。

第二百七十五条 施工合同的内容包括工程范围、建设工期、中间交工工程的开工和竣工时间、工程质量、工程造价、技术资料交付时间、材料和设备供应责任、拨款和结算、竣工验收、质量保修范围和质量保证期、双方相互协作等条款。

【基本建设项目档案资料管理暂行规定】

第十二条 竣工图是工程的实际反映，是工程的重要档案，工程承发包合同或施工协议中要根据国家对编制竣工图的要求，对竣工图的编制、整理、审核、交接、验收做出规定；施工单位不按时提交合格竣工图的，不算完成施工任务，并应承担责任。

四、施工合同订立中发包人行为不符合规定

【中华人民共和国合同法】

第二百七十二条 发包人可以与总承包人订立建设工程合同，也可以分别与勘察人、设计人、施工人订立勘察、设计、施工承包合同。发包人不得将应当由一个承包人完成的建设工程肢解成若干部分发包给几个承包人。

第二百七十三条 国家重大建设工程合同，应当按照国家规定的程序和国家批准的投资计划、可行性研究报告等文件订立。

第二百七十九条 建设工程竣工后，发包人应当根据施工图纸及

说明书、国家颁发的施工验收规范和质量检验标准及时进行验收。验收合格的,发包人应当按照约定支付价款,并接收该建设工程。建设工程竣工经验收合格后,方可交付使用;未经验收或者验收不合格的,不得交付使用。

五、施工合同订立中承包人行为不符合规定

【中华人民共和国合同法】

第二百七十二条 ……总承包人或者勘察、设计、施工承包人经发包人同意,可以将自己承包的部分工作交由第三人完成。第三人就其完成的工作成果与总承包人或者勘察、设计、施工承包人向发包人承担连带责任。承包人不得将其承包的全部建设工程转包给第三人或者将其承包的全部建设工程肢解以后以分包的名义分别转包给第三人。

禁止承包人将工程分包给不具备相应资质条件的单位。禁止分包单位将其承包的工程再分包。建设工程主体结构的施工必须由承包人自行完成。

第二百七十八条 隐蔽工程在隐蔽以前,承包人应当通知发包人检查。发包人没有及时检查的,承包人可以顺延工程日期,并有权要求赔偿停工、窝工等损失。

六、施工合同中违约条款约定不合理

【中华人民共和国合同法】

第二百八十三条 发包人未按照约定的时间和要求提供原材料、设备、场地、资金、技术资料的,承包人可以顺延工程日期,并有权要求赔偿停工、窝工等损失。

第二百八十四条 因发包人的原因致使工程中途停建、缓建的,发包人应当采取措施弥补或者减少损失,赔偿承包人因此造成的停工、窝工、倒运、机械设备调迁、材料和构件积压等损失和实际费用。

第二百八十五条 因发包人变更计划，提供的资料不准确，或者未按照期限提供必需的勘察、设计工作条件而造成勘察、设计的返工、停工或者修改设计，发包人应当按照勘察人、设计人实际消耗的工作量增付费用。

第二百八十一条 因施工人的原因致使建设工程质量不符合约定的，发包人有权要求施工人在合理期限内无偿修理或者返工、改建。经过修理或者返工、改建后，造成逾期交付的，施工人应当承担违约责任。

第二百八十二条 因承包人的原因致使建设工程在合理使用期限内造成人身和财产损害的，承包人应当承担损害赔偿责任。

七、施工合同中工程结算条款缺失或约定不明

【建设工程价款结算暂行办法】

第七条 发包人、承包人应当在合同条款中对涉及工程价款结算的下列事项进行约定：

（一）预付工程款的数额、支付时限及抵扣方式；

（二）工程进度款的支付方式、数额及时限；

（三）工程施工中发生变更时，工程价款的调整方法、索赔方式、时限要求及金额支付方式；

（四）发生工程价款纠纷的解决方法；

（五）约定承担风险的范围及幅度以及超出约定范围和幅度的调整办法；

（六）工程竣工价款的结算与支付方式、数额及时限；

（七）工程质量保证（保修）金的数额、预扣方式及时限；

（八）安全措施和意外伤害保险费用；

（九）工期及工期提前或延后的奖惩办法；

（十）与履行合同、支付价款相关的担保事项。

第八条 发、承包人在签订合同时对于工程价款的约定，可选用下列一种约定方式：

(一) 固定总价。合同工期较短且工程合同总价较低的工程,可以采用固定总价合同方式。

(二) 固定单价。双方在合同中约定综合单价包含的风险范围和风险费用的计算方法,在约定的风险范围内综合单价不再调整。风险范围以外的综合单价调整方法,应当在合同中约定。

(三) 可调价格。可调价格包括可调综合单价和措施费等,双方应在合同中约定综合单价和措施费的调整方法,调整因素包括:

1. 法律、行政法规和国家有关政策变化影响合同价款;
2. 工程造价管理机构的价格调整;
3. 经批准的设计变更;
4. 发包人更改经审定批准的施工组织设计(修正错误除外)造成费用增加;
5. 双方约定的其他因素。

八、施工合同未按规定约定安全文明施工措施费用的相关条款

【建筑工程安全防护、文明施工措施费用及使用管理规定】

第七条 建设单位与施工单位应当在施工合同中明确安全防护、文明施工措施项目总费用,以及费用预付、支付计划,使用要求、调整方式等条款。

建设单位与施工单位在施工合同中对安全防护、文明施工措施费用预付、支付计划未作约定或约定不明的,合同工期在一年以内的,建设单位预付安全防护、文明施工措施项目费用不得低于该费用总额的50%;合同工期在一年以上的(含一年),预付安全防护、文明施工措施费用不得低于该费用总额的30%,其余费用应当按照施工进度支付。

实行工程总承包的,总承包单位依法将建筑工程分包给其他单位的,总承包单位与分包单位应当在分包合同中明确安全防护、文明施工措施费用由总承包单位统一管理。安全防护、文明施工措施由分包单位实施的,由分包单位提出专项安全防护措施及施工方案,经总承包单

位批准后及时支付所需费用。

九、施工合同中对保修年限的约定不符合规定

【建设工程质量管理条例】

第四十条　在正常使用条件下，建设工程的最低保修期限为：

（一）基础设施工程、房屋建筑的地基基础工程和主体结构工程，为设计文件规定的该工程的合理使用年限；

（二）屋面防水工程、有防水要求的卫生间、房间和外墙面的防渗漏，为5年；

（三）供热与供冷系统，为2个采暖期、供冷期；

（四）电气管线、给排水管道、设备安装和装修工程，为2年。

其他项目的保修期限由发包方与承包方约定。

建设工程的保修期，自竣工验收合格之日起计算。

第四十一条　建设工程在保修范围和保修期限内发生质量问题的，施工单位应当履行保修义务，并对造成的损失承担赔偿责任。

第四节　工程造价与结算

一、工程价款结算未按规定或约定编审

【建设工程价款结算暂行办法】

第十四条　工程完工后，双方应按照约定的合同价款及合同价款调整内容以及索赔事项，进行工程竣工结算。

（一）工程竣工结算方式

工程竣工结算分为单位工程竣工结算、单项工程竣工结算和建设项目竣工总结算。

（二）工程竣工结算编审

1. 单位工程竣工结算由承包人编制,发包人审查;实行总承包的工程,由具体承包人编制,在总包人审查的基础上,发包人审查。

2. 单项工程竣工结算或建设项目竣工总结算由总(承)包人编制,发包人可直接进行审查,也可以委托具有相应资质的工程造价咨询机构进行审查。政府投资项目,由同级财政部门审查。单项工程竣工结算或建设项目竣工总结算经发、承包人签字盖章后有效。

承包人应在合同约定期限内完成项目竣工结算编制工作,未在规定期限内完成的并且提不出正当理由延期的,责任自负。

二、合同约定不明或未作约定的事项的结算依据不符合规定

【建设工程价款结算暂行办法】

第十一条 工程价款结算应按合同约定办理,合同未作约定或约定不明的,发、承包双方应依照下列规定与文件协商处理:

(一) 国家有关法律、法规和规章制度;

(二) 国务院建设行政主管部门、省、自治区、直辖市或有关部门发布的工程造价计价标准、计价办法等有关规定;

(三) 建设项目的合同、补充协议、变更签证和现场签证,以及经发、承包人认可的其他有效文件;

(四) 其他可依据的材料。

三、未按规定对有质量争议部分暂缓办理竣工结算

【建设工程价款结算暂行办法】

第十九条 发包人对工程质量有异议,已竣工验收或已竣工未验收但实际投入使用的工程,其质量争议按该工程保修合同执行;已竣工未验收且未实际投入使用的工程以及停工、停建工程的质量争议,应当就有争议部分的竣工结算暂缓办理,双方可就有争议的工程委托有资质的检测鉴定机构进行检测,根据检测结果确定解决方案,或按工程质

量监督机构的处理决定执行,其余部分的竣工结算依照约定办理。

【最高人民法院关于审理建设工程施工合同纠纷案件适用法律问题的解释】

第十一条　因承包人的过错造成建设工程质量不符合约定,承包人拒绝修理、返工或者改建,发包人请求减少支付工程价款的,应予支持。

四、施工合同实质性背离招投标文件导致结算争议的处置不符合规定

【建设工程价款结算暂行办法】

第二十二条　发包人与中标的承包人不按照招标文件和中标的承包人的投标文件订立合同的,或者发包人、中标的承包人背离合同实质性①内容另行订立协议,造成工程价款结算纠纷的,另行订立的协议无效,由建设行政主管部门责令改正,并按《中华人民共和国招标投标法》第五十九条进行处罚。

【最高人民法院关于印发《全国民事审判工作会议纪要》的通知(法办〔2011〕442号)】

23. 招标人和中标人另行签订的改变工期、工程价款、工程项目性质等中标结果的约定,应当认定为变更中标合同实质性内容;中标人作出的以明显高于市场价格购买承建房产、无偿建设住房配套设施、让利、向建设方捐款等承诺,亦应认定为变更中标合同的实质性内容。

建设工程开工后,发包方与承包方因设计变更、建设工程规划指标调整等原因,通过补充协议、会谈纪要、往来函件、签证等形式变更工期、工程价款、工程项目性质的,不应认定为变更中标合同的实质性内容。

---

① 审计实务中对"实质性"的判断应审慎,其判断原则应与下文"法办〔2011〕442号"一致。

五、竣工结算中未执行合同约定的奖惩条款或未对承包商违约提出反索赔

【建设工程价款结算暂行办法】

第十四条 ……

（五）索赔价款结算

发承包人未能按合同约定履行自己的各项义务或发生错误，给另一方造成经济损失的，由受损方按合同约定提出索赔，索赔金额按合同约定支付。

第十七条 工程竣工结算以合同工期为准，实际施工工期比合同工期提前或延后，发、承包双方应按合同约定的奖惩办法执行。

六、国有资金投资建设工程未按规定审核结算文件

【建筑工程施工发包与承包计价管理办法】

第十八条 工程完工后，应当按照下列规定进行竣工结算：

……

（二）国有资金投资建筑工程的发包方，应当委托具有相应资质的工程造价咨询企业对竣工结算文件进行审核，并在收到竣工结算文件后的约定期限内向承包方提出由工程造价咨询企业出具的竣工结算文件审核意见；逾期未答复的，按照合同约定处理，合同没有约定的，竣工结算文件视为已被认可。

【教育部关于加强直属高等学校内部审计工作的意见（教财〔2015〕2号）】

17. 加强建设工程管理审计。以促进控制工程造价、规范工程管理、落实管理责任为重点，加强建设工程管理审计。注重审计控制与审计评价相结合，对工程造价管理、财务管理中的控制缺陷及时出具审计报告和审计意见，并督促整改落实。要对重大建设项目的立项、设计、

招标、施工、竣工等环节进行全过程跟踪审计。建设工程项目未经审计不得办理竣工结算①。

七、建筑工程施工发承包计价方式不符合规定

【建筑工程施工发包与承包计价管理办法】

第六条 全部使用国有资金投资或者以国有资金投资为主的建筑工程(以下简称国有资金投资的建筑工程),应当采用工程量清单计价;非国有资金投资的建筑工程,鼓励采用工程量清单计价。

国有资金投资的建筑工程招标的,应当设有最高投标限价;非国有资金投资的建筑工程招标的,可以设有最高投标限价或者招标标底。

最高投标限价及其成果文件,应当由招标人报工程所在地县级以上地方人民政府住房城乡建设主管部门备案。

【工程量清单计价规范的强制性条文】

《建设工程工程量清单计价规范》为国家标准,编号为GB50500-2013,自2013年7月1日起实施。其中,第3.1.1、3.1.4、3.1.5、3.1.6、3.4.1、4.1.2、4.2.1、4.2.2、4.3.1、5.1.1、6.1.3、6.1.4、8.1.1、8.2.1、11.1.1条为强制性条文,必须严格执行。

【3.1.1】使用国有资金投资的建设工程发承包,必须采用工程量清单计价。

【3.1.4】工程量清单应采用综合单价计价。

八、确定工程合同价款的方式不合理

【建筑工程施工发包与承包计价管理办法】

---

① 根据《建筑工程施工发包与承包计价管理办法》第十九条,工程竣工结算文件经发承包双方签字确认的,应当作为工程决算的依据,未经对方同意,另一方不得就已生效的竣工结算文件委托工程造价咨询企业重复审核。发包方应当按照竣工结算文件及时支付竣工结算款。所以,在执行教育部的规定时,应在施工合同中和内部流程设置上作出妥善安排。

第十三条 发承包双方在确定合同价款时,应当考虑市场环境和生产要素价格变化对合同价款的影响。

实行工程量清单计价的建筑工程,鼓励发承包双方采用单价方式确定合同价款。

建设规模较小、技术难度较低、工期较短的建筑工程,发承包双方可以采用总价方式确定合同价款。

紧急抢险、救灾以及施工技术特别复杂的建筑工程,发承包双方可以采用成本加酬金方式确定合同价款。

九、工程预付款比例或支付不符合规定

【建设工程价款结算暂行办法】

第十二条 工程预付款结算应符合下列规定:

(一)包工包料工程的预付款按合同约定拨付,原则上预付比例不低于合同金额的10%,不高于合同金额的30%,对重大工程项目,按年度工程计划逐年预付。计价执行《建设工程工程量清单计价规范》(GB50500-2003)的工程,实体性消耗和非实体性消耗部分应在合同中分别约定预付款比例。

(二)在具备施工条件的前提下,发包人应在双方签订合同后的一个月内或不迟于约定的开工日期前的7天内预付工程款,发包人不按约定预付,承包人应在预付时间到期后10天内向发包人发出要求预付的通知,发包人收到通知后仍不按要求预付,承包人可在发出通知14天后停止施工,发包人应从约定应付之日起向承包人支付应付款的利息(利率按同期银行贷款利率计),并承担违约责任。

(三)预付的工程款必须在合同中约定抵扣方式,并在工程进度款中进行抵扣。

(四)凡是没有签订合同或不具备施工条件的工程,发包人不得预付工程款,不得以预付款为名转移资金。

十、合同价款调整不恰当

【建筑工程施工发包与承包计价管理办法】

第十四条 发承包双方应当在合同中约定,发生下列情形时合同价款的调整方法:

(一)法律、法规、规章或者国家有关政策变化影响合同价款的;

(二)工程造价管理机构发布价格调整信息的;

(三)经批准变更设计的;

(四)发包方更改经审定批准的施工组织设计造成费用增加的;

(五)双方约定的其他因素。

十一、工程变更价款结算不符合规定

【建设工程价款结算暂行办法】

第十条 工程设计变更价款调整

(一)施工中发生工程变更,承包人按照经发包人认可的变更设计文件,进行变更施工,其中,政府投资项目重大变更,需按基本建设程序报批后方可施工。

(二)在工程设计变更确定后 14 天内,设计变更涉及工程价款调整的,由承包人向发包人提出,经发包人审核同意后调整合同价款。变更合同价款按下列方法进行:

1. 合同中已有适用于变更工程的价格,按合同已有的价格变更合同价款;

2. 合同中只有类似于变更工程的价格,可以参照类似价格变更合同价款;

3. 合同中没有适用或类似于变更工程的价格,由承包人或发包人提出适当的变更价格,经对方确认后执行。如双方不能达成一致的,双方可提请工程所在地工程造价管理机构进行咨询或按合同约定的争议或纠纷解决程序办理。

（三）工程设计变更确定后 14 天内，如承包人未提出变更工程价款报告，则发包人可根据所掌握的资料决定是否调整合同价款和调整的具体金额。重大工程变更涉及工程价款变更报告和确认的时限由发承包双方协商确定。

收到变更工程价款报告一方，应在收到之日起 14 天内予以确认或提出协商意见，自变更工程价款报告送达之日起 14 天内，对方未确认也未提出协商意见时，视为变更工程价款报告已被确认。

确认增（减）的工程变更价款作为追加（减）合同价款与工程进度款同期支付。

第五节　竣工财务决算

一、未在规定时限内编制竣工财务决算

【基本建设项目竣工财务决算管理暂行办法】

第二条　基本建设项目（以下简称项目）完工可投入使用或者试运行合格后，应当在 3 个月内编报竣工财务决算，特殊情况确需延长的，中小型项目不得超过 2 个月，大型项目不得超过 6 个月。

二、建设成本列支不符合规定

【基本建设财务规则】

第二十二条　项目建设单位应当严格控制建设成本的范围、标准和支出责任，以下支出不得列入项目建设成本：

（一）超过批准建设内容发生的支出；

（二）不符合合同协议的支出；

（三）非法收费和摊派；

（四）无发票或者发票项目不全、无审批手续、无责任人员签字的支出；

（五）因设计单位、施工单位、供货单位等原因造成的工程报废等损失，以及未按照规定报经批准的损失；

（六）项目符合规定的验收条件之日起 3 个月后发生的支出；

（七）其他不属于本项目应当负担的支出。

三、未按规定核算各项投资

【基本建设财务规则】

第二十一条　建设成本是指按照批准的建设内容由项目建设资金安排的各项支出，包括建筑安装工程投资支出、设备投资支出、待摊投资支出和其他投资支出。

建筑安装工程投资支出是指项目建设单位按照批准的建设内容发生的建筑工程和安装工程的实际成本。

设备投资支出是指项目建设单位按照批准的建设内容发生的各种设备的实际成本。

待摊投资支出是指项目建设单位按照批准的建设内容发生的，应当分摊计入相关资产价值的各项费用和税金支出。

其他投资支出是指项目建设单位按照批准的建设内容发生的房屋购置支出，基本畜禽、林木等的购置、饲养、培育支出，办公生活用家具、器具购置支出，软件研发和不能计入设备投资的软件购置等支出。

第四十四条　非经营性项目为项目配套建设的专用设施，包括专用道路、专用通讯设施、专用电力设施、地下管道等，产权归属本单位的，计入交付使用资产价值；产权不归属本单位的，作为转出投资处理。

四、竣工财务决算内容不完整

【基本建设项目竣工财务决算管理暂行办法】

第七条　项目竣工财务决算的内容主要包括：项目竣工财务决算报表（附表1）、竣工财务决算说明书、竣工财务决（结）算审核情况及相关资料。

第八条　竣工财务决算说明书主要包括以下内容：

（一）项目概况；

（二）会计账务处理、财产物资清理及债权债务的清偿情况；

（三）项目建设资金计划及到位情况，财政资金支出预算、投资计划及到位情况；

（四）项目建设资金使用、项目结余资金分配情况；

（五）项目概（预）算执行情况及分析，竣工实际完成投资与概算差异及原因分析；

（六）尾工工程情况；

（七）历次审计、检查、审核、稽查意见及整改落实情况；

（八）主要技术经济指标的分析、计算情况；

（九）项目管理经验、主要问题和建议；

（十）预备费动用情况；

（十一）项目建设管理制度执行情况、政府采购情况、合同履行情况；

（十二）征地拆迁补偿情况、移民安置情况；

（十三）需说明的其他事项。

五、建设单位管理费列支不符合规定

【基本建设项目建设成本管理规定】

第五条　项目建设管理费是指项目建设单位从项目筹建之日起至办理竣工财务决算之日止发生的管理性质的支出。包括：不在原单位发工资的工作人员工资及相关费用、办公费、办公场地租用费、差旅交通费、劳动保护费、工具用具使用费、固定资产使用费、招募生产工人费、技术图书资料费(含软件)、业务招待费、施工现场津贴、竣工验收费和其他管理性质开支。

项目建设单位应当严格执行《党政机关厉行节约反对浪费条例》,严格控制项目建设管理费。

第六条 行政事业单位项目建设管理费实行总额控制,分年度据实列支。总额控制数以项目审批部门批准的项目总投资(经批准的动态投资,不含项目建设管理费)扣除土地征用、迁移补偿等为取得或租用土地使用权而发生的费用为基数分档计算。具体计算方法见附件。

单位:万元

工程总概算	费率(%)	算例	
		工程总概算	项目建设管理费
1 000 以下	2	1 000	1 000×2%=20
1 001—5 000	1.5	5 000	20+(5 000−1 000)×1.5%=80
5 001—10 000	1.2	10 000	80+(10 000−5 000)×1.2%=140
10 001—50 000	1	50 000	140+(50 000−10 000)×1%=540
50 001—100 000	0.8	100 000	540+(100 000−50 000)×0.8%=940
100 000 以上	0.4	200 000	940+(200 000−100 000)×0.4%=1 340

施工现场管理人员津贴标准比照当地财政部门制定的差旅费标准执行;一般不得发生业务招待费,确需列支的,项目业务招待费支出应当严格按照国家有关规定执行,并不得超过项目建设管理费的5%。

六、代建管理费列支不符合相关规定

【基本建设项目建设成本管理规定】

第八条 政府设立(或授权)、政府招标产生的代建制项目,代建管理费由同级财政部门根据代建内容和要求,按照不高于本规定项目建设管理费标准核定,计入项目建设成本。

实行代建制管理的项目,一般不得同时列支代建管理费和项目建设管理费,确需同时发生的,两项费用之和不得高于本规定的项目建设管理费限额。

七、基本建设项目竣工财务决算审核报批不符合规定

【教育部直属高校及事业单位基本建设项目竣工财务决算管理办法】

第十一条 竣工财务决算审批程序实行"先审核,后审批"的原则,即先委托有资质的中介机构对编制的竣工财务决算进行审核,再按规定报送有关部门审批。一般建设项目由项目建设单位委托评审,重要建设项目由教育部委托审核。

第十二条 基本建设项目竣工财务决算的按下列要求报批:

(一)投资额在 1 亿元以上(含 1 亿元)的项目、国家确定的重点项目及财政部认为需要审批的其他项目,由教育部审核后报财政部审批;

(二)投资额在 3 000 万元以上(含 3 000 万元)至 1 亿元以下的项目,由教育部审批,并报财政部备案;

(三)投资额在 3 000 万元以下的项目,由教育部审批。

八、未按规定在竣工财务决算前完成各项清理工作

【教育部直属高校及事业单位基本建设项目竣工财务决算管理办法】

第八条 在编制基本建设项目竣工财务决算前,建设单位要认真做好各项清理工作。清理工作主要包括基本建设项目档案资料的归集整理、账务处理、财产物资的盘点核实及债权债务的清偿,做到账账、账证、账实、账表相符。各种材料、设备、工具、器具等要逐项盘点核实,填

列清单,妥善保管,或按照国家规定进行处理,不得任意侵占、挪用。

第六节 工程档案

一、未按规定移交工程档案

【城市建设档案管理规定】[①]

第六条 建设单位应当在工程竣工验收后三个月内,向城建档案馆报送一套符合规定的建设工程档案。凡建设工程档案不齐全的,应当限期补充。

第七条 对改建、扩建和重要部位维修的工程,建设单位应当组织设计、施工单位据实修改、补充和完善原建设工程档案。凡结构和平面布置等改变的,应当重新编制建设工程档案,并在工程竣工后三个月内向城建档案馆报送。

二、未按规定在组织工程竣工验收前进行工程档案预验收

【城市建设档案管理规定】

第八条 列入城建档案馆档案接收范围的工程,建设单位在组织竣工验收前,应当提请城建档案管理机构对工程档案进行预验收。预验收合格后,由城建档案管理机构出具工程档案认可文件。

第九条 建设单位在取得工程档案认可文件后,方可组织工程竣工验收。建设行政主管部门在办理竣工验收备案时,应当查验工程档案认可文件。

[①] 本规定适用于城市内(包括城市各类开发区)的城建档案的管理。本规定所称城建档案,是指在城市规划、建设及其管理活动中直接形成的对国家和社会具有保存价值的文字、图纸、图表、声像等各种载体的文件材料。

三、基本建设项目档案资料不完整

【基本建设项目档案资料管理暂行规定】

第二条 基本建设项目档案资料是指在整个建设项目从酝酿、策划到建成投产（使用）的全过程中形成的、应当归档保存的文件，包括基本建设项目的提出、调研、可行性研究、评估、决策、计划、勘测、设计、施工、调试、生产准备、竣工、试生产（使用）等工作活动中形成的文字材料、图纸、图表、计算材料、声像材料等形式与载体的文件材料。

四、基本建设项目档案工作滞后

【基本建设项目档案资料管理暂行规定】

第四条 基本建设项目的档案资料工作要与项目建设进程同步，项目申请立项时，即应开始进行文件材料的积累、整理、审查工作；项目竣工验收时，完成文件材料的归档和验收工作。

五、基本建设项目档案管理不完善

【基本建设项目档案资料管理暂行规定】

第七条 建设单位、工程总承包单位、工程现场指挥机构、施工单位、勘察设计单位必须有一位负责人分管档案资料工作，并建立与工程档案资料工作任务相适应的管理机构，配备档案资料管理人员，制定管理制度，统一管理建设项目的档案资料。施工过程中要有能保证档案资料安全的库房和设备。

第十二条 竣工图是工程的实际反映，是工程的重要档案，工程承发包合同或施工协议中要根据国家对编制竣工图的要求，对竣工图的编制、整理、审核、交接、验收做出规定；施工单位不按时提交合格竣工图的，不算完成施工任务，并应承担责任。

第十三条　施工单位要做好施工记录、检验记录、交工验收及签证等,整理好变更文件,按规定编制好竣工图。工程竣工前,由主管部门、建设单位组织检查竣工图的质量,基本建设主管部门、施工企业的主管部门应检查施工单位编制施工档案的质量。

六、基本建设项目档案管理制度缺失

【教育部直属高校基本建设管理办法(2017年修订)】

第四十五条　建设项目应当建立健全档案管理制度,由专人负责档案资料的收集、保管、整理和移交等相关工作。

第七节　内　部　审　计

一、基本建设项目未按规定实施内部审计

【教育系统内部审计工作规定】

第十七条　内部审计机构和审计人员主要对下列事项进行审计:

······

3. 预算内、预算外资金的管理和使用;

······

6. 建设、修缮工程项目;

······

8. 内部控制制度的健全、有效及风险管理。

【教育部关于加强直属高等学校内部审计工作的意见(教财〔2015〕2号)】

17. 加强建设工程管理审计。以促进控制工程造价、规范工程管理、落实管理责任为重点,加强建设工程管理审计。注重审计控制与审计评价相结合,对工程造价管理、财务管理中的控制缺陷及时出具审计

报告和审计意见,并督促整改落实。要对重大建设项目的立项、设计、招标、施工、竣工等环节进行全过程跟踪审计。建设工程项目未经审计不得办理竣工结算。

【教育部关于加强直属高校建设工程管理审计的意见(教财〔2016〕11号)】

二、实行建设工程管理审计全覆盖。学校各类资金来源的新建、改扩建及修缮工程均应纳入审计范围。建设工程的投资立项、勘察设计、施工准备、施工过程、竣工验收等各阶段的业务和管理活动均应纳入审计范围。学校要结合实际情况,充分考虑审计资源状况,科学规划,统筹安排,有重点、有步骤、有深度、有成效地推进建设工程管理审计全覆盖。

二、相关部门、人员未按规定配合审计工作

【审计署关于内部审计工作的规定】

第十三条 内部审计机构或者履行内部审计职责的内设机构应有下列权限:

(一)要求被审计单位按时报送发展规划、战略决策、重大措施、内部控制、风险管理、财政财务收支等有关资料(含相关电子数据,下同),以及必要的计算机技术文档;

(二)参加单位有关会议,召开与审计事项有关的会议;

(三)参与研究制定有关的规章制度,提出制定内部审计规章制度的建议;

(四)检查有关财政财务收支、经济活动、内部控制、风险管理的资料、文件和现场勘察实物;

(五)检查有关计算机系统及其电子数据和资料;

(六)就审计事项中的有关问题,向有关单位和个人开展调查和询问,取得相关证明材料。

第二十八条 被审计单位有下列情形之一的,由单位党组织、董事会(或者主要负责人)责令改正,并对直接负责的主管人员和其他直接

责任人员进行处理：

（一）拒绝接受或者不配合内部审计工作的；

（二）拒绝、拖延提供与内部审计事项有关的资料，或者提供资料不真实、不完整的；

（三）拒不纠正审计发现问题的；

（四）整改不力、屡审屡犯的；

（五）违反国家规定或者本单位内部规定的其他情形。

【教育系统内部审计工作规定】

第二十九条 违反本规定，有下列行为之一的单位和个人，内部审计机构根据情节轻重，可以提出警告、通报批评、经济处理或移送纪检监察机关处理等建议，报本部门、本单位主要负责人，本部门、本单位主要负责人应及时予以处理：

（一）拒绝或拖延提供与审计事项有关的文件、会计资料和证明材料的；

（二）转移、隐匿、篡改、毁弃有关文件和会计资料的；

（三）转移、隐匿违法所得财产的；

（四）弄虚作假，隐瞒事实真相的；

（五）阻挠审计人员行使职权，抗拒、破坏监督检查的；

（六）拒不执行审计决定的；

（七）报复陷害审计人员或检举人员的。

以上行为构成犯罪的，应当移交司法机关处理。

三、审计结果运用不符合相关规定

【教育部关于加强和规范建设工程项目全过程审计的意见（教财〔2007〕29号）】

五、各部门、各单位内部审计机构应根据建设工程项目全过程审计的实施情况，对建设工程各阶段的管理情况及其结果进行分析和评价，及时出具审计报告。各部门、各单位对审计报告中提出的加强和改进工程管理的意见和建议,应认真组织落实。

【教育部关于加强直属高校建设工程管理审计的意见(教财〔2016〕11号)】

五、完善建设工程管理审计结果运用机制。建立健全学校内部审计部门与学校组织、人事、纪检监察部门的工作协调机制,把审计监督与党管干部、纪律检查、追责问责结合起来。学校内部审计部门对于建设工程管理审计中发现的内部控制缺陷,应及时出具审计意见书,督促有关部门进行整改;对于发现的违纪违法问题线索,应及时移送纪检监察部门核实查处;对于发现的典型性、普遍性问题,应及时提出审计建议,提交有关部门研究解决。学校有关部门要按照审计意见和建议,认真落实整改,对整改不力、屡审屡犯、造成损失的,要严格追责问责。建设工程管理审计结果应按照有关规定在一定范围内公示。

四、基本建设项目监督不到位

【教育部直属高校基本建设管理办法(2017年修订)】

第五十一条 直属高校应当依照本办法和国家相关规定,建立健全建设项目的决策、管理、监督、制约机制和相关制度,加强对建设项目各个环节的监督管理,把廉政建设责任落实到位,把廉政风险防范工作融入建设项目的日常管理工作。

第五十三条 直属高校应当根据相关规定加强对建设项目的内部审计工作,建立健全建设项目内部审计制度,规范内部审计工作程序,项目未经审计不得结算。切实开展建设项目全过程审计、内部控制审计和管理部门主要负责人经济责任审计工作。

第五十四条 直属高校应当规范项目监督,加强对项目招标投标、建设监理、合同管理等关键环节的监督检查。项目责任人或代建机构、勘察设计、施工、监理等单位的名称和责任人姓名应当在施工现场的显著位置公示;学校纪检、监察等监督职能部门应当公布举报电话、设立信箱,受理对项目建设中违法违纪违规问题的举报。

附录

建设工程管理审计相关法律法规制度选编

一、通用法律法规

中华人民共和国合同法（节选）

第十五章 承揽合同

第二百五十一条 承揽合同是承揽人按照定作人的要求完成工作，交付工作成果，定作人给付报酬的合同。

承揽包括加工、定作、修理、复制、测试、检验等工作。

第二百五十二条 承揽合同的内容包括承揽的标的、数量、质量、报酬、承揽方式、材料的提供、履行期限、验收标准和方法等条款。

第二百五十三条 承揽人应当以自己的设备、技术和劳力，完成主要工作，但当事人另有约定的除外。

承揽人将其承揽的主要工作交由第三人完成的，应当就该第三人完成的工作成果向定作人负责；未经定作人同意的，定作人也可以解除合同。

第二百五十四条 承揽人可以将其承揽的辅助工作交由第三人完成。承揽人将其承揽的辅助工作交由第三人完成的，应当就该第三人完成的工作成果向定作人负责。

第二百五十五条 承揽人提供材料的,承揽人应当按照约定选用材料,并接受定作人检验。

第二百五十六条 定作人提供材料的,定作人应当按照约定提供材料。承揽人对定作人提供的材料,应当及时检验,发现不符合约定时,应当及时通知定作人更换、补齐或者采取其他补救措施。

承揽人不得擅自更换定作人提供的材料,不得更换不需要修理的零部件。

第二百五十七条 承揽人发现定作人提供的图纸或者技术要求不合理的,应当及时通知定作人。因定作人怠于答复等原因造成承揽人损失的,应当赔偿损失。

第二百五十八条 定作人中途变更承揽工作的要求,造成承揽人损失的,应当赔偿损失。

第二百五十九条 承揽工作需要定作人协助的,定作人有协助的义务。定作人不履行协助义务致使承揽工作不能完成的,承揽人可以催告定作人在合理期限内履行义务,并可以顺延履行期限;定作人逾期不履行的,承揽人可以解除合同。

第二百六十条 承揽人在工作期间,应当接受定作人必要的监督检验。定作人不得因监督检验妨碍承揽人的正常工作。

第二百六十一条 承揽人完成工作的,应当向定作人交付工作成果,并提交必要的技术资料和有关质量证明。定作人应当验收该工作成果。

第二百六十二条 承揽人交付的工作成果不符合质量要求的,定作人可以要求承揽人承担修理、重作、减少报酬、赔偿损失等违约责任。

第二百六十三条 定作人应当按照约定的期限支付报酬。对支付报酬的期限没有约定或者约定不明确,依照本法第六十一条的规定仍不能确定的,定作人应当在承揽人交付工作成果时支付;工作成果部分交付的,定作人应当相应支付。

第二百六十四条 定作人未向承揽人支付报酬或者材料费等价款

的,承揽人对完成的工作成果享有留置权,但当事人另有约定的除外。

第二百六十五条 承揽人应当妥善保管定作人提供的材料以及完成的工作成果,因保管不善造成毁损、灭失的,应当承担损害赔偿责任。

第二百六十六条 承揽人应当按照定作人的要求保守秘密,未经定作人许可,不得留存复制品或者技术资料。

第二百六十七条 共同承揽人对定作人承担连带责任,但当事人另有约定的除外。

第二百六十八条 定作人可以随时解除承揽合同,造成承揽人损失的,应当赔偿损失。

第十六章 建设工程合同

第二百六十九条 建设工程合同是承包人进行工程建设,发包人支付价款的合同。

建设工程合同包括工程勘察、设计、施工合同。

第二百七十条 建设工程合同应当采用书面形式。

第二百七十一条 建设工程的招标投标活动,应当依照有关法律的规定公开、公平、公正进行。

第二百七十二条 发包人可以与总承包人订立建设工程合同,也可以分别与勘察人、设计人、施工人订立勘察、设计、施工承包合同。发包人不得将应当由一个承包人完成的建设工程肢解成若干部分发包给几个承包人。

总承包人或者勘察、设计、施工承包人经发包人同意,可以将自己承包的部分工作交由第三人完成。第三人就其完成的工作成果与总承包人或者勘察、设计、施工承包人向发包人承担连带责任。承包人不得将其承包的全部建设工程转包给第三人或者将其承包的全部建设工程肢解以后以分包的名义分别转包给第三人。

禁止承包人将工程分包给不具备相应资质条件的单位。禁止分包单位将其承包的工程再分包。建设工程主体结构的施工必须由承包人自行完成。

第二百七十三条 国家重大建设工程合同,应当按照国家规定的程序和国家批准的投资计划、可行性研究报告等文件订立。

第二百七十四条 勘察、设计合同的内容包括提交有关基础资料和文件(包括概预算)的期限、质量要求、费用以及其他协作条件等条款。

第二百七十五条 施工合同的内容包括工程范围、建设工期、中间交工工程的开工和竣工时间、工程质量、工程造价、技术资料交付时间、材料和设备供应责任、拨款和结算、竣工验收、质量保修范围和质量保证期、双方相互协作等条款。

第二百七十六条 建设工程实行监理的,发包人应当与监理人采用书面形式订立委托监理合同。发包人与监理人的权利和义务以及法律责任,应当依照本法委托合同以及其他有关法律、行政法规的规定。

第二百七十七条 发包人在不妨碍承包人正常作业的情况下,可以随时对作业进度、质量进行检查。

第二百七十八条 隐蔽工程在隐蔽以前,承包人应当通知发包人检查。发包人没有及时检查的,承包人可以顺延工程日期,并有权要求赔偿停工、窝工等损失。

第二百七十九条 建设工程竣工后,发包人应当根据施工图纸及说明书、国家颁发的施工验收规范和质量检验标准及时进行验收。验收合格的,发包人应当按照约定支付价款,并接收该建设工程。建设工程竣工经验收合格后,方可交付使用;未经验收或者验收不合格的,不得交付使用。

第二百八十条 勘察、设计的质量不符合要求或者未按照期限提交勘察、设计文件拖延工期,造成发包人损失的,勘察人、设计人应当继续完善勘察、设计,减收或者免收勘察、设计费并赔偿损失。

第二百八十一条 因施工人的原因致使建设工程质量不符合约定的,发包人有权要求施工人在合理期限内无偿修理或者返工、改建。经过修理或者返工、改建后,造成逾期交付的,施工人应当承担违约责任。

第二百八十二条 因承包人的原因致使建设工程在合理使用期限

内造成人身和财产损害的,承包人应当承担损害赔偿责任。

第二百八十三条 发包人未按照约定的时间和要求提供原材料、设备、场地、资金、技术资料的,承包人可以顺延工程日期,并有权要求赔偿停工、窝工等损失。

第二百八十四条 因发包人的原因致使工程中途停建、缓建的,发包人应当采取措施弥补或者减少损失,赔偿承包人因此造成的停工、窝工、倒运、机械设备调迁、材料和构件积压等损失和实际费用。

第二百八十五条 因发包人变更计划,提供的资料不准确,或者未按照期限提供必需的勘察、设计工作条件而造成勘察、设计的返工、停工或者修改设计,发包人应当按照勘察人、设计人实际消耗的工作量增付费用。

第二百八十六条 发包人未按照约定支付价款的,承包人可以催告发包人在合理期限内支付价款。发包人逾期不支付的,除按照建设工程的性质不宜折价、拍卖的以外,承包人可以与发包人协议将该工程折价,也可以申请人民法院将该工程依法拍卖。

建设工程的价款就该工程折价或者拍卖的价款优先受偿。

第二百八十七条 本章没有规定的,适用承揽合同的有关规定。

附　则

第四百二十八条 本法自1999年10月1日起施行,《中华人民共和国经济合同法》、《中华人民共和国涉外经济合同法》、《中华人民共和国技术合同法》同时废止。

中华人民共和国招标投标法

《中华人民共和国招标投标法》已由中华人民共和国第九届全国人民代表大会常务委员会第十一次会议于1999年8月30日通过,现予公布,自2000年1月1日起施行。

第一章 总 则

第一条 为了规范招标投标活动,保护国家利益、社会公共利益和招标投标活动当事人的合法权益,提高经济效益,保证项目质量,制定本法。

第二条 在中华人民共和国境内进行招标投标活动,适用本法。

第三条 在中华人民共和国境内进行下列工程建设项目包括项目的勘察、设计、施工、监理以及与工程建设有关的重要设备、材料等的采购,必须进行招标:

(一)大型基础设施、公用事业等关系社会公共利益、公众安全的项目;

(二)全部或者部分使用国有资金投资或者国家融资的项目;

(三)使用国际组织或者外国政府贷款、援助资金的项目。

前款所列项目的具体范围和规模标准,由国务院发展计划部门会同国务院有关部门制订,报国务院批准。

法律或者国务院对必须进行招标的其他项目的范围有规定的,依照其规定。

第四条 任何单位和个人不得将依法必须进行招标的项目化整为零或者以其他任何方式规避招标。

第五条 招标投标活动应当遵循公开、公平、公正和诚实信用的原则。

第六条 依法必须进行招标的项目,其招标投标活动不受地区或者部门的限制。任何单位和个人不得违法限制或者排斥本地区、本系统以外的法人或者其他组织参加投标,不得以任何方式非法干涉招标投标活动。

第七条 招标投标活动及其当事人应当接受依法实施的监督。

有关行政监督部门依法对招标投标活动实施监督,依法查处招标投标活动中的违法行为。

对招标投标活动的行政监督及有关部门的具体职权划分,由国务院规定。

第二章 招 标

第八条 招标人是依照本法规定提出招标项目、进行招标的法人或者其他组织。

第九条 招标项目按照国家有关规定需要履行项目审批手续的,应当先履行审批手续,取得批准。

招标人应当有进行招标项目的相应资金或者资金来源已经落实,并应当在招标文件中如实载明。

第十条 招标分为公开招标和邀请招标。

公开招标,是指招标人以招标公告的方式邀请不特定的法人或者其他组织投标。

邀请招标,是指招标人以投标邀请书的方式邀请特定的法人或者其他组织投标。

第十一条 国务院发展计划部门确定的国家重点项目和省、自治区、直辖市人民政府确定的地方重点项目不适宜公开招标的,经国务院发展计划部门或者省、自治区、直辖市人民政府批准,可以进行邀请招标。

第十二条 招标人有权自行选择招标代理机构,委托其办理招标事宜。任何单位和个人不得以任何方式为招标人指定招标代理机构。

招标人具有编制招标文件和组织评标能力的,可以自行办理招标事宜。任何单位和个人不得强制其委托招标代理机构办理招标事宜。

依法必须进行招标的项目,招标人自行办理招标事宜的,应当向有关行政监督部门备案。

第十三条　招标代理机构是依法设立、从事招标代理业务并提供相关服务的社会中介组织。

招标代理机构应当具备下列条件：

（一）有从事招标代理业务的营业场所和相应资金；

（二）有能够编制招标文件和组织评标的相应专业力量；

（三）有符合本法第三十七条第三款规定条件、可以作为评标委员会成员人选的技术、经济等方面的专家库。

第十四条　从事工程建设项目招标代理业务的招标代理机构，其资格由国务院或者省、自治区、直辖市人民政府的建设行政主管部门认定。具体办法由国务院建设行政主管部门会同国务院有关部门制定。从事其他招标代理业务的招标代理机构，其资格认定的主管部门由国务院规定。

招标代理机构与行政机关和其他国家机关不得存在隶属关系或者其他利益关系。

第十五条　招标代理机构应当在招标人委托的范围内办理招标事宜，并遵守本法关于招标人的规定。

第十六条　招标人采用公开招标方式的，应当发布招标公告。依法必须进行招标的项目的招标公告，应当通过国家指定的报刊、信息网络或者其他媒介发布。

招标公告应当载明招标人的名称和地址、招标项目的性质、数量、实施地点和时间以及获取招标文件的办法等事项。

第十七条　招标人采用邀请招标方式的，应当向三个以上具备承担招标项目的能力、资信良好的特定的法人或者其他组织发出投标邀请书。

投标邀请书应当载明本法第十六条第二款规定的事项。

第十八条　招标人可以根据招标项目本身的要求，在招标公告或者投标邀请书中，要求潜在投标人提供有关资质证明文件和业绩情况，并对潜在投标人进行资格审查；国家对投标人的资格条件有规定的，依照其规定。

招标人不得以不合理的条件限制或者排斥潜在投标人,不得对潜在投标人实行歧视待遇。

第十九条 招标人应当根据招标项目的特点和需要编制招标文件。招标文件应当包括招标项目的技术要求、对投标人资格审查的标准、投标报价要求和评标标准等所有实质性要求和条件以及拟签订合同的主要条款。

国家对招标项目的技术、标准有规定的,招标人应当按照其规定在招标文件中提出相应要求。

招标项目需要划分标段、确定工期的,招标人应当合理划分标段、确定工期,并在招标文件中载明。

第二十条 招标文件不得要求或者标明特定的生产供应者以及含有倾向或者排斥潜在投标人的其他内容。

第二十一条 招标人根据招标项目的具体情况,可以组织潜在投标人踏勘项目现场。

第二十二条 招标人不得向他人透露已获取招标文件的潜在投标人的名称、数量以及可能影响公平竞争的有关招标投标的其他情况。

招标人设有标底的,标底必须保密。

第二十三条 招标人对已发出的招标文件进行必要的澄清或者修改的,应当在招标文件要求提交投标文件截止时间至少十五日前,以书面形式通知所有招标文件收受人。该澄清或者修改的内容为招标文件的组成部分。

第二十四条 招标人应当确定投标人编制投标文件所需要的合理时间;但是,依法必须进行招标的项目,自招标文件开始发出之日起至投标人提交投标文件截止之日止,最短不得少于二十日。

第三章 投 标

第二十五条 投标人是响应招标、参加投标竞争的法人或者其他组织。

依法招标的科研项目允许个人参加投标的,投标的个人适用本法有关投标人的规定。

第二十六条 投标人应当具备承担招标项目的能力;国家有关规定对投标人资格条件或者招标文件对投标人资格条件有规定的,投标人应当具备规定的资格条件。

第二十七条 投标人应当按照招标文件的要求编制投标文件。投标文件应当对招标文件提出的实质性要求和条件作出响应。

招标项目属于建设施工的,投标文件的内容应当包括拟派出的项目负责人与主要技术人员的简历、业绩和拟用于完成招标项目的机械设备等。

第二十八条 投标人应当在招标文件要求提交投标文件的截止时间前,将投标文件送达投标地点。招标人收到投标文件后,应当签收保存,不得开启。投标人少于三个的,招标人应当依照本法重新招标。

在招标文件要求提交投标文件的截止时间后送达的投标文件,招标人应当拒收。

第二十九条 投标人在招标文件要求提交投标文件的截止时间前,可以补充、修改或者撤回已提交的投标文件,并书面通知招标人。补充、修改的内容为投标文件的组成部分。

第三十条 投标人根据招标文件载明的项目实际情况,拟在中标后将中标项目的部分非主体、非关键性工作进行分包的,应当在投标文件中载明。

第三十一条 两个以上法人或者其他组织可以组成一个联合体,以一个投标人的身份共同投标。

联合体各方均应当具备承担招标项目的相应能力;国家有关规定或者招标文件对投标人资格条件有规定的,联合体各方均应当具备规定的相应资格条件。由同一专业的单位组成的联合体,按照资质等级较低的单位确定资质等级。

联合体各方应当签订共同投标协议,明确约定各方拟承担的工作和责任,并将共同投标协议连同投标文件一并提交招标人。联合体中标的,联合体各方应当共同与招标人签订合同,就中标项目向招标人承担连带责任。

招标人不得强制投标人组成联合体共同投标,不得限制投标人之间的竞争。

第三十二条 投标人不得相互串通投标报价,不得排挤其他投标人的公平竞争,损害招标人或者其他投标人的合法权益。

投标人不得与招标人串通投标,损害国家利益、社会公共利益或者他人的合法权益。

禁止投标人以向招标人或者评标委员会成员行贿的手段谋取中标。

第三十三条 投标人不得以低于成本的报价竞标,也不得以他人名义投标或者以其他方式弄虚作假,骗取中标。

第四章 开标、评标和中标

第三十四条 开标应当在招标文件确定的提交投标文件截止时间的同一时间公开进行;开标地点应当为招标文件中预先确定的地点。

第三十五条 开标由招标人主持,邀请所有投标人参加。

第三十六条 开标时,由投标人或者其推选的代表检查投标文件的密封情况,也可以由招标人委托的公证机构检查并公证;经确认无误后,由工作人员当众拆封,宣读投标人名称、投标价格和投标文件的其他主要内容。

招标人在招标文件要求提交投标文件的截止时间前收到的所有投标文件,开标时都应当当众予以拆封、宣读。

开标过程应当记录,并存档备查。

第三十七条 评标由招标人依法组建的评标委员会负责。

依法必须进行招标的项目,其评标委员会由招标人的代表和有关技术、经济等方面的专家组成,成员人数为五人以上单数,其中技术、经济等方面的专家不得少于成员总数的三分之二。

前款专家应当从事相关领域工作满八年并具有高级职称或者具有

同等专业水平,由招标人从国务院有关部门或者省、自治区、直辖市人民政府有关部门提供的专家名册或者招标代理机构的专家库内的相关专业的专家名单中确定;一般招标项目可以采取随机抽取方式,特殊招标项目可以由招标人直接确定。

与投标人有利害关系的人不得进入相关项目的评标委员会;已经进入的应当更换。

评标委员会成员的名单在中标结果确定前应当保密。

第三十八条 招标人应当采取必要的措施,保证评标在严格保密的情况下进行。

任何单位和个人不得非法干预、影响评标的过程和结果。

第三十九条 评标委员会可以要求投标人对投标文件中含义不明确的内容作必要的澄清或者说明,但是澄清或者说明不得超出投标文件的范围或者改变投标文件的实质性内容。

第四十条 评标委员会应当按照招标文件确定的评标标准和方法,对投标文件进行评审和比较;设有标底的,应当参考标底。评标委员会完成评标后,应当向招标人提出书面评标报告,并推荐合格的中标候选人。

招标人根据评标委员会提出的书面评标报告和推荐的中标候选人确定中标人。招标人也可以授权评标委员会直接确定中标人。

国务院对特定招标项目的评标有特别规定的,从其规定。

第四十一条 中标人的投标应当符合下列条件之一:

(一)能够最大限度地满足招标文件中规定的各项综合评价标准;

(二)能够满足招标文件的实质性要求,并且经评审的投标价格最低;但是投标价格低于成本的除外。

第四十二条 评标委员会经评审,认为所有投标都不符合招标文件要求的,可以否决所有投标。

依法必须进行招标的项目的所有投标被否决的,招标人应当依照本法重新招标。

第四十三条 在确定中标人前,招标人不得与投标人就投标价格、投标方案等实质性内容进行谈判。

第四十四条 评标委员会成员应当客观、公正地履行职务,遵守职业道德,对所提出的评审意见承担个人责任。

评标委员会成员不得私下接触投标人,不得收受投标人的财物或者其他好处。

评标委员会成员和参与评标的有关工作人员不得透露对投标文件的评审和比较、中标候选人的推荐情况以及与评标有关的其他情况。

第四十五条 中标人确定后,招标人应当向中标人发出中标通知书,并同时将中标结果通知所有未中标的投标人。

中标通知书对招标人和中标人具有法律效力。中标通知书发出后,招标人改变中标结果的,或者中标人放弃中标项目的,应当依法承担法律责任。

第四十六条 招标人和中标人应当自中标通知书发出之日起三十日内,按照招标文件和中标人的投标文件订立书面合同。招标人和中标人不得再行订立背离合同实质性内容的其他协议。

招标文件要求中标人提交履约保证金的,中标人应当提交。

第四十七条 依法必须进行招标的项目,招标人应当自确定中标人之日起十五日内,向有关行政监督部门提交招标投标情况的书面报告。

第四十八条 中标人应当按照合同约定履行义务,完成中标项目。中标人不得向他人转让中标项目,也不得将中标项目肢解后分别向他人转让。

中标人按照合同约定或者经招标人同意,可以将中标项目的部分非主体、非关键性工作分包给他人完成。接受分包的人应当具备相应的资格条件,并不得再次分包。

中标人应当就分包项目向招标人负责,接受分包的人就分包项目承担连带责任。

第五章 法律责任

第四十九条 违反本法规定,必须进行招标的项目而不招标的,将必须进行招标的项目化整为零或者以其他任何方式规避招标的,责令限期改正,可以处项目合同金额千分之五以上千分之十以下的罚款;对全部或者部分使用国有资金的项目,可以暂停项目执行或者暂停资金拨付;对单位直接负责的主管人员和其他直接责任人员依法给予处分。

第五十条 招标代理机构违反本法规定,泄露应当保密的与招标投标活动有关的情况和资料的,或者与招标人、投标人串通损害国家利益、社会公共利益或者他人合法权益的,处五万元以上二十五万元以下的罚款,对单位直接负责的主管人员和其他直接责任人员处单位罚款数额百分之五以上百分之十以下的罚款;有违法所得的,并处没收违法所得;情节严重的,暂停直至取消招标代理资格;构成犯罪的,依法追究刑事责任。给他人造成损失的,依法承担赔偿责任。

前款所列行为影响中标结果的,中标无效。

第五十一条 招标人以不合理的条件限制或者排斥潜在投标人的,对潜在投标人实行歧视待遇的,强制要求投标人组成联合体共同投标的,或者限制投标人之间竞争的,责令改正,可以处一万元以上五万元以下的罚款。

第五十二条 依法必须进行招标的项目的招标人向他人透露已获取招标文件的潜在投标人的名称、数量或者可能影响公平竞争的有关招标投标的其他情况的,或者泄露标底的,给予警告,可以并处一万元以上十万元以下的罚款;对单位直接负责的主管人员和其他直接责任人员依法给予处分;构成犯罪的,依法追究刑事责任。

前款所列行为影响中标结果的,中标无效。

第五十三条 投标人相互串通投标或者与招标人串通投标的,投标人以向招标人或者评标委员会成员行贿的手段谋取中标的,中标无效,处中标项目金额千分之五以上千分之十以下的罚款,对单位直接负责的主管人员以及其他直接责任人员处单位罚款数额百分之五以上百分之十以下的罚款;有违法所得的,并处没收违法所得;情节严重的,取消其一年至二年内参加依法必须进行招标的项目的投标资格并予以公告,直至由工商行政管理机关吊销营业执照;构成犯罪的,应依法追究刑事责任。给他人造成损失的,依法承担赔偿责任。

第五十四条　投标人以他人名义投标或者以其他方式弄虚作假,骗取中标的,中标无效,给招标人造成损失的,依法承担赔偿责任;构成犯罪的,依法追究刑事责任。

依法必须进行招标的项目的投标人有前款所列行为尚未构成犯罪的,处中标项目金额千分之五以上千分之十以下的罚款,对单位直接负责的主管人员和其他直接责任人员处单位罚款数额百分之五以上百分之十以下的罚款;有违法所得的,并处没收违法所得;情节严重的,取消其一年至三年内参加依法必须进行招标的项目的投标资格并予以公告,直至由工商行政管理机关吊销营业执照。

第五十五条　依法必须进行招标的项目,招标人违反本法规定,与投标人就投标价格、投标方案等实质性内容进行谈判的,给予警告,对单位直接负责的主管人员和其他直接责任人员依法给予处分。

前款所列行为影响中标结果的,中标无效。

第五十六条　评标委员会成员收受投标人的财物或者其他好处的,评标委员会成员或者参加评标的有关工作人员向他人透露对投标文件的评审和比较、中标候选人的推荐以及与评标有关的其他情况的,给予警告,没收收受的财物,可以并处三千元以上五万元以下的罚款,对有所列违法行为的评标委员会成员取消担任评标委员会成员的资格,不得再参加任何依法必须进行招标的项目的评标;构成犯罪的,依法追究刑事责任。

第五十七条　招标人在评标委员会依法推荐的中标候选人以外确定中标人的,依法必须进行招标的项目在所有投标被评标委员会否决后自行确定中标人的,中标无效。责令改正,可以处中标项目金额千分之五以上千分之十以下的罚款;对单位直接负责的主管人员和其他直接责任人员依法给予处分。

第五十八条 中标人将中标项目转让给他人的,将中标项目肢解后分别转让给他人的,违反本法规定将中标项目的部分主体、关键性工作分包给他人的,或者分包人再次分包的,转让、分包无效,处转让、分包项目金额千分之五以上千分之十以下的罚款;有违法所得的,并处没收违法所得;可以责令停业整顿;情节严重的,由工商行政管理机关吊销营业执照。

第五十九条 招标人与中标人不按照招标文件和中标人的投标文件订立合同的,或者招标人、中标人订立背离合同实质性内容的协议的,责令改正;可以处中标项目金额千分之五以上千分之十以下的罚款。

第六十条 中标人不履行与招标人订立的合同的,履约保证金不予退还,给招标人造成的损失超过履约保证金数额的,还应当对超过部分予以赔偿;没有提交履约保证金的,应当对招标人的损失承担赔偿责任。

中标人不按照与招标人订立的合同履行义务,情节严重的,取消其二年至五年内参加依法必须进行招标的项目的投标资格并予以公告,直至由工商行政管理机关吊销营业执照。

因不可抗力不能履行合同的,不适用前两款规定。

第六十一条 本章规定的行政处罚,由国务院规定的有关行政监督部门决定。本法已对实施行政处罚的机关作出规定的除外。

第六十二条 任何单位违反本法规定,限制或者排斥本地区、本系统以外的法人或者其他组织参加投标的,为招标人指定招标代理机构的,强制招标人委托招标代理机构办理招标事宜的,或者以其他方式干涉招标投标活动的,责令改正;对单位直接负责的主管人员和其他直接责任人员依法给予警告、记过、记大过的处分,情节较重的,依法给予降级、撤职、开除的处分。

个人利用职权进行前款违法行为的,依照前款规定追究责任。

第六十三条 对招标投标活动依法负有行政监督职责的国家机关工作人员徇私舞弊、滥用职权或者玩忽职守,构成犯罪的,依法追究刑事责任；不构成犯罪的，依法给予行政处分。

第六十四条　依法必须进行招标的项目违反本法规定，中标无效的，应当依照本法规定的中标条件从其余投标人中重新确定中标人或者依照本法重新进行招标。

第六章　附　　则

第六十五条　投标人和其他利害关系人认为招标投标活动不符合本法有关规定的，有权向招标人提出异议或者依法向有关行政监督部门投诉。

第六十六条　涉及国家安全、国家秘密、抢险救灾或者属于利用扶贫资金实行以工代赈、需要使用农民工等特殊情况，不适宜进行招标的项目，按照国家有关规定可以不进行招标。

第六十七条　使用国际组织或者外国政府贷款、援助资金的项目进行招标，贷款方、资金提供方对招标投标的具体条件和程序有不同规定的，可以适用其规定。但违背中华人民共和国的社会公共利益的除外。

第六十八条　本法自 2000 年 1 月 1 日起施行。

中华人民共和国招标投标法实施条例

2011年12月20日中华人民共和国国务院令第613号公布
根据2017年3月1日《国务院关于修改和废止部分行政法规的决定》第一次修订
根据2018年3月19日《国务院关于修改和废止部分行政法规的决定》第二次修订

第一章 总 则

第一条 为了规范招标投标活动,根据《中华人民共和国招标投标法》(以下简称招标投标法),制定本条例。

第二条 招标投标法第三条所称工程建设项目,是指工程以及与工程建设有关的货物、服务。

前款所称工程,是指建设工程,包括建筑物和构筑物的新建、改建、扩建及其相关的装修、拆除、修缮等;所称与工程建设有关的货物,是指构成工程不可分割的组成部分,且为实现工程基本功能所必需的设备、材料等;所称与工程建设有关的服务,是指为完成工程所需的勘察、设计、监理等服务。

第三条 依法必须进行招标的工程建设项目的具体范围和规模标准,由国务院发展改革部门会同国务院有关部门制订,报国务院批准后公布施行。

第四条 国务院发展改革部门指导和协调全国招标投标工作,对国家重大建设项目的工程招标投标活动实施监督检查。国务院工业和信息化、住房城乡建设、交通运输、铁道、水利、商务等部门,按照规定的职责分工对有关招标投标活动实施监督。

县级以上地方人民政府发展改革部门指导和协调本行政区域的招标投标工作。县级以上地方人民政府有关部门按照规定的职责分工,对招标投标活动实施监督,依法查处招标投标活动中的违法行为。县级以上地方人民政府对其所属部门有关招标投标活动的监督职责分工另有规定的,从其规定。

财政部门依法对实行招标投标的政府采购工程建设项目的预算执行情况和政府采购政策执行情况实施监督。

监察机关依法对与招标投标活动有关的监察对象实施监察。

第五条 设区的市级以上地方人民政府可以根据实际需要,建立统一规范的招标投标交易场所,为招标投标活动提供服务。招标投标交易场所不得与行政监督部门存在隶属关系,不得以营利为目的。

国家鼓励利用信息网络进行电子招标投标。

第六条 禁止国家工作人员以任何方式非法干涉招标投标活动。

第二章 招 标

第七条 按照国家有关规定需要履行项目审批、核准手续的依法必须进行招标的项目,其招标范围、招标方式、招标组织形式应当报项目审批、核准部门审批、核准。项目审批、核准部门应当及时将审批、核准确定的招标范围、招标方式、招标组织形式通报有关行政监督部门。

第八条 国有资金占控股或者主导地位的依法必须进行招标的项目,应当公开招标;但有下列情形之一的,可以邀请招标:

(一)技术复杂、有特殊要求或者受自然环境限制,只有少量潜在投标人可供选择;

(二)采用公开招标方式的费用占项目合同金额的比例过大。

有前款第二项所列情形,属于本条例第七条规定的项目,由项目审批、核准部门在审批、核准项目时作出认定;其他项目由招标人申请有关行政监督部门作出认定。

第九条 除招标投标法第六十六条规定的可以不进行招标的特殊情况外,有下列情形之一的,可以不进行招标:

(一)需要采用不可替代的专利或者专有技术;

(二)采购人依法能够自行建设、生产或者提供;

(三)已通过招标方式选定的特许经营项目投资人依法能够自行

建设、生产或者提供；

（四）需要向原中标人采购工程、货物或者服务，否则将影响施工或者功能配套要求；

（五）国家规定的其他特殊情形。

招标人为适用前款规定弄虚作假的，属于招标投标法第四条规定的规避招标。

第十条 招标投标法第十二条第二款规定的招标人具有编制招标文件和组织评标能力，是指招标人具有与招标项目规模和复杂程度相适应的技术、经济等方面的专业人员。

第十一条 国务院住房城乡建设、商务、发展改革、工业和信息化等部门，按照规定的职责分工对招标代理机构依法实施监督管理。

第十二条 招标代理机构应当拥有一定数量的具备编制招标文件、组织评标等相应能力的专业人员。

第十三条 招标代理机构在招标人委托的范围内开展招标代理业务，任何单位和个人不得非法干涉。

招标代理机构代理招标业务，应当遵守招标投标法和本条例关于招标人的规定。招标代理机构不得在所代理的招标项目中投标或者代理投标，也不得为所代理的招标项目的投标人提供咨询。

第十四条 招标人应当与被委托的招标代理机构签订书面委托合同，合同约定的收费标准应当符合国家有关规定。

第十五条 公开招标的项目，应当依照招标投标法和本条例的规定发布招标公告、编制招标文件。

招标人采用资格预审办法对潜在投标人进行资格审查的，应当发布资格预审公告、编制资格预审文件。

依法必须进行招标的项目的资格预审公告和招标公告，应当在国务院发展改革部门依法指定的媒介发布。在不同媒介发布的同一招标项目的资格预审公告或者招标公告的内容应当一致。指定媒介发布依法必须进行招标的项目的境内资格预审公告、招标公告，不得收取费用。

编制依法必须进行招标的项目的资格预审文件和招标文件,应当使用国务院发展改革部门会同有关行政监督部门制定的标准文本。

第十六条　招标人应当按照资格预审公告、招标公告或者投标邀请书规定的时间、地点发售资格预审文件或者招标文件。资格预审文件或者招标文件的发售期不得少于5日。

招标人发售资格预审文件、招标文件收取的费用应当限于补偿印刷、邮寄的成本支出,不得以营利为目的。

第十七条　招标人应当合理确定提交资格预审申请文件的时间。依法必须进行招标的项目提交资格预审申请文件的时间,自资格预审文件停止发售之日起不得少于5日。

第十八条　资格预审应当按照资格预审文件载明的标准和方法进行。

国有资金占控股或者主导地位的依法必须进行招标的项目,招标人应当组建资格审查委员会审查资格预审申请文件。资格审查委员会及其成员应当遵守招标投标法和本条例有关评标委员会及其成员的规定。

第十九条　资格预审结束后,招标人应当及时向资格预审申请人发出资格预审结果通知书。未通过资格预审的申请人不具有投标资格。

通过资格预审的申请人少于3个的,应当重新招标。

第二十条　招标人采用资格后审办法对投标人进行资格审查的,应当在开标后由评标委员会按照招标文件规定的标准和方法对投标人的资格进行审查。

第二十一条　招标人可以对已发出的资格预审文件或者招标文件进行必要的澄清或者修改。澄清或者修改的内容可能影响资格预审申请文件或者投标文件编制的,招标人应当在提交资格预审申请文件截止时间至少3日前,或者投标截止时间至少15日前,以书面形式通知所有获取资格预审文件或者招标文件的潜在投标人;不足3日或者15日的,招标人应当顺延提交资格预审申请文件或者投标文件的截止时间。

第二十二条 潜在投标人或者其他利害关系人对资格预审文件有异议的,应当在提交资格预审申请文件截止时间2日前提出;对招标文件有异议的,应当在投标截止时间10日前提出。招标人应当自收到异议之日起3日内作出答复;作出答复前,应当暂停招标投标活动。

第二十三条 招标人编制的资格预审文件、招标文件的内容违反法律、行政法规的强制性规定,违反公开、公平、公正和诚实信用原则,影响资格预审结果或者潜在投标人投标的,依法必须进行招标的项目的招标人应当在修改资格预审文件或者招标文件后重新招标。

第二十四条 招标人对招标项目划分标段的,应当遵守招标投标法的有关规定,不得利用划分标段限制或者排斥潜在投标人。依法必须进行招标的项目的招标人不得利用划分标段规避招标。

第二十五条 招标人应当在招标文件中载明投标有效期。投标有效期从提交投标文件的截止之日起算。

第二十六条 招标人在招标文件中要求投标人提交投标保证金的,投标保证金不得超过招标项目估算价的2%。投标保证金有效期应当与投标有效期一致。

依法必须进行招标的项目的境内投标单位,以现金或者支票形式提交的投标保证金应当从其基本账户转出。

招标人不得挪用投标保证金。

第二十七条 招标人可以自行决定是否编制标底。一个招标项目只能有一个标底。标底必须保密。

接受委托编制标底的中介机构不得参加受托编制标底项目的投标,也不得为该项目的投标人编制投标文件或者提供咨询。

招标人设有最高投标限价的,应当在招标文件中明确最高投标限价或者最高投标限价的计算方法。招标人不得规定最低投标限价。

第二十八条 招标人不得组织单个或者部分潜在投标人踏勘项目现场。

第二十九条 招标人可以依法对工程以及与工程建设有关的货

物、服务全部或者部分实行总承包招标。以暂估价形式包括在总承包范围内的工程、货物、服务属于依法必须进行招标的项目范围且达到国家规定规模标准的，应当依法进行招标。

前款所称暂估价，是指总承包招标时不能确定价格而由招标人在招标文件中暂时估定的工程、货物、服务的金额。

第三十条 对技术复杂或者无法精确拟定技术规格的项目，招标人可以分两阶段进行招标。

第一阶段，投标人按照招标公告或者投标邀请书的要求提交不带报价的技术建议，招标人根据投标人提交的技术建议确定技术标准和要求，编制招标文件。

第二阶段，招标人向在第一阶段提交技术建议的投标人提供招标文件，投标人按照招标文件的要求提交包括最终技术方案和投标报价的投标文件。

招标人要求投标人提交投标保证金的，应当在第二阶段提出。

第三十一条 招标人终止招标的，应当及时发布公告，或者以书面形式通知被邀请的或者已经获取资格预审文件、招标文件的潜在投标人。已经发售资格预审文件、招标文件或者已经收取投标保证金的，招标人应当及时退还所收取的资格预审文件、招标文件的费用，以及所收取的投标保证金及银行同期存款利息。

第三十二条 招标人不得以不合理的条件限制、排斥潜在投标人或者投标人。

招标人有下列行为之一的，属于以不合理条件限制、排斥潜在投标人或者投标人：

（一）就同一招标项目向潜在投标人或者投标人提供有差别的项目信息；

（二）设定的资格、技术、商务条件与招标项目的具体特点和实际需要不相适应或者与合同履行无关；

（三）依法必须进行招标的项目以特定行政区域或者特定行业的业绩、奖项作为加分条件或者中标条件；

（四）对潜在投标人或者投标人采取不同的资格审查或者评标标准；

（五）限定或者指定特定的专利、商标、品牌、原产地或者供应商；

（六）依法必须进行招标的项目非法限定潜在投标人或者投标人的所有制形式或者组织形式；

（七）以其他不合理条件限制、排斥潜在投标人或者投标人。

第三章 投　标

第三十三条　投标人参加依法必须进行招标的项目的投标，不受地区或者部门的限制，任何单位和个人不得非法干涉。

第三十四条　与招标人存在利害关系可能影响招标公正性的法人、其他组织或者个人，不得参加投标。

单位负责人为同一人或者存在控股、管理关系的不同单位，不得参加同一标段投标或者未划分标段的同一招标项目投标。

违反前两款规定的，相关投标均无效。

第三十五条　投标人撤回已提交的投标文件，应当在投标截止时间前书面通知招标人。招标人已收取投标保证金的，应当自收到投标人书面撤回通知之日起5日内退还。

投标截止后投标人撤销投标文件的，招标人可以不退还投标保证金。

第三十六条　未通过资格预审的申请人提交的投标文件，以及逾期送达或者不按照招标文件要求密封的投标文件，招标人应当拒收。

招标人应当如实记载投标文件的送达时间和密封情况，并存档备查。

第三十七条　招标人应当在资格预审公告、招标公告或者投标邀请书中载明是否接受联合体投标。

招标人接受联合体投标并进行资格预审的，联合体应当在提交资格预审申请文件前组成。资格预审后联合体增减、更换成员的，其投标无效。

联合体各方在同一招标项目中以自己名义单独投标或者参加其他联合体投标的,相关投标均无效。

第三十八条 投标人发生合并、分立、破产等重大变化的,应当及时书面告知招标人。投标人不再具备资格预审文件、招标文件规定的资格条件或者其投标影响招标公正性的,其投标无效。

第三十九条 禁止投标人相互串通投标。

有下列情形之一的,属于投标人相互串通投标:

(一)投标人之间协商投标报价等投标文件的实质性内容;

(二)投标人之间约定中标人;

(三)投标人之间约定部分投标人放弃投标或者中标;

(四)属于同一集团、协会、商会等组织成员的投标人按照该组织要求协同投标;

(五)投标人之间为谋取中标或者排斥特定投标人而采取的其他联合行动。

第四十条 有下列情形之一的,视为投标人相互串通投标:

(一)不同投标人的投标文件由同一单位或者个人编制;

(二)不同投标人委托同一单位或者个人办理投标事宜;

(三)不同投标人的投标文件载明的项目管理成员为同一人;

(四)不同投标人的投标文件异常一致或者投标报价呈规律性差异;

(五)不同投标人的投标文件相互混装;

(六)不同投标人的投标保证金从同一单位或者个人的账户转出。

第四十一条 禁止招标人与投标人串通投标。

有下列情形之一的,属于招标人与投标人串通投标:

(一)招标人在开标前开启投标文件并将有关信息泄露给其他投标人;

(二)招标人直接或者间接向投标人泄露标底、评标委员会成员等信息;

(三)招标人明示或者暗示投标人压低或者抬高投标报价;

（四）招标人授意投标人撤换、修改投标文件；

（五）招标人明示或者暗示投标人为特定投标人中标提供方便；

（六）招标人与投标人为谋求特定投标人中标而采取的其他串通行为。

第四十二条 使用通过受让或者租借等方式获取的资格、资质证书投标的，属于招标投标法第三十三条规定的以他人名义投标。

投标人有下列情形之一的，属于招标投标法第三十三条规定的以其他方式弄虚作假的行为：

（一）使用伪造、变造的许可证件；

（二）提供虚假的财务状况或者业绩；

（三）提供虚假的项目负责人或者主要技术人员简历、劳动关系证明；

（四）提供虚假的信用状况；

（五）其他弄虚作假的行为。

第四十三条 提交资格预审申请文件的申请人应当遵守招标投标法和本条例有关投标人的规定。

第四章　开标、评标和中标

第四十四条 招标人应当按照招标文件规定的时间、地点开标。

投标人少于3个的，不得开标；招标人应当重新招标。

投标人对开标有异议的，应当在开标现场提出，招标人应当当场作出答复，并制作记录。

第四十五条 国家实行统一的评标专家专业分类标准和管理办法。具体标准和办法由国务院发展改革部门会同国务院有关部门制定。

省级人民政府和国务院有关部门应当组建综合评标专家库。

第四十六条 除招标投标法第三十七条第三款规定的特殊招标项目外，依法必须进行招标的项目，其评标委员会的专家成员应当从评标专家库内相关专业的专家名单中以随机抽取方式确定。任何单位和个人不得以明示、暗示等任何方式指定或者变相指定参加评标委员会的专家成员。

依法必须进行招标的项目的招标人非因招标投标法和本条例规定的事由，不得更换依法确定的评标委员会成员。更换评标委员会的专家成员应当依照前款规定进行。

评标委员会成员与投标人有利害关系的，应当主动回避。

有关行政监督部门应当按照规定的职责分工，对评标委员会成员的确定方式、评标专家的抽取和评标活动进行监督。行政监督部门的工作人员不得担任本部门负责监督项目的评标委员会成员。

第四十七条 招标投标法第三十七条第三款所称特殊招标项目，是指技术复杂、专业性强或者国家有特殊要求，采取随机抽取方式确定的专家难以保证胜任评标工作的项目。

第四十八条 招标人应当向评标委员会提供评标所必需的信息，但不得明示或者暗示其倾向或者排斥特定投标人。

招标人应当根据项目规模和技术复杂程度等因素合理确定评标时间。超过三分之一的评标委员会成员认为评标时间不够的，招标人应当适当延长。

评标过程中，评标委员会成员有回避事由、擅离职守或者因健康等原因不能继续评标的，应当及时更换。被更换的评标委员会成员作出的评审结论无效，由更换后的评标委员会成员重新进行评审。

第四十九条 评标委员会成员应当依照招标投标法和本条例的规定，按照招标文件规定的评标标准和方法，客观、公正地对投标文件提出评审意见。招标文件没有规定的评标标准和方法不得作为评标的依据。

评标委员会成员不得私下接触投标人，不得收受投标人给予的财物或者其他好处，不得向招标人征询确定中标人的意向，不得接受任何单位或者个人明示或者暗示提出的倾向或者排斥特定投标人的要求，不得有其他不客观、不公正履行职务的行为。

第五十条 招标项目设有标底的，招标人应当在开标时公布。标底只能作为评标的参考,不得以投标报价是否接近标底作为中标条件,也不得以投标报价超过标底上下浮动范围作为否决投标的条件。

第五十一条 有下列情形之一的,评标委员会应当否决其投标:

(一)投标文件未经投标单位盖章和单位负责人签字;

(二)投标联合体没有提交共同投标协议;

(三)投标人不符合国家或者招标文件规定的资格条件;

(四)同一投标人提交两个以上不同的投标文件或者投标报价,但招标文件要求提交备选投标的除外;

(五)投标报价低于成本或者高于招标文件设定的最高投标限价;

(六)投标文件没有对招标文件的实质性要求和条件作出响应;

(七)投标人有串通投标、弄虚作假、行贿等违法行为。

第五十二条 投标文件中有含义不明确的内容、明显文字或者计算错误,评标委员会认为需要投标人作出必要澄清、说明的,应当书面通知该投标人。投标人的澄清、说明应当采用书面形式,并不得超出投标文件的范围或者改变投标文件的实质性内容。

评标委员会不得暗示或者诱导投标人作出澄清、说明,不得接受投标人主动提出的澄清、说明。

第五十三条 评标完成后,评标委员会应当向招标人提交书面评标报告和中标候选人名单。中标候选人应当不超过3个,并标明排序。

评标报告应当由评标委员会全体成员签字。对评标结果有不同意见的评标委员会成员应当以书面形式说明其不同意见和理由,评标报告应当注明该不同意见。评标委员会成员拒绝在评标报告上签字又不书面说明其不同意见和理由的,视为同意评标结果。

第五十四条 依法必须进行招标的项目,招标人应当自收到评标报告之日起3日内公示中标候选人,公示期不得少于3日。

投标人或者其他利害关系人对依法必须进行招标的项目的评标结果有异议的,应当在中标候选人公示期间提出。招标人应当自收到异议之日起3日内作出答复;作出答复前,应当暂停招标投标活动。

第五十五条 国有资金占控股或者主导地位的依法必须进行招标

的项目,招标人应当确定排名第一的中标候选人为中标人。排名第一的中标候选人放弃中标、因不可抗力不能履行合同、不按照招标文件要求提交履约保证金,或者被查实存在影响中标结果的违法行为等情形,不符合中标条件的,招标人可以按照评标委员会提出的中标候选人名单排序依次确定其他中标候选人为中标人,也可以重新招标。

第五十六条 中标候选人的经营、财务状况发生较大变化或者存在违法行为,招标人认为可能影响其履约能力的,应当在发出中标通知书前由原评标委员会按照招标文件规定的标准和方法审查确认。

第五十七条 招标人和中标人应当依照招标投标法和本条例的规定签订书面合同,合同的标的、价款、质量、履行期限等主要条款应当与招标文件和中标人的投标文件的内容一致。招标人和中标人不得再行订立背离合同实质性内容的其他协议。

招标人最迟应当在书面合同签订后5日内向中标人和未中标的投标人退还投标保证金及银行同期存款利息。

第五十八条 招标文件要求中标人提交履约保证金的,中标人应当按照招标文件的要求提交。履约保证金不得超过中标合同金额的10%。

第五十九条 中标人应当按照合同约定履行义务,完成中标项目。中标人不得向他人转让中标项目,也不得将中标项目肢解后分别向他人转让。

中标人按照合同约定或者经招标人同意,可以将中标项目的部分非主体、非关键性工作分包给他人完成。接受分包的人应当具备相应的资格条件,并不得再次分包。

中标人应当就分包项目向招标人负责,接受分包的人就分包项目承担连带责任。

第五章 投诉与处理

第六十条 投标人或者其他利害关系人认为招标投标活动不符合法律、行政法规规定的,可以自知道或者应当知道之日起10日内向有关行政监督部门投诉。投诉应当有明确的请求和必要的证明材料。

就本条例第二十二条、第四十四条、第五十四条规定事项投诉的,应当先向招标人提出异议,异议答复期间不计算在前款规定的期限内。

第六十一条 投诉人就同一事项向两个以上有权受理的行政监督部门投诉的,由最先收到投诉的行政监督部门负责处理。

行政监督部门应当自收到投诉之日起3个工作日内决定是否受理投诉,并自受理投诉之日起30个工作日内作出书面处理决定;需要检验、检测、鉴定、专家评审的,所需时间不计算在内。

投诉人捏造事实、伪造材料或者以非法手段取得证明材料进行投诉的,行政监督部门应当予以驳回。

第六十二条 行政监督部门处理投诉,有权查阅、复制有关文件、资料,调查有关情况,相关单位和人员应当予以配合。必要时,行政监督部门可以责令暂停招标投标活动。

行政监督部门的工作人员对监督检查过程中知悉的国家秘密、商业秘密,应当依法予以保密。

第六章 法律责任

第六十三条 招标人有下列限制或者排斥潜在投标人行为之一的,由有关行政监督部门依照招标投标法第五十一条的规定处罚:

(一)依法应当公开招标的项目不按照规定在指定媒介发布资格预审公告或者招标公告;

(二)在不同媒介发布的同一招标项目的资格预审公告或者招标公告的内容不一致,影响潜在投标人申请资格预审或者投标。

依法必须进行招标的项目的招标人不按照规定发布资格预审公告或者招标公告,构成规避招标的,依照招标投标法第四十九条的规定处罚。

第六十四条 招标人有下列情形之一的,由有关行政监督部门责令改正,可以处10万元以下的罚款:

(一)依法应当公开招标而采用邀请招标;

（二）招标文件、资格预审文件的发售、澄清、修改的时限，或者确定的提交资格预审申请文件、投标文件的时限不符合招标投标法和本条例规定；

（三）接受未通过资格预审的单位或者个人参加投标；

（四）接受应当拒收的投标文件。

招标人有前款第一项、第三项、第四项所列行为之一的，对单位直接负责的主管人员和其他直接责任人员依法给予处分。

第六十五条　招标代理机构在所代理的招标项目中投标、代理投标或者向该项目投标人提供咨询的，接受委托编制标底的中介机构参加受托编制标底项目的投标或者为该项目的投标人编制投标文件、提供咨询的，依照招标投标法第五十条的规定追究法律责任。

第六十六条　招标人超过本条例规定的比例收取投标保证金、履约保证金或者不按照规定退还投标保证金及银行同期存款利息的，由有关行政监督部门责令改正，可以处5万元以下的罚款；给他人造成损失的，依法承担赔偿责任。

第六十七条　投标人相互串通投标或者与招标人串通投标的，投标人向招标人或者评标委员会成员行贿谋取中标的，中标无效；构成犯罪的，依法追究刑事责任；尚不构成犯罪的，依照招标投标法第五十三条的规定处罚。投标人未中标的，对单位的罚款金额按照招标项目合同金额依照招标投标法规定的比例计算。

投标人有下列行为之一的，属于招标投标法第五十三条规定的情节严重行为，由有关行政监督部门取消其1年至2年内参加依法必须进行招标的项目的投标资格：

（一）以行贿谋取中标；

（二）3年内2次以上串通投标；

（三）串通投标行为损害招标人、其他投标人或者国家、集体、公民的合法利益，造成直接经济损失30万元以上；

（四）其他串通投标情节严重的行为。

投标人自本条第二款规定的处罚执行期限届满之日起3年内又有

该款所列违法行为之一的,或者串通投标、以行贿谋取中标情节特别严重的,由工商行政管理机关吊销营业执照。

法律、行政法规对串通投标报价行为的处罚另有规定的,从其规定。

第六十八条 投标人以他人名义投标或者以其他方式弄虚作假骗取中标的,中标无效;构成犯罪的,依法追究刑事责任;尚不构成犯罪的,依照招标投标法第五十四条的规定处罚。依法必须进行招标的项目的投标人未中标的,对单位的罚款金额按照招标项目合同金额依照招标投标法规定的比例计算。

投标人有下列行为之一的,属于招标投标法第五十四条规定的情节严重行为,由有关行政监督部门取消其1年至3年内参加依法必须进行招标的项目的投标资格:

(一)伪造、变造资格、资质证书或者其他许可证件骗取中标的;

(二)3年内2次以上使用他人名义投标的;

(三)弄虚作假骗取中标给招标人造成直接经济损失30万元以上的;

(四)其他弄虚作假骗取中标情节严重的行为。

投标人自本条第二款规定的处罚执行期限届满之日起3年内又有该款所列违法行为之一的,或者弄虚作假骗取中标情节特别严重的,由工商行政管理机关吊销营业执照。

第六十九条 出让或者出租资格、资质证书供他人投标的,依照法律、行政法规的规定给予行政处罚;构成犯罪的,依法追究刑事责任。

第七十条 依法必须进行招标的项目的招标人不按照规定组建评标委员会,或者确定、更换评标委员会成员违反招标投标法和本条例规定的,由有关行政监督部门责令改正,可以处10万元以下的罚款,对单位直接负责的主管人员和其他直接责任人员依法给予处分;违法确定或者更换的评标委员会成员作出的评审结论无效,依法重新进行评审。

国家工作人员以任何方式非法干涉选取评标委员会成员的,依照本条例第八十条的规定追究法律责任。

第七十一条 评标委员会成员有下列行为之一的,由有关行政监督部门责令改正;情节严重的,禁止其在一定期限内参加依法必须进行招标的项目的评标;情节特别严重的,取消其担任评标委员会成员的资格:

(一)应当回避而不回避;

(二)擅离职守;

(三)不按照招标文件规定的评标标准和方法评标;

(四)私下接触投标人;

(五)向招标人征询确定中标人的意向或者接受任何单位或者个人明示或者暗示提出的倾向或者排斥特定投标人的要求;

(六)对依法应当否决的投标不提出否决意见;

(七)暗示或者诱导投标人作出澄清、说明或者接受投标人主动提出的澄清、说明;

(八)其他不客观、不公正履行职务的行为。

第七十二条 评标委员会成员收受投标人的财物或者其他好处的,没收收受的财物,处 3 000 元以上 5 万元以下的罚款,取消担任评标委员会成员的资格,不得再参加依法必须进行招标的项目的评标;构成犯罪的,依法追究刑事责任。

第七十三条 依法必须进行招标的项目的招标人有下列情形之一的,由有关行政监督部门责令改正,可以处中标项目金额 10‰ 以下的罚款;给他人造成损失的,依法承担赔偿责任;对单位直接负责的主管人员和其他直接责任人员依法给予处分:

(一)无正当理由不发出中标通知书;

(二)不按照规定确定中标人;

(三)中标通知书发出后无正当理由改变中标结果;

(四)无正当理由不与中标人订立合同;

(五)在订立合同时向中标人提出附加条件。

第七十四条 中标人无正当理由不与招标人订立合同,在签订合同时向招标人提出附加条件,或者不按照招标文件要求提交履约保证金的,取消其中标资格,投标保证金不予退还。对依法必须进行招标的项目的中标人,由有关行政监督部门责令改正,可以处中标项目金额10‰以下的罚款。

第七十五条 招标人和中标人不按照招标文件和中标人的投标文件订立合同,合同的主要条款与招标文件、中标人的投标文件的内容不一致,或者招标人、中标人订立背离合同实质性内容的协议的,由有关行政监督部门责令改正,可以处中标项目金额5‰以上10‰以下的罚款。

第七十六条 中标人将中标项目转让给他人的,将中标项目肢解后分别转让给他人的,违反招标投标法和本条例规定将中标项目的部分主体、关键性工作分包给他人的,或者分包人再次分包的,转让、分包无效,处转让、分包项目金额5‰以上10‰以下的罚款;有违法所得的,并处没收违法所得;可以责令停业整顿;情节严重的,由工商行政管理机关吊销营业执照。

第七十七条 投标人或者其他利害关系人捏造事实、伪造材料或者以非法手段取得证明材料进行投诉,给他人造成损失的,依法承担赔偿责任。

招标人不按照规定对异议作出答复,继续进行招标投标活动的,由有关行政监督部门责令改正,拒不改正或者不能改正并影响中标结果的,依照本条例第八十一条的规定处理。

第七十八条 国家建立招标投标信用制度。有关行政监督部门应当依法公告对招标人、招标代理机构、投标人、评标委员会成员等当事人违法行为的行政处理决定。

第七十九条 项目审批、核准部门不依法审批、核准项目招标范围、招标方式、招标组织形式的,对单位直接负责的主管人员和其他直接责任人员依法给予处分。

有关行政监督部门不依法履行职责,对违反招标投标法和本条例规定的行为不依法查处,或者不按照规定处理投诉、不依法公告对招标投标当事人违法行为的行政处理决定的,对直接负责的主管人员和其他直接责任人员依法给予处分。

项目审批、核准部门和有关行政监督部门的工作人员徇私舞弊、滥用职权、玩忽职守,构成犯罪的,依法追究刑事责任。

第八十条 国家工作人员利用职务便利,以直接或者间接、明示或者暗示等任何方式非法干涉招标投标活动,有下列情形之一的,依法给予记过或者记大过处分;情节严重的,依法给予降级或者撤职处分;情节特别严重的,依法给予开除处分;构成犯罪的,依法追究刑事责任:

(一)要求对依法必须进行招标的项目不招标,或者要求对依法应当公开招标的项目不公开招标;

(二)要求评标委员会成员或者招标人以其指定的投标人作为中标候选人或者中标人,或者以其他方式非法干涉评标活动,影响中标结果;

(三)以其他方式非法干涉招标投标活动。

第八十一条 依法必须进行招标的项目的招标投标活动违反招标投标法和本条例的规定,对中标结果造成实质性影响,且不能采取补救措施予以纠正的,招标、投标、中标无效,应当依法重新招标或者评标。

第七章 附 则

第八十二条 招标投标协会按照依法制定的章程开展活动,加强行业自律和服务。

第八十三条 政府采购的法律、行政法规对政府采购货物、服务的招标投标另有规定的,从其规定。

第八十四条 本条例自2012年2月1日起施行。

（注：该规定已于 2018 年 6 月 1 日废止。但考虑到被审计对象业务的开展时间大多在此之前，故仍然收录。）

工程建设项目招标范围和规模标准规定

第一条 为了确定必须进行招标的工程建设项目的具体范围和规模标准，规范招标投标活动，根据《中华人民共和国招标投标法》第三条的规定，制定本规定。

第二条 关系社会公共利益、公众安全的基础设施项目的招标范围：

（一）煤炭、石油、天然气、电力、新能源等能源项目；

（二）铁路、公路、管道、水运、航空以及其他交通运输业等交通运输项目；

（三）邮政、电信枢纽、通信、信息网络等邮电通讯项目；

（四）防洪、灌溉、排涝、引（供）水、江河湖泊整治及滩涂治理、水土保持、水利枢纽、水资源保护等水利项目；

（五）道路、桥梁、轻轨交通、污水排放及处理、垃圾处理、地下管道、公共停车场等城市设施项目；

（六）生态环境保护项目；

（七）其他基础设施项目。

第三条 关系社会公共利益、公众安全的公用事业项目的招标范围：

（一）供水、供电、供气、供热等市政工程项目；

（二）科技、教育、文化等项目；

（三）体育、旅游等项目；

（四）卫生、社会福利等项目；

（五）商品住宅包括经济适用住房；

（六）其他公用事业项目。

第四条 使用国有资金投资项目的招标范围：

（一）使用各级财政预算资金的项目；

（二）使用纳入财政管理的各种政府性专项建设资金（基金）的项目；

（三）使用国有企业事业单位自有资金，并且国有资产投资者实际拥有控制权的项目。

第五条　国家融资项目的招标范围：

（一）使用国家发行债券所筹资金的项目；

（二）使用国家对外借款或者担保所筹资金的项目；

（三）使用国家政策性贷款的项目；

（四）政府授权投资主体融资的项目；

（五）政府特许的融资项目。

第六条　使用国际组织或者外国政府贷款、援助资金项目的招标范围：

（一）使用世界银行、亚洲开发银行等国际金融组织贷款的项目；

（二）使用外国政府及其机构贷款资金的项目；

（三）使用国际组织或者外国政府援助资金的项目。

第七条　本规定第二条至第六条招标范围内的各类工程建设项目，包括项目的勘察、设计、施工、监理以及与工程建设有关的重要设备、材料等的采购，达到下列标准之一的，必须进行招标：

（一）施工单价合同估算价在200万元人民币以上的；

（二）重要设备、材料等货物的采购，单项合同估算价在100万元人民币以上；

（三）勘察、设计、监理等服务的采购，单项合同估算价在50万元人民币以上的；

（四）单项合同估算价低于第（一）、（二）、（三）项规定的规模标准，但项目总投资额在3 000万元人民币以上的。

第八条　建设项目的勘察、设计，采用特定专利或专有技术的，或者其建筑艺术造型有特殊要求的，经项目主管部门批准，可以不进行招标。

第九条 依法必须进行招标的项目,全部使用国有资金投资或者国有资金投资占控股或者主导地位的,应当公开招标。

招投标活动不受地区、部门的限制,不得对潜在投标人实行歧视待遇。

第十条 省、自治区、直辖市人民政府根据实际情况,可以规定本地区必须进行招标的具体范围和规模标准,但不得缩小本规定确定的必须进行招标的范围。

第十一条 国家发展计划委员会可以根据实际需要,会同国务院有关部门对本规定确定的必须进行招标的具体范围和规模标准进行部分调整。

第十二条 本规定自发布之日起施行。

必须招标的工程项目规定

中华人民共和国国家发展和改革委员会令第 16 号

第一条 为了确定必须进行招标的工程项目,规范招标投标活动,提高工作效率、降低企业成本、预防腐败,根据《中华人民共和国招标投标法》第三条的规定,制定本规定。

第二条 全部或者部分使用国有资金投资或者国家融资的项目包括:

(一)使用预算资金 200 万元人民币以上,并且该资金占投资额 10% 以上的项目;

(二)使用国有企业事业单位资金,并且该资金占控股或者主导地位的项目。

第三条 使用国际组织或者外国政府贷款、援助资金的项目包括:

(一)使用世界银行、亚洲开发银行等国际组织贷款、援助资金的项目;

(二)使用外国政府及其机构贷款、援助资金的项目。

第四条 不属于本规定第二条、第三条规定情形的大型基础设施、公用事业等关系社会公共利益、公众安全的项目,必须招标的具体范围由国务院发展改革部门会同国务院有关部门按照确有必要、严格限定的原则制订,报国务院批准。

第五条 本规定第二条至第四条规定范围内的项目,其勘察、设计、施工、监理以及与工程建设有关的重要设备、材料等的采购达到下列标准之一的,必须招标:

(一)施工单项合同估算价在 400 万元人民币以上;

(二)重要设备、材料等货物的采购,单项合同估算价在 200 万元人民币以上;

(三)勘察、设计、监理等服务的采购,单项合同估算价在 100 万元人民币以上。

同一项目中可以合并进行的勘察、设计、施工、监理以及与工程建设有关的重要设备、材料等的采购,合同估算价合计达到前款规定标准的,必须招标。

第六条 本规定自 2018 年 6 月 1 日起施行。

房屋建筑和市政基础设施工程施工招标投标管理办法

2001年6月1日建设部令第89号发布，根据2018年9月28日住房和城乡建设部令第43号修正

第一章 总 则

第一条 为了规范房屋建筑和市政基础设施工程施工招标投标活动，维护招标投标当事人的合法权益，依据《中华人民共和国建筑法》、《中华人民共和国招标投标法》等法律、行政法规，制定本办法。

第二条 依法必须进行招标的房屋建筑和市政基础设施工程（以下简称工程），其施工招标投标活动，适用本办法。

本办法所称房屋建筑工程，是指各类房屋建筑及其附属设施和与其配套的线路、管道、设备安装工程及室内外装修工程。

本办法所称市政基础设施工程，是指城市道路、公共交通、供水、排水、燃气、热力、园林、环卫、污水处理、垃圾处理、防洪、地下公共设施及附属设施的土建、管道、设备安装工程。

第三条 国务院建设行政主管部门负责全国工程施工招标投标活动的监督管理。

县级以上地方人民政府建设行政主管部门负责本行政区域内工程施工招标投标活动的监督管理。具体的监督管理工作，可以委托工程招标投标监督管理机构负责实施。

第四条 任何单位和个人不得违反法律、行政法规规定，限制或者排斥本地区、本系统以外的法人或者其他组织参加投标，不得以任何方式非法干涉施工招标投标活动。

第五条 施工招标投标活动及其当事人应当依法接受监督。

建设行政主管部门依法对施工招标投标活动实施监督，查处施工招标投标活动中的违法行为。

第二章 招 标

第六条 工程施工招标由招标人依法组织实施。招标人不得以不合理条件限制或者排斥潜在投标人,不得对潜在投标人实行歧视待遇,不得对潜在投标人提出与招标工程实际要求不符的过高的资质等级要求和其他要求。

第七条 工程施工招标应当具备下列条件:

(一)按照国家有关规定需要履行项目审批手续的,已经履行审批手续;

(二)工程资金或者资金来源已经落实;

(三)有满足施工招标需要的设计文件及其他技术资料;

(四)法律、法规、规章规定的其他条件。

第八条 工程施工招标分为公开招标和邀请招标。

依法必须进行施工招标的工程,全部使用国有资金投资或者国有资金投资占控股或者主导地位的,应当公开招标,但经国家计委或者省、自治区、直辖市人民政府依法批准可以进行邀请招标的重点建设项目除外;其他工程可以实行邀请招标。

第九条 工程有下列情形之一的,经县级以上地方人民政府建设行政主管部门批准,可以不进行施工招标:

(一)停建或者缓建后恢复建设的单位工程,且承包人未发生变更的;

(二)施工企业自建自用的工程,且该施工企业资质等级符合工程要求的;

(三)在建工程追加的附属小型工程或者主体加层工程,且承包人未发生变更的;

(四)法律、法规、规章规定的其他情形。

第十条 依法必须进行施工招标的工程,招标人自行办理施工招标事宜的,应当具有编制招标文件和组织评标的能力:

(一)有专门的施工招标组织机构;

（二）有与工程规模、复杂程度相适应并具有同类工程施工招标经验、熟悉有关工程施工招标法律法规的工程技术、概预算及工程管理的专业人员。

不具备上述条件的，招标人应当委托工程招标代理机构代理施工招标。

第十一条 招标人自行办理施工招标事宜的，应当在发布招标公告或者发出投标邀请书的5日前，向工程所在地县级以上地方人民政府建设行政主管部门备案，并报送下列材料：

（一）按照国家有关规定办理审批手续的各项批准文件；

（二）本办法第十条所列条件的证明材料，包括专业技术人员的名单、职称证书或者执业资格证书及其工作经历的证明材料；

（三）法律、法规、规章规定的其他材料。

招标人不具备自行办理施工招标事宜条件的，建设行政主管部门应当自收到备案材料之日起5日内责令招标人停止自行办理施工招标事宜。

第十二条 全部使用国有资金投资或者国有资金投资占控股或者主导地位，依法必须进行施工招标的工程项目，应当进入有形建筑市场进行招标投标活动。

政府有关管理机关可以在有形建筑市场集中办理有关手续，并依法实施监督。

第十三条 依法必须进行施工公开招标的工程项目，应当在国家或者地方指定的报刊、信息网络或者其他媒介上发布招标公告，并同时在中国工程建设和建筑业信息网上发布招标公告。

招标公告应当载明招标人的名称和地址，招标工程的性质、规模、地点以及获取招标文件的办法等事项。

第十四条 招标人采用邀请招标方式的，应当向3个以上符合资质条件的施工企业发出投标邀请书。

投标邀请书应当载明本办法第十三条第二款规定的事项。

第十五条 招标人可以根据招标工程的需要，对投标申请人进行资格预审，也可以委托工程招标代理机构对投标申请人进行资格预审。实行资格预审的招标工程，招标人应当在招标公告或者投标邀请书中载明资格预审的条件和获取资格预审文件的办法。

资格预审文件一般应当包括资格预审申请书格式、申请人须知，以及需要投标申请人提供的企业资质、业绩、技术装备、财务状况和拟派出的项目经理与主要技术人员的简历、业绩等证明材料。

第十六条 经资格预审后，招标人应当向资格预审合格的投标申请人发出资格预审合格通知书，告知获取招标文件的时间、地点和方法，并同时向资格预审不合格的投标申请人告知资格预审结果。

在资格预审合格的投标申请人过多时，可以由招标人从中选择不少于 7 家资格预审合格的投标申请人。

第十七条 招标人应当根据招标工程的特点和需要，自行或者委托工程招标代理机构编制招标文件。招标文件应当包括下列内容：

（一）投标须知，包括工程概况，招标范围，资格审查条件，工程资金来源或者落实情况，标段划分，工期要求，质量标准，现场踏勘和答疑安排，投标文件编制、提交、修改、撤回的要求，投标报价要求，投标有效期，开标的时间和地点，评标的方法和标准等；

（二）招标工程的技术要求和设计文件；

（三）采用工程量清单招标的，应当提供工程量清单；

（四）投标函的格式及附录；

（五）拟签订合同的主要条款；

（六）要求投标人提交的其他材料。

第十八条 依法必须进行施工招标的工程，招标人应当在招标文件发出的同时，将招标文件报工程所在地的县级以上地方人民政府建设行政主管部门备案。建设行政主管部门发现招标文件有违反法律、法规内容的，应当责令招标人改正。

第十九条 招标人对已发出的招标文件进行必要的澄清或者修改的，应当在招标文件要求提交投标文件截止时间至少 15 日前，以书面形式通知所有招标文件收受人，并同时报工程所在地的县级以上地方人民政府建设行政主管部门备案。该澄清或者修改的内容为招标文件的组成部分。

第二十条 招标人设有标底的，应当依据国家规定的工程量计算规则及招标文件规定的计价方法和要求编制标底，并在开标前保密。一个招标工程只能编制一个标底。

第二十一条 招标人对于发出的招标文件可以酌收工本费。其中的设计文件，招标人可以酌收押金。对于开标后将设计文件退还的，招标人应当退还押金。

第三章 投 标

第二十二条 施工招标的投标人是响应施工招标、参与投标竞争的施工企业。

投标人应当具备相应的施工企业资质，并在工程业绩、技术能力、项目经理资格条件、财务状况等方面满足招标文件提出的要求。

第二十三条 投标人对招标文件有疑问需要澄清的，应当以书面形式向招标人提出。

第二十四条 投标人应当按照招标文件的要求编制投标文件，对招标文件提出的实质性要求和条件作出响应。

招标文件允许投标人提供备选标的，投标人可以按照招标文件的要求提交替代方案，并作出相应报价作备选标。

第二十五条 投标文件应当包括下列内容：

（一）投标函；

（二）施工组织设计或者施工方案；

（三）投标报价；

（四）招标文件要求提供的其他材料。

第二十六条 招标人可以在招标文件中要求投标人提交投标担保。投标担保可以采用投标保函或者投标保证金的方式。投标保证金可以使用支票、银行汇票等，一般不得超过投标总价的 2%，最高不得超过 50 万元。

投标人应当按照招标文件要求的方式和金额,将投标保函或者投标保证金随投标文件提交招标人。

第二十七条 投标人应当在招标文件要求提交投标文件的截止时间前,将投标文件密封送达投标地点。招标人收到投标文件后,应当向投标人出具标明签收人和签收时间的凭证,并妥善保存投标文件。在开标前,任何单位和个人均不得开启投标文件。在招标文件要求提交投标文件的截止时间后送达的投标文件,为无效的投标文件,招标人应当拒收。

提交投标文件的投标人少于3个的,招标人应当依法重新招标。

第二十八条 投标人在招标文件要求提交投标文件的截止时间前,可以补充、修改或者撤回已提交的投标文件。补充、修改的内容为投标文件的组成部分,并应当按照本办法第二十七条第一款的规定送达、签收和保管。在招标文件要求提交投标文件的截止时间后送达的补充或者修改的内容无效。

第二十九条 两个以上施工企业可以组成一个联合体,签订共同投标协议,以一个投标人的身份共同投标。联合体各方均应当具备承担招标工程的相应资质条件。相同专业的施工企业组成的联合体,按照资质等级低的施工企业的业务许可范围承揽工程。

招标人不得强制投标人组成联合体共同投标,不得限制投标人之间的竞争。

第三十条 投标人不得相互串通投标,不得排挤其他投标人的公平竞争,损害招标人或者其他投标人的合法权益。

投标人不得与招标人串通投标,损害国家利益、社会公共利益或者他人的合法权益。

禁止投标人以向招标人或者评标委员会成员行贿的手段谋取中标。

第三十一条 投标人不得以低于其企业成本的报价竞标,不得以他人名义投标或者以其他方式弄虚作假,骗取中标。

第四章 开标、评标和中标

第三十二条 开标应当在招标文件确定的提交投标文件截止时间的同一时间公开进行；开标地点应当为招标文件中预先确定的地点。

第三十三条 开标由招标人主持，邀请所有投标人参加。开标应当按照下列规定进行：

由投标人或者其推选的代表检查投标文件的密封情况，也可以由招标人委托的公证机构进行检查并公证。经确认无误后，由有关工作人员当众拆封，宣读投标人名称、投标价格和投标文件的其他主要内容。

招标人在招标文件要求提交投标文件的截止时间前收到的所有投标文件，开标时都应当当众予以拆封、宣读。

开标过程应当记录，并存档备查。

第三十四条 在开标时，投标文件出现下列情形之一的，应当作为无效投标文件，不得进入评标：

（一）投标文件未按照招标文件的要求予以密封的；

（二）投标文件中的投标函未加盖投标人的企业及企业法定代表人印章的，或者企业法定代表人委托代理人没有合法、有效的委托书（原件）及委托代理人印章的；

（三）投标文件的关键内容字迹模糊、无法辨认的；

（四）投标人未按照招标文件的要求提供投标保函或者投标保证金的；

（五）组成联合体投标的，投标文件未附联合体各方共同投标协议的。

第三十五条 评标由招标人依法组建的评标委员会负责。

依法必须进行施工招标的工程，其评标委员会由招标人的代表和有关技术、经济等方面的专家组成，成员人数为5人以上单数，其中招标人、招标代理机构以外的技术、经济等方面专家不得少于成员总数的三分之二。评标委员会的专家成员，应当由招标人从建设行政主管部门及其他有关政府部门确定的专家名册或者工程招标代理机构的专家库内相关专业的专家名单中确定。确定专家成员一般应当采取随机抽取的方式。

与投标人有利害关系的人不得进入相关工程的评标委员会。评标委员会成员的名单在中标结果确定前应当保密。

第三十六条 建设行政主管部门的专家名册应当拥有一定数量规模并符合法定资格条件的专家。省、自治区、直辖市人民政府建设行政主管部门可以将专家数量少的地区的专家名册予以合并或者实行专家名册计算机联网。

建设行政主管部门应当对进入专家名册的专家组织有关法律和业务培训,对其评标能力、廉洁公正等进行综合评估,及时取消不称职或者违法违规人员的评标专家资格。被取消评标专家资格的人员,不得再参加任何评标活动。

第三十七条 评标委员会应当按照招标文件确定的评标标准和方法,对投标文件进行评审和比较,并对评标结果签字确认;设有标底的,应当参考标底。

第三十八条 评标委员会可以用书面形式要求投标人对投标文件中含义不明确的内容作必要的澄清或者说明。投标人应当采用书面形式进行澄清或者说明,其澄清或者说明不得超出投标文件的范围或者改变投标文件的实质性内容。

第三十九条 评标委员会经评审,认为所有投标文件都不符合招标文件要求的,可以否决所有投标。

依法必须进行施工招标工程的所有投标被否决的,招标人应当依法重新招标。

第四十条 评标可以采用综合评估法、经评审的最低投标标价法或者法律法规允许的其他评标方法。

采用综合评估法的,应当对投标文件提出的工程质量、施工工期、投标价格、施工组织设计或者施工方案、投标人及项目经理业绩等,能否最大限度地满足招标文件中规定的各项要求和评价标准进行评审和比较。以评分方式进行评估的,对于各种评比奖项不得额外计分。

采用经评审的最低投标价法的,应当在投标文件能够满足招标文件实质性要求的投标人中,评审出投标价格最低的投标人,但投标价格低于其企业成本的除外。

第四十一条 评标委员会完成评标后,应当向招标人提出书面评标报告,阐明评标委员会对各投标文件的评审和比较意见,并按照招标文件中规定的评标方法,推荐不超过 3 名有排序的合格的中标候选人。招标人根据评标委员会提出的书面评标报告和推荐的中标候选人确定中标人。

使用国有资金投资或者国家融资的工程项目,招标人应当按照中标候选人的排序确定中标人。当确定中标的中标候选人放弃中标或者因不可抗力提出不能履行合同的,招标人可以依序确定其他中标候选人为中标人。

招标人也可以授权评标委员会直接确定中标人。

第四十二条 有下列情形之一的,评标委员会可以要求投标人作出书面说明并提供相关材料:

(一)设有标底的,投标报价低于标底合理幅度的;

(二)不设标底的,投标报价明显低于其他投标报价,有可能低于其企业成本的。

经评标委员会论证,认定该投标人的报价低于其企业成本的,不能推荐为中标候选人或者中标人。

第四十三条 招标人应当在投标有效期截止时限 30 日前确定中标人。投标有效期应当在招标文件中载明。

第四十四条 依法必须进行施工招标的工程,招标人应当自确定中标人之日起 15 日内,向工程所在地的县级以上地方人民政府建设行政主管部门提交施工招标投标情况的书面报告。书面报告应当包括下列内容:

(一)施工招标投标的基本情况,包括施工招标范围、施工招标方式、资格审查、开评标过程和确定中标人的方式及理由等。

（二）相关的文件资料，包括招标公告或者投标邀请书、投标报名表、资格预审文件、招标文件、评标委员会的评标报告（设有标底的，应当附标底）、中标人的投标文件。委托工程招标代理的，还应当附工程施工招标代理委托合同。

前款第二项中已按照本办法的规定办理了备案的文件资料，不再重复提交。

第四十五条 建设行政主管部门自收到书面报告之日起5日内未通知招标人在招标投标活动中有违法行为的，招标人可以向中标人发出中标通知书，并将中标结果通知所有未中标的投标人。

第四十六条 招标人和中标人应当自中标通知书发出之日起30日内，按照招标文件和中标人的投标文件订立书面合同；招标人和中标人不得再行订立背离合同实质性内容的其他协议。

中标人不与招标人订立合同的，投标保证金不予退还并取消其中标资格，给招标人造成的损失超过投标保证金数额的，应当对超过部分予以赔偿；没有提交投标保证金的，应当对招标人的损失承担赔偿责任。

招标人无正当理由不与中标人签订合同，给中标人造成损失的，招标人应当给予赔偿。

第四十七条 招标文件要求中标人提交履约担保的，中标人应当提交。招标人应当同时向中标人提供工程款支付担保。

第五章 罚 则

第四十八条 有违反《招标投标法》行为的，县级以上地方人民政府建设行政主管部门应当按照《招标投标法》的规定予以处罚。

第四十九条 招标投标活动中有《招标投标法》规定中标无效情形的，由县级以上地方人民政府建设行政主管部门宣布中标无效，责令重新组织招标，并依法追究有关责任人责任。

第五十条 应当招标未招标的，应当公开招标未公开招标的，县级以上地方人民政府建设行政主管部门应当责令改正，拒不改正的，不得颁发施工许可证。

第五十一条 招标人不具备自行办理施工招标事宜条件而自行招标的,县级以上地方人民政府建设行政主管部门应当责令改正,处1万元以下的罚款。

第五十二条 评标委员会的组成不符合法律、法规规定的,县级以上地方人民政府建设行政主管部门应当责令招标人重新组织评标委员会。

第五十三条 招标人未向建设行政主管部门提交施工招标投标情况书面报告的,县级以上地方人民政府建设行政主管部门应当责令改正。

第六章 附 则

第五十四条 工程施工专业分包、劳务分包采用招标方式的,参照本办法执行。

第五十五条 招标文件或者投标文件使用两种以上语言文字的,必须有一种是中文;如对不同文本的解释发生异议的,以中文文本为准。用文字表示的金额与数字表示的金额不一致的,以文字表示的金额为准。

第五十六条 涉及国家安全、国家秘密、抢险救灾或者属于利用扶贫资金实行以工代赈、需要使用农民工等特殊情况,不适宜进行施工招标的工程,按照国家有关规定可以不进行施工招标。

第五十七条 使用国际组织或者外国政府贷款、援助资金的工程进行施工招标,贷款方、资金提供方对招标投标的具体条件和程序有不同规定的,可以适用其规定,但违背中华人民共和国的社会公共利益的除外。

第五十八条 本办法由国务院建设行政主管部门负责解释。

第五十九条 本办法自发布之日起施行。1992年12月30日建设部颁布的《工程建设施工招标投标管理办法》(建设部令第23号)同时废止。

工程建设项目施工招标投标办法

七部委 30 号令

第一章 总　则

第一条　为规范工程建设项目施工（以下简称工程施工）招标投标活动，根据《中华人民共和国招标投标法》、《中华人民共和国招标投标法实施条例》和国务院有关部门的职责分工，制定本办法。

第二条　在中华人民共和国境内进行工程施工招标投标活动，适用本办法。

第三条　工程建设项目符合《工程建设项目招标范围和规模标准规定》（国家计委令第 3 号）规定的范围和标准的，必须通过招标选择施工单位。

任何单位和个人不得将依法必须进行招标的项目化整为零或者以其他任何方式规避招标。

第四条　工程施工招标投标活动应当遵循公开、公平、公正和诚实信用的原则。

第五条　工程施工招标投标活动，依法由招标人负责。任何单位和个人不得以任何方式非法干涉工程施工招标投标活动。

施工招标投标活动不受地区或者部门的限制。

第六条　各级发展改革、工业和信息化、住房城乡建设、交通运输、铁道、水利、商务、民航等部门依照《国务院办公厅印发国务院有关部门实施招标投标活动行政监督的职责分工意见的通知》（国办发〔2000〕34号）和各地规定的职责分工，对工程施工招标投标活动实施监督，依法查处工程施工招标投标活动中的违法行为。

第二章 招　标

第七条　工程施工招标人是依法提出施工招标项目、进行招标的法人或者其他组织。

第八条 依法必须招标的工程建设项目,应当具备下列条件才能进行施工招标:

(一)招标人已经依法成立;

(二)初步设计及概算应当履行审批手续的,已经批准;

(三)有相应资金或资金来源已经落实;

(四)有招标所需的设计图纸及技术资料。

第九条 工程施工招标分为公开招标和邀请招标。

第十条 按照国家有关规定需要履行项目审批、核准手续的依法必须进行施工招标的工程建设项目,其招标范围、招标方式、招标组织形式应当报项目审批部门审批、核准。项目审批、核准部门应当及时将审批、核准确定的招标内容通报有关行政监督部门。

第十一条 依法必须进行公开招标的项目,有下列情形之一的,可以邀请招标:

(一)项目技术复杂或有特殊要求,或者受自然地域环境限制,只有少量潜在投标人可供选择;

(二)涉及国家安全、国家秘密或者抢险救灾,适宜招标但不宜公开招标;

(三)采用公开招标方式的费用占项目合同金额的比例过大。

有前款第二项所列情形,属于本办法第十条规定的项目,由项目审批、核准部门在审批、核准项目时作出认定;其他项目由招标人申请有关行政监督部门作出认定。

全部使用国有资金投资或者国有资金投资占控股或者主导地位的并需要审批的工程建设项目的邀请招标,应当经项目审批部门批准,但项目审批部门只审批立项的,由有关行政监督部门批准。

第十二条 依法必须进行施工招标的工程建设项目有下列情形之一的,可以不进行施工招标:

(一)涉及国家安全、国家秘密、抢险救灾或者属于利用扶贫资金实行以工代赈需要使用农民工等特殊情况,不适宜进行招标;

（二）施工主要技术采用不可替代的专利或者专有技术；

（三）已通过招标方式选定的特许经营项目投资人依法能够自行建设；

（四）采购人依法能够自行建设；

（五）在建工程追加的附属小型工程或者主体加层工程，原中标人仍具备承包能力，并且其他人承担将影响施工或者功能配套要求；

（六）国家规定的其他情形。

第十三条 采用公开招标方式的，招标人应当发布招标公告，邀请不特定的法人或者其他组织投标。依法必须进行施工招标项目的招标公告，应当在国家指定的报刊和信息网络上发布。

采用邀请招标方式的，招标人应当向三家以上具备承担施工招标项目的能力、资信良好的特定的法人或者其他组织发出投标邀请书。

第十四条 招标公告或者投标邀请书应当至少载明下列内容：

（一）招标人的名称和地址；

（二）招标项目的内容、规模、资金来源；

（三）招标项目的实施地点和工期；

（四）获取招标文件或者资格预审文件的地点和时间；

（五）对招标文件或者资格预审文件收取的费用；

（六）对招标人的资质等级的要求。

第十五条 招标人应当按招标公告或者投标邀请书规定的时间、地点出售招标文件或资格预审文件。自招标文件或者资格预审文件出售之日起至停止出售之日止，最短不得少于五日。

招标人可以通过信息网络或者其他媒介发布招标文件，通过信息网络或者其他媒介发布的招标文件与书面招标文件具有同等法律效力，出现不一致时以书面招标文件为准，国家另有规定的除外。

对招标文件或者资格预审文件的收费应当限于补偿印刷、邮寄的成本支出，不得以营利为目的。对于所附的设计文件，招标人可以向投标人酌收押金；对于开标后投标人退还设计文件的，招标人应当向投标人退还押金。

招标文件或者资格预审文件售出后,不予退还。除不可抗力原因外,招标人在发布招标公告、发出投标邀请书后或者售出招标文件或资格预审文件后不得终止招标。

第十六条 招标人可以根据招标项目本身的特点和需要,要求潜在投标人或者投标人提供满足其资格要求的文件,对潜在投标人或者投标人进行资格审查;国家对潜在投标人或者投标人的资格条件有规定的,依照其规定。

第十七条 资格审查分为资格预审和资格后审。

资格预审,是指在投标前对潜在投标人进行的资格审查。

资格后审,是指在开标后对投标人进行的资格审查。

进行资格预审的,一般不再进行资格后审,但招标文件另有规定的除外。

第十八条 采取资格预审的,招标人应当发布资格预审公告。资格预审公告适用本办法第十三条、第十四条有关招标公告的规定。

采取资格预审的,招标人应当在资格预审文件中载明资格预审的条件、标准和方法;采取资格后审的,招标人应当在招标文件中载明对投标人资格要求的条件、标准和方法。

招标人不得改变载明的资格条件或者以没有载明的资格条件对潜在投标人或者投标人进行资格审查。

第十九条 经资格预审后,招标人应当向资格预审合格的潜在投标人发出资格预审合格通知书,告知获取招标文件的时间、地点和方法,并同时向资格预审不合格的潜在投标人告知资格预审结果。资格预审不合格的潜在投标人不得参加投标。

经资格后审不合格的投标人的投标应予否决。

第二十条 资格审查应主要审查潜在投标人或者投标人是否符合下列条件:

(一)具有独立订立合同的权利;

(二)具有履行合同的能力,包括专业、技术资格和能力,资金、设备和其他物质设施状况,管理能力,经验、信誉和相应的从业人员;

（三）没有处于被责令停业,投标资格被取消,财产被接管、冻结、破产状态;

（四）在最近三年内没有骗取中标和严重违约及重大工程质量问题;

（五）国家规定的其他资格条件。

资格审查时,招标人不得以不合理的条件限制、排斥潜在投标人或者投标人,不得对潜在投标人或者投标人实行歧视待遇。任何单位和个人不得以行政手段或者其他不合理方式限制投标人的数量。

第二十一条 招标人符合法律规定的自行招标条件的,可以自行办理招标事宜。任何单位和个人不得强制其委托招标代理机构办理招标事宜。

第二十二条 招标代理机构应当在招标人委托的范围内承担招标事宜。招标代理机构可以在其资格等级范围内承担下列招标事宜:

（一）拟订招标方案,编制和出售招标文件、资格预审文件;

（二）审查投标人资格;

（三）编制标底;

（四）组织投标人踏勘现场;

（五）组织开标、评标,协助招标人定标;

（六）草拟合同;

（七）招标人委托的其他事项。

招标代理机构不得无权代理、越权代理,不得明知委托事项违法而进行代理。

招标代理机构不得在所代理的招标项目中投标或者代理投标,也不得为所代理的招标项目的投标人提供咨询;未经招标人同意,不得转让招标代理业务。

第二十三条 工程招标代理机构与招标人应当签订书面委托合同,并按双方约定的标准收取代理费;国家对收费标准有规定的,依照其规定。

第二十四条 招标人根据施工招标项目的特点和需要编制招标文

件。招标文件一般包括下列内容：

（一）招标公告或投标邀请书；

（二）投标人须知；

（三）合同主要条款；

（四）投标文件格式；

（五）采用工程量清单招标的，应当提供工程量清单；

（六）技术条款；

（七）设计图纸；

（八）评标标准和方法；

（九）投标辅助材料。

招标人应当在招标文件中规定实质性要求和条件，并用醒目的方式标明。

第二十五条 招标人可以要求投标人在提交符合招标文件规定要求的投标文件外，提交备选投标方案，但应当在招标文件中做出说明，并提出相应的评审和比较办法。

第二十六条 招标文件规定的各项技术标准应符合国家强制性标准。

招标文件中规定的各项技术标准均不得要求或标明某一特定的专利、商标、名称、设计、原产地或生产供应者，不得含有倾向或者排斥潜在投标人的其他内容。如果必须引用某一生产供应者的技术标准才能准确或清楚地说明拟招标项目的技术标准时，则应当在参照后面加上"或相当于"的字样。

第二十七条 施工招标项目需要划分标段、确定工期的，招标人应当合理划分标段、确定工期，并在招标文件中载明。对工程技术上紧密相连、不可分割的单位工程不得分割标段。

招标人不得以不合理的标段或工期限制或者排斥潜在投标人或者投标人。依法必须进行施工招标的项目的招标人不得利用划分标段规避招标。

第二十八条 招标文件应当明确规定的所有评标因素，以及如何将这些因素量化或者据以进行评估。

在评标过程中,不得改变招标文件中规定的评标标准、方法和中标条件。

第二十九条 招标文件应当规定一个适当的投标有效期,以保证招标人有足够的时间完成评标和与中标人签订合同。投标有效期从投标人提交投标文件截止之日起计算。

在原投标有效期结束前,出现特殊情况的,招标人可以书面形式要求所有投标人延长投标有效期。投标人同意延长的,不得要求或被允许修改其投标文件的实质性内容,但应当相应延长其投标保证金的有效期;投标人拒绝延长的,其投标失效,但投标人有权收回其投标保证金。因延长投标有效期造成投标人损失的,招标人应当给予补偿,但因不可抗力需要延长投标有效期的除外。

第三十条 施工招标项目工期较长的,招标文件中可以规定工程造价指数体系、价格调整因素和调整方法。

第三十一条 招标人应当确定投标人编制投标文件所需要的合理时间;但是,依法必须进行招标的项目,自招标文件开始发出之日起至投标人提交投标文件截止之日止,最短不得少于二十日。

第三十二条 招标人根据招标项目的具体情况,可以组织潜在投标人踏勘项目现场,向其介绍工程场地和相关环境的有关情况。潜在投标人依据招标人介绍情况作出的判断和决策,由投标人自行负责。

招标人不得单独或者分别组织任何一个投标人进行现场踏勘。

第三十三条 对于潜在投标人在阅读招标文件和现场踏勘中提出的疑问,招标人可以书面形式或召开投标预备会的方式解答,但需同时将解答以书面方式通知所有购买招标文件的潜在投标人。该解答的内容为招标文件的组成部分。

第三十四条 招标人可根据项目特点决定是否编制标底。编制标底的,标底编制过程和标底在开标前必须保密。

招标项目编制标底的,应根据批准的初步设计、投资概算,依据有关计价办法,参照有关工程定额,结合市场供求状况,综合考虑投资、工期和质量等方面的因素合理确定。

标底由招标人自行编制或委托中介机构编制。一个工程只能编制一个标底。

任何单位和个人不得强制招标人编制或报审标底，或干预其确定标底。

招标项目可以不设标底，进行无标底招标。

招标人设有最高投标限价的，应当在招标文件中明确最高投标限价或者最高投标限价的计算方法。招标人不得规定最低投标限价。

第三章 投 标

第三十五条 投标人是响应招标、参加投标竞争的法人或者其他组织。招标人的任何不具独立法人资格的附属机构（单位），或者为招标项目的前期准备或者监理工作提供设计、咨询服务的任何法人及其任何附属机构（单位），都无资格参加该招标项目的投标。

第三十六条 投标人应当按照招标文件的要求编制投标文件。投标文件应当对招标文件提出的实质性要求和条件作出响应。

投标文件一般包括下列内容：

（一）投标函；

（二）投标报价；

（三）施工组织设计；

（四）商务和技术偏差表。

投标人根据招标文件载明的项目实际情况，拟在中标后将中标项目的部分非主体、非关键性工作进行分包的，应当在投标文件中载明。

第三十七条 招标人可以在招标文件中要求投标人提交投标保证金。投标保证金除现金外，可以是银行出具的银行保函、保兑支票、银行汇票或现金支票。

投标保证金不得超过项目估算价的百分之二，但最高不得超过八十万元人民币。投标保证金有效期应当与投标有效期一致。

投标人应当按照招标文件要求的方式和金额，将投标保证金随投标文件提交给招标人或其委托的招标代理机构。

依法必须进行施工招标的项目的境内投标单位,以现金或者支票形式提交的投标保证金应当从其基本账户转出。

第三十八条 投标人应当在招标文件要求提交投标文件的截止时间前,将投标文件密封送达投标地点。招标人收到投标文件后,应当向投标人出具标明签收人和签收时间的凭证,在开标前任何单位和个人不得开启投标文件。

在招标文件要求提交投标文件的截止时间后送达的投标文件,招标人应当拒收。

依法必须进行施工招标的项目提交投标文件的投标人人少于三个的,招标人在分析招标失败的原因并采取相应措施后,应当依法重新招标。重新招标后投标人仍少于三个的,属于必须审批、核准的工程建设项目,报经原审批、核准部门审批、核准后可以不再进行招标;其他工程建设项目,招标人可自行决定不再进行招标。

第三十九条 投标人在招标文件要求提交投标文件的截止时间前,可以补充、修改、替代或者撤回已提交的投标文件,并书面通知招标人。补充、修改的内容为投标文件的组成部分。

第四十条 在提交投标文件截止时间后到招标文件规定的投标有效期终止之前,投标人不得撤销其投标文件,否则招标人可以不退还其投标保证金。

第四十一条 在开标前,招标人应妥善保管好已接收的投标文件、修改或撤回通知、备选投标方案等投标资料。

第四十二条 两个以上法人或者其他组织可以组成一个联合体,以一个投标人的身份共同投标。

联合体各方签订共同投标协议后,不得再以自己名义单独投标,也不得组成新的联合体或参加其他联合体在同一项目中投标。

第四十三条 招标人接受联合体投标并进行资格预审的,联合体应当在提交资格预审申请文件前组成。资格预审后联合体增减、更换成员的,其投标无效。

第四十四条 联合体各方应当指定牵头人,授权其代表所有联合体成员负责投标和合同实施阶段的主办、协调工作,并应当向招标人提交由所有联合体成员法定代表人签署的授权书。

第四十五条 联合体投标的,应当以联合体各方或者联合体中牵头人的名义提交投标保证金。以联合体中牵头人名义提交的投标保证金,对联合体各成员具有约束力。

第四十六条 下列行为均属投标人串通投标报价:

(一)投标人之间相互约定抬高或压低投标报价;

(二)投标人之间相互约定,在招标项目中分别以高、中、低价位报价;

(三)投标人之间先进行内部竞价,内定中标人,然后再参加投标;

(四)投标人之间其他串通投标报价的行为。

第四十七条 下列行为均属招标人与投标人串通投标:

(一)招标人在开标前开启投标文件并将有关信息泄露给其他投标人,或者授意投标人撤换、修改投标文件;

(二)招标人向投标人泄露标底、评标委员会成员等信息;

(三)招标人明示或者暗示投标人压低或抬高投标报价;

(四)招标人明示或者暗示投标人为特定投标人中标提供方便;

(五)招标人与投标人为谋求特定中标人中标而采取的其他串通行为。

第四十八条 投标人不得以他人名义投标。

前款所称以他人名义投标,指投标人挂靠其他施工单位,或从其他单位通过受让或租借的方式获取资格或资质证书,或者由其他单位及其法定代表人在自己编制的投标文件上加盖印章和签字等行为。

第四章 开标、评标和定标

第四十九条 开标应当在招标文件确定的提交投标文件截止时间的同一时间公开进行;开标地点应当为招标文件中确定的地点。

投标人对开标有异议的,应当在开标现场提出,招标人应当当场作出答复,并制作记录。

第五十条 投标文件有下列情形之一的,招标人应当拒收:

(一)逾期送达;

(二)未按招标文件要求密封。

有下列情形之一的,评标委员会应当否决其投标:

(一)投标文件未经投标单位盖章和单位负责人签字;

(二)投标联合体没有提交共同投标协议;

(三)投标人不符合国家或者招标文件规定的资格条件;

(四)同一投标人提交两个以上不同的投标文件或者投标报价,但招标文件要求提交备选投标的除外;

(五)投标报价低于成本或者高于招标文件设定的最高投标限价;

(六)投标文件没有对招标文件的实质性要求和条件作出响应;

(七)投标人有串通投标、弄虚作假、行贿等违法行为。

第五十一条 评标委员会可以书面方式要求投标人对投标文件中含义不明确、对同类问题表述不一致或者有明显文字和计算错误的内容作必要的澄清、说明或补正。评标委员会不得向投标人提出带有暗示性或诱导性的问题,或向其明确投标文件中的遗漏和错误。

第五十二条 投标文件不响应招标文件的实质性要求和条件的,评标委员会不得允许投标人通过修正或撤销其不符合要求的差异或保留,使之成为具有响应性的投标。

第五十三条 评标委员会在对实质上响应招标文件要求的投标进行报价评估时,除招标文件另有约定外,应当按下述原则进行修正:

(一)用数字表示的数额与用文字表示的数额不一致时,以文字数额为准;

(二)单价与工程量的乘积与总价之间不一致时,以单价为准。若单价有明显的小数点错位,应以总价为准,并修改单价。

按前款规定调整后的报价经投标人确认后产生约束力。

投标文件中没有列入的价格和优惠条件在评标时不予考虑。

第五十四条 对于投标人提交的优越于招标文件中技术标准的备

选投标方案所产生的附加收益,不得考虑进评标价中。符合招标文件的基本技术要求且评标价最低或综合评分最高的投标人,其所提交的备选方案方可予以考虑。

第五十五条 招标人设有标底的,标底在评标中应当作为参考,但不得作为评标的唯一依据。

第五十六条 评标委员会完成评标后,应向招标人提出书面评标报告。评标报告由评标委员会全体成员签字。

依法必须进行招标的项目,招标人应当自收到评标报告之日起三日内公示中标候选人,公示期不得少于三日。

中标通知书由招标人发出。

第五十七条 评标委员会推荐的中标候选人应当限定在一至三人,并标明排列顺序。招标人应当接受评标委员会推荐的中标候选人,不得在评标委员会推荐的中标候选人之外确定中标人。

第五十八条 国有资金占控股或者主导地位的依法必须进行招标的项目,招标人应当确定排名第一的中标候选人为中标人。排名第一的中标候选人放弃中标、因不可抗力提出不能履行合同、不按照招标文件的要求提交履约保证金,或者被查实存在影响中标结果的违法行为等情形,不符合中标条件的,招标人可以按照评标委员会提出的中标候选人名单排序依次确定其他中标候选人为中标人。依次确定其他中标候选人与招标人预期差距较大,或者对招标人明显不利的,招标人可以重新招标。

招标人可以授权评标委员会直接确定中标人。

国务院对中标人的确定另有规定的,从其规定。

第五十九条 招标人不得向中标人提出压低报价、增加工作量、缩短工期或其他违背中标人意愿的要求,以此作为发出中标通知书和签订合同的条件。

第六十条 中标通知书对招标人和中标人具有法律效力。中标通知书发出后,招标人改变中标结果的,或者中标人放弃中标项目的,应当依法承担法律责任。

第六十一条 招标人全部或者部分使用非中标单位投标文件中的技术成果或技术方案时，需征得其书面同意，并给予一定的经济补偿。

第六十二条 招标人和中标人应当在投标有效期内并在自中标通知书发出之日起三十日内，按照招标文件和中标人的投标文件订立书面合同。招标人和中标人不得再行订立背离合同实质性内容的其他协议。

招标人要求中标人提供履约保证金或其他形式履约担保的，招标人应当同时向中标人提供工程款支付担保。

招标人不得擅自提高履约保证金，不得强制要求中标人垫付中标项目建设资金。

第六十三条 招标人最迟应当在与中标人签订合同后五日内，向中标人和未中标的投标人退还投标保证金及银行同期存款利息。

第六十四条 合同中确定的建设规模、建设标准、建设内容、合同价格应当控制在批准的初步设计及概算文件范围内；确需超出规定范围的，应当在中标合同签订前，报原项目审批部门审查同意。凡应报经审查而未报的，在初步设计及概算调整时，原项目审批部门一律不予承认。

第六十五条 依法必须进行施工招标的项目，招标人应当自发出中标通知书之日起十五日内，向有关行政监督部门提交招标投标情况的书面报告。

前款所称书面报告至少应包括下列内容：

（一）招标范围；

（二）招标方式和发布招标公告的媒介；

（三）招标文件中投标人须知、技术条款、评标标准和方法、合同主要条款等内容；

（四）评标委员会的组成和评标报告；

（五）中标结果。

第六十六条 招标人不得直接指定分包人。

第六十七条 对于不具备分包条件或者不符合分包规定的，招标人有权在签订合同或者中标人提出分包要求时予以拒绝。发现中标人转包或违法分包时,可要求其改正;拒不改正的,可终止合同,并报请有关行政监督部门查处。

监理人员和有关行政部门发现中标人违反合同约定进行转包或违法分包的,应当要求中标人改正,或者告知招标人要求其改正;对于拒不改正的,应当报请有关行政监督部门查处。

第五章 法律责任

第六十八条 依法必须进行招标的项目而不招标的,将必须进行招标的项目化整为零或者以其他任何方式规避招标的,有关行政监督部门责令限期改正,可以处项目合同金额千分之五以上千分之十以下的罚款;对全部或者部分使用国有资金的项目,项目审批部门可以暂停项目执行或者暂停资金拨付;对单位直接负责的主管人员和其他直接责任人员依法给予处分。

第六十九条 招标代理机构违法泄露应当保密的与招标投标活动有关的情况和资料的,或者与招标人、投标人串通损害国家利益、社会公共利益或者他人合法权益的,由有关行政监督部门处五万元以上二十五万元以下罚款,对单位直接负责的主管人员和其他直接责任人员处单位罚款数额百分之五以上百分之十以下罚款;有违法所得的,并处没收违法所得;情节严重的,有关行政监督部门可停止其一定时期内参与相关领域的招标代理业务,资格认定部门可暂停直至取消招标代理资格;构成犯罪的,由司法部门依法追究刑事责任。给他人造成损失的,依法承担赔偿责任。

前款所列行为影响中标结果,并且中标人为前款所列行为的受益人的,中标无效。

第七十条 招标人以不合理的条件限制或者排斥潜在投标人的,对潜在投标人实行歧视待遇的,强制要求投标人组成联合体共同投标的,或者限制投标人之间竞争的,有关行政监督部门责令改正,可处一万元以上五万元以下罚款。

第七十一条　依法必须进行招标项目的招标人向他人透露已获取招标文件的潜在投标人的名称、数量或者可能影响公平竞争的有关招标投标的其他情况的,或者泄露标底的,有关行政监督部门给予警告,可以并处一万元以上十万元以下的罚款;对单位直接负责的主管人员和其他直接责任人员依法给予处分;构成犯罪的,依法追究刑事责任。

前款所列行为影响中标结果的,中标无效。

第七十二条　招标人在发布招标公告、发出投标邀请书或者售出招标文件或资格预审文件后终止招标的,应当及时退还所收取的资格预审文件、招标文件的费用,以及所收取的投标保证金及银行同期存款利息。给潜在投标人或者投标人造成损失的,应当赔偿损失。

第七十三条　招标人有下列限制或者排斥潜在投标人行为之一的,由有关行政监督部门依照招标投标法第五十一条的规定处罚;其中,构成依法必须进行施工招标的项目的招标人规避招标的,依照招标投标法第四十九条的规定处罚。

招标人有前款第一项、第三项、第四项所列行为之一的,对单位直接负责的主管人员和其他直接责任人员依法给予处分。

(一)依法应当公开招标的项目不按照规定在指定媒介发布资格预审公告或者招标公告;

(二)在不同媒介发布的同一招标项目的资格预审公告或者招标公告的内容不一致,影响潜在投标人申请资格预审或者投标。

招标人有下列情形之一的,由有关行政监督部门责令改正,可以处10万元以下的罚款:

(一)依法应当公开招标而采用邀请招标;

(二)招标文件、资格预审文件的发售、澄清、修改的时限,或者确定的提交资格预审申请文件、投标文件的时限不符合招标投标法和招标投标法实施条例规定;

(三)接受未通过资格预审的单位或者个人参加投标;

(四)接受应当拒收的投标文件。

第七十四条　投标人相互串通投标或者与招标人串通投标的,投标人以向招标人或者评标委员会成员行贿的手段谋取中标的,中标无效,由有关行政监督部门处中标项目金额千分之五以上千分之十以下的罚款,对单位直接负责的主管人员和其他直接责任人员处单位罚款数额百分之五以上百分之十以下的罚款;有违法所得的,并处没收违法所得;情节严重的,取消其一至二年的投标资格,并予以公告,直至由工商行政管理机关吊销营业执照;构成犯罪的,依法追究刑事责任。给他人造成损失的,依法承担赔偿责任。投标人未中标的,对单位的罚款金额按照招标项目合同金额依照招标投标法规定的比例计算。

第七十五条 投标人以他人名义投标或者以其他方式弄虚作假,骗取中标的,中标无效,给招标人造成损失的,依法承担赔偿责任;构成犯罪的,依法追究刑事责任。

依法必须进行招标项目的投标人有前款所列行为尚未构成犯罪的,有关行政监督部门处中标项目金额千分之五以上千分之十以下的罚款,对单位直接负责的主管人员和其他直接责任人员处单位罚款数额百分之五以上百分之十以下的罚款;有违法所得的,并处没收违法所得;情节严重的,取消其一至三年投标资格,并予以公告,直至由工商行政管理机关吊销营业执照。投标人未中标的,对单位的罚款金额按照招标项目合同金额依照招标投标法规定的比例计算。

第七十六条 依法必须进行招标的项目,招标人违法与投标人就投标价格、投标方案等实质性内容进行谈判的,有关行政监督部门给予警告,对单位直接负责的主管人员和其他直接责任人员依法给予处分。

前款所列行为影响中标结果的,中标无效。

第七十七条 评标委员会成员收受投标人的财物或者其他好处的,没收收受的财物,可以并处三千元以上五万元以下的罚款,取消担任评标委员会成员的资格并予以公告,不得再参加依法必须进行招标的项目的评标;构成犯罪的,依法追究刑事责任。

第七十八条 评标委员会成员应当回避而不回避,擅离职守,不按照招标文件规定的评标标准和方法评标,私下接触投标人,向招标人征询确定中标人的意向或者接受任何单位或者个人明示或者暗示提出的倾向或者排斥特定投标人的要求，对依法应当否决的投标不提出否决意见，暗示或者诱导投标人作出澄清、说明或者接受投标人主动提出的澄清、说明，或者有其他不能客观公正地履行职责行为的，有关行政监督部门责令改正；情节严重的，禁止其在一定期限内参加依法必须进行招标的项目的评标；情节特别严重的，取消其担任评标委员会成员的资格。

第七十九条　依法必须进行招标的项目的招标人不按照规定组建评标委员会，或者确定、更换评标委员会成员违反招标投标法和招标投标法实施条例规定的，由有关行政监督部门责令改正，可以处10万元以下的罚款，对单位直接负责的主管人员和其他直接责任人员依法给予处分；违法确定或者更换的评标委员会成员作出的评审决定无效，依法重新进行评审。

第八十条　依法必须进行招标的项目的招标人有下列情形之一的，由有关行政监督部门责令改正，可以处中标项目金额千分之十以下的罚款；给他人造成损失的，依法承担赔偿责任；对单位直接负责的主管人员和其他直接责任人员依法给予处分：

（一）无正当理由不发出中标通知书；

（二）不按照规定确定中标人；

（三）中标通知书发出后无正当理由改变中标结果；

（四）无正当理由不与中标人订立合同；

（五）在订立合同时向中标人提出附加条件。

第八十一条　中标通知书发出后，中标人放弃中标项目的，无正当理由不与招标人签订合同的，在签订合同时向招标人提出附加条件或者更改合同实质性内容的，或者拒不提交所要求的履约保证金的，取消其中标资格，投标保证金不予退还；给招标人的损失超过投标保证金数额的，中标人应当对超过部分予以赔偿；没有提交投标保证金的，应当对招标人的损失承担赔偿责任。对依法必须进行施工招标的项目的中标人，由有关行政监督部门责令改正，可以处中标金额千分之十以下罚款。

第八十二条 中标人将中标项目转让给他人的,将中标项目肢解后分别转让给他人的,违法将中标项目的部分主体、关键性工作分包给他人的,或者分包人再次分包的,转让、分包无效,有关行政监督部门处转让、分包项目金额千分之五以上千分之十以下的罚款;有违法所得的,并处没收违法所得;可以责令停业整顿;情节严重的,由工商行政管理机关吊销营业执照。

第八十三条 招标人与中标人不按照招标文件和中标人的投标文件订立合同的,合同的主要条款与招标文件、中标人的投标文件的内容不一致,或者招标人、中标人订立背离合同实质性内容的协议的,或者招标人擅自提高履约保证金或强制要求中标人垫付中标项目建设资金的,有关行政监督部门责令改正;可以处中标项目金额千分之五以上千分之十以下的罚款。

第八十四条 中标人不履行与招标人订立的合同的,履约保证金不予退还,给招标人造成的损失超过履约保证金数额的,还应当对超过部分予以赔偿;没有提交履约保证金的,应当对招标人的损失承担赔偿责任。

中标人不按照与招标人订立的合同履行义务,情节严重的,有关行政监督部门取消其二至五年参加招标项目的投标资格并予以公告,直至由工商行政管理机关吊销营业执照。

因不可抗力不能履行合同的,不适用前两款规定。

第八十五条 招标人不履行与中标人订立的合同的,应当返还中标人的履约保证金,并承担相应的赔偿责任;没有提交履约保证金的,应当对中标人的损失承担赔偿责任。

因不可抗力不能履行合同的,不适用前款规定。

第八十六条 依法必须进行施工招标的项目违反法律规定,中标无效的,应当依照法律规定的中标条件从其余投标人中重新确定中标人或者依法重新进行招标。

中标无效的,发出的中标通知书和签订的合同自始没有法律约束力,但不影响合同中独立存在的有关解决争议方法的条款的效力。

第八十七条　任何单位违法限制或者排斥本地区、本系统以外的法人或者其他组织参加投标的,为招标人指定招标代理机构的,强制招标人委托招标代理机构办理招标事宜的,或者以其他方式干涉招标投标活动的,有关行政监督部门责令改正;对单位直接负责的主管人员和其他直接责任人员依法给予警告、记过、记大过的处分,情节较重的,依法给予降级、撤职、开除的处分。

个人利用职权进行前款违法行为的,依照前款规定追究责任。

第八十八条　对招标投标活动依法负有行政监督职责的国家机关工作人员徇私舞弊、滥用职权或者玩忽职守,构成犯罪的,依法追究刑事责任;不构成犯罪的,依法给予行政处分。

第八十九条　投标人或者其他利害关系人认为工程建设项目施工招标投标活动不符合国家规定的,可以自知道或者应当知道之日起10日内向有关行政监督部门投诉。投诉应当有明确的请求和必要的证明材料。

第六章　附　　则

第九十条　使用国际组织或者外国政府贷款、援助资金的项目进行招标,贷款方、资金提供方对工程施工招标投标活动的条件和程序有不同规定的,可以适用其规定,但违背中华人民共和国社会公共利益的除外。

第九十一条　本办法由国家发展改革委员会会同有关部门负责解释。

第九十二条　本办法自2013年5月1日起施行。

建筑工程设计招标投标管理办法

第一条 为规范建筑工程设计市场，提高建筑工程设计水平，促进公平竞争，繁荣建筑创作，根据《中华人民共和国建筑法》《中华人民共和国招标投标法》《建设工程勘察设计管理条例》和《中华人民共和国招标投标法实施条例》等法律法规，制定本办法。

第二条 依法必须进行招标的各类房屋建筑工程，其设计招标投标活动，适用本办法。

第三条 国务院住房城乡建设主管部门依法对全国建筑工程设计招标投标活动实施监督。

县级以上地方人民政府住房城乡建设主管部门依法对本行政区域内建筑工程设计招标投标活动实施监督，依法查处招标投标活动中的违法违规行为。

第四条 建筑工程设计招标范围和规模标准按照国家有关规定执行，有下列情形之一的，可以不进行招标：

（一）采用不可替代的专利或者专有技术的；

（二）对建筑艺术造型有特殊要求，并经有关主管部门批准的；

（三）建设单位依法能够自行设计的；

（四）建筑工程项目的改建、扩建或者技术改造，需要由原设计单位设计，否则将影响功能配套要求的；

（五）国家规定的其他特殊情形。

第五条 建筑工程设计招标应当依法进行公开招标或者邀请招标。

第六条 建筑工程设计招标可以采用设计方案招标或者设计团队招标，招标人可以根据项目特点和实际需要选择。

设计方案招标，是指主要通过对投标人提交的设计方案进行评审确定中标人。

设计团队招标，是指主要通过对投标人拟派设计团队的综合能力进行评审确定中标人。

第七条 公开招标的,招标人应当发布招标公告。邀请招标的,招标人应当向 3 个以上潜在投标人发出投标邀请书。

招标公告或者投标邀请书应当载明招标人名称和地址、招标项目的基本要求、投标人的资质要求以及获取招标文件的办法等事项。

第八条 招标人一般应当将建筑工程的方案设计、初步设计和施工图设计一并招标。确需另行选择设计单位承担初步设计、施工图设计的,应当在招标公告或者投标邀请书中明确。

第九条 鼓励建筑工程实行设计总包。实行设计总包的,按照合同约定或者经招标人同意,设计单位可以不通过招标方式将建筑工程非主体部分的设计进行分包。

第十条 招标文件应当满足设计方案招标或者设计团队招标的不同需求,主要包括以下内容:

(一)项目基本情况;

(二)城乡规划和城市设计对项目的基本要求;

(三)项目工程经济技术要求;

(四)项目有关基础资料;

(五)招标内容;

(六)招标文件答疑、现场踏勘安排;

(七)投标文件编制要求;

(八)评标标准和方法;

(九)投标文件送达地点和截止时间;

(十)开标时间和地点;

(十一)拟签订合同的主要条款;

(十二)设计费或者计费方法;

(十三)未中标方案补偿办法。

第十一条 招标人应当在资格预审公告、招标公告或者投标邀请书中载明是否接受联合体投标。采用联合体形式投标的,联合体各方应当签订共同投标协议,明确约定各方承担的工作和责任,就中标项目向招标人承担连带责任。

第十二条　招标人可以对已发出的招标文件进行必要的澄清或者修改。澄清或者修改的内容可能影响投标文件编制的,招标人应当在投标截止时间至少 15 日前,以书面形式通知所有获取招标文件的潜在投标人,不足 15 日的,招标人应当顺延提交投标文件的截止时间。

潜在投标人或者其他利害关系人对招标文件有异议的,应当在投标截止时间 10 日前提出。招标人应当自收到异议之日起 3 日内作出答复;作出答复前,应当暂停招标投标活动。

第十三条　招标人应当确定投标人编制投标文件所需要的合理时间,自招标文件开始发出之日起至投标人提交投标文件截止之日止,时限最短不少于 20 日。

第十四条　投标人应当具有与招标项目相适应的工程设计资质。境外设计单位参加国内建筑工程设计投标的,按照国家有关规定执行。

第十五条　投标人应当按照招标文件的要求编制投标文件。投标文件应当对招标文件提出的实质性要求和条件作出响应。

第十六条　评标由评标委员会负责。

评标委员会由招标人代表和有关专家组成。评标委员会人数为 5 人以上单数,其中技术和经济方面的专家不得少于成员总数的 2/3。建筑工程设计方案评标时,建筑专业专家不得少于技术和经济方面专家总数的 2/3。

评标专家一般从专家库随机抽取,对于技术复杂、专业性强或者国家有特殊要求的项目,招标人也可以直接邀请相应专业的中国科学院院士、中国工程院院士、全国工程勘察设计大师以及境外具有相应资历的专家参加评标。

投标人或者与投标人有利害关系的人员不得参加评标委员会。

第十七条　有下列情形之一的,评标委员会应当否决其投标:

(一)投标文件未按招标文件要求经投标人盖章和单位负责人签字;

(二)投标联合体没有提交共同投标协议;

（三）投标人不符合国家或者招标文件规定的资格条件；

（四）同一投标人提交两个以上不同的投标文件或者投标报价，但招标文件要求提交备选投标的除外；

（五）投标文件没有对招标文件的实质性要求和条件作出响应；

（六）投标人有串通投标、弄虚作假、行贿等违法行为；

（七）法律法规规定的其他应当否决投标的情形。

第十八条 评标委员会应当按照招标文件确定的评标标准和方法，对投标文件进行评审。

采用设计方案招标的，评标委员会应当在符合城乡规划、城市设计以及安全、绿色、节能、环保要求的前提下，重点对功能、技术、经济和美观等进行评审。

采用设计团队招标的，评标委员会应当对投标人拟从事项目设计的人员构成、人员业绩、人员从业经历、项目解读、设计构思、投标人信用情况和业绩等进行评审。

第十九条 评标委员会应当在评标完成后，向招标人提出书面评标报告，推荐不超过3个中标候选人，并标明顺序。

第二十条 招标人应当公示中标候选人。采用设计团队招标的，招标人应当公示中标候选人投标文件中所列主要人员、业绩等内容。

第二十一条 招标人根据评标委员会的书面评标报告和推荐的中标候选人确定中标人。招标人也可以授权评标委员会直接确定中标人。

采用设计方案招标的，招标人认为评标委员会推荐的候选方案不能最大限度满足招标文件规定的要求的，应当依法重新招标。

第二十二条 招标人应当在确定中标人后及时向中标人发出中标通知书，并同时将中标结果通知所有未中标人。

第二十三条 招标人应当自确定中标人之日起15日内，向县级以上地方人民政府住房城乡建设主管部门提交招标投标情况的书面报告。

第二十四条 县级以上地方人民政府住房城乡建设主管部门应当

自收到招标投标情况的书面报告之日起 5 个工作日内,公开专家评审意见等信息,涉及国家秘密、商业秘密的除外。

第二十五条 招标人和中标人应当自中标通知书发出之日起 30 日内,按照招标文件和中标人的投标文件订立书面合同。

第二十六条 招标人、中标人使用未中标方案的,应当征得提交方案的投标人同意并付给使用费。

第二十七条 国务院住房城乡建设主管部门,省、自治区、直辖市人民政府住房城乡建设主管部门应当加强建筑工程设计评标专家和专家库的管理。

建筑专业专家库应当按建筑工程类别细化分类。

第二十八条 住房城乡建设主管部门应当加快推进电子招标投标,完善招标投标信息平台建设,促进建筑工程设计招标投标信息化监管。

第二十九条 招标人以不合理的条件限制或者排斥潜在投标人的,对潜在投标人实行歧视待遇的,强制要求投标人组成联合体共同投标的,或者限制投标人之间竞争的,由县级以上地方人民政府住房城乡建设主管部门责令改正,可以处 1 万元以上 5 万元以下的罚款。

第三十条 招标人澄清、修改招标文件的时限,或者确定的提交投标文件的时限不符合本办法规定的,由县级以上地方人民政府住房城乡建设主管部门责令改正,可以处 10 万元以下的罚款。

第三十一条 招标人不按照规定组建评标委员会,或者评标委员会成员的确定违反本办法规定的,由县级以上地方人民政府住房城乡建设主管部门责令改正,可以处 10 万元以下的罚款,相应评审结论无效,依法重新进行评审。

第三十二条 招标人有下列情形之一的,由县级以上地方人民政府住房城乡建设主管部门责令改正,可以处中标项目金额 10‰ 以下的罚款;给他人造成损失的,依法承担赔偿责任;对单位直接负责的主管人员和其他直接责任人员依法给予处分:

(一)无正当理由未按本办法规定发出中标通知书;

（二）不按照规定确定中标人；

（三）中标通知书发出后无正当理由改变中标结果；

（四）无正当理由未按本办法规定与中标人订立合同；

（五）在订立合同时向中标人提出附加条件。

第三十三条 投标人以他人名义投标或者以其他方式弄虚作假，骗取中标的，中标无效，给招标人造成损失的，依法承担赔偿责任；构成犯罪的，依法追究刑事责任。

投标人有前款所列行为尚未构成犯罪的，由县级以上地方人民政府住房城乡建设主管部门处中标项目金额5‰以上10‰以下的罚款，对单位直接负责的主管人员和其他直接责任人员处单位罚款数额5%以上10%以下的罚款；有违法所得的，并处没收违法所得；情节严重的，取消其1年至3年内参加依法必须进行招标的建筑工程设计招标的投标资格，并予以公告，直至由工商行政管理机关吊销营业执照。

第三十四条 评标委员会成员收受投标人的财物或者其他好处的，评标委员会成员或者参加评标的有关工作人员向他人透露对投标文件的评审和比较、中标候选人的推荐以及与评标有关的其他情况的，由县级以上地方人民政府住房城乡建设主管部门给予警告，没收收受的财物，可以并处3 000元以上5万元以下的罚款。

评标委员会成员有前款所列行为的，由有关主管部门通报批评并取消担任评标委员会成员的资格，不得再参加任何依法必须进行招标的建筑工程设计招标投标的评标；构成犯罪的，依法追究刑事责任。

第三十五条 评标委员会成员违反本办法规定，对应当否决的投标不提出否决意见的，由县级以上地方人民政府住房城乡建设主管部门责令改正；情节严重的，禁止其在一定期限内参加依法必须进行招标的建筑工程设计招标投标的评标；情节特别严重的，由有关主管部门取消其担任评标委员会成员的资格。

第三十六条 住房城乡建设主管部门或者有关职能部门的工作人员徇私舞弊、滥用职权或者玩忽职守，构成犯罪的，依法追究刑事责任；不构成犯罪的，依法给予行政处分。

第三十七条 市政公用工程及园林工程设计招标投标参照本办法执行。

第三十八条 本办法自 2017 年 5 月 1 日起施行。2000 年 10 月 18 日建设部颁布的《建筑工程设计招标投标管理办法》(建设部令第 82 号)同时废止。

工程建设项目勘察设计招标投标办法

根据 2013 年 3 月 11 日《关于废止和修改部分招标投标规章和规范性文件的决定》2013 年第 23 号令修正

第一章 总 则

第一条 为规范工程建设项目勘察设计招标投标活动，提高投资效益，保证工程质量，根据《中华人民共和国招标投标法》、《中华人民共和国招标投标法实施条例》制定本办法。

第二条 在中华人民共和国境内进行工程建设项目勘察设计招标投标活动，适用本办法。

第三条 工程建设项目符合《工程建设项目招标范围和规模标准规定》（国家计委令第 3 号）规定的范围和标准的，必须依据本办法进行招标。

任何单位和个人不得将依法必须进行招标的项目化整为零或者以其他任何方式规避招标。

第四条 按照国家规定需要履行项目审批、核准手续的依法必须进行招标的项目，有下列情形之一的，经项目审批、核准部门审批、核准，项目的勘察设计可以不进行招标：

（一）涉及国家安全、国家秘密、抢险救灾或者属于利用扶贫资金实行以工代赈、需要使用农民工等特殊情况，不适宜进行招标；（二）主要工艺、技术采用不可替代的专利或者专有技术，或者其建筑艺术造型有特殊要求；（三）采购人依法能够自行勘察、设计；（四）已通过招标方式选定的特许经营项目投资人依法能够自行勘察、设计；（五）技术复杂或专业性强，能够满足条件的勘察设计单位少于三家，不能形成有效竞争；（六）已建成项目需要改、扩建或者技术改造，由其他单位进行设计影响项目功能配套性；（七）国家规定其他特殊情形。

第五条 勘察设计招标工作由招标人负责。任何单位和个人不得以任何方式非法干涉招标投标活动。

第六条 各级发展改革、工业和信息化、住房城乡建设、交通运输、铁道、水利、商务、广电、民航等部门依照《国务院办公厅印发国务院有关部门实施招标投标活动行政监督的职责分工意见的通知》（国办发〔2000〕34号）和各地规定的职责分工，对工程建设项目勘察设计招标投标活动实施监督，依法查处招标投标活动中的违法行为。

第二章　招　标

第七条 招标人可以依据工程建设项目的不同特点，实行勘察设计一次性总体招标；也可以在保证项目完整性、连续性的前提下，按照技术要求实行分段或分项招标。

招标人不得利用前款规定限制或者排斥潜在投标人或者投标。依法必须进行招标的项目的招标人不得利用前款规定规避招标。

第八条 依法必须招标的工程建设项目，招标人可以对项目的勘察、设计、施工以及与工程建设有关的重要设备、材料的采购，实行总承包招标。

第九条 依法必须进行勘察设计招标的工程建设项目，在招标时应当具备下列条件：（一）招标人已经依法成立；（二）按照国家有关规定需要履行项目审批、核准或者备案手续的，已经审批、核准或者备案；（三）勘察设计有相应资金或者资金来源已经落实；（四）所必需的勘察设计基础资料已经收集完成；（五）法律法规规定的其他条件。

第十条 工程建设项目勘察设计招标分为公开招标和邀请招标。

国有资金投资占控股或者主导地位的工程建设项目，以及国务院发展和改革部门确定的国家重点项目和省、自治区、直辖市人民政府确定的地方重点项目，除符合本办法第十一条规定条件并依法获得批准外，应当公开招标。

第十一条 依法必须进行公开招标的项目，在下列情况下可以进行邀请招标：（一）技术复杂、有特殊要求或者受自然环境限制，只有少量潜在投标人可供选择；（二）采用公开招标方式的费用占项目合同金额的比例过大。

有前款第二项所列情形，属于按照国家有关规定需要履行项目审批、核准手续的项目，由项目审批、核准部门在审批、核准项目时作出认定；其他项目由招标人申请有关行政监督部门作出认定。招标人采用邀请招标方式的，应保证有三个以上具备承担招标项目勘察设计的能力，并具有相应资质的特定法人或者其他组织参加投标。

第十二条　招标人应当按照资格预审公告、招标公告或者投标邀请书规定的时间、地点出售招标文件或者资格预审文件。自招标文件或者资格预审文件出售之日起至停止出售之日止，最短不得少于五日。

第十三条　进行资格预审的，招标人只向资格预审合格的潜在投标人发售招标文件，并同时向资格预审不合格的潜在投标人告知资格预审结果。

第十四条　凡是资格预审合格的潜在投标人都应被允许参加投标。

招标人不得以抽签、摇号等不合理条件限制或者排斥资格预审合格的潜在投标人参加投标。

第十五条　招标人应当根据招标项目的特点和需要编制招标文件。

勘察设计招标文件应当包括下列内容：

（一）投标须知；

（二）投标文件格式及主要合同条款；

（三）项目说明书，包括资金来源情况；

（四）勘察设计范围，对勘察设计进度、阶段和深度要求；

（五）勘察设计基础资料；

（六）勘察设计费用支付方式，对未中标人是否给予补偿及补偿标准；

（七）投标报价要求；

（八）对投标人资格审查的标准；

（九）评标标准和方法；

（十）投标有效期。

投标有效期，从提交投标文件截止日起计算。

对招标文件的收费应仅限于补偿印刷、邮寄的成本支出，招标人不得通过出售招标文件谋取利益。

第十六条 招标人负责提供与招标项目有关的基础资料，并保证所提供资料的真实性、完整性。涉及国家秘密的除外。

第十七条 对于潜在投标人在阅读招标文件和现场踏勘中提出的疑问，招标人可以书面形式或召开投标预备会的方式解答，但需同时将解答以书面方式通知所有招标文件收受人。该解答的内容为招标文件的组成部分。

第十八条 招标人可以要求投标人在提交符合招标文件规定要求的投标文件外，提交备选投标文件，但应当在招标文件中做出说明，并提出相应的评审和比较办法。

第十九条 招标人应当确定潜在投标人编制投标文件所需要的合理时间。

依法必须进行勘察设计招标的项目，自招标文件开始发出之日起至投标人提交投标文件截止之日止，最短不得少于二十日。

第二十条 除不可抗力原因外，招标人在发布招标公告或者发出投标邀请书后不得终止招标，也不得在出售招标文件后终止招标。

第三章 投 标

第二十一条 投标人是响应招标、参加投标竞争的法人或者其他组织。

在其本国注册登记，从事建筑、工程服务的国外设计企业参加投标的，必须符合中华人民共和国缔结或者参加的国际条约、协定中所作的市场准入承诺以及有关勘察设计市场准入的管理规定。

投标人应当符合国家规定的资质条件。

第二十二条 投标人应当按照招标文件或者投标邀请书的要求编制投标文件。投标文件中的勘察设计收费报价，应当符合国务院价格主管部门制定的工程勘察设计收费标准。

第二十三条 投标人在投标文件有关技术方案和要求中不得指定与工程建设项目有关的重要设备、材料的生产供应者,或者含有倾向或者排斥特定生产供应者的内容。

第二十四条 招标文件要求投标人提交投标保证金的,保证金数额不得超过勘察设计估算费用的百分之二,最多不超过十万元人民币。依法必须进行招标的项目的境内投标单位,以现金或者支票形式提交的投标保证金应当从其基本账户转出。

第二十五条 在提交投标文件截止时间后到招标文件规定的投标有效期终止之前,投标人不得撤销其投标文件,否则招标人可以不退还投标保证金。

第二十六条 投标人在投标截止时间前提交的投标文件,补充、修改或撤回投标文件的通知,备选投标文件等,都必须加盖所在单位公章,并且由其法定代表人或授权代表签字,但招标文件另有规定的除外。

招标人在接收上述材料时,应检查其密封或签章是否完好,并向投标人出具标明签收人和签收时间的回执。

第二十七条 以联合体形式投标的,联合体各方应签订共同投标协议,连同投标文件一并提交招标人。

联合体各方不得再单独以自己名义,或者参加另外的联合体投同一个标。招标人接受联合体投标并进行资格预审的,联合体应当在提交资格预审申请文件前组成。资格预审后联合体增减、更换成员的,其投标无效。

第二十八条 联合体中标的,应指定牵头人或代表,授权其代表所有联合体成员与招标人签订合同,负责整个合同实施阶段的协调工作。但是,需要向招标人提交由所有联合体成员法定代表人签署的授权委托书。

第二十九条 投标人不得以他人名义投标,也不得利用伪造、转让、无效或者租借的资质证书参加投标,或者以任何方式请其他单位在自己编制的投标文件代为签字盖章,损害国家利益、社会公共利益和招标人的合法权益。

第三十条 投标人不得通过故意压低投资额、降低施工技术要求、减少占地面积,或者缩短工期等手段弄虚作假,骗取中标。

第四章 开标、评标和中标

第三十一条 开标应当在招标文件确定的提交投标文件截止时间的同一时间公开进行;除不可抗力原因外,招标人不得以任何理由拖延开标,或者拒绝开标。投标人对开标有异议的,应当在开标现场提出,招标人应当当场作出答复,并制作记录。

第三十二条 评标工作由评标委员会负责。评标委员会的组成方式及要求,按《中华人民共和国招标投标法》、《中华人民共和国招标投标法实施条例》及《评标委员会和评标方法暂行规定》(国家计委等七部委联合令第12号)的有关规定执行。

第三十三条 勘察设计评标一般采取综合评估法进行。评标委员会应当按照招标文件确定的评标标准和方法,结合经批准的项目建议书、可行性研究报告或者上阶段设计批复文件,对投标人的业绩、信誉和勘察设计人员的能力以及勘察设计方案的优劣进行综合评定。

招标文件中没有规定的标准和方法,不得作为评标的依据。

第三十四条 评标委员会可以要求投标人对其技术文件进行必要的说明或介绍,但不得提出带有暗示性或诱导性的问题,也不得明确指出其投标文件中的遗漏和错误。

第三十五条 根据招标文件的规定,允许投标人投备选标的,评标委员会可以对中标人所提交的备选标进行评审,以决定是否采纳备选标。不符合中标条件的投标人的备选标不予考虑。

第三十六条 投标文件有下列情况之一的,评标委员会应当否决其投标:(一)未经投标单位盖章和单位负责人签字;(二)投标报价不符合国家颁布的勘察设计取费标准,或者低于成本,或者高于招标文件设定的最高投标限价;(三)未响应招标文件的实质性要求和条件。

第三十七条 投标人有下列情况之一的,评标委员会应当否决其投标:(一)不符合国家或者招标文件规定的资格条件;(二)与其他投标人或者与招标人串通投标;(三)以他人名义投标,或者以其他方式弄虚作假;(四)以向招标人或者评标委员会成员行贿的手段谋取中标;(五)以联合体形式投标,未提交共同投标协议;(六)提交两个以上不同的投标文件或者投标报价,但招标文件要求提交备选投标的除外。

第三十八条 评标委员会完成评标后,应当向招标人提出书面评标报告,推荐合格的中标候选人。

评标报告的内容应当符合《评标委员会和评标方法暂行规定》第四十二条的规定。但是,评标委员会决定否决所有投标的,应在评标报告中详细说明理由。

第三十九条 评标委员会推荐的中标候选人应当限定在一至三人,并标明排列顺序。

能够最大限度地满足招标文件中规定的各项综合评价标准的投标人,应当推荐为中标候选人。

第四十条 国有资金占控股或者主导地位的依法必须招标的项目,招标人应当确定排名第一的中标候选人为中标人。

排名第一的中标候选人放弃中标、因不可抗力提出不能履行合同,不按照招标文件要求提交履约保证金,或者被查实存在影响中标结果的违法行为等情形,不符合中标条件的,招标人可以按照评标委员会提出的中标候选人名单排序依次确定其他中标候选人为中标人。依次确定其他中标候选人与招标人预期差距较大,或者对招标人明显不利的,招标人可以重新招标。

招标人可以授权评标委员会直接确定中标人。国务院对中标人的确定另有规定的,从其规定。

第四十一条 招标人应在接到评标委员会的书面评标报告之日起三日内公示中标候选人,公示期不少于三日。

第四十二条 招标人和中标人应当在投标有效期内并在自中标通知书发出之日起三十日内,按照招标文件和中标人的投标文件订立书面合同。

中标人履行合同应当遵守《合同法》以及《建设工程勘察设计管理条例》中勘察设计文件编制实施的有关规定。

第四十三条 招标人不得以压低勘察设计费、增加工作量、缩短勘察设计周期等作为发出中标通知书的条件,也不得与中标人再行订立背离合同实质性内容的其他协议。

第四十四条 招标人与中标人签订合同后五日内,应当向中标人和未中标人一次性退还投标保证金及银行同期存款利息。招标文件中规定给予未中标人经济补偿的,也应在此期限内一并给付。

招标文件要求中标人提交履约保证金的,中标人应当提交;经中标人同意,可将其投标保证金抵作履约保证金。

第四十五条 招标人或者中标人采用其他未中标人投标文件中技术方案的,应当征得未中标人的书面同意,并支付合理的使用费。

第四十六条 评标定标工作应当在投标有效期内完成,不能如期完成的,招标人应当通知所有投标人延长投标有效期。

同意延长投标有效期的投标人应当相应延长其投标担保的有效期,但不得修改投标文件的实质性内容。

拒绝延长投标有效期的投标人有权收回投标保证金。招标文件中规定给予未中标人补偿的,拒绝延长的投标人有权获得补偿。

第四十七条 依法必须进行勘察设计招标的项目,招标人应当在确定中标人之日起十五日内,向有关行政监督部门提交招标投标情况的书面报告。

书面报告一般应包括以下内容:

(一)招标项目基本情况;

(二)投标人情况;

(三)评标委员会成员名单;

(四)开标情况;

(五)评标标准和方法;

(六)否决投标情况;

（七）评标委员会推荐的经排序的中标候选人名单；

（八）中标结果；

（九）未确定排名第一的中标候选人为中标人的原因；

（十）其他需说明的问题。

第四十八条 在下列情况下，依法必须招标项目的招标人在分析招标失败的原因并采取相应措施后，应当依照本办法重新招标：

（一）资格预审合格的潜在投标人不足三个的；

（二）在投标截止时间前提交投标文件的投标人少于三个的；

（三）所有投标均被否决的；

（四）评标委员会否决不合格投标后，因有效投标不足三个使得投标明显缺乏竞争，评标委员会决定否决全部投标的；

（五）根据第四十六条规定，同意延长投标有效期的投标人少于三个的。

第四十九条 招标人重新招标后，发生本办法第四十八条情形之一的，属于按照国家规定需要政府审批、核准的项目，报经原项目审批、核准部门审批、核准后可以不再进行招标；其他工程建设项目，招标人可自行决定不再进行招标。

第五章 罚 则

第五十条 招标人有下列限制或者排斥潜在投标人行为之一的，由有关行政监督部门依照招标投标法第五十一条的规定处罚；其中，构成依法必须进行勘察设计招标的项目的招标人规避招标的，依照招标投标法第四十九条的规定处罚：（一）依法必须公开招标的项目不按照规定在指定媒介发布资格预审公告或者招标公告；（二）在不同媒介发布的同一招标项目的资格预审公告或者招标公告的内容不一致，影响潜在投标人申请资格预审或者投标。

第五十一条 招标人有下列情形之一的，由有关行政监督部门责令改正，可以处10万元以下的罚款：（一）依法应当公开招标而采用邀请招标；（二）招标文件、资格预审文件的发售、澄清、修改的时限，或者确定的提交资格预审申请文件、投标文件的时限不符合招标投标法和招标投标法实施条例规定；（三）接受未通过资格预审的单位或者个人参加投标；（四）接受应当拒收的投标文件。招标人有前款第一项、第三项、第四项所列行为之一的，对单位直接负责的主管人员和其他直接责任人员依法给予处分。

第五十二条　依法必须进行招标的项目的投标人以他人名义投标，利用伪造、转让、租借、无效的资质证书参加投标，或者请其他单位在自己编制的投标文件上代为签字盖章，弄虚作假，骗取中标的，中标无效。尚未构成犯罪的，处中标项目金额千分之五以上千分之十以下的罚款，对单位直接负责的主管人员和其他直接责任人员处单位罚款数额百分之五以上百分之十以下的罚款；有违法所得的，并处没收违法所得；情节严重的，取消其一年至三年内参加依法必须进行招标的项目的投标资格并予以公告，直至由工商行政管理机关吊销营业执照。

第五十三条　招标人以抽签、摇号等不合理的条件限制或者排斥资格预审合格的潜在投标人参加投标，对潜在投标人实行歧视待遇的，强制要求投标人组成联合体共同投标的，或者限制投标人之间竞争的，责令改正，可以处一万元以上五万元以下的罚款。依法必须进行招标的项目的招标人不按照规定组建评标委员会，或者确定、更换评标委员会成员违反招标投标法和招标投标法实施条例规定的，由有关行政监督部门责令改正，可以处10万元以下的罚款，对单位直接负责的主管人员和其他直接责任人员依法给予处分；违法确定或者更换的评标委员会成员作出的评审结论无效，依法重新进行评审。

第五十四条　评标委员会成员有下列行为之一的，由有关行政监督部门责令改正；情节严重的，禁止其在一定期限内参加依法必须进行招标的项目的评标；情节特别严重的，取消其担任评标委员会成员的资格：（一）不按照招标文件规定的评标标准和方法评标；（二）应当回避而不回避；（三）擅离职守；（四）私下接触投标人；（五）向招标人征询确定中标人的意向或者接受任何单位或者个人明示或者暗示提出的倾向或者排斥特定投标人的要求；（六）对依法应当否决的投标不提出否决意见；(七)暗示或者诱导投标人作出澄清、说明或者接受投标人主动提出的澄清、说明；(八)其他不客观、不公正履行职务的行为。

第五十五条　招标人与中标人不按照招标文件和中标人的投标文件订立合同，责令改正，可以处中标项目金额千分之五以上千分之十以下的罚款。

第五十六条　本办法对违法行为及其处罚措施未做规定的，依据《中华人民共和国招标投标法》、《中华人民共和国招标投标法实施条例》和有关法律、行政法规的规定执行。

第六章　附　则

第五十七条　使用国际组织或者外国政府贷款、援助资金的项目进行招标，贷款方、资金提供方对工程勘察设计招标投标活动的条件和程序另有规定的，可以适用其规定，但违背中华人民共和国社会公共利益的除外。

第五十八条　本办法发布之前有关勘察设计招标投标的规定与本办法不一致的，以本办法为准。法律或者行政法规另有规定的，从其规定。

第五十九条　本办法由国家发展和改革委员会会同有关部门负责解释。

第六十条　本办法自2003年8月1日起施行。

评标委员会和评标方法暂行规定通知

根据 2013 年 3 月 11 日《关于废止和修改部分招标投标规章和规范性文件的决定》2013 年第 23 号令修正

第一章 总 则

第一条 为了规范评标活动,保证评标的公平、公正,维护招标投标活动当事人的合法权益,依照《中华人民共和国招标投标法》、《中华人民共和国招标投标法实施条例》,制定本规定。

第二条 本规定适用于依法必须招标项目的评标活动。

第三条 评标活动遵循公平、公正、科学、择优的原则。

第四条 评标活动依法进行,任何单位和个人不得非法干预或者影响评标过程和结果。

第五条 招标人应当采取必要措施,保证评标活动在严格保密的情况下进行。

第六条 评标活动及其当事人应当接受依法实施的监督。

有关行政监督部门依照国务院或者地方政府的职责分工,对评标活动实施监督,依法查处评标活动中的违法行为。

第二章 评标委员会

第七条 评标委员会依法组建,负责评标活动,向招标人推荐中标候选人或者根据招标人的授权直接确定中标人。

第八条 评标委员会由招标人负责组建。

评标委员会成员名单一般应于开标前确定。评标委员会成员名单在中标结果确定前应当保密。

第九条 评标委员会由招标人或其委托的招标代理机构熟悉相关业务的代表,以及有关技术、经济等方面的专家组成,成员人数为五人以上单数,其中技术、经济等方面的专家不得少于成员总数的三分之二。

评标委员会设负责人的,评标委员会负责人由评标委员会成员推举产生或者由招标人确定。评标委员会负责人与评标委员会的其他成员有同等的表决权。

第十条 评标委员会的专家成员应当从依法组建的专家库内的相关专家名单中确定。

按前款规定确定评标专家,可以采取随机抽取或者直接确定的方式。一般项目,可以采取随机抽取的方式;技术复杂、专业性强或者国家有特殊要求的招标项目,采取随机抽取方式确定的专家难以保证胜任的,可以由招标人直接确定。

第十一条 评标专家应符合下列条件:

(一)从事相关专业领域工作满八年并具有高级职称或者同等专业水平;

(二)熟悉有关招标投标的法律法规,并具有与招标项目相关的实践经验;

(三)能够认真、公正、诚实、廉洁地履行职责。

第十二条 有下列情形之一的,不得担任评标委员会成员:

(一)投标人或者投标人主要负责人的近亲属;

(二)项目主管部门或者行政监督部门的人员;

(三)与投标人有经济利益关系,可能影响对投标公正评审的;

(四)曾因在招标、评标以及其他与招标投标有关活动中从事违法行为而受过行政处罚或刑事处罚的。

评标委员会成员有前款规定情形之一的,应当主动提出回避。

第十三条 评标委员会成员应当客观、公正地履行职责,遵守职业道德,对所提出的评审意见承担个人责任。

评标委员会成员不得与任何投标人或者与招标结果有利害关系的人进行私下接触,不得收受投标人、中介人、其他利害关系人的财物或者其他好处,不得向招标人征询其确定中标人的意向,不得接受任何单位或者个人明示或者暗示提出的倾向或者排斥特定投标人的要求,不得有其他不客观、不公正履行职务的行为。

第十四条 评标委员会成员和与评标活动有关的工作人员不得透露对投标文件的评审和比较、中标候选人的推荐情况以及与评标有关的其他情况。

前款所称与评标活动有关的工作人员,是指评标委员会成员以外的因参与评标监督工作或者事务性工作而知悉有关评标情况的所有人员。

第三章 评标的准备与初步评审

第十五条 评标委员会成员应当编制供评标使用的相应表格,认真研究招标文件,至少应了解和熟悉以下内容:

（一）招标的目标;

（二）招标项目的范围和性质;

（三）招标文件中规定的主要技术要求、标准和商务条款;

（四）招标文件规定的评标标准、评标方法和在评标过程中考虑的相关因素。

第十六条 招标人或者其委托的招标代理机构应当向评标委员会提供评标所需的重要信息和数据,但不得带有明示或者暗示倾向或者排斥特定投标人的信息。

招标人设有标底的,标底在开标前应当保密,并在评标时作为参考。

第十七条 评标委员会应当根据招标文件规定的评标标准和方法,对投标文件进行系统的评审和比较。招标文件中没有规定的标准和方法不得作为评标的依据。

招标文件中规定的评标标准和评标方法应当合理,不得含有倾向或者排斥潜在投标人的内容,不得妨碍或者限制投标人之间的竞争。

第十八条 评标委员会应当按照投标报价的高低或者招标文件规定的其他方法对投标文件排序。以多种货币报价的,应当按照中国银行在开标日公布的汇率中间价换算成人民币。

招标文件应当对汇率标准和汇率风险作出规定。未作规定的,汇率风险由投标人承担。

第十九条 评标委员会可以书面方式要求投标人对投标文件中含义不明确、对同类问题表述不一致或者有明显文字和计算错误的内容作必要的澄清、说明或者补正。澄清、说明或者补正应以书面方式进行并不得超出投标文件的范围或者改变投标文件的实质性内容。

投标文件中的大写金额和小写金额不一致的,以大写金额为准;总价金额与单价金额不一致的,以单价金额为准,但单价金额小数点有明显错误的除外;对不同文字文本投标文件的解释发生异议的,以中文文本为准。

第二十条 在评标过程中,评标委员会发现投标人以他人的名义投标、串通投标、以行贿手段谋取中标或者以其他弄虚作假方式投标的,应当否决该投标人的投标。

第二十一条 在评标过程中,评标委员会发现投标人的报价明显低于其他投标报价或者在设有标底时明显低于标底,使得其投标报价可能低于其个别成本的,应当要求该投标人作出书面说明并提供相关证明材料。投标人不能合理说明或者不能提供相关证明材料的,由评标委员会认定该投标人以低于成本报价竞标,应当否决其投标。

第二十二条 投标人资格条件不符合国家有关规定和招标文件要求的,或者拒不按照要求对投标文件进行澄清、说明或者补正的,评标委员会可以否决其投标。

第二十三条 评标委员会应当审查每一投标文件是否对招标文件提出的所有实质性要求和条件作出响应。未能在实质上响应的投标,应当予以否决。

第二十四条 评标委员会应当根据招标文件,审查并逐项列出投标文件的全部投标偏差。

投标偏差分为重大偏差和细微偏差。

第二十五条 下列情况属于重大偏差:

(一)没有按照招标文件要求提供投标担保或者所提供的投标担

保有瑕疵；

（二）投标文件没有投标人授权代表签字和加盖公章；

（三）投标文件载明的招标项目完成期限超过招标文件规定的期限；

（四）明显不符合技术规格、技术标准的要求；

（五）投标文件载明的货物包装方式、检验标准和方法等不符合招标文件的要求；

（六）投标文件附有招标人不能接受的条件；

（七）不符合招标文件中规定的其他实质性要求。

投标文件有上述情形之一的，为未能对招标文件作出实质性响应，并按本规定第二十三条规定作否决投标处理。招标文件对重大偏差另有规定的，从其规定。

第二十六条　细微偏差是指投标文件在实质上响应招标文件要求，但在个别地方存在漏项或者提供了不完整的技术信息和数据等情况，并且补正这些遗漏或者不完整不会对其他投标人造成不公平的结果。细微偏差不影响投标文件的有效性。

评标委员会应当书面要求存在细微偏差的投标人在评标结束前予以补正。拒不补正的，在详细评审时可以对细微偏差作不利于该投标人的量化，量化标准应当在招标文件中规定。

第二十七条　评标委员会根据本规定第二十条、第二十一条、第二十二条、第二十三条、第二十五条的规定否决不合格投标后，因有效投标不足三个使得投标明显缺乏竞争的，评标委员会可以否决全部投标。

投标人少于三个或者所有投标被否决的，招标人在分析招标失败的原因并采取相应措施后，应当依法重新招标。

第四章　详细评审

第二十八条　经初步评审合格的投标文件，评标委员会应当根据招标文件确定的评标标准和方法，对其技术部分和商务部分作进一步评审、比较。

第二十九条 评标方法包括经评审的最低投标价法、综合评估法或者法律、行政法规允许的其他评标方法。

第三十条 经评审的最低投标价法一般适用于具有通用技术、性能标准或者招标人对其技术、性能没有特殊要求的招标项目。

第三十一条 根据经评审的最低投标价法，能够满足招标文件的实质性要求，并且经评审的最低投标价的投标，应当推荐为中标候选人。

第三十二条 采用经评审的最低投标价法的，评标委员会应当根据招标文件中规定的评标价格调整方法，以所有投标人的投标报价以及投标文件的商务部分作必要的价格调整。

采用经评审的最低投标价法的，中标人的投标应当符合招标文件规定的技术要求和标准，但评标委员会无需对投标文件的技术部分进行价格折算。

第三十三条 根据经评审的最低投标价法完成详细评审后，评标委员会应当拟定一份"标价比较表"，连同书面评标报告提交招标人。"标价比较表"应当载明投标人的投标报价、对商务偏差的价格调整和说明以及经评审的最终投标价。

第三十四条 不宜采用经评审的最低投标价法的招标项目，一般应当采取综合评估法进行评审。

第三十五条 根据综合评估法，最大限度地满足招标文件中规定的各项综合评价标准的投标，应当推荐为中标候选人。

衡量投标文件是否最大限度地满足招标文件中规定的各项评价标准，可以采取折算为货币的方法、打分的方法或者其他方法。需量化的因素及其权重应当在招标文件中明确规定。

第三十六条 评标委员会对各个评审因素进行量化时，应当将量化指标建立在同一基础或者同一标准上，使各投标文件具有可比性。

对技术部分和商务部分进行量化后，评标委员会应当对这两部分的量化结果进行加权，计算出每一投标的综合评估价或者综合评估分。

第三十七条 根据综合评估法完成评标后，评标委员会应当拟定一份"综合评估比较表",连同书面评标报告提交招标人。"综合评估比较表"应当载明投标人的投标报价、所作的任何修正、对商务偏差的调整、对技术偏差的调整、对各评审因素的评估以及对每一投标的最终评审结果。

第三十八条　根据招标文件的规定,允许投标人投备选标的,评标委员会可以对中标人所投的备选标进行评审,以决定是否采纳备选标。不符合中标条件的投标人的备选标不予考虑。

第三十九条　对于划分有多个单项合同的招标项目,招标文件允许投标人为获得整个项目合同而提出优惠的,评标委员会可以对投标人提出的优惠进行审查,以决定是否将招标项目作为一个整体合同授予中标人。将招标项目作为一个整体合同授予的,整体合同中标人的投标应当最有利于招标人。

第四十条　评标和定标应当在投标有效期内完成。不能在投标有效期内完成评标和定标的,招标人应当通知所有投标人延长投标有效期。拒绝延长投标有效期的投标人有权收回投标保证金。同意延长投标有效期的投标人应当相应延长其投标担保的有效期,但不得修改投标文件的实质性内容。因延长投标有效期造成投标人损失的,招标人应当给予补偿,但因不可抗力需延长投标有效期的除外。

招标文件应当载明投标有效期。投标有效期从提交投标文件截止日起计算。

第五章　推荐中标候选人与定标

第四十一条　评标委员会在评标过程中发现的问题,应当及时作出处理或者向招标人提出处理建议,并作书面记录。

第四十二条　评标委员会完成评标后,应当向招标人提出书面评标报告,并抄送有关行政监督部门。评标报告应当如实记载以下内容:

(一) 基本情况和数据表;

(二) 评标委员会成员名单;

(三) 开标记录;

（四）符合要求的投标一览表；

（五）否决投标的情况说明；

（六）评标标准、评标方法或者评标因素一览表；

（七）经评审的价格或者评分比较一览表；

（八）经评审的投标人排序；

（九）推荐的中标候选人名单与签订合同前要处理的事宜；

（十）澄清、说明、补正事项纪要。

第四十三条 评标报告由评标委员会全体成员签字。对评标结论持有异议的评标委员会成员可以书面方式阐述其不同意见和理由。评标委员会成员拒绝在评标报告上签字且不陈述其不同意见和理由的，视为同意评标结论。评标委员会应当对此作出书面说明并记录在案。

第四十四条 向招标人提交书面评标报告后，评标委员会应将评标过程中使用的文件、表格以及其他资料应当即时归还招标人。

第四十五条 评标委员会推荐的中标候选人应当限定在一至三人，并标明排列顺序。

第四十六条 中标人的投标应当符合下列条件之一：

（一）能够最大限度满足招标文件中规定的各项综合评价标准；

（二）能够满足招标文件的实质性要求，并且经评审的投标价格最低；但是投标价格低于成本的除外。

第四十七条 招标人不得与投标人就投标价格、投标方案等实质性内容进行谈判。

第四十八条 国有资金占控股或者主导地位的项目，招标人应当确定排名第一的中标候选人为中标人。排名第一的中标候选人放弃中标、因不可抗力提出不能履行合同，或者招标文件规定应当提交履约保证金而在规定的期限内未能提交，或者被查实存在影响中标结果的违法行为等情形，不符合中标条件的，招标人可以按照评标委员会提出的中标候选人名单排序依次确定其他中标候选人为中标人。依次确定其他中标候选人与招标人预期差距较大，或者对招标人明显不利的，招标人可以重新招标。

招标人可以授权评标委员会直接确定中标人。

国务院对中标人的确定另有规定的,从其规定。

第四十九条 中标人确定后,招标人应当向中标人发出中标通知书,同时通知未中标人,并与中标人在投标有效期内以及中标通知书发出之日起 30 日之内签订合同。

第五十条 中标通知书对招标人和中标人具有法律约束力。中标通知书发出后,招标人改变中标结果或者中标人放弃中标的,应当承担法律责任。

第五十一条 招标人应当与中标人按照招标文件和中标人的投标文件订立书面合同。招标人与中标人不得再行订立背离合同实质性内容的其他协议。

第五十二条 招标人与中标人签订合同后 5 日内,应当向中标人和未中标的投标人退还投标保证金。

第六章 罚 则

第五十三条 评标委员会成员有下列行为之一的,由有关行政监督部门责令改正;情节严重的,禁止其在一定期限内参加依法必须进行招标的项目的评标;情节特别严重的,取消其担任评标委员会成员的资格:(一)应当回避而不回避;(二)擅离职守;(三)不按照招标文件规定的评标标准和方法评标;(四)私下接触投标人;(五)向招标人征询确定中标人的意向或者接受任何单位或者个人明示或者暗示提出的倾向或者排斥特定投标人的要求;(六)对依法应当否决的投标不提出否决意见;(七)暗示或者诱导投标人作出澄清、说明或者接受投标人主动提出的澄清、说明;(八)其他不客观、不公正履行职务的行为。

第五十四条 评标委员会成员收受投标人的财物或者其他好处的,评标委员会成员或者与评标活动有关的工作人员向他人透露对投标文件的评审和比较、中标候选人的推荐以及与评标有关的其他情况的,给予警告,没收收受的财物,可以并处三千元以上五万元以下的罚款;对有所列违法行为的评标委员会成员取消担任评标委员会成员的资格,不得再参加任何依法必须进行招标项目的评标;构成犯罪的,依法追究刑事责任。

第五十五条 招标人有下列情形之一的,责令改正,可以处中标项目金额千分之十以下的罚款;给他人造成损失的,依法承担赔偿责任;对单位直接负责的主管人员和其他直接责任人员依法给予处分:(一)无正当理由不发出中标通知书;(二)不按照规定确定中标人;(三)中标通知书发出后无正当理由改变中标结果;(四)无正当理由不与中标人订立合同;(五)在订立合同时向中标人提出附加条件。

第五十六条 招标人与中标人不按照招标文件和中标人的投标文件订立合同的,合同的主要条款与招标文件、中标人的投标文件的内容不一致,或者招标人、中标人订立背离合同实质性内容的协议的,由有关行政监督部门责令改正,可以处中标项目金额千分之五以上千分之十以下的罚款。

第五十七条 中标人无正当理由不与招标人订立合同,在签订合同时向招标人提出附加条件,或者不按照招标文件要求提交履约保证金的,取消其中标资格,投标保证金不予退还。对依法必须进行招标的项目的中标人,由有关行政监督部门责令改正,可以处中标项目金额10‰以下的罚款。

第七章 附 则

第五十八条 依法必须招标项目以外的评标活动,参照本规定执行。

第五十九条 使用国际组织或者外国政府贷款、援助资金的招标项目的评标活动,贷款方、资金提供方对评标委员会与评标方法另有规定的,适用其规定,但违背中华人民共和国的社会公共利益的除外。

第六十条 本规定颁布前有关评标机构和评标方法的规定与本规定不一致的,以本规定为准。法律或者行政法规另有规定的,从其规定。

第六十一条 本规定由国家发展改革委会同有关部门负责解释。

第六十二条 本规定自发布之日起施行。

建筑工程安全防护、
文明施工措施费用及使用管理规定

建办〔2005〕89号

第一条 为加强建筑工程安全生产、文明施工管理,保障施工从业人员的作业条件和生活环境,防止施工安全事故发生,根据《中华人民共和国安全生产法》、《中华人民共和国建筑法》、《建设工程安全生产管理条例》、《安全生产许可证条例》等法律法规,制定本规定。

第二条 本规定适用于各类新建、扩建、改建的房屋建筑工程(包括与其配套的线路管道和设备安装工程、装饰工程)、市政基础设施工程和拆除工程。

第三条 本规定所称安全防护、文明施工措施费用,是指按照国家现行的建筑施工安全、施工现场环境与卫生标准和有关规定,购置和更新施工安全防护用具及设施、改善安全生产条件和作业环境所需要的费用。安全防护、文明施工措施项目清单详见附表。

建设单位对建筑工程安全防护、文明施工措施有其他要求的,所发生费用一并计入安全防护、文明施工措施费。

第四条 建筑工程安全防护、文明施工措施费用是由《建筑安装工程费用项目组成》(建标〔2003〕206号)中措施费所含的文明施工费,环境保护费,临时设施费,安全施工费组成。

其中安全施工费由临边、洞口、交叉、高处作业安全防护费,危险性较大工程安全措施费及其他费用组成。危险性较大工程安全措施费及其他费用项目组成由各地建设行政主管部门结合本地区实际自行确定。

第五条 建设单位、设计单位在编制工程概(预)算时,应当依据工程所在地工程造价管理机构测定的相应费率,合理确定工程安全防护、文明施工措施费。

第六条 依法进行工程招投标的项目,招标方或具有资质的中介机构编制招标文件时,应当按照有关规定并结合工程实际单独列出安全防护、文明施工措施项目清单。

投标方应当根据现行标准规范,结合工程特点、工期进度和作业环境要求,在施工组织设计文件中制定相应的安全防护、文明施工措施,并按照招标文件要求结合自身的施工技术水平、管理水平对工程安全防护、文明施工措施项目单独报价。投标方安全防护、文明施工措施的报价,不得低于依据工程所在地工程造价管理机构测定费率计算所需费用总额的90%。

第七条 建设单位与施工单位应当在施工合同中明确安全防护、文明施工措施项目总费用,以及费用预付、支付计划,使用要求、调整方式等条款。

建设单位与施工单位在施工合同中对安全防护、文明施工措施费用预付、支付计划未作约定或约定不明的,合同工期在一年以内的,建设单位预付安全防护、文明施工措施项目费用不得低于该费用总额的50%;合同工期在一年以上的(含一年),预付安全防护、文明施工措施费用不得低于该费用总额的30%,其余费用应当按照施工进度支付。

实行工程总承包的,总承包单位依法将建筑工程分包给其他单位的,总承包单位与分包单位应当在分包合同中明确安全防护、文明施工措施费用由总承包单位统一管理。安全防护、文明施工措施由分包单位实施的,由分包单位提出专项安全防护措施及施工方案,经总承包单位批准后及时支付所需费用。

第八条 建设单位申请领取建筑工程施工许可证时,应当将施工合同中约定的安全防护、文明施工措施费用支付计划作为保证工程安全的具体措施提交建设行政主管部门。未提交的,建设行政主管部门不予核发施工许可证。

第九条 建设单位应当按照本规定及合同约定及时向施工单位支付安全防护、文明施工措施费,并督促施工企业落实安全防护、文明施工措施。

第十条 工程监理单位应当对施工单位落实安全防护、文明施工措施情况进行现场监理。对施工单位已经落实的安全防护、文明施工措施,总监理工程师或者造价工程师应当及时审查并签认所发生的费用。监理单位发现施工单位未落实施工组织设计及专项施工方案中安全防护和文明施工措施的,有权责令其立即整改;对施工单位拒不整改或未按期限要求完成整改的,工程监理单位应当及时向建设单位和建设行政主管部门报告,必要时责令其暂停施工。

第十一条 施工单位应当确保安全防护、文明施工措施费专款专用,在财务管理中单独列出安全防护、文明施工措施项目费用清单备查。施工单位安全生产管理机构和专职安全生产管理人员负责对建筑工程安全防护、文明施工措施的组织实施进行现场监督检查,并有权向建设主管部门反映情况。

工程总承包单位对建筑工程安全防护、文明施工措施费用的使用负总责。总承包单位应当按照本规定及合同约定及时向分包单位支付安全防护、文明施工措施费用。总承包单位不按本规定和合同约定支付费用,造成分包单位不能及时落实安全防护措施导致发生事故的,由总承包单位负主要责任。

第十二条 建设行政主管部门应当按照现行标准规范对施工现场安全防护、文明施工措施落实情况进行监督检查,并对建设单位支付及施工单位使用安全防护、文明施工措施费用情况进行监督。

第十三条 建设单位未按本规定支付安全防护、文明施工措施费用的,由县级以上建设行政主管部门依据《建设工程安全生产管理条例》第五十四条规定,责令限期整改;逾期未改正的,责令该建设工程停止施工。

第十四条 施工单位挪用安全防护、文明施工措施费用的,由县级以上建设主管部门依据《建设工程安全生产管理条例》第六十三条规定,责令限期整改,处挪用费用20%以上50%以下的罚款;造成损失的,依法承担赔偿责任。

第十五条 建设行政主管部门的工作人员有下列行为之一的,由其所在单位或者上级主管机关给予行政处分;构成犯罪的,依照刑法有关规定追究刑事责任:

（一）对没有提交安全防护、文明施工措施费用支付计划的工程颁发施工许可证的；

（二）发现违法行为不予查处的；

（三）不依法履行监督管理职责的其他行为。

第十六条 建筑工程以外的工程项目安全防护、文明施工措施费用及使用管理可以参照本规定执行。

第十七条 各地可依照本规定，结合本地区实际制定实施细则。

第十八条 本规定由国务院建设行政主管部门负责解释。

第十九条 本规定自2005年9月1日起施行。

附件：

建设工程安全防护、文明施工措施项目清单

类别	项目名称	具体要求
文明施工与环境保护	安全警示标志牌	在易发伤亡事故（或危险）处设置明显的、符合国家标准要求的安全警示标志牌。
	现场围挡	(1) 现场采用封闭围挡，高度不小于1.8 m； (2) 围挡材料可采用彩色、定型钢板、砖、砼砌块等墙体。
	五板一图	在进门处悬挂工程概况、管理人员名单及监督电话、安全生产、文明施工、消防保卫五板；施工现场总平面图。
	企业标志	现场出入的大门应设有本企业标识或企业标识。
	场容场貌	(1) 道路畅通； (2) 排水沟、排水设施通畅； (3) 工地地面硬化处理； (4) 绿化。
	材料堆放	(1) 材料、构件、料具等堆放时，悬挂有名称、品种、规格等标牌； (2) 水泥和其他易飞扬细颗粒建筑材料应密闭存放或采取覆盖等措施； (3) 易燃、易爆和有毒有害物品分类存放。
	现场防火	消防器材配置合理，符合消防要求。

续表

类别	项目名称	具体要求
	垃圾清运	施工现场应设置密闭式垃圾站,施工垃圾、生活垃圾应分类存放。施工垃圾必须采用相应容器或管道运输。
	现场办公生活设施	(1) 施工现场办公、生活区与作业区分开设置,保持安全距离; (2) 工地办公室、现场宿舍、食堂、厕所、饮水、休息场所符合卫生和安全要求。
临时设施	施工现场临时用电 — 配电线路	(1) 按照TN-S系统要求配备五芯电缆、四芯电缆和三芯电缆; (2) 按要求架设临时用电线路的电杆、横担、瓷夹、瓷瓶等,或电缆埋地的地沟; (3) 对靠近施工现场的外电线路,设置木质、塑料等绝缘体的防护设施。
	施工现场临时用电 — 配电箱开关箱	(1) 按三级配电要求,配备总配电箱、分配电箱、开关箱三类标准电箱。开关箱应符合一机、一箱、一闸、一漏。三类电箱中的各类电器应是合格品。 (2) 按两级保护的要求,选取符合容量要求和质量合格的总配电箱和开关箱中的漏电保护器。
	接地保护装置	施工现场保护零线的重复接地应不少于三处。
安全施工	临边洞口交叉高处作业防护 — 楼板、屋面、阳台等临边防护	用密目式安全立网全封闭,作业层另加两边防护栏杆和18 cm高的踢脚板。
	通道口防护	设防护棚,防护棚应为不小于5 cm厚的木板或两道相距50 cm的竹笆。两侧应沿栏杆架用密目式安全网封闭。
	预留洞口防护	用木板全封闭;短边超过1.5 m长的洞口,除封闭外四周还应设有防护栏杆。
	电梯井口防护	设置定型化、工具化、标准化的防护门;在电梯井内每隔两层(不大于10 m)设置一道安全平网。
	楼梯边防护	设1.2 m高的定型化、工具化、标准化的防护栏杆,18 cm高的踢脚板。

续表

类别	项目名称	具体要求
	垂直方向交叉作业防护	设置防护隔离棚或其他设施。
	高空作业防护	有悬挂安全带的悬索或其他设施;有操作平台;有上下的梯子或其他形式的通道。
其他(由各地自定)		

注:本表所列建筑工程安全防护、文明施工措施项目,是依据现行法律法规及标准规范确定。如修订法律法规和标准规范,本表所列项目应按照修订后的法律法规和标准规范进行调整。

工程量清单计价规范(GB50500-2008)(节选)
中华人民共和国住房和城乡建设部公告第63号

现批准《建设工程工程量清单计价规范》为国家标准,编号为GB50500-2008,自2008年12月1日起实施。其中,第1.0.3、3.1.2、3.2.1、3.2.2、3.2.3、3.2.4、3.2.5、3.2.6、3.2.7、4.1.2、4.1.3、4.1.5、4.1.8、4.3.2、4.8.1条为强制性条文,必须严格执行。原《建设工程工程量清单计价规范》GB50500-2003同时废止。

本规范由我部标准定额研究所组织中国计划出版社出版发行。

中华人民共和国住房和城乡建设部
二〇〇八年七月九日

【1.0.3】全部使用国有资金投资或国有资金投资为主(以下二者简称"国有资金投资")的工程建设项目,必须采用工程量清单计价。

【3.1.2】采用工程量清单方式招标,工程量清单必须作为招标文件的组成部分,其准确性和完整性由招标人负责。

【3.2.1】分部分项工程量清单应包括项目编码、项目名称、项目特征、计量单位和工程量。

【3.2.2】分部分项工程量清单应根据附录规定的项目编码、项目名称、项目特征、计量单位和工程量计算规则进行编制。

【3.2.3】分部分项工程量清单的项目编码,应采用十二位阿拉伯数字表示。一至九位应按附录的规定设置;十至十二位应根据拟建工程的工程量清单项目名称设置,同一招标工程的项目编码不得有重码。

【3.2.4】分部分项工程量清单的项目名称应按附录的项目名称结合拟建工程的实际确定。

【3.2.5】分部分项工程量清单中所列工程量应按附录中规定的工程量计算规则计算。

【3.2.6】分部分项工程量清单的计量单位应按附录中规定的计量单位确定。

【3.2.7】分部分项工程量清单项目特征应按附录中规定的项目特征,结合拟建工程项目的实际予以表述。

【4.1.2】分部分项工程量清单应采用综合单价计价。

【4.1.3】招标文件中的工程量清单标明的工程量是投标人投标报价的共同基础,竣工结算的工程量按发、承包双方在合同中约定应予计量且实际完成的工程量确定。

【4.1.5】措施项目清单中的安全文明施工费应按照国家或省级、行业建设主管部门的规定计价,不得作为竞争性费用。

【4.1.8】规费和税金应按国家或省级、行业建设主管部门的规定计算,不得作为竞争性费用。

【4.3.2】投标人应按照招标人提供的工程量清单填报价格。填写的项目编码、项目名称、项目特征、计量单位、工程量必须与招标人提供的一致。

【4.8.1】工程完工后,发承包双方应在合同约定时间内办理工程竣工结算。

工程量清单计价规范(GB50500-2013)(节选)

中华人民共和国住房和城乡建设部公告第 1567 号

现批准《建设工程工程量清单计价规范》为国家标准,编号为 GB50500-2013,自 2013 年 7 月 1 日起实施。其中,第 3.1.1、3.1.4、3.1.5、3.1.6、3.4.1、4.1.2、4.2.1、4.2.2、4.3.1、5.1.1、6.1.3、6.1.4、8.1.1、8.2.1、11.1.1 条为强制性条文,必须严格执行。原国家标准《建设工程工程量清单计价规范》GB50500-2008 同时废止。

本规范由我部标准定额研究所组织中国计划出版社出版发行。

中华人民共和国住房和城乡建设部
2012 年 12 月 25 日

【3.1.1】使用国有资金投资的建设工程发承包,必须采用工程量清单计价。

【3.1.4】工程量清单应采用综合单价计价。

【3.1.5】措施项目中的安全文明施工费必须按国家或省级、行业建设主管部门的规定计算,不得作为竞争性费用。

【3.1.6】规费和税金必须按国家或省级、行业建设主管部门的规定计算,不得作为竞争性费用。

【3.4.1】建设工程发承包,必须在招标文件、合同中明确计价中的风险内容及其范围,不得采用无限风险、所有风险或类似语句规定计价中的风险内容及其范围。

【4.1.2】招标工程量清单必须作为招标文件的组成部分,其准确性和完整性应由招标人负责。

【4.2.1】分部分项工程项目清单必须载明项目编码、项目名称、项目特征、计量单位和工程量。

【4.2.2】分部分项工程项目清单必须根据相关工程现行国家计量

规范规定的项目编码、项目名称、项目特征、计量单位和工程量计算规则进行编制。

【4.3.1】措施项目清单必须根据相关工程现行国家计量规范的规定编制。

【5.1.1】国有资金投资的建设工程招标,招标人必须编制招标控制价。

【6.1.3】投标报价不得低于工程成本。

【6.1.4】投标人必须按招标工程量清单填报价格。填写的项目编码、项目名称、项目特征、计量单位、工程量必须与招标工程量清单一致。

【8.1.1】工程量必须按照相关工程现行国家计量规范规定的工程量计量规则计算。

【8.2.1】工程量必须以承包人完成合同工程应予计量的按照现行国家计量规范规定的工程量计算规则计算得到的工程量确定。

【11.1.1】工程完工后,发承包双方必须在合同约定时间内办理工程竣工结算。

二、审计类法律法规

中华人民共和国审计法

1994年8月31日第八届全国人民代表大会常务委员会第九次会议通过，
1994年8月31日中华人民共和国主席令第三十二号公布
根据2006年2月28日第十届全国人民代表大会常务委员会第二十次
会议《关于修改〈中华人民共和国审计法〉的决定》修正

第一章 总 则

第一条 为了加强国家的审计监督，维护国家财政经济秩序，提高财政资金使用效益，促进廉政建设，保障国民经济和社会健康发展，根据宪法，制定本法。

第二条 国家实行审计监督制度。国务院和县级以上地方人民政府设立审计机关。

国务院各部门和地方各级人民政府及其各部门的财政收支，国有的金融机构和企业事业组织的财务收支，以及其他依照本法规定应当接受审计的财政收支、财务收支，依照本法规定接受审计监督。

审计机关对前款所列财政收支或者财务收支的真实、合法和效益，依法进行审计监督。

第三条 审计机关依照法律规定的职权和程序，进行审计监督。

审计机关依据有关财政收支、财务收支的法律、法规和国家其他有关规定进行审计评价，在法定职权范围内作出审计决定。

第四条 国务院和县级以上地方人民政府应当每年向本级人民代表大会常务委员会提出审计机关对预算执行和其他财政收支的审计工作报告。审计工作报告应当重点报告对预算执行的审计情况。必要时，人民代表大会常务委员会可以对审计工作报告作出决议。

国务院和县级以上地方人民政府应当将审计工作报告中指出的问

题的纠正情况和处理结果向本级人民代表大会常务委员会报告。

第五条 审计机关依照法律规定独立行使审计监督权,不受其他行政机关、社会团体和个人的干涉。

第六条 审计机关和审计人员办理审计事项,应当客观公正,实事求是,廉洁奉公,保守秘密。

第二章 审计机关和审计人员

第七条 国务院设立审计署,在国务院总理领导下,主管全国的审计工作。审计长是审计署的行政首长。

第八条 省、自治区、直辖市、设区的市、自治州、县、自治县、不设区的市、市辖区的人民政府的审计机关,分别在省长、自治区主席、市长、州长、县长、区长和上一级审计机关的领导下,负责本行政区域内的审计工作。

第九条 地方各级审计机关对本级人民政府和上一级审计机关负责并报告工作,审计业务以上级审计机关领导为主。

第十条 审计机关根据工作需要,经本级人民政府批准,可以在其审计管辖范围内设立派出机构。

派出机构根据审计机关的授权,依法进行审计工作。

第十一条 审计机关履行职责所必需的经费,应当列入财政预算,由本级人民政府予以保证。

第十二条 审计人员应当具备与其从事的审计工作相适应的专业知识和业务能力。

第十三条 审计人员办理审计事项,与被审计单位或者审计事项有利害关系的,应当回避。

第十四条 审计人员对其在执行职务中知悉的国家秘密和被审计单位的商业秘密,负有保密的义务。

第十五条 审计人员依法执行职务,受法律保护。

任何组织和个人不得拒绝、阻碍审计人员依法执行职务,不得打击报复审计人员。

审计机关负责人依照法定程序任免。审计机关负责人没有违法失职或者其他不符合任职条件的情况的,不得随意撤换。

地方各级审计机关负责人的任免,应当事先征求上一级审计机关的意见。

第三章　审计机关职责

第十六条　审计机关对本级各部门(含直属单位)和下级政府预算的执行情况和决算以及其他财政收支情况,进行审计监督。

第十七条　审计署在国务院总理领导下,对中央预算执行情况和其他财政收支情况进行审计监督,向国务院总理提出审计结果报告。

地方各级审计机关分别在省长、自治区主席、市长、州长、县长、区长和上一级审计机关的领导下,对本级预算执行情况和其他财政收支情况进行审计监督,向本级人民政府和上一级审计机关提出审计结果报告。

第十八条　审计署对中央银行的财务收支,进行审计监督。

审计机关对国有金融机构的资产、负债、损益,进行审计监督。

第十九条　审计机关对国家的事业组织和使用财政资金的其他事业组织的财务收支,进行审计监督。

第二十条　审计机关对国有企业的资产、负债、损益,进行审计监督。

第二十一条　对国有资本占控股地位或者主导地位的企业、金融机构的审计监督,由国务院规定。

第二十二条　审计机关对政府投资和以政府投资为主的建设项目的预算执行情况和决算,进行审计监督。

第二十三条　审计机关对政府部门管理的和其他单位受政府委托管理的社会保障基金、社会捐赠资金以及其他有关基金、资金的财务收支,进行审计监督。

第二十四条　审计机关对国际组织和外国政府援助、贷款项目的财务收支,进行审计监督。

第二十五条 审计机关按照国家有关规定,对国家机关和依法属于审计机关审计监督对象的其他单位的主要负责人,在任职期间对本地区、本部门或者本单位的财政收支、财务收支以及有关经济活动应负经济责任的履行情况,进行审计监督。

第二十六条 除本法规定的审计事项外,审计机关对其他法律、行政法规规定应当由审计机关进行审计的事项,依照本法和有关法律、行政法规的规定进行审计监督。

第二十七条 审计机关有权对与国家财政收支有关的特定事项,向有关地方、部门、单位进行专项审计调查,并向本级人民政府和上一级审计机关报告审计调查结果。

第二十八条 审计机关根据被审计单位的财政、财务隶属关系或者国有资产监督管理关系,确定审计管辖范围。

审计机关之间对审计管辖范围有争议的,由其共同的上级审计机关确定。

上级审计机关可以将其审计管辖范围内的本法第十八条第二款至第二十五条规定的审计事项,授权下级审计机关进行审计;上级审计机关对下级审计机关审计管辖范围内的重大审计事项,可以直接进行审计,但是应当防止不必要的重复审计。

第二十九条 依法属于审计机关审计监督对象的单位,应当按照国家有关规定建立健全内部审计制度;其内部审计工作应当接受审计机关的业务指导和监督。

第三十条 社会审计机构审计的单位依法属于审计机关审计监督对象的,审计机关按照国务院的规定,有权对该社会审计机构出具的相关审计报告进行核查。

第四章 审计机关权限

第三十一条 审计机关有权要求被审计单位按照审计机关的规定提供预算或者财务收支计划、预算执行情况、决算、财务会计报告,运用电子计算机储存、处理的财政收支、财务收支电子数据和必要的电子计算机技术文档,在金融机构开立账户的情况,社会审计机构出具的审计报告,以及其他与财政收支或者财务收支有关的资料,被审计单位不得拒绝、拖延、谎报。

被审计单位负责人对本单位提供的财务会计资料的真实性和完整性负责。

第三十二条 审计机关进行审计时,有权检查被审计单位的会计凭证、会计账簿、财务会计报告和运用电子计算机管理财政收支、财务收支电子数据的系统,以及其他与财政收支、财务收支有关的资料和资产,被审计单位不得拒绝。

第三十三条 审计机关进行审计时,有权就审计事项的有关问题向有关单位和个人进行调查,并取得有关证明材料。有关单位和个人应当支持、协助审计机关工作,如实向审计机关反映情况,提供有关证明材料。

审计机关经县级以上人民政府审计机关负责人批准,有权查询被审计单位在金融机构的账户。

审计机关有证据证明被审计单位以个人名义存储公款的,经县级以上人民政府审计机关主要负责人批准,有权查询被审计单位以个人名义在金融机构的存款。

第三十四条 审计机关进行审计时,被审计单位不得转移、隐匿、篡改、毁弃会计凭证、会计账簿、财务会计报告以及其他与财政收支或者财务收支有关的资料,不得转移、隐匿所持有的违反国家规定取得的资产。

审计机关对被审计单位违反前款规定的行为,有权予以制止;必要时,经县级以上人民政府审计机关负责人批准,有权封存有关资料和违反国家规定取得的资产;对其中在金融机构的有关存款需要予以冻结的,应当向人民法院提出申请。

审计机关对被审计单位正在进行的违反国家规定的财政收支、财务收支行为,有权予以制止;制止无效的,经县级以上人民政府审计机关负责人批准,通知财政部门和有关主管部门暂停拨付与违反国家规定的财政收支、财务收支行为直接有关的款项,已经拨付的,暂停使用。

审计机关采取前两款规定的措施不得影响被审计单位合法的业务活动和生产经营活动。

第三十五条 审计机关认为被审计单位所执行的上级主管部门有关财政收支、财务收支的规定与法律、行政法规相抵触的,应当建议有关主管部门纠正;有关主管部门不予纠正的,审计机关应当提请有权处理的机关依法处理。

第三十六条 审计机关可以向政府有关部门通报或者向社会公布审计结果。

审计机关通报或者公布审计结果,应当依法保守国家秘密和被审计单位的商业秘密,遵守国务院的有关规定。

第三十七条 审计机关履行审计监督职责,可以提请公安、监察、财政、税务、海关、价格、工商行政管理等机关予以协助。

第五章 审计程序

第三十八条 审计机关根据审计项目计划确定的审计事项组成审计组,并应当在实施审计三日前,向被审计单位送达审计通知书;遇有特殊情况,经本级人民政府批准,审计机关可以直接持审计通知书实施审计。

被审计单位应当配合审计机关的工作,并提供必要的工作条件。

审计机关应当提高审计工作效率。

第三十九条 审计人员通过审查会计凭证、会计账簿、财务会计报告,查阅与审计事项有关的文件、资料,检查现金、实物、有价证券,向有关单位和个人调查等方式进行审计,并取得证明材料。

审计人员向有关单位和个人进行调查时,应当出示审计人员的工作证件和审计通知书副本。

第四十条 审计组对审计事项实施审计后,应当向审计机关提出审计组的审计报告。审计组的审计报告报送审计机关前,应当征求被审计对象的意见。被审计对象应当自接到审计组的审计报告之日起十日内,将其书面意见送交审计组。审计组应当将被审计对象的书面意见一并报送审计机关。

第四十一条 审计机关按照审计署规定的程序对审计组的审计报告进行审议,并对被审计对象对审计组的审计报告提出的意见一并研究后,提出审计机关的审计报告;对违反国家规定的财政收支、财务收支行为,依法应当给予处理、处罚的,在法定职权范围内作出审计决定或者向有关主管机关提出处理、处罚的意见。

审计机关应当将审计机关的审计报告和审计决定送达被审计单位和有关主管机关、单位。审计决定自送达之日起生效。

第四十二条 上级审计机关认为下级审计机关作出的审计决定违反国家有关规定的,可以责成下级审计机关予以变更或者撤销,必要时也可以直接作出变更或者撤销的决定。

第六章 法律责任

第四十三条 被审计单位违反本法规定,拒绝或者拖延提供与审计事项有关的资料的,或者提供的资料不真实、不完整的,或者拒绝、阻碍检查的,由审计机关责令改正,可以通报批评,给予警告;拒不改正的,依法追究责任。

第四十四条 被审计单位违反本法规定,转移、隐匿、篡改、毁弃会计凭证、会计账簿、财务会计报告以及其他与财政收支、财务收支有关的资料,或者转移、隐匿所持有的违反国家规定取得的资产,审计机关认为对直接负责的主管人员和其他直接责任人员依法应当给予处分的,应当提出给予处分的建议,被审计单位或者其上级机关、监察机关应当依法及时作出决定,并将结果书面通知审计机关;构成犯罪的,依法追究刑事责任。

第四十五条 对本级各部门(含直属单位)和下级政府违反预算的行为或者其他违反国家规定的财政收支行为,审计机关、人民政府或者有关主管部门在法定职权范围内,依照法律、行政法规的规定,区别情况采取下列处理措施:

（一）责令限期缴纳应当上缴的款项；

（二）责令限期退还被侵占的国有资产；

（三）责令限期退还违法所得；

（四）责令按照国家统一的会计制度的有关规定进行处理；

（五）其他处理措施。

第四十六条 对被审计单位违反国家规定的财务收支行为，审计机关、人民政府或者有关主管部门在法定职权范围内，依照法律、行政法规的规定，区别情况采取前条规定的处理措施，并可以依法给予处罚。

第四十七条 审计机关在法定职权范围内作出的审计决定，被审计单位应当执行。

审计机关依法责令被审计单位上缴应当上缴的款项，被审计单位拒不执行的，审计机关应当通报有关主管部门，有关主管部门应当依照有关法律、行政法规的规定予以扣缴或者采取其他处理措施，并将结果书面通知审计机关。

第四十八条 被审计单位对审计机关作出的有关财务收支的审计决定不服的，可以依法申请行政复议或者提起行政诉讼。

被审计单位对审计机关作出的有关财政收支的审计决定不服的，可以提请审计机关的本级人民政府裁决，本级人民政府的裁决为最终决定。

第四十九条 被审计单位的财政收支、财务收支违反国家规定，审计机关认为对直接负责的主管人员和其他直接责任人员依法应当给予处分的，应当提出给予处分的建议，被审计单位或者其上级机关、监察机关应当依法及时作出决定，并将结果书面通知审计机关。

第五十条 被审计单位的财政收支、财务收支违反法律、行政法规的规定，构成犯罪的，依法追究刑事责任。

第五十一条 报复陷害审计人员的，依法给予处分；构成犯罪的，依法追究刑事责任。

第五十二条 审计人员滥用职权、徇私舞弊、玩忽职守或者泄露所知悉的国家秘密、商业秘密的,依法给予处分;构成犯罪的,依法追究刑事责任。

第七章 附 则

第五十三条 中国人民解放军审计工作的规定,由中央军事委员会根据本法制定。

第五十四条 本法自1995年1月1日起施行。1988年11月30日国务院发布的《中华人民共和国审计条例》同时废止。

中华人民共和国审计法实施条例

1997年10月21日中华人民共和国国务院令第231号公布，
2010年2月2日国务院第100次常务会议修订通过

第一章 总 则

第一条 根据《中华人民共和国审计法》(以下简称审计法)的规定，制定本条例。

第二条 审计法所称审计，是指审计机关依法独立检查被审计单位的会计凭证、会计账簿、财务会计报告以及其他与财政收支、财务收支有关的资料和资产，监督财政收支、财务收支真实、合法和效益的行为。

第三条 审计法所称财政收支，是指依照《中华人民共和国预算法》和国家其他有关规定，纳入预算管理的收入和支出，以及下列财政资金中未纳入预算管理的收入和支出：

（一）行政事业性收费；

（二）国有资源、国有资产收入；

（三）应当上缴的国有资本经营收益；

（四）政府举借债务筹措的资金；

（五）其他未纳入预算管理的财政资金。

第四条 审计法所称财务收支，是指国有的金融机构、企业事业组织以及依法应当接受审计机关审计监督的其他单位，按照国家财务会计制度的规定，实行会计核算的各项收入和支出。

第五条 审计机关依照审计法和本条例以及其他有关法律、法规规定的职责、权限和程序进行审计监督。

审计机关依照有关财政收支、财务收支的法律、法规，以及国家有关政策、标准、项目目标等方面的规定进行审计评价，对被审计单位违反国家规定的财政收支、财务收支行为，在法定职权范围内作出处理、处罚的决定。

第六条　任何单位和个人对依法应当接受审计机关审计监督的单位违反国家规定的财政收支、财务收支行为，有权向审计机关举报。审计机关接到举报，应当依法及时处理。

第二章　审计机关和审计人员

第七条　审计署在国务院总理领导下，主管全国的审计工作，履行审计法和国务院规定的职责。

地方各级审计机关在本级人民政府行政首长和上一级审计机关的领导下，负责本行政区域的审计工作，履行法律、法规和本级人民政府规定的职责。

第八条　省、自治区人民政府设有派出机关的，派出机关的审计机关对派出机关和省、自治区人民政府审计机关负责并报告工作，审计业务以省、自治区人民政府审计机关领导为主。

第九条　审计机关派出机构依照法律、法规和审计机关的规定，在审计机关的授权范围内开展审计工作，不受其他行政机关、社会团体和个人的干涉。

第十条　审计机关编制年度经费预算草案的依据主要包括：

（一）法律、法规；

（二）本级人民政府的决定和要求；

（三）审计机关的年度审计工作计划；

（四）定员定额标准；

（五）上一年度经费预算执行情况和本年度的变化因素。

第十一条　审计人员实行审计专业技术资格制度，具体按照国家有关规定执行。

审计机关根据工作需要，可以聘请具有与审计事项相关专业知识的人员参加审计工作。

第十二条　审计人员办理审计事项，有下列情形之一的，应当申请回避，被审计单位也有权申请审计人员回避：

（一）与被审计单位负责人或者有关主管人员有夫妻关系、直系血亲关系、三代以内旁系血亲或者近姻亲关系的；

（二）与被审计单位或者审计事项有经济利益关系的；

（三）与被审计单位、审计事项、被审计单位负责人或者有关主管人员有其他利害关系，可能影响公正执行公务的。

审计人员的回避，由审计机关负责人决定；审计机关负责人办理审计事项时的回避，由本级人民政府或者上一级审计机关负责人决定。

第十三条 地方各级审计机关正职和副职负责人的任免，应当事先征求上一级审计机关的意见。

第十四条 审计机关负责人在任职期间没有下列情形之一的，不得随意撤换：

（一）因犯罪被追究刑事责任的；

（二）因严重违法、失职受到处分，不适宜继续担任审计机关负责人的；

（三）因健康原因不能履行职责1年以上的；

（四）不符合国家规定的其他任职条件的。

第三章　审计机关职责

第十五条 审计机关对本级人民政府财政部门具体组织本级预算执行的情况，本级预算收入征收部门征收预算收入的情况，与本级人民政府财政部门直接发生预算缴款、拨款关系的部门、单位的预算执行情况和决算，下级人民政府的预算执行情况和决算，以及其他财政收支情况，依法进行审计监督。经本级人民政府批准，审计机关对其他取得财政资金的单位和项目接受、运用财政资金的真实、合法和效益情况，依法进行审计监督。

第十六条 审计机关对本级预算收入和支出的执行情况进行审计监督的内容包括：

（一）财政部门按照本级人民代表大会批准的本级预算向本级各部门（含直属单位）批复预算的情况、本级预算执行中调整情况和预算

收支变化情况;

（二）预算收入征收部门依照法律、行政法规的规定和国家其他有关规定征收预算收入情况;

（三）财政部门按照批准的年度预算、用款计划,以及规定的预算级次和程序,拨付本级预算支出资金情况;

（四）财政部门依照法律、行政法规的规定和财政管理体制,拨付和管理政府间财政转移支付资金情况以及办理结算、结转情况;

（五）国库按照国家有关规定办理预算收入的收纳、划分、留解情况和预算支出资金的拨付情况;

（六）本级各部门（含直属单位）执行年度预算情况;

（七）依照国家有关规定实行专项管理的预算资金收支情况;

（八）法律、法规规定的其他预算执行情况。

第十七条　审计法第十七条所称审计结果报告,应当包括下列内容：

（一）本级预算执行和其他财政收支的基本情况;

（二）审计机关对本级预算执行和其他财政收支情况作出的审计评价;

（三）本级预算执行和其他财政收支中存在的问题以及审计机关依法采取的措施;

（四）审计机关提出的改进本级预算执行和其他财政收支管理工作的建议;

（五）本级人民政府要求报告的其他情况。

第十八条　审计署对中央银行及其分支机构履行职责所发生的各项财务收支,依法进行审计监督。

审计署向国务院总理提出的中央预算执行和其他财政收支情况审计结果报告,应当包括对中央银行的财务收支的审计情况。

第十九条　审计法第二十一条所称国有资本占控股地位或者主导地位的企业、金融机构,包括：

（一）国有资本占企业、金融机构资本（股本）总额的比例超过

50%的；

（二）国有资本占企业、金融机构资本（股本）总额的比例在50%以下，但国有资本投资主体拥有实际控制权的。

审计机关对前款规定的企业、金融机构，除国务院另有规定外，比照审计法第十八条第二款、第二十条规定进行审计监督。

第二十条 审计法第二十二条所称政府投资和以政府投资为主的建设项目，包括：

（一）全部使用预算内投资资金、专项建设基金、政府举借债务筹措的资金等财政资金的；

（二）未全部使用财政资金，财政资金占项目总投资的比例超过50%，或者占项目总投资的比例在50%以下，但政府拥有项目建设、运营实际控制权的。

审计机关对前款规定的建设项目的总预算或者概算的执行情况、年度预算的执行情况和年度决算、单项工程结算、项目竣工决算，依法进行审计监督；对前款规定的建设项目进行审计时，可以对直接有关的设计、施工、供货等单位取得建设项目资金的真实性、合法性进行调查。

第二十一条 审计法第二十三条所称社会保障基金，包括社会保险、社会救助、社会福利基金以及发展社会保障事业的其他专项基金；所称社会捐赠资金，包括来源于境内外的货币、有价证券和实物等各种形式的捐赠。

第二十二条 审计法第二十四条所称国际组织和外国政府援助、贷款项目，包括：

（一）国际组织、外国政府及其机构向中国政府及其机构提供的贷款项目；

（二）国际组织、外国政府及其机构向中国企业事业组织以及其他组织提供的由中国政府及其机构担保的贷款项目；

（三）国际组织、外国政府及其机构向中国政府及其机构提供的援助和赠款项目；

（四）国际组织、外国政府及其机构向受中国政府委托管理有关基金、资金的单位提供的援助和赠款项目；

（五）国际组织、外国政府及其机构提供援助、贷款的其他项目。

第二十三条 审计机关可以依照审计法和本条例规定的审计程序、方法以及国家其他有关规定，对预算管理或者国有资产管理使用等与国家财政收支有关的特定事项，向有关地方、部门、单位进行专项审计调查。

第二十四条 审计机关根据被审计单位的财政、财务隶属关系，确定审计管辖范围；不能根据财政、财务隶属关系确定审计管辖范围的，根据国有资产监督管理关系，确定审计管辖范围。

两个以上国有资本投资主体投资的金融机构、企业事业组织和建设项目，由对主要投资主体有审计管辖权的审计机关进行审计监督。

第二十五条 各级审计机关应当按照确定的审计管辖范围进行审计监督。

第二十六条 依法属于审计机关审计监督对象的单位的内部审计工作，应当接受审计机关的业务指导和监督。

依法属于审计机关审计监督对象的单位，可以根据内部审计工作的需要，参加依法成立的内部审计自律组织。审计机关可以通过内部审计自律组织，加强对内部审计工作的业务指导和监督。

第二十七条 审计机关进行审计或者专项审计调查时，有权对社会审计机构出具的相关审计报告进行核查。

审计机关核查社会审计机构出具的相关审计报告时，发现社会审计机构存在违反法律、法规或者执业准则等情况的，应当移送有关主管机关依法追究责任。

第四章 审计机关权限

第二十八条 审计机关依法进行审计监督时，被审计单位应当依照审计法第三十一条规定，向审计机关提供与财政收支、财务收支有关的资料。被审计单位负责人应当对本单位提供资料的真实性和完整性作出书面承诺。

第二十九条 各级人民政府财政、税务以及其他部门(含直属单位)应当向本级审计机关报送下列资料：

(一)本级人民代表大会批准的本级预算和本级人民政府财政部门向本级各部门(含直属单位)批复的预算,预算收入征收部门的年度收入计划,以及本级各部门(含直属单位)向所属各单位批复的预算；

(二)本级预算收支执行和预算收入征收部门的收入计划完成情况月报、年报,以及决算情况；

(三)综合性财政税务工作统计年报、情况简报,财政、预算、税务、财务和会计等规章制度；

(四)本级各部门(含直属单位)汇总编制的本部门决算草案。

第三十条 审计机关依照审计法第三十三条规定查询被审计单位在金融机构的账户的,应当持县级以上人民政府审计机关负责人签发的协助查询单位账户通知书；查询被审计单位以个人名义在金融机构的存款的,应当持县级以上人民政府审计机关主要负责人签发的协助查询个人存款通知书。有关金融机构应当予以协助,并提供证明材料,审计机关和审计人员负有保密义务。

第三十一条 审计法第三十四条所称违反国家规定取得的资产,包括：

(一)弄虚作假骗取的财政拨款、实物以及金融机构贷款；

(二)违反国家规定享受国家补贴、补助、贴息、免息、减税、免税、退税等优惠政策取得的资产；

(三)违反国家规定向他人收取的款项、有价证券、实物；

(四)违反国家规定处分国有资产取得的收益；

(五)违反国家规定取得的其他资产。

第三十二条 审计机关依照审计法第三十四条规定封存被审计单位有关资料和违反国家规定取得的资产的,应当持县级以上人民政府审计机关负责人签发的封存通知书,并在依法收集与审计事项相关的证明材料或者采取其他措施后解除封存。封存的期限为7日以内；有特殊情况需要延长的,经县级以上人民政府审计机关负责人批准,可以适当延长,但延长的期限不得超过 7 日。

对封存的资料、资产,审计机关可以指定被审计单位负责保管,被审计单位不得损毁或者擅自转移。

第三十三条 审计机关依照审计法第三十六条规定,可以就有关审计事项向政府有关部门通报或者向社会公布对被审计单位的审计、专项审计调查结果。

审计机关经与有关主管机关协商,可以在向社会公布的审计、专项审计调查结果中,一并公布对社会审计机构相关审计报告核查的结果。

审计机关拟向社会公布对上市公司的审计、专项审计调查结果的,应当在 5 日前将拟公布的内容告知上市公司。

第五章　审计程序

第三十四条 审计机关应当根据法律、法规和国家其他有关规定,按照本级人民政府和上级审计机关的要求,确定年度审计工作重点,编制年度审计项目计划。

审计机关在年度审计项目计划中确定对国有资本占控股地位或者主导地位的企业、金融机构进行审计的,应当自确定之日起 7 日内告知列入年度审计项目计划的企业、金融机构。

第三十五条 审计机关应当根据年度审计项目计划,组成审计组,调查了解被审计单位的有关情况,编制审计方案,并在实施审计 3 日前,向被审计单位送达审计通知书。

第三十六条 审计法第三十八条所称特殊情况,包括:

(一) 办理紧急事项的;

(二) 被审计单位涉嫌严重违法违规的;

(三) 其他特殊情况。

第三十七条 审计人员实施审计时,应当按照下列规定办理:

(一) 通过检查、查询、监督盘点、发函询证等方法实施审计;

(二) 通过收集原件、原物或者复制、拍照等方法取得证明材料;

(三) 对与审计事项有关的会议和谈话内容作出记录,或者要求被审计单位提供会议记录材料；

（四）记录审计实施过程和查证结果。

第三十八条　审计人员向有关单位和个人调查取得的证明材料，应当有提供者的签名或者盖章；不能取得提供者签名或者盖章的，审计人员应当注明原因。

第三十九条　审计组向审计机关提出审计报告前，应当书面征求被审计单位意见。被审计单位应当自接到审计组的审计报告之日起10日内，提出书面意见；10日内未提出书面意见的，视同无异议。

审计组应当针对被审计单位提出的书面意见，进一步核实情况，对审计组的审计报告作必要修改，连同被审计单位的书面意见一并报送审计机关。

第四十条　审计机关有关业务机构和专门机构或者人员对审计组的审计报告以及相关审计事项进行复核、审理后，由审计机关按照下列规定办理：

（一）提出审计机关的审计报告，内容包括：对审计事项的审计评价，对违反国家规定的财政收支、财务收支行为提出的处理、处罚意见，移送有关主管机关、单位的意见，改进财政收支、财务收支管理工作的意见；

（二）对违反国家规定的财政收支、财务收支行为，依法应当给予处理、处罚的，在法定职权范围内作出处理、处罚的审计决定；

（三）对依法应当追究有关人员责任的，向有关主管机关、单位提出给予处分的建议；对依法应当由有关主管机关处理、处罚的，移送有关主管机关；涉嫌犯罪的，移送司法机关。

第四十一条　审计机关在审计中发现损害国家利益和社会公共利益的事项，但处理、处罚依据又不明确的，应当向本级人民政府和上一级审计机关报告。

第四十二条　被审计单位应当按照审计机关规定的期限和要求执行审计决定。对应当上缴的款项，被审计单位应当按照财政管理体制和国家有关规定缴入国库或者财政专户。审计决定需要有关主管机关、单位协助执行的,审计机关应当书面提请协助执行。

第四十三条 上级审计机关应当对下级审计机关的审计业务依法进行监督。

下级审计机关作出的审计决定违反国家有关规定的,上级审计机关可以责成下级审计机关予以变更或者撤销,也可以直接作出变更或者撤销的决定;审计决定被撤销后需要重新作出审计决定的,上级审计机关可以责成下级审计机关在规定的期限内重新作出审计决定,也可以直接作出审计决定。

下级审计机关应当作出而没有作出审计决定的,上级审计机关可以责成下级审计机关在规定的期限内作出审计决定,也可以直接作出审计决定。

第四十四条 审计机关进行专项审计调查时,应当向被调查的地方、部门、单位出示专项审计调查的书面通知,并说明有关情况;有关地方、部门、单位应当接受调查,如实反映情况,提供有关资料。

在专项审计调查中,依法属于审计机关审计监督对象的部门、单位有违反国家规定的财政收支、财务收支行为或者其他违法违规行为的,专项审计调查人员和审计机关可以依照审计法和本条例的规定提出审计报告,作出审计决定,或者移送有关主管机关、单位依法追究责任。

第四十五条 审计机关应当按照国家有关规定建立、健全审计档案制度。

第四十六条 审计机关送达审计文书,可以直接送达,也可以邮寄送达或者以其他方式送达。直接送达的,以被审计单位在送达回证上注明的签收日期或者见证人证明的收件日期为送达日期;邮寄送达的,以邮政回执上注明的收件日期为送达日期;以其他方式送达的,以签收或者收件日期为送达日期。

审计机关的审计文书的种类、内容和格式,由审计署规定。

第六章 法律责任

第四十七条 被审计单位违反审计法和本条例的规定,拒绝、拖延提供与审计事项有关的资料,或者提供的资料不真实、不完整,或者拒绝、阻碍检查的,由审计机关责令改正,可以通报批评,给予警告;拒不改正的,对被审计单位可以处 5 万元以下的罚款,对直接负责的主管人员和其他直接责任人员,可以处 2 万元以下的罚款,审计机关认为应当给予处分的,向有关主管机关、单位提出给予处分的建议;构成犯罪的,依法追究刑事责任。

第四十八条 对本级各部门(含直属单位)和下级人民政府违反预算的行为或者其他违反国家规定的财政收支行为,审计机关在法定职权范围内,依照法律、行政法规的规定,区别情况采取审计法第四十五条规定的处理措施。

第四十九条 对被审计单位违反国家规定的财务收支行为,审计机关在法定职权范围内,区别情况采取审计法第四十五条规定的处理措施,可以通报批评,给予警告;有违法所得的,没收违法所得,并处违法所得 1 倍以上 5 倍以下的罚款;没有违法所得的,可以处 5 万元以下的罚款;对直接负责的主管人员和其他直接责任人员,可以处 2 万元以下的罚款,审计机关认为应当给予处分的,向有关主管机关、单位提出给予处分的建议;构成犯罪的,依法追究刑事责任。

法律、行政法规对被审计单位违反国家规定的财务收支行为处理、处罚另有规定的,从其规定。

第五十条 审计机关在作出较大数额罚款的处罚决定前,应当告知被审计单位和有关人员有要求举行听证的权利。较大数额罚款的具体标准由审计署规定。

第五十一条 审计机关提出的对被审计单位给予处理、处罚的建议以及对直接负责的主管人员和其他直接责任人员给予处分的建议,有关主管机关、单位应当依法及时作出决定,并将结果书面通知审计机关。

第五十二条 被审计单位对审计机关依照审计法第十六条、第十七条和本条例第十五条规定进行审计监督作出的审计决定不服的,可以自审计决定送达之日起 60 日内,提请审计机关的本级人民政府裁决,本级人民政府的裁决为最终决定。

审计机关应当在审计决定中告知被审计单位提请裁决的途径和期限。

裁决期间,审计决定不停止执行。但是,有下列情形之一的,可以停止执行:

(一)审计机关认为需要停止执行的;

(二)受理裁决的人民政府认为需要停止执行的;

(三)被审计单位申请停止执行,受理裁决的人民政府认为其要求合理,决定停止执行的。

裁决由本级人民政府法制机构办理。裁决决定应当自接到提请之日起60日内作出;有特殊情况需要延长的,经法制机构负责人批准,可以适当延长,并告知审计机关和提请裁决的被审计单位,但延长的期限不得超过30日。

第五十三条 除本条例第五十二条规定的可以提请裁决的审计决定外,被审计单位对审计机关作出的其他审计决定不服的,可以依法申请行政复议或者提起行政诉讼。

审计机关应当在审计决定中告知被审计单位申请行政复议或者提起行政诉讼的途径和期限。

第五十四条 被审计单位应当将审计决定执行情况书面报告审计机关。审计机关应当检查审计决定的执行情况。

被审计单位不执行审计决定的,审计机关应当责令限期执行;逾期仍不执行的,审计机关可以申请人民法院强制执行,建议有关主管机关、单位对直接负责的主管人员和其他直接责任人员给予处分。

第五十五条 审计人员滥用职权、徇私舞弊、玩忽职守,或者泄露所知悉的国家秘密、商业秘密的,依法给予处分;构成犯罪的,依法追究刑事责任。

审计人员违法违纪取得的财物,依法予以追缴、没收或者责令退赔。

第七章 附 则

第五十六条 本条例所称以上、以下,包括本数。

本条例第五十二条规定的期间的最后一日是法定节假日的,以节假日后的第一个工作日为期间届满日。审计法和本条例规定的其他期间以工作日计算,不含法定节假日。

第五十七条 实施经济责任审计的规定,另行制定。

第五十八条 本条例自 2010 年 5 月 1 日起施行。

审计署关于内部审计工作的规定

中华人民共和国审计署令第 11 号

第一章 总 则

第一条 为了加强内部审计工作,建立健全内部审计制度,提升内部审计工作质量,充分发挥内部审计作用,根据《中华人民共和国审计法》《中华人民共和国审计法实施条例》以及国家其他有关规定,制定本规定。

第二条 依法属于审计机关审计监督对象的单位(以下统称单位)的内部审计工作,以及审计机关对单位内部审计工作的业务指导和监督,适用本规定。

第三条 本规定所称内部审计,是指对本单位及所属单位财政财务收支、经济活动、内部控制、风险管理实施独立、客观的监督、评价和建议,以促进单位完善治理、实现目标的活动。

第四条 单位应当依照有关法律法规、本规定和内部审计职业规范,结合本单位实际情况,建立健全内部审计制度,明确内部审计工作的领导体制、职责权限、人员配备、经费保障、审计结果运用和责任追究等。

第五条 内部审计机构和内部审计人员从事内部审计工作,应当严格遵守有关法律法规、本规定和内部审计职业规范,忠于职守,做到独立、客观、公正、保密。

内部审计机构和内部审计人员不得参与可能影响独立、客观履行审计职责的工作。

第二章 内部审计机构和人员管理

第六条 国家机关、事业单位、社会团体等单位的内部审计机构或者履行内部审计职责的内设机构,应当在本单位党组织、主要负责人的直接领导下开展内部审计工作,向其负责并报告工作。

国有企业内部审计机构或者履行内部审计职责的内设机构应当在企业党组织、董事会(或者主要负责人)直接领导下开展内部审计工作,向其负责并报告工作。国有企业应当按照有关规定建立总审计师制度。总审计师协助党组织、董事会(或者主要负责人)管理内部审计工作。

第七条 内部审计人员应当具备从事审计工作所需要的专业能力。单位应当严格内部审计人员录用标准,支持和保障内部审计机构通过多种途径开展继续教育,提高内部审计人员的职业胜任能力。

内部审计机构负责人应当具备审计、会计、经济、法律或者管理等工作背景。

第八条 内部审计机构应当根据工作需要,合理配备内部审计人员。除涉密事项外,可以根据内部审计工作需要向社会购买审计服务,并对采用的审计结果负责。

第九条 单位应当保障内部审计机构和内部审计人员依法依规独立履行职责,任何单位和个人不得打击报复。

第十条 内部审计机构履行内部审计职责所需经费,应当列入本单位预算。

第十一条 对忠于职守、坚持原则、认真履职、成绩显著的内部审计人员,由所在单位予以表彰。

第三章 内部审计职责权限和程序

第十二条 内部审计机构或者履行内部审计职责的内设机构应当按照国家有关规定和本单位的要求,履行下列职责:

(一)对本单位及所属单位贯彻落实国家重大政策措施情况进行审计;

(二)对本单位及所属单位发展规划、战略决策、重大措施以及年度业务计划执行情况进行审计;

(三)对本单位及所属单位财政财务收支进行审计;

（四）对本单位及所属单位固定资产投资项目进行审计；

（五）对本单位及所属单位的自然资源资产管理和生态环境保护责任的履行情况进行审计；

（六）对本单位及所属单位的境外机构、境外资产和境外经济活动进行审计；

（七）对本单位及所属单位经济管理和效益情况进行审计；

（八）对本单位及所属单位内部控制及风险管理情况进行审计；

（九）对本单位内部管理的领导人员履行经济责任情况进行审计；

（十）协助本单位主要负责人督促落实审计发现问题的整改工作；

（十一）对本单位所属单位的内部审计工作进行指导、监督和管理；

（十二）国家有关规定和本单位要求办理的其他事项。

第十三条 内部审计机构或者履行内部审计职责的内设机构应有下列权限：

（一）要求被审计单位按时报送发展规划、战略决策、重大措施、内部控制、风险管理、财政财务收支等有关资料（含相关电子数据，下同），以及必要的计算机技术文档；

（二）参加单位有关会议，召开与审计事项有关的会议；

（三）参与研究制定有关的规章制度，提出制定内部审计规章制度的建议；

（四）检查有关财政财务收支、经济活动、内部控制、风险管理的资料、文件和现场勘察实物；

（五）检查有关计算机系统及其电子数据和资料；

（六）就审计事项中的有关问题，向有关单位和个人开展调查和询问，取得相关证明材料；

（七）对正在进行的严重违法违规、严重损失浪费行为及时向单位主要负责人报告，经同意作出临时制止决定；

（八）对可能转移、隐匿、篡改、毁弃会计凭证、会计账簿、会计报表以及与经济活动有关的资料，经批准，有权予以暂时封存；

（九）提出纠正、处理违法违规行为的意见和改进管理、提高绩效的建议；

（十）对违法违规和造成损失浪费的被审计单位和人员，给予通报批评或者提出追究责任的建议；

（十一）对严格遵守财经法规、经济效益显著、贡献突出的被审计单位和个人，可以向单位党组织、董事会（或者主要负责人）提出表彰建议。

第十四条　单位党组织、董事会（或者主要负责人）应当定期听取内部审计工作汇报，加强对内部审计工作规划、年度审计计划、审计质量控制、问题整改和队伍建设等重要事项的管理。

第十五条　下属单位、分支机构较多或者实行系统垂直管理的单位，其内部审计机构应当对全系统的内部审计工作进行指导和监督。系统内各单位的内部审计结果和发现的重大违纪违法问题线索，在向本单位党组织、董事会（或者主要负责人）报告的同时，应当及时向上一级单位的内部审计机构报告。

单位应当将内部审计工作计划、工作总结、审计报告、整改情况以及审计中发现的重大违纪违法问题线索等资料报送同级审计机关备案。

第十六条　内部审计的实施程序，应当依照内部审计职业规范和本单位的相关规定执行。

第十七条　内部审计机构或者履行内部审计职责的内设机构，对本单位内部管理的领导人员实施经济责任审计时，可以参照执行国家有关经济责任审计的规定。

第四章　审计结果运用

第十八条　单位应当建立健全审计发现问题整改机制，明确被审计单位主要负责人为整改第一责任人。对审计发现的问题和提出的建议，被审计单位应当及时整改，并将整改结果书面告知内部审计机构。

第十九条　单位对内部审计发现的典型性、普遍性、倾向性问题，应当及时分析研究,制定和完善相关管理制度,建立健全内部控制措施。

第二十条 内部审计机构应当加强与内部纪检监察、巡视巡察、组织人事等其他内部监督力量的协作配合,建立信息共享、结果共用、重要事项共同实施、问题整改问责共同落实等工作机制。

内部审计结果及整改情况应当作为考核、任免、奖惩干部和相关决策的重要依据。

第二十一条 单位对内部审计发现的重大违纪违法问题线索,应当按照管辖权限依法依规及时移送纪检监察机关、司法机关。

第二十二条 审计机关在审计中,特别是在国家机关、事业单位和国有企业三级以下单位审计中,应当有效利用内部审计力量和成果。对内部审计发现且已经纠正的问题不再在审计报告中反映。

第五章 对内部审计工作的指导和监督

第二十三条 审计机关应当依法对内部审计工作进行业务指导和监督,明确内部职能机构和专职人员,并履行下列职责:

(一)起草有关内部审计工作的法规草案;

(二)制定有关内部审计工作的规章制度和规划;

(三)推动单位建立健全内部审计制度;

(四)指导内部审计统筹安排审计计划,突出审计重点;

(五)监督内部审计职责履行情况,检查内部审计业务质量;

(六)指导内部审计自律组织开展工作;

(七)法律、法规规定的其他职责。

第二十四条 审计机关可以通过业务培训、交流研讨等方式,加强对内部审计人员的业务指导。

第二十五条 审计机关应当对单位报送的备案资料进行分析,将其作为编制年度审计项目计划的参考依据。

第二十六条 审计机关可以采取日常监督、结合审计项目监督、专项检查等方式,对单位的内部审计制度建立健全情况、内部审计工作质量情况等进行指导和监督。

对内部审计制度建设和内部审计工作质量存在问题的,审计机关应当督促单位内部审计机构及时进行整改并书面报告整改情况;情节严重的,应当通报批评并视情况抄送有关主管部门。

第二十七条　审计机关应当按照国家有关规定对内部审计自律组织进行政策和业务指导,推动内部审计自律组织按照法律法规和章程开展活动。必要时,可以向内部审计自律组织购买服务。

第六章　责任追究

第二十八条　被审计单位有下列情形之一的,由单位党组织、董事会(或者主要负责人)责令改正,并对直接负责的主管人员和其他直接责任人员进行处理:

(一)拒绝接受或者不配合内部审计工作的;

(二)拒绝、拖延提供与内部审计事项有关的资料,或者提供资料不真实、不完整的;

(三)拒不纠正审计发现问题的;

(四)整改不力、屡审屡犯的;

(五)违反国家规定或者本单位内部规定的其他情形。

第二十九条　内部审计机构或者履行内部审计职责的内设机构和内部审计人员有下列情形之一的,由单位对直接负责的主管人员和其他直接责任人员进行处理;涉嫌犯罪的,移送司法机关依法追究刑事责任:

(一)未按有关法律法规、本规定和内部审计职业规范实施审计导致应当发现的问题未被发现并造成严重后果的;

(二)隐瞒审计查出的问题或者提供虚假审计报告的;

(三)泄露国家秘密或者商业秘密的;

(四)利用职权谋取私利的;

(五)违反国家规定或者本单位内部规定的其他情形。

第三十条　内部审计人员因履行职责受到打击、报复、陷害的,单位党组织、董事会(或者主要负责人)应当及时采取保护措施,并对相关责任人员进行处理;涉嫌犯罪的,移送司法机关依法追究刑事责任。

第七章 附 则

第三十一条 本规定所称国有企业是指国有和国有资本占控股地位或者主导地位的企业、金融机构。

第三十二条 不属于审计机关审计监督对象的单位的内部审计工作,可以参照本规定执行。

第三十三条 本规定由审计署负责解释。

第三十四条 本规定自2018年3月1日起施行。审计署于2003年3月4日发布的《审计署关于内部审计工作的规定》(2003年审计署第4号令)同时废止。

教育系统内部审计工作规定

教育部令第 17 号

第一章 总 则

第一条 为了建立健全教育系统内部审计制度,规范教育系统内部审计工作,根据《中华人民共和国教育法》、《中华人民共和国审计法》和《审计署关于内部审计工作的规定》等法律、法规,制定本规定。

第二条 教育系统按照依法治教、从严管理的原则,应建立内部审计制度,促进教育行政部门和单位遵守国家财经法规,规范内部管理,加强廉政建设,维护自身合法权益,防范风险,提高教育资金使用效益。

第三条 教育系统内部审计是教育系统内部审计机构、审计人员对财务收支、经济活动的真实、合法和效益进行独立监督、评价的行为。

第四条 教育行政部门和单位应当依照国家法律、法规和本规定,实行内部审计制度,设置独立的内部审计机构,配备审计人员,开展内部审计工作。

第五条 本规定所称教育行政部门,是指县级及县级以上的各级教育行政部门;单位,是指高等学校及其他教育事业、企业单位。

第二章 组织和领导

第六条 教育部内部审计机构负责指导和检查全国教育系统内部审计工作,并对所属单位实施内部审计。

地方各级教育行政部门内部审计机构负责指导和检查本地区教育系统内部审计工作,并对本部门所属单位实施内部审计。

单位内部审计机构对本单位及所属单位(含占控股地位或者主导地位的单位)实施内部审计。

第七条 内部审计机构在本部门、本单位主要负责人的领导下,依据国家法律、法规和政策,以及上级部门和本部门、本单位的规章制度,独立开展内部审计工作,对本部门、本单位主要负责人负责并报告工作,同时接受国家审计机关和上级主管部门内部审计机构的业务指导和检查。

第八条　教育行政部门和单位主要负责人领导本部门、本单位内部审计工作的主要职责:

(一)建立健全内部审计机构,完善内部审计规章制度;

(二)定期研究、部署和检查审计工作,听取内部审计机构的工作汇报,及时审批年度审计工作计划、审计报告,督促审计意见和审计决定的执行;

(三)支持内部审计机构和审计人员依法履行职责,并提供经费保证和工作条件;

(四)对成绩显著的内部审计机构和审计人员进行表彰和奖励;

(五)加强审计队伍建设,切实解决审计人员在培训、专业职务评聘和待遇等方面存在的实际困难和问题。

第九条　教育行政部门内部审计机构指导内部审计工作的主要职责:

(一)依据国家法律、法规和上级主管部门及本部门的有关规定,制定内部审计规章制度;

(二)督促本部门所属单位和下级教育行政部门建立健全内部审计机构,配备审计人员;

(三)及时做出工作部署,指导和督促本地区教育系统内部审计机构和审计人员依法开展工作;

(四)组织审计人员参加岗位资格培训和后续教育,开展内部审计理论研讨;

(五)总结、推广先进经验,提出表彰先进集体和先进个人的建议;

(六)维护内部审计机构和审计人员的合法权益。

第三章　内部审计机构和审计人员

第十条　教育系统内部审计机构应按照职责分明、科学管理和审计独立性的原则设置；暂时不具备设置条件的，应当配备专门人员负责内部审计工作。

第十一条 教育行政部门和单位，应当保证审计工作所必需的专职人员编制，配备具有内部审计岗位资格的审计人员。

教育行政部门和单位，可以根据工作需要，聘请特约审计人员和兼职审计人员。

第十二条 内部审计机构的变动和审计机构负责人的任免或调动，应事先征求上一级主管部门内审机构的意见。

第十三条 内部审计机构在审计过程中应当严格执行内部审计制度，保证审计业务质量，提高工作效率。

第十四条 审计人员办理审计事项，应当严格遵守内部审计准则和内部审计人员职业道德规范。

审计人员办理审计事项，与被审计单位或审计事项有直接利害关系的，应当回避。

第十五条 审计人员依法履行职责，受法律保护，任何单位和个人不得设置障碍和打击报复。

第十六条 审计人员应当按照国家的有关规定，参加岗位资格培训和后续教育。

第四章 内部审计机构职责和权限

第十七条 内部审计机构和审计人员主要对下列事项进行审计：

（一）财务收支及有关经济活动；

（二）预算执行和决算；

（三）预算内、预算外资金的管理和使用；

（四）专项教育资金的筹措、拨付、管理和使用；

（五）固定资产的管理和使用；

（六）建设、修缮工程项目；

（七）对外投资项目；

（八）内部控制制度的健全、有效及风险管理；

（九）经济管理和效益情况；

（十）有关领导人员的任期经济责任；

（十一）本部门、本单位主要负责人和上级主管部门交办的其他事项。

第十八条　教育系统内部审计机构对本部门、本单位和所属单位财务收支及有关经济活动中的重大事项组织或进行专项审计调查，并向本部门、本单位领导或上级主管部门报告审计调查结果。各单位内部审计机构配合财务部门加强财务管理，对本单位资金收支的真实性、完整性、合法性，以及账务处理的正确性进行严格监督，定期进行审计调查。

第十九条　内部审计机构根据工作需要，经所在部门、单位负责人批准，可委托社会中介机构对有关事项进行审计。

第二十条　内部审计机构在履行审计职责时，具有下列主要权限：

（一）要求有关单位按时报送财务收支计划、预算执行情况、决算、会计报表和其他有关文件、资料等；

（二）对审计涉及的有关事项，向有关单位和个人进行调查并取得有关文件、资料和证明材料；

（三）审查会计凭证、账簿等，检查资金和财产，检查有关电子数据和资料，勘察现场实物；

（四）参与制定有关的规章制度，起草内部审计规章制度；

（五）参加本部门、本单位的有关会议，召开与审计事项有关的会议；

（六）对正在进行的严重违法违纪、严重损失浪费的行为，做出临时的制止决定；

（七）可能转移、隐匿、篡改、毁弃的会计凭证、会计账簿、会计报表以及与经济活动有关的资料，经本部门、本单位主要负责人批准，有权采取暂时封存的措施；

（八）提出改进管理、提高经济效益的建议；对模范遵守和维护财经法纪成绩显著的单位和人员提出给予表彰的建议；对违法违规和造成损失浪费的行为提出纠正、处理的意见；对严重违法违规和造成严重损失浪费的有关单位和人员提出移交纪检、监察或司法部门处理的建议。

第二十一条 教育系统内部审计可以利用国家审计机关、上级内部审计机构和社会中介机构的审计结果；内部审计的审计结果经本部门、本单位主要负责人批准同意后，可提供给有关部门。

第五章 内部审计工作程序

第二十二条 内部审计机构应当根据本部门、本单位的中心任务和上级内部审计机构的部署，制定年度审计工作计划，报经本部门、本单位主要负责人批准后组织实施。

第二十三条 内部审计机构实施审计，应组成审计组，编制审计方案，并在实施审计前向被审计单位送达审计通知书。

第二十四条 审计人员对审计事项实施审计，取得有关证明材料，编制审计工作底稿。

第二十五条 审计组对审计事项实施审计后，编制审计报告，并征求被审计单位意见。被审计单位应当自接到审计报告之日起十个工作日内，将书面意见送交审计组，逾期即视为无异议。

第二十六条 内部审计机构负责人对审计报告进行审核后，报本部门、本单位主要负责人审批。

第二十七条 内部审计机构应对重要审计事项进行后续审计，检查被审计单位对审计发现的问题所采取的纠正措施及其效果。

第二十八条 内部审计机构在审计事项结束后，应当按照有关规定建立和管理审计档案。

第六章 法律责任

第二十九条 违反本规定，有下列行为之一的单位和个人，内部审计机构根据情节轻重，可以提出警告、通报批评、经济处理或移送纪检监察机关处理等建议，报本部门、本单位主要负责人，本部门、本单位主要负责人应及时予以处理：

（一）拒绝或拖延提供与审计事项有关的文件、会计资料和证明材料的；

（二）转移、隐匿、篡改、毁弃有关文件和会计资料的；

（三）转移、隐匿违法所得财产的；

（四）弄虚作假，隐瞒事实真相的；

（五）阻挠审计人员行使职权，抗拒、破坏监督检查的；

（六）拒不执行审计决定的；

（七）报复陷害审计人员或检举人员的。

以上行为构成犯罪的，应当移交司法机关处理。

第三十条 违反本规定，有下列行为之一的内部审计机构和审计人员，由其所在部门、单位根据有关规定给予批评教育或行政处分：

（一）利用职权，谋取私利的；

（二）弄虚作假，徇私舞弊的；

（三）玩忽职守，给国家和单位造成重大损失的；

（四）泄露国家秘密和被审计单位秘密的。

以上行为构成犯罪的，应当移交司法机关处理。

第七章 附 则

第三十一条 各级教育行政部门和单位可以根据本规定，结合实际情况，制定具体实施办法，并报上级主管部门备案。民办高等学校可以根据实际情况参照本规定执行。

第三十二条 本规定自二〇〇四年六月一日起施行，一九九六年四月五日国家教育委员会发布的第二十四号令《教育系统内部审计工作规定》同时废止。

教育部关于加强直属高等学校内部审计工作的意见

教财〔2015〕2号

部属各高等学校：

根据《中华人民共和国审计法》以及《国务院关于加强审计工作的意见》和《审计署关于内部审计工作的规定》等有关文件，为进一步加强直属高等学校内部审计工作，现提出以下意见：

一、高度重视，切实加强组织领导

1. 进一步提高对内部审计工作重要性的认识。内部审计是规范权力运行的重要手段，是强化过程监管的重要方式，是提高资源绩效的重要保障。加强内部审计工作，是完善学校内部治理结构和健全权力约束机制的重要措施，对促进高校科学发展具有重要意义。要高度重视内部审计工作，切实发挥内部审计"免疫系统"作用，通过内部审计规范学校经济管理，落实领导干部经济责任，提高资源绩效。

2. 健全内部审计工作领导机制。学校主要负责人应直接领导内部审计工作，定期听取审计工作报告，及时研究解决审计工作中遇到的问题和困难，把审计结果作为相关决策的重要依据。要加强内部监督管理部门间的沟通交流，综合利用监督成果。

3. 充分保障内部审计机构独立性。应设置独立内部审计部门，足额配备专职审计人员。要保障内部审计部门依法审计、依法查处问题、依法公告审计结果，不受其他机构和个人的干涉。对拒不接受审计监督，阻挠、干扰和不配合审计工作，或威胁、恐吓、报复审计人员的，要依规查处。

4. 切实加强内部审计队伍专业化建设。要按照加大审计力度、提高审计能力的要求，强化审计队伍专业化建设。内部审计部门负责人应具备经济、管理类专业知识，具有从事财经、审计等方面工作经验。内部审计队伍应由具备经济、管理、法律、建设工程、信息系统等专业背景和专业资格的人员组成。应组织内部审计人员参加后续教育,不断提高审计队伍的专业化水平。

二、强化预算管理审计,促进提高资金使用效益

5. 加强预算编制管理审计。学校预算的编制和调整,应安排内部审计部门提前介入,列席有关决策会议。重点对预算依据充分性、预算编制完整性、预算安排合理性、预算调整规范性等进行审计。通过审计,进一步规范预算编制,提高预算的科学性,优化资源配置。

6. 加强预算执行过程审计。要重点对收支规模大、经济活动频繁的内部机构和下属单位预算执行情况和重点项目预算执行情况进行审计。关注预算执行的真实性、合法性和控制机制的健全性、有效性。通过审计,加大预算执行力度,强化预算刚性约束,推动预算执行更加及时、规范。

7. 开展预算执行绩效审计。在预算年度结束后,应对高校预算执行结果进行审计,评价执行效果,提出改进建议。要对重点项目进行绩效审计,评价项目绩效,促进提高项目资金使用效益。

三、推动内部控制审计,切实加强风险防控

8. 将内部控制纳入内部审计范围。要结合内部控制制度建设工作,逐步建立健全内部控制监督评价制度,将内部控制审计列为内部审计日常工作。通过组织开展内部控制审计,推动内部控制建设,切实防范风险。

9. 组织开展单位层面内部控制审计。应对单位层面内部控制进行全面调查,了解控制环境、风险评估、控制活动、信息与沟通、内部监督等内部控制要素。定期或不定期组织内部审计部门检查单位层面内部控制情况。内部审计部门可以结合学校经济活动风险评估,根据风险评估情况,对单位层面内部控制进行评价。重点评价内部控制工作的组织情况、内部管理制度和机制的建立与执行情况、内部控制关键岗位及人员的设置情况。要根据内部控制审计评价意见,及时改进,规范运行。

10. 组织开展业务层面内部控制审计。要对学校各业务层面管理

制度和机制的建立与执行情况,以及关键岗位及人员的设置情况等进行审计调查,对业务层面内部控制进行审计评价。重点审计预算业务、收支业务、政府采购业务、资产业务、建设项目和合同业务的内部控制情况。

四、深化经济责任审计,推动领导人员履职尽责

11. 建立健全经济责任审计工作联席会议机制。应建立健全纪检监察、组织人事、内部审计等职能部门组成的经济责任审计工作联席会议制度。联席会议要审议经济责任审计工作计划,听取审计结果报告,及时研究审计工作的重大问题,讨论审计处理意见,督促审计意见落实。

12. 健全和完善经济责任审计工作制度体系。要制定和完善学校内部经济责任审计制度,明确审计对象和审计内容,规范审计程序和行为。要建立健全经济责任审计工作联席会议议事规则和工作制度,加强协作配合,形成制度健全、管理规范、运转有序、工作高效的运行机制。

13. 建立任中经济责任审计制度。要坚持任中审计与离任审计相结合,适时开展任中经济责任审计。对承担重要经济责任的领导人员,任期内至少审计一次。

14. 强化经济责任审计结果运用。加强审计整改和责任追究,逐步建立健全经济责任审计情况通报、责任追究、整改落实、结果公告等制度。根据审计内容和审计发现的问题,按照权责一致原则,依法依规对被审计领导人员进行责任认定。对审计发现的重大违法违纪案件线索,要依法移送纪检监察和司法机关。要将审计结果作为考核、任免、奖惩被审计领导人员的重要依据。及时总结研究审计结果反映的典型性、普遍性、倾向性问题,作为采取有关措施、完善有关制度规定的参考依据。

五、加强重点领域审计,维护资金资产安全

15. 加强公务支出和公款消费审计。严格按照中央八项规定精神,加强公务接待、公务用车配置和使用、因公出国(境)、行政会议和培

训支出等公务支出和公款消费的审计监督,推动厉行节约、反对浪费长效机制建设。

16. 加强科研经费管理审计。以规范科研经费预算编制与执行、完善管控机制、提高使用效益、落实管理责任为重点,加强科研经费管理审计。重点关注外协经费划拨、劳务费的发放、经费开支范围和标准等是否合规。对重大科研项目、重要业务环节进行重点审计,促进落实项目负责人的直接责任,项目单位和相关管理部门的管理责任。

17. 加强建设工程管理审计。以促进控制工程造价、规范工程管理、落实管理责任为重点,加强建设工程管理审计。注重审计控制与审计评价相结合,对工程造价管理、财务管理中的控制缺陷及时出具审计报告和审计意见,并督促整改落实。要对重大建设项目的立项、设计、招标、施工、竣工等环节进行全过程跟踪审计。建设工程项目未经审计不得办理竣工结算。

18. 加强学校资产管理审计。以规范学校资产管理、提高资产使用效益、落实管理责任为重点,加强学校资产管理审计。重点审计资产的配置、使用、处置和对外投资是否合规;校办企业国有资产监管职责是否履行到位;校办企业国有资产清产核资、评估备案和产权登记等程序是否符合规定。通过审计,促进资产管理与预算管理、财务管理有效结合,防范学校资产特别是校办企业国有资产流失。

六、拓宽内部审计范围,更好服务改革发展

19. 探索开展重大项目、重要政策跟踪审计。可组织对教育部和学校的重大改革项目、重要方针政策的落实情况进行跟踪审计,着力监督检查内部机构和下属单位的具体部署、执行进度、实际效果等情况。及时发现和纠正有令不行、有禁不止行为,促进改革目标完成和政策落地生根。

20. 适时开展专项审计调查。可根据改革发展和内部管理需要,配合党风廉政建设工作,适时开展专项审计调查。针对改革发展过程中出现的新情况、内部管理中遇到的新问题,利用审计反映制约发展、阻碍改革的措施规定,揭示内部管理存在的风险漏洞,及时研究解决,推动改进完善。

七、加强审计整改和责任追究,推进结果公开

21. 加强审计整改。被审计单位、项目的主要负责人是审计整改工作的第一责任人,对于审计揭示的问题,提出的意见,应负责组织制定整改方案,督促限期整改落实。内部审计部门应加强对整改工作的检查,对整改情况进行后续审计。

22. 落实责任追究。加强纪检监察、组织人事、内部审计等职能部门的协调配合,切实落实审计问题责任追究。根据审计发现问题,内部审计部门要依法依规认定责任,提出责任追究建议;纪检监察部门和组织人事部门要根据审计结果和案件查处情况,依法依规追究相关责任人责任,并及时向内部审计部门反馈责任追究结果。

23. 推进结果公开。建立经济责任审计结果通报制度。将经济责任审计结果,通过印发经济责任审计情况通报等方式,在学校内部进行公开。其他审计结果和审计调查结果,要按照有利于问题整改和解决的原则,在校内进行通报。在此基础上,要依照法律法规,结合学校实际,逐步向社会公开审计结果。

教育部
2015 年 2 月 9 日

教育部关于加强直属高校建设工程管理审计的意见

部属各高等学校：

根据《教育系统内部审计工作规定》《教育部直属高校基本建设管理办法》和《教育部关于加强直属高校内部审计工作的意见》，为进一步加强直属高校建设工程管理审计工作，现提出如下意见：

一、深化对建设工程管理审计的认识。建设工程管理审计是对建设工程业务活动及其内部控制的适当性、有效性进行的确认和评价活动。实践证明，建设工程管理审计在合理控制建设投资、完善建设工程管理、促进廉政建设方面发挥着重要作用。新形势下，建设工程管理审计应在现有基础上，更加注重绩效，突出审计重点，抓住关键环节，创新审计机制，实现促进完善内部控制、促进落实管理责任、促进提高资源绩效的目的。

二、实行建设工程管理审计全覆盖。学校各类资金来源的新建、改扩建及修缮工程均应纳入审计范围。建设工程的投资立项、勘察设计、施工准备、施工过程、竣工验收等各阶段的业务和管理活动均应纳入审计范围。学校要结合实际情况，充分考虑审计资源状况，科学规划，统筹安排，有重点、有步骤、有深度、有成效地推进建设工程管理审计全覆盖。

三、建立建设工程投资评审制度。建设工程投资评审是指在建设工程开工前对建设标准、投资计划、设计概算等进行评审。目的是在确保建设工程质量和功能需求的前提下，加强造价管理，以投资计划控制设计概算，以设计概算控制施工预算。学校应成立建设工程投资评审小组，负责投资评审工作。学校建设项目的功能需求、建设标准、投资计划等在按程序报批立项前须报投资评审小组评审。建设项目的设计应在投资计划限额内进行，设计概算须报投资评审小组审定。学校应安排内部审计部门参加建设项目决策、设计阶段有关研讨、论证会议，建设项目的项目建议书、可行性研究报告、初步设计及概算上报前应征求内部审计部门意见。

四、突出建设工程管理审计重点。在建设工程管理审计中，要突出内部控制审计、造价审计、招标审计、付款审计等重点。内部控制审计是定期对建设工程内部控制的设计与执行情况进行审计，主要包括建设工程归口管理情况、管理岗位设置与职责情况、建设工程各阶段履行基本程序、执行有关政策等业务管理情况、预算和付款控制等财务管理情况。造价审计是对建设工程各阶段工程造价进行审计，主要包括投资估算、设计概算、招标控制价、洽商变更估价、竣工结算的审计等。招标审计是对建设工程各类招标文件、经济合同等进行审计，主要包括设计、施工、专业工程及暂估项目、监理等招标文件和合同。付款审计是依照合同和项目进展对建设工程用款拨付进行审计。学校可根据实际情况确定和调整各阶段送审起点金额，对送审起点金额以下的项目可进行抽审。

五、完善建设工程管理审计结果运用机制。建立健全学校内部审计部门与学校组织、人事、纪检监察部门的工作协调机制，把审计监督与党管干部、纪律检查、追责问责结合起来。学校内部审计部门对于建设工程管理审计中发现的内部控制缺陷，应及时出具审计意见书，督促有关部门进行整改；对于发现的违纪违法问题线索，应及时移送纪检监察部门核实查处；对于发现的典型性、普遍性问题，应及时提出审计建议，提交有关部门研究解决。学校有关部门要按照审计意见和建议，认真落实整改，对整改不力、屡审屡犯、造成损失的，要严格追责问责。建设工程管理审计结果应按照有关规定在一定范围内公示。

六、规范建设工程管理审计组织实施。建设工程管理审计由学校内部审计部门组织实施，也可由内部审计部门委托具有相应资质的中介机构实施。委托中介机构应当按照国家有关规定办理，委托费用按照规定列入工程建设成本。内部审计部门应加强对中介机构的管理和监督。

各高校要高度重视建设工程管理审计工作，要按照本意见要求，制定或修订学校建设工程管理审计具体办法,并于 2017 年 5 月底前报我部备案。我部将对各高校落实意见情况进行检查。

教育部

2016 年 12 月 6 日

教育部关于加强和规范建设工程项目全过程审计的意见

教财〔2007〕29号

近年来,随着我国教育事业的发展,教育系统的基本建设投资不断增加,建设规模不断扩大。为了加强建设工程管理、提高资金使用效益,一些部门和单位开展了建设工程项目全过程审计工作,对建设工程项目从投资立项到竣工交付使用各阶段经济管理活动的真实、合法、效益进行监督、控制和评价。通过审计,对有效控制并真实反映工程造价,降低工程建设成本,提高投资效益,完善建设工程管理,维护教育部门和单位的合法权益,促进廉政建设等起到了积极的作用。为进一步加强和规范建设工程的全过程审计,提高建设资金的使用效益,根据《审计署关于内部审计工作的规定》(审计署令第4号)、《教育系统内部审计工作规定》(教育部令第17号)的有关规定,现提出如下意见:

一、各部门、各单位对本部门、本单位的大中型建设工程应实施全过程审计;也可根据重要性和成本效益原则,结合内部实际情况,对大中型建设工程项目部分阶段或环节进行全过程审计。

二、对建设工程项目实施全过程审计的内容包括对建设项目投资估算、勘察设计概算、施工预算、竣工结算、财务决算等各阶段经济管理活动的检查和评价。

三、各部门、各单位开展建设项目全过程审计,由内部审计机构或内部审计机构委托具有相应资质的工程造价咨询机构实施。委托造价咨询机构应当按照国家有关规定办理。委托费用按照财政部《基本建设管理若干规定》列入建设成本。内部审计机构应加强对受托工程造价咨询机构的管理和监督。

四、建设工程全过程审计应以促进控制工程造价和规范工程管理为重点,将技术经济审查、审计控制和审计评价相结合,将事前审计、事中审计和事后审计相结合。

五、各部门、各单位内部审计机构应根据建设工程项目全过程审计的实施情况,对建设工程各阶段的管理情况及其结果进行分析和评价,及时出具审计报告。各部门、各单位对审计报告中提出的加强和改进工程管理的意见和建议,应认真组织落实。

六、各部门、各单位的领导应充分认识建设工程项目全过程审计工作在规范建设工程管理、提高投资效益、促进廉政建设中的重要作用,认真组织实施。同时,根据本意见,结合本部门本单位的实际,制定或修订关于建设工程项目全过程审计的制度或实施办法。

教育部
2007 年 12 月 29 日

三、建设类法律法规

中华人民共和国建筑法

第一章 总 则

第一条 为了加强对建筑活动的监督管理,维护建筑市场秩序,保证建筑工程的质量和安全,促进建筑业健康发展,制定本法。

第二条 在中华人民共和国境内从事建筑活动,实施对建筑活动的监督管理,应当遵守本法。

本法所称建筑活动,是指各类房屋建筑及其附属设施的建造和与其配套的线路、管道、设备的安装活动。

第三条 建筑活动应当确保建筑工程质量和安全,符合国家的建筑工程安全标准。

第四条 国家扶持建筑业的发展,支持建筑科学技术研究,提高房屋建筑设计水平,鼓励节约能源和保护环境,提倡采用先进技术、先进设备、先进工艺、新型建筑材料和现代管理方式。

第五条 从事建筑活动应当遵守法律、法规,不得损害社会公共利益和他人的合法权益。

任何单位和个人都不得妨碍和阻挠依法进行的建筑活动。

第六条 国务院建设行政主管部门对全国的建筑活动实施统一监督管理。

第二章 建筑许可

第一节 建筑工程施工许可

第七条 建筑工程开工前,建设单位应当按照国家有关规定向工程所在地县级以上人民政府建设行政主管部门申请领取施工许可证;但是,国务院建设行政主管部门确定的限额以下的小型工程除外。

按照国务院规定的权限和程序批准开工报告的建筑工程,不再领取施工许可证。

第八条 申请领取施工许可证,应当具备下列条件:

(一)已经办理该建筑工程用地批准手续;

(二)在城市规划区的建筑工程,已经取得规划许可证;

(三)需要拆迁的,其拆迁进度符合施工要求;

(四)已经确定建筑施工企业;

(五)有满足施工需要的施工图纸及技术资料;

(六)有保证工程质量和安全的具体措施;

(七)建设资金已经落实;

(八)法律、行政法规规定的其他条件。

建设行政主管部门应当自收到申请之日起十五日内,对符合条件的申请颁发施工许可证。

第九条 建设单位应当自领取施工许可证之日起三个月内开工。因故不能按期开工的,应当向发证机关申请延期;延期以两次为限,每次不超过三个月。既不开工又不申请延期或者超过延期时限的,施工许可证自行废止。

第十条 在建的建筑工程因故中止施工的,建设单位应当自中止施工之日起一个月内,向发证机关报告,并按照规定做好建筑工程的维护管理工作。

建筑工程恢复施工时,应当向发证机关报告;中止施工满一年的工程恢复施工前,建设单位应当报发证机关核验施工许可证。

第十一条 按照国务院有关规定批准开工报告的建筑工程,因故不能按期开工或者中止施工的,应当及时向批准机关报告情况。因故不能按期开工超过六个月的,应当重新办理开工报告的批准手续。

第二节 从业资格

第十二条 从事建筑活动的建筑施工企业、勘察单位、设计单位和工程监理单位,应当具备下列条件:

(一)有符合国家规定的注册资本;

（二）有与其从事的建筑活动相适应的具有法定执业资格的专业技术人员；

（三）有从事相关建筑活动所应有的技术装备；

（四）法律、行政法规规定的其他条件。

第十三条 从事建筑活动的建筑施工企业、勘察单位、设计单位和工程监理单位，按照其拥有的注册资本、专业技术人员、技术装备和已完成的建筑工程业绩等资质条件，划分为不同的资质等级，经资质审查合格，取得相应等级的资质证书后，方可在其资质等级许可的范围内从事建筑活动。

第十四条 从事建筑活动的专业技术人员，应当依法取得相应的执业资格证书，并在执业资格证书许可的范围内从事建筑活动。

第三章 建筑工程发包与承包

第一节 一般规定

第十五条 建筑工程的发包单位与承包单位应当依法订立书面合同，明确双方的权利和义务。

发包单位和承包单位应当全面履行合同约定的义务。不按照合同约定履行义务的，依法承担违约责任。

第十六条 建筑工程发包与承包的招标投标活动，应当遵循公开、公正、平等竞争的原则，择优选择承包单位。

建筑工程的招标投标，本法没有规定的，适用有关招标投标法律的规定。

第十七条 发包单位及其工作人员在建筑工程发包中不得收受贿赂、回扣或者索取其他好处。

承包单位及其工作人员不得利用向发包单位及其工作人员行贿、提供回扣或者给予其他好处等不正当手段承揽工程。

第十八条 建筑工程造价应当按照国家有关规定，由发包单位与承包单位在合同中约定。公开招标发包的，其造价的约定，须遵守招标投标法律的规定。

发包单位应当按照合同的约定，及时拨付工程款项。

第二节　发　　包

第十九条　建筑工程依法实行招标发包，对不适于招标发包的可以直接发包。

第二十条　建筑工程实行公开招标的，发包单位应当依照法定程序和方式，发布招标公告，提供载有招标工程的主要技术要求、主要的合同条款、评标的标准和方法以及开标、评标、定标的程序等内容的招标文件。

开标应当在招标文件规定的时间、地点公开进行。开标后应当按照招标文件规定的评标标准和程序对标书进行评价、比较，在具备相应资质条件的投标者中，择优选定中标者。

第二十一条　建筑工程招标的开标、评标、定标由建设单位依法组织实施，并接受有关行政主管部门的监督。

第二十二条　建筑工程实行招标发包的，发包单位应当将建筑工程发包给依法中标的承包单位。建筑工程实行直接发包的，发包单位应当将建筑工程发包给具有相应资质条件的承包单位。

第二十三条　政府及其所属部门不得滥用行政权力，限定发包单位将招标发包的建筑工程发包给指定的承包单位。

第二十四条　提倡对建筑工程实行总承包，禁止将建筑工程肢解发包。

建筑工程的发包单位可以将建筑工程的勘察、设计、施工、设备采购一并发包给一个工程总承包单位，也可以将建筑工程勘察、设计、施工、设备采购的一项或者多项发包给一个工程总承包单位；但是，不得将应当由一个承包单位完成的建筑工程肢解成若干部分发包给几个承包单位。

第二十五条　按照合同约定，建筑材料、建筑构配件和设备由工程承包单位采购的，发包单位不得指定承包单位购入用于工程的建筑材料、建筑构配件和设备或者指定生产厂、供应商。

第三节 承　　包

第二十六条　承包建筑工程的单位应当持有依法取得的资质证书,并在其资质等级许可的业务范围内承揽工程。

禁止建筑施工企业超越本企业资质等级许可的业务范围或者以任何形式用其他建筑施工企业的名义承揽工程。禁止建筑施工企业以任何形式允许其他单位或者个人使用本企业的资质证书、营业执照,以本企业的名义承揽工程。

第二十七条　大型建筑工程或者结构复杂的建筑工程,可以由两个以上的承包单位联合共同承包。共同承包的各方对承包合同的履行承担连带责任。

两个以上不同资质等级的单位实行联合共同承包的,应当按照资质等级低的单位的业务许可范围承揽工程。

第二十八条　禁止承包单位将其承包的全部建筑工程转包给他人,禁止承包单位将其承包的全部建筑工程肢解以后以分包的名义分别转包给他人。

第二十九条　建筑工程总承包单位可以将承包工程中的部分工程发包给具有相应资质条件的分包单位;但是,除总承包合同中约定的分包外,必须经建设单位认可。施工总承包的,建筑工程主体结构的施工必须由总承包单位自行完成。

建筑工程总承包单位按照总承包合同的约定对建设单位负责;分包单位按照分包合同的约定对总承包单位负责。总承包单位和分包单位就分包工程对建设单位承担连带责任。

禁止总承包单位将工程分包给不具备相应资质条件的单位。禁止分包单位将其承包的工程再分包。

第四章　建筑工程监理

第三十条　国家推行建筑工程监理制度。

国务院可以规定实行强制监理的建筑工程的范围。

第三十一条　实行监理的建筑工程,由建设单位委托具有相应资质条件的工程监理单位监理。建设单位与其委托的工程监理单位应当订立书面委托监理合同。

第三十二条　建筑工程监理应当依照法律、行政法规及有关的技术标准、设计文件和建筑工程承包合同,对承包单位在施工质量、建设工期和建设资金使用等方面,代表建设单位实施监督。

工程监理人员认为工程施工不符合工程设计要求、施工技术标准和合同约定的,有权要求建筑施工企业改正。

工程监理人员发现工程设计不符合建筑工程质量标准或者合同约定的质量要求的,应当报告建设单位要求设计单位改正。

第三十三条　实施建筑工程监理前,建设单位应当将委托的工程监理单位、监理的内容及监理权限,书面通知被监理的建筑施工企业。

第三十四条　工程监理单位应当在其资质等级许可的监理范围内,承担工程监理业务。

工程监理单位应当根据建设单位的委托,客观、公正地执行监理任务。

工程监理单位与被监理工程的承包单位以及建筑材料、建筑构配件和设备供应单位不得有隶属关系或者其他利害关系。

工程监理单位不得转让工程监理业务。

第三十五条　工程监理单位不按照委托监理合同的约定履行监理义务,对应当监督检查的项目不检查或者不按照规定检查,给建设单位造成损失的,应当承担相应的赔偿责任。

工程监理单位与承包单位串通,为承包单位谋取非法利益,给建设单位造成损失的,应当与承包单位承担连带赔偿责任。

第五章　建筑安全生产管理

第三十六条　建筑工程安全生产管理必须坚持安全第一、预防为主的方针,建立健全安全生产的责任制度和群防群治制度。

第三十七条　建筑工程设计应当符合按照国家规定制定的建筑安全规程和技术规范,保证工程的安全性能。

第三十八条 建筑施工企业在编制施工组织设计时，应当根据建筑工程的特点制定相应的安全技术措施；对专业性较强的工程项目，应当编制专项安全施工组织设计，并采取安全技术措施。

第三十九条 建筑施工企业应当在施工现场采取维护安全、防范危险、预防火灾等措施；有条件的，应当对施工现场实行封闭管理。

施工现场对毗邻的建筑物、构筑物和特殊作业环境可能造成损害的，建筑施工企业应当采取安全防护措施。

第四十条 建设单位应当向建筑施工企业提供与施工现场相关的地下管线资料，建筑施工企业应当采取措施加以保护。

第四十一条 建筑施工企业应当遵守有关环境保护和安全生产的法律、法规的规定，采取控制和处理施工现场的各种粉尘、废气、废水、固体废物以及噪声、振动对环境的污染和危害的措施。

第四十二条 有下列情形之一的，建设单位应当按照国家有关规定办理申请批准手续：

（一）需要临时占用规划批准范围以外场地的；

（二）可能损坏道路、管线、电力、邮电通讯等公共设施的；

（三）需要临时停水、停电、中断道路交通的；

（四）需要进行爆破作业的；

（五）法律、法规规定需要办理报批手续的其他情形。

第四十三条 建设行政主管部门负责建筑安全生产的管理，并依法接受劳动行政主管部门对建筑安全生产的指导和监督。

第四十四条 建筑施工企业必须依法加强对建筑安全生产的管理，执行安全生产责任制度，采取有效措施，防止伤亡和其他安全生产事故的发生。

建筑施工企业的法定代表人对本企业的安全生产负责。

第四十五条 施工现场安全由建筑施工企业负责。实行施工总承包的，由总承包单位负责。分包单位向总承包单位负责，服从总承包单位对施工现场的安全生产管理。

第四十六条 建筑施工企业应当建立健全劳动安全生产教育培训

制度,加强对职工安全生产的教育培训;未经安全生产教育培训的人员,不得上岗作业。

第四十七条 建筑施工企业和作业人员在施工过程中,应当遵守有关安全生产的法律、法规和建筑行业安全规章、规程,不得违章指挥或者违章作业。作业人员有权对影响人身健康的作业程序和作业条件提出改进意见,有权获得安全生产所需的防护用品。作业人员对危及生命安全和人身健康的行为有权提出批评、检举和控告。

第四十八条 建筑施工企业应当依法为职工参加工伤保险缴纳工伤保险费。鼓励企业为从事危险作业的职工办理意外伤害保险,支付保险费。

第四十九条 涉及建筑主体和承重结构变动的装修工程,建设单位应当在施工前委托原设计单位或者具有相应资质条件的设计单位提出设计方案;没有设计方案的,不得施工。

第五十条 房屋拆除应当由具备保证安全条件的建筑施工单位承担,由建筑施工单位负责人对安全负责。

第五十一条 施工中发生事故时,建筑施工企业应当采取紧急措施减少人员伤亡和事故损失,并按照国家有关规定及时向有关部门报告。

第六章 建筑工程质量管理

第五十二条 建筑工程勘察、设计、施工的质量必须符合国家有关建筑工程安全标准的要求,具体管理办法由国务院规定。

有关建筑工程安全的国家标准不能适应确保建筑安全的要求时,应当及时修订。

第五十三条 国家对从事建筑活动的单位推行质量体系认证制度。从事建筑活动的单位根据自愿原则可以向国务院产品质量监督管理部门或者国务院产品质量监督管理部门授权的部门认可的认证机构申请质量体系认证。经认证合格的,由认证机构颁发质量体系认证证书。

第五十四条 建设单位不得以任何理由,要求建筑设计单位或者建筑施工企业在工程设计或者施工作业中,违反法律、行政法规和建筑工程质量、安全标准,降低工程质量。

建筑设计单位和建筑施工企业对建设单位违反前款规定提出的降低工程质量的要求,应当予以拒绝。

第五十五条 建筑工程实行总承包的,工程质量由工程总承包单位负责,总承包单位将建筑工程分包给其他单位的,应当对分包工程的质量与分包单位承担连带责任。分包单位应当接受总承包单位的质量管理。

第五十六条 建筑工程的勘察、设计单位必须对其勘察、设计的质量负责。勘察、设计文件应当符合有关法律、行政法规的规定和建筑工程质量、安全标准、建筑工程勘察、设计技术规范以及合同的约定。设计文件选用的建筑材料、建筑构配件和设备,应当注明其规格、型号、性能等技术指标,其质量要求必须符合国家规定的标准。

第五十七条 建筑设计单位对设计文件选用的建筑材料、建筑构配件和设备,不得指定生产厂、供应商。

第五十八条 建筑施工企业对工程的施工质量负责。

建筑施工企业必须按照工程设计图纸和施工技术标准施工,不得偷工减料。工程设计的修改由原设计单位负责,建筑施工企业不得擅自修改工程设计。

第五十九条 建筑施工企业必须按照工程设计要求、施工技术标准和合同的约定,对建筑材料、建筑构配件和设备进行检验,不合格的不得使用。

第六十条 建筑物在合理使用寿命内,必须确保地基基础工程和主体结构的质量。

建筑工程竣工时,屋顶、墙面不得留有渗漏、开裂等质量缺陷;对已发现的质量缺陷,建筑施工企业应当修复。

第六十一条 交付竣工验收的建筑工程,必须符合规定的建筑工程质量标准,有完整的工程技术经济资料和经签署的工程保修书,并具备国家规定的其他竣工条件。

建筑工程竣工经验收合格后，方可交付使用；未经验收或者验收不合格的，不得交付使用。

第六十二条 建筑工程实行质量保修制度。

建筑工程的保修范围应当包括地基基础工程、主体结构工程、屋面防水工程和其他土建工程，以及电气管线、上下水管线的安装工程，供热、供冷系统工程等项目；保修的期限应当按照保证建筑物合理寿命年限内正常使用，维护使用者合法权益的原则确定。具体的保修范围和最低保修期限由国务院规定。

第六十三条 任何单位和个人对建筑工程的质量事故、质量缺陷都有权向建设行政主管部门或者其他有关部门进行检举、控告、投诉。

第七章 法律责任

第六十四条 违反本法规定，未取得施工许可证或者开工报告未经批准擅自施工的，责令改正，对不符合开工条件的责令停止施工，可以处以罚款。

第六十五条 发包单位将工程发包给不具有相应资质条件的承包单位的，或者违反本法规定将建筑工程肢解发包的，责令改正，处以罚款。

超越本单位资质等级承揽工程的，责令停止违法行为，处以罚款，可以责令停业整顿，降低资质等级；情节严重的，吊销资质证书；有违法所得的，予以没收。

未取得资质证书承揽工程的，予以取缔，并处罚款；有违法所得的，予以没收。

以欺骗手段取得资质证书的，吊销资质证书，处以罚款；构成犯罪的，依法追究刑事责任。

第六十六条 建筑施工企业转让、出借资质证书或者以其他方式允许他人以本企业的名义承揽工程的，责令改正，没收违法所得，并处罚款，可以责令停业整顿，降低资质等级；情节严重的，吊销资质证书。

对因该项承揽工程不符合规定的质量标准造成的损失,建筑施工企业与使用本企业名义的单位或者个人承担连带赔偿责任。

第六十七条 承包单位将承包的工程转包的,或者违反本法规定进行分包的,责令改正,没收违法所得,并处罚款,可以责令停业整顿,降低资质等级;情节严重的,吊销资质证书。

承包单位有前款规定的违法行为的,对因转包工程或者违法分包的工程不符合规定的质量标准造成的损失,与接受转包或者分包的单位承担连带赔偿责任。

第六十八条 在工程发包与承包中索贿、受贿、行贿,构成犯罪的,依法追究刑事责任;不构成犯罪的,分别处以罚款,没收贿赂的财物,对直接负责的主管人员和其他直接责任人员给予处分。

对在工程承包中行贿的承包单位,除依照前款规定处罚外,可以责令停业整顿,降低资质等级或者吊销资质证书。

第六十九条 工程监理单位与建设单位或者建筑施工企业串通,弄虚作假、降低工程质量的,责令改正,处以罚款,降低资质等级或者吊销资质证书;有违法所得的,予以没收;造成损失的,承担连带赔偿责任;构成犯罪的,依法追究刑事责任。

工程监理单位转让监理业务的,责令改正,没收违法所得,可以责令停业整顿,降低资质等级;情节严重的,吊销资质证书。

第七十条 违反本法规定,涉及建筑主体或者承重结构变动的装修工程擅自施工的,责令改正,处以罚款;造成损失的,承担赔偿责任;构成犯罪的,依法追究刑事责任。

第七十一条 建筑施工企业违反本法规定,对建筑安全事故隐患不采取措施予以消除的,责令改正,可以处以罚款;情节严重的,责令停业整顿,降低资质等级或者吊销资质证书;构成犯罪的,依法追究刑事责任。

建筑施工企业的管理人员违章指挥、强令职工冒险作业,因而发生重大伤亡事故或者造成其他严重后果的,依法追究刑事责任。

第七十二条 建设单位违反本法规定,要求建筑设计单位或者建筑施工企业违反建筑工程质量、安全标准,降低工程质量的,责令改正,可以处以罚款;构成犯罪的,依法追究刑事责任。

第七十三条 建筑设计单位不按照建筑工程质量、安全标准进行设计的,责令改正,处以罚款;造成工程质量事故的,责令停业整顿,降低资质等级或者吊销资质证书,没收违法所得,并处罚款;造成损失的,承担赔偿责任;构成犯罪的,依法追究刑事责任。

第七十四条 建筑施工企业在施工中偷工减料的,使用不合格的建筑材料、建筑构配件和设备的,或者有其他不按照工程设计图纸或者施工技术标准施工的行为的,责令改正,处以罚款;情节严重的,责令停业整顿,降低资质等级或者吊销资质证书;造成建筑工程质量不符合规定的质量标准的,负责返工、修理,并赔偿因此造成的损失;构成犯罪的,依法追究刑事责任。

第七十五条 建筑施工企业违反本法规定,不履行保修义务或者拖延履行保修义务的,责令改正,可以处以罚款,并对在保修期内因屋顶、墙面渗漏、开裂等质量缺陷造成的损失,承担赔偿责任。

第七十六条 本法规定的责令停业整顿、降低资质等级和吊销资质证书的行政处罚,由颁发资质证书的机关决定;其他行政处罚,由建设行政主管部门或者有关部门依照法律和国务院规定的职权范围决定。

依照本法规定被吊销资质证书的,由工商行政管理部门吊销其营业执照。

第七十七条 违反本法规定,对不具备相应资质等级条件的单位颁发该等级资质证书的,由其上级机关责令收回所发的资质证书,对直接负责的主管人员和其他直接责任人员给予行政处分;构成犯罪的,依法追究刑事责任。

第七十八条 政府及其所属部门的工作人员违反本法规定,限定发包单位将招标发包的工程发包给指定的承包单位的,由上级机关责令改正;构成犯罪的,依法追究刑事责任。

第七十九条 负责颁发建筑工程施工许可证的部门及其工作人员

对不符合施工条件的建筑工程颁发施工许可证的,负责工程质量监督检查或者竣工验收的部门及其工作人员对不合格的建筑工程出具质量合格文件或者按合格工程验收的,由上级机关责令改正,对责任人员给予行政处分;构成犯罪的,依法追究刑事责任;造成损失的,由该部门承担相应的赔偿责任。

第八十条　在建筑物的合理使用寿命内,因建筑工程质量不合格受到损害的,有权向责任者要求赔偿。

第八章　附　则

第八十一条　本法关于施工许可、建筑施工企业资质审查和建筑工程发包、承包、禁止转包,以及建筑工程监理、建筑工程安全和质量管理的规定,适用于其他专业建筑工程的建筑活动,具体办法由国务院规定。

第八十二条　建设行政主管部门和其他有关部门在对建筑活动实施监督管理中,除按照国务院有关规定收取费用外,不得收取其他费用。

第八十三条　省、自治区、直辖市人民政府确定的小型房屋建筑工程的建筑活动,参照本法执行。

依法核定作为文物保护的纪念建筑物和古建筑等的修缮,依照文物保护的有关法律规定执行。

抢险救灾及其他临时性房屋建筑和农民自建低层住宅的建筑活动,不适用本法。

第八十四条　军用房屋建筑工程建筑活动的具体管理办法,由国务院、中央军事委员会依据本法制定。

第八十五条　本法自1998年3月1日起施行。

建设工程勘察设计管理条例

中华人民共和国国务院令第662号

第一章 总 则

第一条 为了加强对建设工程勘察、设计活动的管理，保证建设工程勘察、设计质量，保护人民生命和财产安全，制定本条例。

第二条 从事建设工程勘察、设计活动，必须遵守本条例。

本条例所称建设工程勘察，是指根据建设工程的要求，查明、分析、评价建设场地的地质地理环境特征和岩土工程条件，编制建设工程勘察文件的活动。

本条例所称建设工程设计，是指根据建设工程的要求，对建设工程所需的技术、经济、资源、环境等条件进行综合分析、论证，编制建设工程设计文件的活动。

第三条 建设工程勘察、设计应当与社会、经济发展水平相适应，做到经济效益、社会效益和环境效益相统一。

第四条 从事建设工程勘察、设计活动，应当坚持先勘察、后设计、再施工的原则。

第五条 县级以上人民政府建设行政主管部门和交通、水利等有关部门应当依照本条例的规定，加强对建设工程勘察、设计活动的监督管理。

建设工程勘察、设计单位必须依法进行建设工程勘察、设计，严格执行工程建设强制性标准，并对建设工程勘察、设计的质量负责。

第六条 国家鼓励在建设工程勘察、设计活动中采用先进技术、先进工艺、先进设备、新型材料和现代管理方法。

第二章 资质资格管理

第七条 国家对从事建设工程勘察、设计活动的单位，实行资质管理制度。具体办法由国务院建设行政主管部门商国务院有关部门制定。

第八条 建设工程勘察、设计单位应当在其资质等级许可的范围内承揽建设工程勘察、设计业务。

禁止建设工程勘察、设计单位超越其资质等级许可的范围或者以其他建设工程勘察、设计单位的名义承揽建设工程勘察、设计业务。禁止建设工程勘察、设计单位允许其他单位或者个人以本单位的名义承揽建设工程勘察、设计业务。

第九条 国家对从事建设工程勘察、设计活动的专业技术人员,实行执业资格注册管理制度。

未经注册的建设工程勘察、设计人员,不得以注册执业人员的名义从事建设工程勘察、设计活动。

第十条 建设工程勘察、设计注册执业人员和其他专业技术人员只能受聘于一个建设工程勘察、设计单位;未受聘于建设工程勘察、设计单位的,不得从事建设工程的勘察、设计活动。

第十一条 建设工程勘察、设计单位资质证书和执业人员注册证书,由国务院建设行政主管部门统一制作。

第三章 建设工程勘察设计发包与承包

第十二条 建设工程勘察、设计发包依法实行招标发包或者直接发包。

第十三条 建设工程勘察、设计应当依照《中华人民共和国招标投标法》的规定,实行招标发包。

第十四条 建设工程勘察、设计方案评标,应当以投标人的业绩、信誉和勘察、设计人员的能力以及勘察、设计方案的优劣为依据,进行综合评定。

第十五条 建设工程勘察、设计的招标人应当在评标委员会推荐的候选方案中确定中标方案。但是,建设工程勘察、设计的招标人认为评标委员会推荐的候选方案不能最大限度满足招标文件规定的要求的,应当依法重新招标。

第十六条 下列建设工程的勘察、设计,经有关主管部门批准,可以直接发包：

(一)采用特定的专利或者专有技术的；

(二)建筑艺术造型有特殊要求的；

(三)国务院规定的其他建设工程的勘察、设计。

第十七条 发包方不得将建设工程勘察、设计业务发包给不具有相应勘察、设计资质等级的建设工程勘察、设计单位。

第十八条 发包方可以将整个建设工程的勘察、设计发包给一个勘察、设计单位；也可以将建设工程的勘察、设计分别发包给几个勘察、设计单位。

第十九条 除建设工程主体部分的勘察、设计外,经发包方书面同意,承包方可以将建设工程其他部分的勘察、设计再分包给其他具有相应资质等级的建设工程勘察、设计单位。

第二十条 建设工程勘察、设计单位不得将所承揽的建设工程勘察、设计转包。

第二十一条 承包方必须在建设工程勘察、设计资质证书规定的资质等级和业务范围内承揽建设工程的勘察、设计业务。

第二十二条 建设工程勘察、设计的发包方与承包方,应当执行国家规定的建设工程勘察、设计程序。

第二十三条 建设工程勘察、设计的发包方与承包方应当签订建设工程勘察、设计合同。

第二十四条 建设工程勘察、设计发包方与承包方应当执行国家有关建设工程勘察费、设计费的管理规定。

第四章 建设工程勘察设计文件的编制与实施

第二十五条 编制建设工程勘察、设计文件,应当以下列规定为依据：

(一)项目批准文件；

（二）城乡规划；

（三）工程建设强制性标准；

（四）国家规定的建设工程勘察、设计深度要求。

铁路、交通、水利等专业建设工程，还应当以专业规划的要求为依据。

第二十六条 编制建设工程勘察文件，应当真实、准确，满足建设工程规划、选址、设计、岩土治理和施工的需要。

编制方案设计文件，应当满足编制初步设计文件和控制概算的需要。

编制初步设计文件，应当满足编制施工招标文件、主要设备材料订货和编制施工图设计文件的需要。

编制施工图设计文件，应当满足设备材料采购、非标准设备制作和施工的需要，并注明建设工程合理使用年限。

第二十七条 设计文件中选用的材料、构配件、设备，应当注明其规格、型号、性能等技术指标，其质量要求必须符合国家规定的标准。

除有特殊要求的建筑材料、专用设备和工艺生产线等外，设计单位不得指定生产厂、供应商。

第二十八条 建设单位、施工单位、监理单位不得修改建设工程勘察、设计文件；确需修改建设工程勘察、设计文件的，应当由原建设工程勘察、设计单位修改。经原建设工程勘察、设计单位书面同意，建设单位也可以委托其他具有相应资质的建设工程勘察、设计单位修改。修改单位对修改的勘察、设计文件承担相应责任。

施工单位、监理单位发现建设工程勘察、设计文件不符合工程建设强制性标准、合同约定的质量要求的，应当报告建设单位，建设单位有权要求建设工程勘察、设计单位对建设工程勘察、设计文件进行补充、修改。

建设工程勘察、设计文件内容需要作重大修改的，建设单位应当报经原审批机关批准后，方可修改。

第二十九条 建设工程勘察、设计文件中规定采用的新技术、新材料,可能影响建设工程质量和安全,又没有国家技术标准的,应当由国家认可的检测机构进行试验、论证,出具检测报告,并经国务院有关部门或者省、自治区、直辖市人民政府有关部门组织的建设工程技术专家委员会审定后,方可使用。

第三十条 建设工程勘察、设计单位应当在建设工程施工前,向施工单位和监理单位说明建设工程勘察、设计意图,解释建设工程勘察、设计文件。

建设工程勘察、设计单位应当及时解决施工中出现的勘察、设计问题。

第五章 监督管理

第三十一条 国务院建设行政主管部门对全国的建设工程勘察、设计活动实施统一监督管理。国务院铁路、交通、水利等有关部门按照国务院规定的职责分工,负责对全国的有关专业建设工程勘察、设计活动的监督管理。

县级以上地方人民政府建设行政主管部门对本行政区域内的建设工程勘察、设计活动实施监督管理。县级以上地方人民政府交通、水利等有关部门在各自的职责范围内,负责对本行政区域内的有关专业建设工程勘察、设计活动的监督管理。

第三十二条 建设工程勘察、设计单位在建设工程勘察、设计资质证书规定的业务范围内跨部门、跨地区承揽勘察、设计业务的,有关地方人民政府及其所属部门不得设置障碍,不得违反国家规定收取任何费用。

第三十三条 县级以上人民政府建设行政主管部门或者交通、水利等有关部门应当对施工图设计文件中涉及公共利益、公众安全、工程建设强制性标准的内容进行审查。

施工图设计文件未经审查批准的,不得使用。

第三十四条 任何单位和个人对建设工程勘察、设计活动中的违法行为都有权检举、控告、投诉。

第六章 罚 则

第三十五条 违反本条例第八条规定的,责令停止违法行为,处合同约定的勘察费、设计费 1 倍以上 2 倍以下的罚款,有违法所得的,予以没收;可以责令停业整顿,降低资质等级;情节严重的,吊销资质证书。

未取得资质证书承揽工程的,予以取缔,依照前款规定处以罚款;有违法所得的,予以没收。

以欺骗手段取得资质证书承揽工程的,吊销资质证书,依照本条第一款规定处以罚款;有违法所得的,予以没收。

第三十六条 违反本条例规定,未经注册,擅自以注册建设工程勘察、设计人员的名义从事建设工程勘察、设计活动的,责令停止违法行为,没收违法所得,处违法所得 2 倍以上 5 倍以下罚款;给他人造成损失的,依法承担赔偿责任。

第三十七条 违反本条例规定,建设工程勘察、设计注册执业人员和其他专业技术人员未受聘于一个建设工程勘察、设计单位或者同时受聘于两个以上建设工程勘察、设计单位,从事建设工程勘察、设计活动的,责令停止违法行为,没收违法所得,处违法所得 2 倍以上 5 倍以下的罚款;情节严重的,可以责令停止执行业务或者吊销资格证书;给他人造成损失的,依法承担赔偿责任。

第三十八条 违反本条例规定,发包方将建设工程勘察、设计业务发包给不具有相应资质等级的建设工程勘察、设计单位的,责令改正,处 50 万元以上 100 万元以下的罚款。

第三十九条 违反本条例规定,建设工程勘察、设计单位将所承揽的建设工程勘察、设计转包的,责令改正,没收违法所得,处合同约定的勘察费、设计费 25% 以上 50% 以下的罚款,可以责令停业整顿,降低资质等级;情节严重的,吊销资质证书。

第四十条 违反本条例规定,勘察、设计单位未依据项目批准文件,城乡规划及专业规划,国家规定的建设工程勘察、设计深度要求编制建设工程勘察、设计文件的,责令限期改正;逾期不改正的,处 10 万元以上 30 万元以下的罚款;造成工程质量事故或者环境污染和生态破坏的,责令停业整顿,降低资质等级;情节严重的,吊销资质证书;造成损失的,依法承担赔偿责任。

第四十一条 违反本条例规定,有下列行为之一的,依照《建设工程质量管理条例》第六十三条的规定给予处罚:

(一)勘察单位未按照工程建设强制性标准进行勘察的;

(二)设计单位未根据勘察成果文件进行工程设计的;

(三)设计单位指定建筑材料、建筑构配件的生产厂、供应商的;

(四)设计单位未按照工程建设强制性标准进行设计的。

第四十二条 本条例规定的责令停业整顿、降低资质等级和吊销资质证书、资格证书的行政处罚,由颁发资质证书、资格证书的机关决定;其他行政处罚,由建设行政主管部门或者其他有关部门依据法定职权范围决定。

依照本条例规定被吊销资质证书的,由工商行政管理部门吊销其营业执照。

第四十三条 国家机关工作人员在建设工程勘察、设计活动的监督管理工作中玩忽职守、滥用职权、徇私舞弊,构成犯罪的,依法追究刑事责任;尚不构成犯罪的,依法给予行政处分。

第七章 附 则

第四十四条 抢险救灾及其他临时性建筑和农民自建两层以下住宅的勘察、设计活动,不适用本条例。

第四十五条 军事建设工程勘察、设计的管理,按照中央军事委员会的有关规定执行。

第四十六条 本条例自公布之日起施行。

建设工程质量管理条例

按 2017 年 10 月 7 日《国务院关于修改部分行政法规的决定》（中华人民共和国国务院令第 687 号）修改

第一章 总 则

第一条 为了加强对建设工程质量的管理，保证建设工程质量，保护人民生命和财产安全，根据《中华人民共和国建筑法》，制定本条例。

第二条 凡在中华人民共和国境内从事建设工程的新建、扩建、改建等有关活动及实施对建设工程质量监督管理的，必须遵守本条例。

本条例所称建设工程，是指土木工程、建筑工程、线路管道和设备安装工程及装修工程。

第三条 建设单位、勘察单位、设计单位、施工单位、工程监理单位依法对建设工程质量负责。

第四条 县级以上人民政府建设行政主管部门和其他有关部门应当加强对建设工程质量的监督管理。

第五条 从事建设工程活动，必须严格执行基本建设程序，坚持先勘察、后设计、再施工的原则。

县级以上人民政府及其有关部门不得超越权限审批建设项目或者擅自简化基本建设程序。

第六条 国家鼓励采用先进的科学技术和管理方法，提高建设工程质量。

第二章 建设单位的质量责任和义务

第七条 建设单位应当将工程发包给具有相应资质等级的单位。

建设单位不得将建设工程肢解发包。

第八条 建设单位应当依法对工程建设项目的勘察、设计、施工、监理以及与工程建设有关的重要设备、材料等的采购进行招标。

第九条 建设单位必须向有关的勘察、设计、施工、工程监理等单位提供与建设工程有关的原始资料。

原始资料必须真实、准确、齐全。

第十条 建设工程发包单位不得迫使承包方以低于成本的价格竞标，不得任意压缩合理工期。

建设单位不得明示或者暗示设计单位或者施工单位违反工程建设强制性标准，降低建设工程质量。

第十一条 施工图设计文件审查的具体办法，由国务院建设行政主管部门、国务院其他有关部门制定。

施工图设计文件未经审查批准的，不得使用。

第十二条 实行监理的建设工程，建设单位应当委托具有相应资质等级的工程监理单位进行监理，也可以委托具有工程监理相应资质等级并与被监理工程的施工承包单位没有隶属关系或者其他利害关系的该工程的设计单位进行监理。

下列建设工程必须实行监理：

（一）国家重点建设工程；

（二）大中型公用事业工程；

（三）成片开发建设的住宅小区工程；

（四）利用外国政府或者国际组织贷款、援助资金的工程；

（五）国家规定必须实行监理的其他工程。

第十三条 建设单位在领取施工许可证或者开工报告前，应当按照国家有关规定办理工程质量监督手续。

第十四条 按照合同约定，由建设单位采购建筑材料、建筑构配件和设备的，建设单位应当保证建筑材料、建筑构配件和设备符合设计文件和合同要求。

建设单位不得明示或者暗示施工单位使用不合格的建筑材料、建筑构配件和设备。

第十五条 涉及建筑主体和承重结构变动的装修工程，建设单位应当在施工前委托原设计单位或者具有相应资质等级的设计单位提出设计方案;没有设计方案的,不得施工。

房屋建筑使用者在装修过程中,不得擅自变动房屋建筑主体和承重结构。

第十六条 建设单位收到建设工程竣工报告后,应当组织设计、施工、工程监理等有关单位进行竣工验收。

建设工程竣工验收应当具备下列条件:

(一)完成建设工程设计和合同约定的各项内容;

(二)有完整的技术档案和施工管理资料;

(三)有工程使用的主要建筑材料、建筑构配件和设备的进场试验报告;

(四)有勘察、设计、施工、工程监理等单位分别签署的质量合格文件;

(五)有施工单位签署的工程保修书。

建设工程经验收合格的,方可交付使用。

第十七条 建设单位应当严格按照国家有关档案管理的规定,及时收集、整理建设项目各环节的文件资料,建立、健全建设项目档案,并在建设工程竣工验收后,及时向建设行政主管部门或者其他有关部门移交建设项目档案。

第三章 勘察、设计单位的质量责任和义务

第十八条 从事建设工程勘察、设计的单位应当依法取得相应等级的资质证书,并在其资质等级许可的范围内承揽工程。

禁止勘察、设计单位超越其资质等级许可的范围或者以其他勘察、设计单位的名义承揽工程。禁止勘察、设计单位允许其他单位或者个人以本单位的名义承揽工程。

勘察、设计单位不得转包或者违法分包所承揽的工程。

第十九条 勘察、设计单位必须按照工程建设强制性标准进行勘察、设计,并对其勘察、设计的质量负责。

注册建筑师、注册结构工程师等注册执业人员应当在设计文件上

签字,对设计文件负责。

第二十条　勘察单位提供的地质、测量、水文等勘察成果必须真实、准确。

第二十一条　设计单位应当根据勘察成果文件进行建设工程设计。

设计文件应当符合国家规定的设计深度要求,注明工程合理使用年限。

第二十二条　设计单位在设计文件中选用的建筑材料、建筑构配件和设备,应当注明规格、型号、性能等技术指标,其质量要求必须符合国家规定的标准。

除有特殊要求的建筑材料、专用设备、工艺生产线等外,设计单位不得指定生产厂、供应商。

第二十三条　设计单位应当就审查合格的施工图设计文件向施工单位作出详细说明。

第二十四条　设计单位应当参与建设工程质量事故分析,并对因设计造成的质量事故,提出相应的技术处理方案。

第四章　施工单位的质量责任和义务

第二十五条　施工单位应当依法取得相应等级的资质证书,并在其资质等级许可的范围内承揽工程。

禁止施工单位超越本单位资质等级许可的业务范围或者以其他施工单位的名义承揽工程。禁止施工单位允许其他单位或者个人以本单位的名义承揽工程。

施工单位不得转包或者违法分包工程。

第二十六条　施工单位对建设工程的施工质量负责。

施工单位应当建立质量责任制,确定工程项目的项目经理、技术负责人和施工管理负责人。

建设工程实行总承包的,总承包单位应当对全部建设工程质量负责;建设工程勘察、设计、施工、设备采购的一项或者多项实行总承包的,总承包单位应当对其承包的建设工程或者采购的设备的质量负责。

第二十七条　总承包单位依法将建设工程分包给其他单位的,分包单位应当按照分包合同的约定对其分包工程的质量向总承包单位负责,总承包单位与分包单位对分包工程的质量承担连带责任。

第二十八条　施工单位必须按照工程设计图纸和施工技术标准施工,不得擅自修改工程设计,不得偷工减料。

施工单位在施工过程中发现设计文件和图纸有差错的,应当及时提出意见和建议。

第二十九条　施工单位必须按照工程设计要求、施工技术标准和合同约定,对建筑材料、建筑构配件、设备和商品混凝土进行检验,检验应当有书面记录和专人签字;未经检验或者检验不合格的,不得使用。

第三十条　施工单位必须建立、健全施工质量的检验制度,严格工序管理,作好隐蔽工程的质量检查和记录。隐蔽工程在隐蔽前,施工单位应当通知建设单位和建设工程质量监督机构。

第三十一条　施工人员对涉及结构安全的试块、试件以及有关材料,应当在建设单位或者工程监理单位监督下现场取样,并送具有相应资质等级的质量检测单位进行检测。

第三十二条　施工单位对施工中出现质量问题的建设工程或者竣工验收不合格的建设工程,应当负责返修。

第三十三条　施工单位应当建立、健全教育培训制度,加强对职工的教育培训;未经教育培训或者考核不合格的人员,不得上岗作业。

第五章　工程监理单位的质量责任和义务

第三十四条　工程监理单位应当依法取得相应等级的资质证书,并在其资质等级许可的范围内承担工程监理业务。

禁止工程监理单位超越本单位资质等级许可的范围或者以其他工程监理单位的名义承担工程监理业务。禁止工程监理单位允许其他单位或者个人以本单位的名义承担工程监理业务。

工程监理单位不得转让工程监理业务。

第三十五条 工程监理单位与被监理工程的施工承包单位以及建筑材料、建筑构配件和设备供应单位有隶属关系或者其他利害关系的,不得承担该项建设工程的监理业务。

第三十六条 工程监理单位应当依照法律、法规以及有关技术标准、设计文件和建设工程承包合同,代表建设单位对施工质量实施监理,并对施工质量承担监理责任。

第三十七条 工程监理单位应当选派具备相应资格的总监理工程师和监理工程师进驻施工现场。

未经监理工程师签字,建筑材料、建筑构配件和设备不得在工程上使用或者安装,施工单位不得进行下一道工序的施工。未经总监理工程师签字,建设单位不拨付工程款,不进行竣工验收。

第三十八条 监理工程师应当按照工程监理规范的要求,采取旁站、巡视和平行检验等形式,对建设工程实施监理。

第六章 建设工程质量保修

第三十九条 建设工程实行质量保修制度。

建设工程承包单位在向建设单位提交工程竣工验收报告时,应当向建设单位出具质量保修书。质量保修书中应当明确建设工程的保修范围、保修期限和保修责任等。

第四十条 在正常使用条件下,建设工程的最低保修期限为:

(一)基础设施工程、房屋建筑的地基基础工程和主体结构工程,为设计文件规定的该工程的合理使用年限;

(二)屋面防水工程、有防水要求的卫生间、房间和外墙面的防渗漏,为5年;

(三)供热与供冷系统,为2个采暖期、供冷期;

(四)电气管线、给排水管道、设备安装和装修工程,为2年。

其他项目的保修期限由发包方与承包方约定。

建设工程的保修期,自竣工验收合格之日起计算。

第四十一条 建设工程在保修范围和保修期限内发生质量问题

的，施工单位应当履行保修义务，并对造成的损失承担赔偿责任。

第四十二条 建设工程在超过合理使用年限后需要继续使用的，产权所有人应当委托具有相应资质等级的勘察、设计单位鉴定，并根据鉴定结果采取加固、维修等措施，重新界定使用期。

第七章 监督管理

第四十三条 国家实行建设工程质量监督管理制度。

国务院建设行政主管部门对全国的建设工程质量实施统一监督管理。国务院铁路、交通、水利等有关部门按照国务院规定的职责分工，负责对全国的有关专业建设工程质量的监督管理。

县级以上地方人民政府建设行政主管部门对本行政区域内的建设工程质量实施监督管理。县级以上地方人民政府交通、水利等有关部门在各自的职责范围内，负责对本行政区域内的专业建设工程质量的监督管理。

第四十四条 国务院建设行政主管部门和国务院铁路、交通、水利等有关部门应当加强对有关建设工程质量的法律、法规和强制性标准执行情况的监督检查。

第四十五条 国务院发展计划部门按照国务院规定的职责，组织稽察特派员，对国家出资的重大建设项目实施监督检查。

国务院经济贸易主管部门按照国务院规定的职责，对国家重大技术改造项目实施监督检查。

第四十六条 建设工程质量监督管理，可以由建设行政主管部门或者其他有关部门委托的建设工程质量监督机构具体实施。

从事房屋建筑工程和市政基础设施工程质量监督的机构，必须按照国家有关规定经国务院建设行政主管部门或者省、自治区、直辖市人民政府建设行政主管部门考核；从事专业建设工程质量监督的机构，必须按照国家有关规定经国务院有关部门或者省、自治区、直辖市人民政府有关部门考核。经考核合格后，方可实施质量监督。

第四十七条 县级以上地方人民政府建设行政主管部门和其他有

关部门应当加强对有关建设工程质量的法律、法规和强制性标准执行情况的监督检查。

第四十八条 县级以上人民政府建设行政主管部门和其他有关部门履行监督检查职责时,有权采取下列措施：

(一)要求被检查的单位提供有关工程质量的文件和资料；

(二)进入被检查单位的施工现场进行检查；

(三)发现有影响工程质量的问题时,责令改正。

第四十九条 建设单位应当自建设工程竣工验收合格之日起15日内,将建设工程竣工验收报告和规划、公安消防、环保等部门出具的认可文件或者准许使用文件报建设行政主管部门或者其他有关部门备案。

建设行政主管部门或者其他有关部门发现建设单位在竣工验收过程中有违反国家有关建设工程质量管理规定行为的,责令停止使用,重新组织竣工验收。

第五十条 有关单位和个人对县级以上人民政府建设行政主管部门和其他有关部门进行的监督检查应当支持与配合,不得拒绝或者阻碍建设工程质量监督检查人员依法执行职务。

第五十一条 供水、供电、供气、公安消防等部门或者单位不得明示或者暗示建设单位、施工单位购买其指定的生产供应单位的建筑材料、建筑构配件和设备。

第五十二条 建设工程发生质量事故,有关单位应当在24小时内向当地建设行政主管部门和其他有关部门报告。对重大质量事故,事故发生地的建设行政主管部门和其他有关部门应当按照事故类别和等级向当地人民政府和上级建设行政主管部门和其他有关部门报告。

特别重大质量事故的调查程序按照国务院有关规定办理。

第五十三条 任何单位和个人对建设工程的质量事故、质量缺陷都有权检举、控告、投诉。

第八章 罚 则

第五十四条 违反本条例规定,建设单位将建设工程发包给不具有相应资质等级的勘察、设计、施工单位或者委托给不具有相应资质等级的工程监理单位的,责令改正,处 50 万元以上 100 万元以下的罚款。

第五十五条 违反本条例规定,建设单位将建设工程肢解发包的,责令改正,处工程合同价款百分之零点五以上百分之一以下的罚款;对全部或者部分使用国有资金的项目,并可以暂停项目执行或者暂停资金拨付。

第五十六条 违反本条例规定,建设单位有下列行为之一的,责令改正,处 20 万元以上 50 万元以下的罚款:

(一)迫使承包方以低于成本的价格竞标的;

(二)任意压缩合理工期的;

(三)明示或者暗示设计单位或者施工单位违反工程建设强制性标准,降低工程质量的;

(四)施工图设计文件未经审查或者审查不合格,擅自施工的;

(五)建设项目必须实行工程监理而未实行工程监理的;

(六)未按照国家规定办理工程质量监督手续的;

(七)明示或者暗示施工单位使用不合格的建筑材料、建筑构配件和设备的;

(八)未按照国家规定将竣工验收报告、有关认可文件或者准许使用文件报送备案的。

第五十七条 违反本条例规定,建设单位未取得施工许可证或者开工报告未经批准,擅自施工的,责令停止施工,限期改正,处工程合同价款百分之一以上百分之二以下的罚款。

第五十八条 违反本条例规定,建设单位有下列行为之一的,责令改正,处工程合同价款百分之二以上百分之四以下的罚款;造成损失的,依法承担赔偿责任;

(一)未组织竣工验收,擅自交付使用的;

（二）验收不合格，擅自交付使用的；

（三）对不合格的建设工程按照合格工程验收的。

第五十九条 违反本条例规定，建设工程竣工验收后，建设单位未向建设行政主管部门或者其他有关部门移交建设项目档案的，责令改正，处1万元以上10万元以下的罚款。

第六十条 违反本条例规定，勘察、设计、施工、工程监理单位超越本单位资质等级承揽工程的，责令停止违法行为，对勘察、设计单位或者工程监理单位处合同约定的勘察费、设计费或者监理酬金1倍以上2倍以下的罚款；对施工单位处工程合同价款百分之二以上百分之四以下的罚款，可以责令停业整顿，降低资质等级；情节严重的，吊销资质证书；有违法所得的，予以没收。

未取得资质证书承揽工程的，予以取缔，依照前款规定处以罚款；有违法所得的，予以没收。

以欺骗手段取得资质证书承揽工程的，吊销资质证书，依照本条第一款规定处以罚款；有违法所得的，予以没收。

第六十一条 违反本条例规定，勘察、设计、施工、工程监理单位允许其他单位或者个人以本单位名义承揽工程的，责令改正，没收违法所得，对勘察、设计单位和工程监理单位处合同约定的勘察费、设计费和监理酬金1倍以上2倍以下的罚款；对施工单位处工程合同价款百分之二以上百分之四以下的罚款；可以责令停业整顿，降低资质等级；情节严重的，吊销资质证书。

第六十二条 违反本条例规定，承包单位将承包的工程转包或者违法分包的，责令改正，没收违法所得，对勘察、设计单位处合同约定的勘察费、设计费百分之二十五以上百分之五十以下的罚款；对施工单位处工程合同价款百分之零点五以上百分之一以下的罚款；可以责令停业整顿，降低资质等级；情节严重的，吊销资质证书。

工程监理单位转让工程监理业务的，责令改正，没收违法所得，处合同约定的监理酬金百分之二十五以上百分之五十以下的罚款；可以责令停业整顿，降低资质等级；情节严重的，吊销资质证书。

第六十三条 违反本条例规定,有下列行为之一的,责令改正,处 10 万元以上 30 万元以下的罚款:

(一)勘察单位未按照工程建设强制性标准进行勘察的;

(二)设计单位未根据勘察成果文件进行工程设计的;

(三)设计单位指定建筑材料、建筑构配件的生产厂、供应商的;

(四)设计单位未按照工程建设强制性标准进行设计的。

有前款所列行为,造成工程质量事故的,责令停业整顿,降低资质等级;情节严重的,吊销资质证书;造成损失的,依法承担赔偿责任。

第六十四条 违反本条例规定,施工单位在施工中偷工减料的,使用不合格的建筑材料、建筑构配件和设备的,或者有不按照工程设计图纸或者施工技术标准施工的其他行为的,责令改正,处工程合同价款百分之二以上百分之四以下的罚款;造成建设工程质量不符合规定的质量标准的,负责返工、修理,并赔偿因此造成的损失;情节严重的,责令停业整顿,降低资质等级或者吊销资质证书。

第六十五条 违反本条例规定,施工单位未对建筑材料、建筑构配件、设备和商品混凝土进行检验,或者未对涉及结构安全的试块、试件以及有关材料取样检测的,责令改正,处 10 万元以上 20 万元以下的罚款;情节严重的,责令停业整顿,降低资质等级或者吊销资质证书;造成损失的,依法承担赔偿责任。

第六十六条 违反本条例规定,施工单位不履行保修义务或者拖延履行保修义务的,责令改正,处 10 万元以上 20 万元以下的罚款,并对在保修期内因质量缺陷造成的损失承担赔偿责任。

第六十七条 工程监理单位有下列行为之一的,责令改正,处 50 万元以上 100 万元以下的罚款,降低资质等级或者吊销资质证书;有违法所得的,予以没收;造成损失的,承担连带赔偿责任:

(一)与建设单位或者施工单位串通,弄虚作假、降低工程质量的;

(二)将不合格的建设工程、建筑材料、建筑构配件和设备按照合格签字的。

第六十八条 违反本条例规定,工程监理单位与被监理工程的施工承包单位以及建筑材料、建筑构配件和设备供应单位有隶属关系或者其他利害关系承担该项建设工程的监理业务的,责令改正,处 5 万元以上 10 万元以下的罚款,降低资质等级或者吊销资质证书;有违法所得的,予以没收。

第六十九条 违反本条例规定,涉及建筑主体或者承重结构变动的装修工程,没有设计方案擅自施工的,责令改正,处 50 万元以上 100 万元以下的罚款;房屋建筑使用者在装修过程中擅自变动房屋建筑主体和承重结构的,责令改正,处 5 万元以上 10 万元以下的罚款。

有前款所列行为,造成损失的,依法承担赔偿责任。

第七十条 发生重大工程质量事故隐瞒不报、谎报或者拖延报告期限的,对直接负责的主管人员和其他责任人员依法给予行政处分。

第七十一条 违反本条例规定,供水、供电、供气、公安消防等部门或者单位明示或者暗示建设单位或者施工单位购买其指定的生产供应单位的建筑材料、建筑构配件和设备的,责令改正。

第七十二条 违反本条例规定,注册建筑师、注册结构工程师、监理工程师等注册执业人员因过错造成质量事故的,责令停止执业 1 年;造成重大质量事故的,吊销执业资格证书,5 年以内不予注册;情节特别恶劣的,终身不予注册。

第七十三条 依照本条例规定,给予单位罚款处罚的,对单位直接负责的主管人员和其他直接责任人员处单位罚款数额百分之五以上百分之十以下的罚款。

第七十四条 建设单位、设计单位、施工单位、工程监理单位违反国家规定,降低工程质量标准,造成重大安全事故,构成犯罪的,对直接责任人员依法追究刑事责任。

第七十五条 本条例规定的责令停业整顿,降低资质等级和吊销资质证书的行政处罚,由颁发资质证书的机关决定;其他行政处罚,由建设行政主管部门或者其他有关部门依照法定职权决定。

依照本条例规定被吊销资质证书的,由工商行政管理部门吊销其营业执照。

第七十六条 国家机关工作人员在建设工程质量监督管理工作中玩忽职守、滥用职权、徇私舞弊,构成犯罪的,依法追究刑事责任;尚不构成犯罪的,依法给予行政处分。

第七十七条 建设、勘察、设计、施工、工程监理单位的工作人员因调动工作、退休等原因离开该单位后,被发现在该单位工作期间违反国家有关建设工程质量管理规定,造成重大工程质量事故的,仍应当依法追究法律责任。

第九章 附 则

第七十八条 本条例所称肢解发包,是指建设单位将应当由一个承包单位完成的建设工程分解成若干部分发包给不同的承包单位的行为。

本条例所称违法分包,是指下列行为:

(一)总承包单位将建设工程分包给不具备相应资质条件的单位的;

(二)建设工程总承包合同中未有约定,又未经建设单位认可,承包单位将其承包的部分建设工程交由其他单位完成的;

(三)施工总承包单位将建设工程主体结构的施工分包给其他单位的;

(四)分包单位将其承包的建设工程再分包的。

本条例所称转包,是指承包单位承包建设工程后,不履行合同约定的责任和义务,将其承包的全部建设工程转给他人或者将其承包的全部建设工程肢解以后以分包的名义分别转给其他单位承包的行为。

第七十九条 本条例规定的罚款和没收的违法所得,必须全部上缴国库。

第八十条 抢险救灾及其他临时性房屋建筑和农民自建低层住宅的建设活动,不适用本条例。

第八十一条 军事建设工程的管理,按照中央军事委员会的有关规定执行。

第八十二条 本条例自发布之日起施行。

建设工程安全生产管理条例

中华人民共和国国务院令第393号

第一章 总 则

第一条 为了加强建设工程安全生产监督管理,保障人民群众生命和财产安全,根据《中华人民共和国建筑法》、《中华人民共和国安全生产法》,制定本条例。

第二条 在中华人民共和国境内从事建设工程的新建、扩建、改建和拆除等有关活动及实施对建设工程安全生产的监督管理,必须遵守本条例。

本条例所称建设工程,是指土木工程、建筑工程、线路管道和设备安装工程及装修工程。

第三条 建设工程安全生产管理,坚持安全第一、预防为主的方针。

第四条 建设单位、勘察单位、设计单位、施工单位、工程监理单位及其他与建设工程安全生产有关的单位,必须遵守安全生产法律、法规的规定,保证建设工程安全生产,依法承担建设工程安全生产责任。

第五条 国家鼓励建设工程安全生产的科学技术研究和先进技术的推广应用,推进建设工程安全生产的科学管理。

第二章 建设单位的安全责任

第六条 建设单位应当向施工单位提供施工现场及毗邻区域内供水、排水、供电、供气、供热、通信、广播电视等地下管线资料,气象和水文观测资料,相邻建筑物和构筑物、地下工程的有关资料,并保证资料的真实、准确、完整。

建设单位因建设工程需要,向有关部门或者单位查询前款规定的资料时,有关部门或者单位应当及时提供。

第七条 建设单位不得对勘察、设计、施工、工程监理等单位提出不符合建设工程安全生产法律、法规和强制性标准规定的要求,不得压缩合同约定的工期。

第八条 建设单位在编制工程概算时,应当确定建设工程安全作业环境及安全施工措施所需费用。

第九条 建设单位不得明示或者暗示施工单位购买、租赁、使用不符合安全施工要求的安全防护用具、机械设备、施工机具及配件、消防设施和器材。

第十条 建设单位在申请领取施工许可证时,应当提供建设工程有关安全施工措施的资料。

依法批准开工报告的建设工程,建设单位应当自开工报告批准之日起15日内,将保证安全施工的措施报送建设工程所在地的县级以上地方人民政府建设行政主管部门或者其他有关部门备案。

第十一条 建设单位应当将拆除工程发包给具有相应资质等级的施工单位。

建设单位应当在拆除工程施工15日前,将下列资料报送建设工程所在地的县级以上地方人民政府建设行政主管部门或者其他有关部门备案:

(一)施工单位资质等级证明;

(二)拟拆除建筑物、构筑物及可能危及毗邻建筑的说明;

(三)拆除施工组织方案;

(四)堆放、清除废弃物的措施。

实施爆破作业的,应当遵守国家有关民用爆炸物品管理的规定。

第三章 勘察、设计、工程监理及其他有关单位的安全责任

第十二条 勘察单位应当按照法律、法规和工程建设强制性标准进行勘察,提供的勘察文件应当真实、准确,满足建设工程安全生产的需要。

勘察单位在勘察作业时,应当严格执行操作规程,采取措施保证各

类管线、设施和周边建筑物、构筑物的安全。

第十三条 设计单位应当按照法律、法规和工程建设强制性标准进行设计,防止因设计不合理导致生产安全事故的发生。

设计单位应当考虑施工安全操作和防护的需要,对涉及施工安全的重点部位和环节在设计文件中注明,并对防范生产安全事故提出指导意见。

采用新结构、新材料、新工艺的建设工程和特殊结构的建设工程,设计单位应当在设计中提出保障施工作业人员安全和预防生产安全事故的措施建议。

设计单位和注册建筑师等注册执业人员应当对其设计负责。

第十四条 工程监理单位应当审查施工组织设计中的安全技术措施或者专项施工方案是否符合工程建设强制性标准。

工程监理单位在实施监理过程中,发现存在安全事故隐患的,应当要求施工单位整改;情况严重的,应当要求施工单位暂时停止施工,并及时报告建设单位。施工单位拒不整改或者不停止施工的,工程监理单位应当及时向有关主管部门报告。

工程监理单位和监理工程师应当按照法律、法规和工程建设强制性标准实施监理,并对建设工程安全生产承担监理责任。

第十五条 为建设工程提供机械设备和配件的单位,应当按照安全施工的要求配备齐全有效的保险、限位等安全设施和装置。

第十六条 出租的机械设备和施工机具及配件,应当具有生产(制造)许可证、产品合格证。

出租单位应当对出租的机械设备和施工机具及配件的安全性能进行检测,在签订租赁协议时,应当出具检测合格证明。

禁止出租检测不合格的机械设备和施工机具及配件。

第十七条 在施工现场安装、拆卸施工起重机械和整体提升脚手架、模板等自升式架设设施,必须由具有相应资质的单位承担。

安装、拆卸施工起重机械和整体提升脚手架、模板等自升式架设设施,应当编制拆装方案、制定安全施工措施,并由专业技术人员现场监督。

施工起重机械和整体提升脚手架、模板等自升式架设设施安装完毕后,安装单位应当自检,出具自检合格证明,并向施工单位进行安全使用说明,办理验收手续并签字。

第十八条 施工起重机械和整体提升脚手架、模板等自升式架设设施的使用达到国家规定的检验检测期限的,必须经具有专业资质的检验检测机构检测。经检测不合格的,不得继续使用。

第十九条 检验检测机构对检测合格的施工起重机械和整体提升脚手架、模板等自升式架设设施,应当出具安全合格证明文件,并对检测结果负责。

第四章 施工单位的安全责任

第二十条 施工单位从事建设工程的新建、扩建、改建和拆除等活动,应当具备国家规定的注册资本、专业技术人员、技术装备和安全生产等条件,依法取得相应等级的资质证书,并在其资质等级许可的范围内承揽工程。

第二十一条 施工单位主要负责人依法对本单位的安全生产工作全面负责。施工单位应当建立健全安全生产责任制度和安全生产教育培训制度,制定安全生产规章制度和操作规程,保证本单位安全生产条件所需资金的投入,对所承担的建设工程进行定期和专项安全检查,并做好安全检查记录。

施工单位的项目负责人应当由取得相应执业资格的人员担任,对建设工程项目的安全施工负责,落实安全生产责任制度、安全生产规章制度和操作规程,确保安全生产费用的有效使用,并根据工程的特点组织制定安全施工措施,消除安全事故隐患,及时、如实报告生产安全事故。

第二十二条 施工单位对列入建设工程概算的安全作业环境及安全施工措施所需费用,应当用于施工安全防护用具及设施的采购和更新、安全施工措施的落实、安全生产条件的改善,不得挪作他用。

第二十三条 施工单位应当设立安全生产管理机构,配备专职安全生产管理人员。

专职安全生产管理人员负责对安全生产进行现场监督检查。发现安全事故隐患,应当及时向项目负责人和安全生产管理机构报告;对违章指挥、违章操作的,应当立即制止。

专职安全生产管理人员的配备办法由国务院建设行政主管部门会同国务院其他有关部门制定。

第二十四条 建设工程实行施工总承包的,由总承包单位对施工现场的安全生产负总责。

总承包单位应当自行完成建设工程主体结构的施工。

总承包单位依法将建设工程分包给其他单位的,分包合同中应当明确各自的安全生产方面的权利、义务。总承包单位和分包单位对分包工程的安全生产承担连带责任。

分包单位应当服从总承包单位的安全生产管理,分包单位不服从管理导致生产安全事故的,由分包单位承担主要责任。

第二十五条 垂直运输机械作业人员、安装拆卸工、爆破作业人员、起重信号工、登高架设作业人员等特种作业人员,必须按照国家有关规定经过专门的安全作业培训,并取得特种作业操作资格证书后,方可上岗作业。

第二十六条 施工单位应当在施工组织设计中编制安全技术措施和施工现场临时用电方案,对下列达到一定规模的危险性较大的分部分项工程编制专项施工方案,并附具安全验算结果,经施工单位技术负责人、总监理工程师签字后实施,由专职安全生产管理人员进行现场监督:

(一)基坑支护与降水工程;

(二)土方开挖工程;

(三)模板工程;

(四)起重吊装工程;

(五)脚手架工程;

（六）拆除、爆破工程；

（七）国务院建设行政主管部门或者其他有关部门规定的其他危险性较大的工程。

对前款所列工程中涉及深基坑、地下暗挖工程、高大模板工程的专项施工方案，施工单位还应当组织专家进行论证、审查。

本条第一款规定的达到一定规模的危险性较大工程的标准，由国务院建设行政主管部门会同国务院其他有关部门制定。

第二十七条 建设工程施工前，施工单位负责项目管理的技术人员应当对有关安全施工的技术要求向施工作业班组、作业人员作出详细说明，并由双方签字确认。

第二十八条 施工单位应当在施工现场入口处、施工起重机械、临时用电设施、脚手架、出入通道口、楼梯口、电梯井口、孔洞口、桥梁口、隧道口、基坑边沿、爆破物及有害危险气体和液体存放处等危险部位，设置明显的安全警示标志。安全警示标志必须符合国家标准。

施工单位应当根据不同施工阶段和周围环境及季节、气候的变化，在施工现场采取相应的安全施工措施。施工现场暂时停止施工的，施工单位应当做好现场防护，所需费用由责任方承担，或者按照合同约定执行。

第二十九条 施工单位应当将施工现场的办公、生活区与作业区分开设置，并保持安全距离；办公、生活区的选址应当符合安全性要求。职工的膳食、饮水、休息场所等应当符合卫生标准。施工单位不得在尚未竣工的建筑物内设置员工集体宿舍。

施工现场临时搭建的建筑物应当符合安全使用要求。施工现场使用的装配式活动房屋应当具有产品合格证。

第三十条 施工单位对因建设工程施工可能造成损害的毗邻建筑物、构筑物和地下管线等，应当采取专项防护措施。

施工单位应当遵守有关环境保护法律、法规的规定，在施工现场采取措施，防止或者减少粉尘、废气、废水、固体废物、噪声、振动和施工照明对人和环境的危害和污染。

在城市市区内的建设工程,施工单位应当对施工现场实行封闭围挡。

第三十一条　施工单位应当在施工现场建立消防安全责任制度,确定消防安全责任人,制定用火、用电、使用易燃易爆材料等各项消防安全管理制度和操作规程,设置消防通道、消防水源,配备消防设施和灭火器材,并在施工现场入口处设置明显标志。

第三十二条　施工单位应当向作业人员提供安全防护用具和安全防护服装,并书面告知危险岗位的操作规程和违章操作的危害。

作业人员有权对施工现场的作业条件、作业程序和作业方式中存在的安全问题提出批评、检举和控告,有权拒绝违章指挥和强令冒险作业。

在施工中发生危及人身安全的紧急情况时,作业人员有权立即停止作业或者在采取必要的应急措施后撤离危险区域。

第三十三条　作业人员应当遵守安全施工的强制性标准、规章制度和操作规程,正确使用安全防护用具、机械设备等。

第三十四条　施工单位采购、租赁的安全防护用具、机械设备、施工机具及配件,应当具有生产(制造)许可证、产品合格证,并在进入施工现场前进行查验。

施工现场的安全防护用具、机械设备、施工机具及配件必须由专人管理,定期进行检查、维修和保养,建立相应的资料档案,并按照国家有关规定及时报废。

第三十五条　施工单位在使用施工起重机械和整体提升脚手架、模板等自升式架设设施前,应当组织有关单位进行验收,也可以委托具有相应资质的检验检测机构进行验收;使用承租的机械设备和施工机具及配件的,由施工总承包单位、分包单位、出租单位和安装单位共同进行验收。验收合格的方可使用。

《特种设备安全监察条例》规定的施工起重机械,在验收前应当经有相应资质的检验检测机构监督检验合格。

施工单位应当自施工起重机械和整体提升脚手架、模板等自升式架设设施验收合格之日起 30 日内,向建设行政主管部门或者其他有关部门登记。登记标志应当置于或者附着于该设备的显著位置。

第三十六条 施工单位的主要负责人、项目负责人、专职安全生产管理人员应当经建设行政主管部门或者其他有关部门考核合格后方可任职。

施工单位应当对管理人员和作业人员每年至少进行一次安全生产教育培训,其教育培训情况记入个人工作档案。安全生产教育培训考核不合格的人员,不得上岗。

第三十七条 作业人员进入新的岗位或者新的施工现场前,应当接受安全生产教育培训。未经教育培训或者教育培训考核不合格的人员,不得上岗作业。

施工单位在采用新技术、新工艺、新设备、新材料时,应当对作业人员进行相应的安全生产教育培训。

第三十八条 施工单位应当为施工现场从事危险作业的人员办理意外伤害保险。

意外伤害保险费由施工单位支付。实行施工总承包的,由总承包单位支付意外伤害保险费。意外伤害保险期限自建设工程开工之日起至竣工验收合格止。

第五章　监督管理

第三十九条 国务院负责安全生产监督管理的部门依照《中华人民共和国安全生产法》的规定,对全国建设工程安全生产工作实施综合监督管理。

县级以上地方人民政府负责安全生产监督管理的部门依照《中华人民共和国安全生产法》的规定,对本行政区域内建设工程安全生产工作实施综合监督管理。

第四十条 国务院建设行政主管部门对全国的建设工程安全生产实施监督管理。国务院铁路、交通、水利等有关部门按照国务院规定的职责分工,负责有关专业建设工程安全生产的监督管理。

县级以上地方人民政府建设行政主管部门对本行政区域内的建设工程安全生产实施监督管理。县级以上地方人民政府交通、水利等有关部门在各自的职责范围内，负责本行政区域内的专业建设工程安全生产的监督管理。

第四十一条 建设行政主管部门和其他有关部门应当将本条例第十条、第十一条规定的有关资料的主要内容抄送同级负责安全生产监督管理的部门。

第四十二条 建设行政主管部门在审核发放施工许可证时，应当对建设工程是否有安全施工措施进行审查，对没有安全施工措施的，不得颁发施工许可证。

建设行政主管部门或者其他有关部门对建设工程是否有安全施工措施进行审查时，不得收取费用。

第四十三条 县级以上人民政府负有建设工程安全生产监督管理职责的部门在各自的职责范围内履行安全监督检查职责时，有权采取下列措施：

（一）要求被检查单位提供有关建设工程安全生产的文件和资料；

（二）进入被检查单位施工现场进行检查；

（三）纠正施工中违反安全生产要求的行为；

（四）对检查中发现的安全事故隐患，责令立即排除；重大安全事故隐患排除前或者排除过程中无法保证安全的，责令从危险区域内撤出作业人员或者暂时停止施工。

第四十四条 建设行政主管部门或者其他有关部门可以将施工现场的监督检查委托给建设工程安全监督机构具体实施。

第四十五条 国家对严重危及施工安全的工艺、设备、材料实行淘汰制度。具体目录由国务院建设行政主管部门会同国务院其他有关部门制定并公布。

第四十六条 县级以上人民政府建设行政主管部门和其他有关部门应当及时受理对建设工程生产安全事故及安全事故隐患的检举、控告和投诉。

第六章　生产安全事故的应急救援和调查处理

第四十七条　县级以上地方人民政府建设行政主管部门应当根据本级人民政府的要求，制定本行政区域内建设工程特大生产安全事故应急救援预案。

第四十八条　施工单位应当制定本单位生产安全事故应急救援预案，建立应急救援组织或者配备应急救援人员，配备必要的应急救援器材、设备，并定期组织演练。

第四十九条　施工单位应当根据建设工程施工的特点、范围，对施工现场易发生重大事故的部位、环节进行监控，制定施工现场生产安全事故应急救援预案。实行施工总承包的，由总承包单位统一组织编制建设工程生产安全事故应急救援预案，工程总承包单位和分包单位按照应急救援预案，各自建立应急救援组织或者配备应急救援人员，配备救援器材、设备，并定期组织演练。

第五十条　施工单位发生生产安全事故，应当按照国家有关伤亡事故报告和调查处理的规定，及时、如实地向负责安全生产监督管理的部门、建设行政主管部门或者其他有关部门报告；特种设备发生事故的，还应当同时向特种设备安全监督管理部门报告。接到报告的部门应当按照国家有关规定，如实上报。

实行施工总承包的建设工程，由总承包单位负责上报事故。

第五十一条　发生生产安全事故后，施工单位应当采取措施防止事故扩大，保护事故现场。需要移动现场物品时，应当做出标记和书面记录，妥善保管有关证物。

第五十二条　建设工程生产安全事故的调查、对事故责任单位和责任人的处罚与处理，按照有关法律、法规的规定执行。

第七章　法律责任

第五十三条　违反本条例的规定，县级以上人民政府建设行政主管部门或者其他有关行政管理部门的工作人员，有下列行为之一的，给予降级或者撤职的行政处分；构成犯罪的，依照刑法有关规定追究刑事责任：

（一）对不具备安全生产条件的施工单位颁发资质证书的；

（二）对没有安全施工措施的建设工程颁发施工许可证的；

（三）发现违法行为不予查处的；

（四）不依法履行监督管理职责的其他行为。

第五十四条 违反本条例的规定，建设单位未提供建设工程安全生产作业环境及安全施工措施所需费用的，责令限期改正；逾期未改正的，责令该建设工程停止施工。

建设单位未将保证安全施工的措施或者拆除工程的有关资料报送有关部门备案的，责令限期改正，给予警告。

第五十五条 违反本条例的规定，建设单位有下列行为之一的，责令限期改正，处20万元以上50万元以下的罚款；造成重大安全事故，构成犯罪的，对直接责任人员，依照刑法有关规定追究刑事责任；造成损失的，依法承担赔偿责任：

（一）对勘察、设计、施工、工程监理等单位提出不符合安全生产法律、法规和强制性标准规定的要求的；

（二）要求施工单位压缩合同约定的工期的；

（三）将拆除工程发包给不具有相应资质等级的施工单位的。

第五十六条 违反本条例的规定，勘察单位、设计单位有下列行为之一的，责令限期改正，处10万元以上30万元以下的罚款；情节严重的，责令停业整顿，降低资质等级，直至吊销资质证书；造成重大安全事故，构成犯罪的，对直接责任人员，依照刑法有关规定追究刑事责任；造成损失的，依法承担赔偿责任：

（一）未按照法律、法规和工程建设强制性标准进行勘察、设计的；

（二）采用新结构、新材料、新工艺的建设工程和特殊结构的建设工程，设计单位未在设计中提出保障施工作业人员安全和预防生产安全事故的措施建议的。

第五十七条 违反本条例的规定，工程监理单位有下列行为之一的,责令限期改正;逾期未改正的,责令停业整顿,并处 10 万元以上 30 万元以下的罚款;情节严重的,降低资质等级,直至吊销资质证书;造成重大安全事故,构成犯罪的,对直接责任人员,依照刑法有关规定追究刑事责任;造成损失的,依法承担赔偿责任:

(一)未对施工组织设计中的安全技术措施或者专项施工方案进行审查的;

(二)发现安全事故隐患未及时要求施工单位整改或者暂时停止施工的;

(三)施工单位拒不整改或者不停止施工,未及时向有关主管部门报告的;

(四)未依照法律、法规和工程建设强制性标准实施监理的。

第五十八条 注册执业人员未执行法律、法规和工程建设强制性标准的,责令停止执业 3 个月以上 1 年以下;情节严重的,吊销执业资格证书,5 年内不予注册;造成重大安全事故的,终身不予注册;构成犯罪的,依照刑法有关规定追究刑事责任。

第五十九条 违反本条例的规定,为建设工程提供机械设备和配件的单位,未按照安全施工的要求配备齐全有效的保险、限位等安全设施和装置的,责令限期改正,处合同价款 1 倍以上 3 倍以下的罚款;造成损失的,依法承担赔偿责任。

第六十条 违反本条例的规定,出租单位出租未经安全性能检测或者经检测不合格的机械设备和施工机具及配件的,责令停业整顿,并处 5 万元以上 10 万元以下的罚款;造成损失的,依法承担赔偿责任。

第六十一条 违反本条例的规定,施工起重机械和整体提升脚手架、模板等自升式架设设施安装、拆卸单位有下列行为之一的,责令限期改正,处 5 万元以上 10 万元以下的罚款;情节严重的,责令停业整顿,降低资质等级,直至吊销资质证书;造成损失的,依法承担赔偿责任:

(一)未编制拆装方案、制定安全施工措施的;

(二)未由专业技术人员现场监督的;

（三）未出具自检合格证明或者出具虚假证明的；

（四）未向施工单位进行安全使用说明，办理移交手续的。

施工起重机械和整体提升脚手架、模板等自升式架设设施安装、拆卸单位有前款规定的第（一）项、第（三）项行为，经有关部门或者单位职工提出后，对事故隐患仍不采取措施，因而发生重大伤亡事故或者造成其他严重后果，构成犯罪的，对直接责任人员，依照刑法有关规定追究刑事责任。

第六十二条 违反本条例的规定，施工单位有下列行为之一的，责令限期改正；逾期未改正的，责令停业整顿，依照《中华人民共和国安全生产法》的有关规定处以罚款；造成重大安全事故，构成犯罪的，对直接责任人员，依照刑法有关规定追究刑事责任：

（一）未设立安全生产管理机构、配备专职安全生产管理人员或者分部分项工程施工时无专职安全生产管理人员现场监督的；

（二）施工单位的主要负责人、项目负责人、专职安全生产管理人员、作业人员或者特种作业人员，未经安全教育培训或者经考核不合格即从事相关工作的；

（三）未在施工现场的危险部位设置明显的安全警示标志，或者未按照国家有关规定在施工现场设置消防通道、消防水源、配备消防设施和灭火器材的；

（四）未向作业人员提供安全防护用具和安全防护服装的；

（五）未按照规定在施工起重机械和整体提升脚手架、模板等自升式架设设施验收合格后登记的；

（六）使用国家明令淘汰、禁止使用的危及施工安全的工艺、设备、材料的。

第六十三条 违反本条例的规定，施工单位挪用列入建设工程概算的安全生产作业环境及安全施工措施所需费用的，责令限期改正，处挪用费用20%以上50%以下的罚款；造成损失的，依法承担赔偿责任。

第六十四条 违反本条例的规定，施工单位有下列行为之一的，责令限期改正；逾期未改正的，责令停业整顿，并处5万元以上10万元以下的罚款；造成重大安全事故，构成犯罪的，对直接责任人员，依照刑法有关规定追究刑事责任：

（一）施工前未对有关安全施工的技术要求作出详细说明的；

（二）未根据不同施工阶段和周围环境及季节、气候的变化，在施工现场采取相应的安全施工措施，或者在城市市区内的建设工程的施工现场未实行封闭围挡的；

（三）在尚未竣工的建筑物内设置员工集体宿舍的；

（四）施工现场临时搭建的建筑物不符合安全使用要求的；

（五）未对因建设工程施工可能造成损害的毗邻建筑物、构筑物和地下管线等采取专项防护措施的。

施工单位有前款规定第（四）项、第（五）项行为，造成损失的，依法承担赔偿责任。

第六十五条 违反本条例的规定，施工单位有下列行为之一的，责令限期改正；逾期未改正的，责令停业整顿，并处10万元以上30万元以下的罚款；情节严重的，降低资质等级，直至吊销资质证书；造成重大安全事故，构成犯罪的，对直接责任人员，依照刑法有关规定追究刑事责任；造成损失的，依法承担赔偿责任：

（一）安全防护用具、机械设备、施工机具及配件在进入施工现场前未经查验或者查验不合格即投入使用的；

（二）使用未经验收或者验收不合格的施工起重机械和整体提升脚手架、模板等自升式架设设施的；

（三）委托不具有相应资质的单位承担施工现场安装、拆卸施工起重机械和整体提升脚手架、模板等自升式架设设施的；

（四）在施工组织设计中未编制安全技术措施、施工现场临时用电方案或者专项施工方案的。

第六十六条 违反本条例的规定，施工单位的主要负责人、项目负责人未履行安全生产管理职责的，责令限期改正；逾期未改正的，责令施工单位停业整顿；造成重大安全事故、重大伤亡事故或者其他严重后果，构成犯罪的，依照刑法有关规定追究刑事责任。

作业人员不服管理、违反规章制度和操作规程冒险作业造成重大伤亡事故或者其他严重后果，构成犯罪的，依照刑法有关规定追究刑事责任。

施工单位的主要负责人、项目负责人有前款违法行为，尚不够刑事处罚的，处 2 万元以上 20 万元以下的罚款或者按照管理权限给予撤职处分；自刑罚执行完毕或者受处分之日起，5 年内不得担任任何施工单位的主要负责人、项目负责人。

第六十七条　施工单位取得资质证书后，降低安全生产条件的，责令限期改正；经整改仍未达到与其资质等级相适应的安全生产条件的，责令停业整顿，降低其资质等级直至吊销资质证书。

第六十八条　本条例规定的行政处罚，由建设行政主管部门或者其他有关部门依照法定职权决定。

违反消防安全管理规定的行为，由公安消防机构依法处罚。

有关法律、行政法规对建设工程安全生产违法行为的行政处罚决定机关另有规定的，从其规定。

第八章　附　则

第六十九条　抢险救灾和农民自建低层住宅的安全生产管理，不适用本条例。

第七十条　军事建设工程的安全生产管理，按照中央军事委员会的有关规定执行。

第七十一条　本条例自 2004 年 2 月 1 日起施行。

建筑工程施工许可管理办法

2014年6月25日住房和城乡建设部令第18号发布,根据
2018年9月28日住房和城乡建设部令第42号修正

第一条 为了加强对建筑活动的监督管理,维护建筑市场秩序,保证建筑工程的质量和安全,根据《中华人民共和国建筑法》,制定本办法。

第二条 在中华人民共和国境内从事各类房屋建筑及其附属设施的建造、装修装饰和与其配套的线路、管道、设备的安装,以及城镇市政基础设施工程的施工,建设单位在开工前应当依照本办法的规定,向工程所在地的县级以上地方人民政府住房城乡建设主管部门(以下简称发证机关)申请领取施工许可证。

工程投资额在30万元以下或者建筑面积在300平方米以下的建筑工程,可以不申请办理施工许可证。省、自治区、直辖市人民政府住房城乡建设主管部门可以根据当地的实际情况,对限额进行调整,并报国务院住房城乡建设主管部门备案。

按照国务院规定的权限和程序批准开工报告的建筑工程,不再领取施工许可证。

第三条 本办法规定应当申请领取施工许可证的建筑工程未取得施工许可证的,一律不得开工。

任何单位和个人不得将应当申请领取施工许可证的工程项目分解为若干限额以下的工程项目,规避申请领取施工许可证。

第四条 建设单位申请领取施工许可证,应当具备下列条件,并提交相应的证明文件:

(一)依法应当办理用地批准手续的,已经办理该建筑工程用地批准手续。

(二)在城市、镇规划区的建筑工程,已经取得建设工程规划许可证。

（三）施工场地已经基本具备施工条件，需要征收房屋的，其进度符合施工要求。

（四）已经确定施工企业。按照规定应当招标的工程没有招标，应当公开招标的工程没有公开招标，或者肢解发包工程，以及将工程发包给不具备相应资质条件的企业的，所确定的施工企业无效。

（五）有满足施工需要的技术资料，施工图设计文件已按规定审查合格。

（六）有保证工程质量和安全的具体措施。施工企业编制的施工组织设计中有根据建筑工程特点制定的相应质量、安全技术措施。建立工程质量安全责任制并落实到人。专业性较强的工程项目编制了专项质量、安全施工组织设计，并按照规定办理了工程质量、安全监督手续。

（七）建设资金已经落实。建设单位应当提供建设资金已经落实承诺书。

（八）法律、行政法规规定的其他条件。

县级以上地方人民政府住房城乡建设主管部门不得违反法律法规规定，增设办理施工许可证的其他条件。

第五条　申请办理施工许可证，应当按照下列程序进行：

（一）建设单位向发证机关领取《建筑工程施工许可证申请表》。

（二）建设单位持加盖单位及法定代表人印鉴的《建筑工程施工许可证申请表》，并附本办法第四条规定的证明文件，向发证机关提出申请。

（三）发证机关在收到建设单位报送的《建筑工程施工许可证申请表》和所附证明文件后，对于符合条件的，应当自收到申请之日起七日内颁发施工许可证；对于证明文件不齐全或者失效的，应当当场或者五日内一次告知建设单位需要补正的全部内容，审批时间可以自证明文件补正齐全后作相应顺延；对于不符合条件的，应当自收到申请之日起七日内书面通知建设单位，并说明理由。

建筑工程在施工过程中，建设单位或者施工单位发生变更的，应当重新申请领取施工许可证。

第六条 建设单位申请领取施工许可证的工程名称、地点、规模,应当符合依法签订的施工承包合同。

施工许可证应当放置在施工现场备查,并按规定在施工现场公开。

第七条 施工许可证不得伪造和涂改。

第八条 建设单位应当自领取施工许可证之日起三个月内开工。因故不能按期开工的,应当在期满前向发证机关申请延期,并说明理由;延期以两次为限,每次不超过三个月。既不开工又不申请延期或者超过延期次数、时限的,施工许可证自行废止。

第九条 在建的建筑工程因故中止施工的,建设单位应当自中止施工之日起一个月内向发证机关报告,报告内容包括中止施工的时间、原因、在施部位、维修管理措施等,并按照规定做好建筑工程的维护管理工作。

建筑工程恢复施工时,应当向发证机关报告;中止施工满一年的工程恢复施工前,建设单位应当报发证机关核验施工许可证。

第十条 发证机关应当将办理施工许可证的依据、条件、程序、期限以及需要提交的全部材料和申请表示范文本等,在办公场所和有关网站予以公示。

发证机关作出的施工许可决定,应当予以公开,公众有权查阅。

第十一条 发证机关应当建立颁发施工许可证后的监督检查制度,对取得施工许可证后条件发生变化、延期开工、中止施工等行为进行监督检查,发现违法违规行为及时处理。

第十二条 对于未取得施工许可证或者为规避办理施工许可证将工程项目分解后擅自施工的,由有管辖权的发证机关责令停止施工,限期改正,对建设单位处工程合同价款1%以上2%以下罚款;对施工单位处3万元以下罚款。

第十三条 建设单位采用欺骗、贿赂等不正当手段取得施工许可证的,由原发证机关撤销施工许可证,责令停止施工,并处1万元以上3万元以下罚款;构成犯罪的,依法追究刑事责任。

第十四条 建设单位隐瞒有关情况或者提供虚假材料申请施工许可证的,发证机关不予受理或者不予许可,并处1万元以上3万元以下罚款;构成犯罪的,依法追究刑事责任。

建设单位伪造或者涂改施工许可证的,由发证机关责令停止施工,并处1万元以上3万元以下罚款;构成犯罪的,依法追究刑事责任。

第十五条 依照本办法规定,给予单位罚款处罚的,对单位直接负责的主管人员和其他直接责任人员处单位罚款数额5%以上10%以下罚款。

单位及相关责任人受到处罚的,作为不良行为记录予以通报。

第十六条 发证机关及其工作人员,违反本办法,有下列情形之一的,由其上级行政机关或者监察机关责令改正;情节严重的,对直接负责的主管人员和其他直接责任人员,依法给予行政处分:

(一) 对不符合条件的申请人准予施工许可的;

(二) 对符合条件的申请人不予施工许可或者未在法定期限内作出准予许可决定的;

(三) 对符合条件的申请不予受理的;

(四) 利用职务上的便利,收受他人财物或者谋取其他利益的;

(五) 不依法履行监督职责或者监督不力,造成严重后果的。

第十七条 建筑工程施工许可证由国务院住房城乡建设主管部门制定格式,由各省、自治区、直辖市人民政府住房城乡建设主管部门统一印制。

施工许可证分为正本和副本,正本和副本具有同等法律效力。复印的施工许可证无效。

第十八条 本办法关于施工许可管理的规定适用于其他专业建筑工程。有关法律、行政法规有明确规定的,从其规定。

《建筑法》第八十三条第三款规定的建筑活动,不适用本办法。

军事房屋建筑工程施工许可的管理,按国务院、中央军事委员会制定的办法执行。

第十九条 省、自治区、直辖市人民政府住房城乡建设主管部门可以根据本办法制定实施细则。

第二十条 本办法自 2014 年 10 月 25 日起施行。1999 年 10 月 15 日建设部令第 71 号发布、2001 年 7 月 4 日建设部令第 91 号修正的《建筑工程施工许可管理办法》同时废止。

房屋建筑和市政基础设施
工程竣工验收备案管理办法

中华人民共和国住房和城乡建设部令第2号

（2000年4月4日建设部令第78号发布，根据2009年10月19日《住房和城乡建设部关于修改〈房屋建筑工程和市政基础设施工程竣工验收备案管理暂行办法〉的决定》修正）

第一条 为了加强房屋建筑和市政基础设施工程质量的管理，根据《建设工程质量管理条例》，制定本办法。

第二条 在中华人民共和国境内新建、扩建、改建各类房屋建筑和市政基础设施工程的竣工验收备案，适用本办法。

第三条 国务院住房和城乡建设主管部门负责全国房屋建筑和市政基础设施工程（以下统称工程）的竣工验收备案管理工作。

县级以上地方人民政府建设主管部门负责本行政区域内工程的竣工验收备案管理工作。

第四条 建设单位应当自工程竣工验收合格之日起15日内，依照本办法规定，向工程所在地的县级以上地方人民政府建设主管部门（以下简称备案机关）备案。

第五条 建设单位办理工程竣工验收备案应当提交下列文件：

（一）工程竣工验收备案表。

（二）工程竣工验收报告。竣工验收报告应当包括工程报建日期，施工许可证号，施工图设计文件审查意见，勘察、设计、施工、工程监理等单位分别签署的质量合格文件及验收人员签署的竣工验收原始文件，市政基础设施的有关质量检测和功能性试验资料以及备案机关认为需要提供的有关资料。

（三）法律、行政法规规定应当由规划、环保等部门出具的认可文件或者准许使用文件。

（四）法律规定应当由公安消防部门出具的对大型的人员密集场

所和其他特殊建设工程验收合格的证明文件。

（五）施工单位签署的工程质量保修书。

（六）法规、规章规定必须提供的其他文件。

住宅工程还应当提交《住宅质量保证书》和《住宅使用说明书》。

第六条 备案机关收到建设单位报送的竣工验收备案文件，验证文件齐全后，应当在工程竣工验收备案表上签署文件收讫。

工程竣工验收备案表一式两份，一份由建设单位保存，一份留备案机关存档。

第七条 工程质量监督机构应当在工程竣工验收之日起5日内，向备案机关提交工程质量监督报告。

第八条 备案机关发现建设单位在竣工验收过程中有违反国家有关建设工程质量管理规定行为的，应当在收讫竣工验收备案文件15日内，责令停止使用，重新组织竣工验收。

第九条 建设单位在工程竣工验收合格之日起15日内未办理工程竣工验收备案的，备案机关责令限期改正，处20万元以上50万元以下罚款。

第十条 建设单位将备案机关决定重新组织竣工验收的工程，在重新组织竣工验收前，擅自使用的，备案机关责令停止使用，处工程合同价款2%以上4%以下罚款。

第十一条 建设单位采用虚假证明文件办理工程竣工验收备案的，工程竣工验收无效，备案机关责令停止使用，重新组织竣工验收，处20万元以上50万元以下罚款；构成犯罪的，依法追究刑事责任。

第十二条 备案机关决定重新组织竣工验收并责令停止使用的工程，建设单位在备案之前已投入使用或者建设单位擅自继续使用造成使用人损失的，由建设单位依法承担赔偿责任。

第十三条 竣工验收备案文件齐全，备案机关及其工作人员不办理备案手续的，由有关机关责令改正，对直接责任人员给予行政处分。

第十四条 抢险救灾工程、临时性房屋建筑工程和农民自建低层住宅工程，不适用本办法。

第十五条 军用房屋建筑工程竣工验收备案,按照中央军事委员会的有关规定执行。

第十六条 省、自治区、直辖市人民政府住房和城乡建设主管部门可以根据本办法制定实施细则。

第十七条 本办法自发布之日起施行。

建筑工程施工发包与承包计价管理办法

中华人民共和国住房和城乡建设部令第 16 号

第一条 为了规范建筑工程施工发包与承包计价行为，维护建筑工程发包与承包双方的合法权益，促进建筑市场的健康发展，根据有关法律、法规，制定本办法。

第二条 在中华人民共和国境内的建筑工程施工发包与承包计价（以下简称工程发承包计价）管理，适用本办法。

本办法所称建筑工程是指房屋建筑和市政基础设施工程。

本办法所称工程发承包计价包括编制工程量清单、最高投标限价、招标标底、投标报价，进行工程结算，以及签订和调整合同价款等活动。

第三条 建筑工程施工发包与承包价在政府宏观调控下，由市场竞争形成。

工程发承包计价应当遵循公平、合法和诚实信用的原则。

第四条 国务院住房城乡建设主管部门负责全国工程发承包计价工作的管理。

县级以上地方人民政府住房城乡建设主管部门负责本行政区域内工程发承包计价工作的管理。其具体工作可以委托工程造价管理机构负责。

第五条 国家推广工程造价咨询制度，对建筑工程项目实行全过程造价管理。

第六条 全部使用国有资金投资或者以国有资金投资为主的建筑工程（以下简称国有资金投资的建筑工程），应当采用工程量清单计价；非国有资金投资的建筑工程，鼓励采用工程量清单计价。

国有资金投资的建筑工程招标的，应当设有最高投标限价；非国有资金投资的建筑工程招标的，可以设有最高投标限价或者招标标底。

最高投标限价及其成果文件，应当由招标人报工程所在地县级以上地方人民政府住房城乡建设主管部门备案。

第七条 工程量清单应当依据国家制定的工程量清单计价规范、工程量计算规范等编制。工程量清单应当作为招标文件的组成部分。

第八条 最高投标限价应当依据工程量清单、工程计价有关规定和市场价格信息等编制。招标人设有最高投标限价的,应当在招标时公布最高投标限价的总价,以及各单位工程的分部分项工程费、措施项目费、其他项目费、规费和税金。

第九条 招标标底应当依据工程计价有关规定和市场价格信息等编制。

第十条 投标报价不得低于工程成本,不得高于最高投标限价。

投标报价应当依据工程量清单、工程计价有关规定、企业定额和市场价格信息等编制。

第十一条 投标报价低于工程成本或者高于最高投标限价总价的,评标委员会应当否决投标人的投标。

对是否低于工程成本报价的异议,评标委员会可以参照国务院住房城乡建设主管部门和省、自治区、直辖市人民政府住房城乡建设主管部门发布的有关规定进行评审。

第十二条 招标人与中标人应当根据中标价订立合同。不实行招标投标的工程由发承包双方协商订立合同。

合同价款的有关事项由发承包双方约定,一般包括合同价款约定方式,预付工程款、工程进度款、工程竣工价款的支付和结算方式,以及合同价款的调整情形等。

第十三条 发承包双方在确定合同价款时,应当考虑市场环境和生产要素价格变化对合同价款的影响。

实行工程量清单计价的建筑工程,鼓励发承包双方采用单价方式确定合同价款。

建设规模较小、技术难度较低、工期较短的建筑工程,发承包双方可以采用总价方式确定合同价款。

紧急抢险、救灾以及施工技术特别复杂的建筑工程,发承包双方可以采用成本加酬金方式确定合同价款。

第十四条 发承包双方应当在合同中约定，发生下列情形时合同价款的调整方法：

（一）法律、法规、规章或者国家有关政策变化影响合同价款的；

（二）工程造价管理机构发布价格调整信息的；

（三）经批准变更设计的；

（四）发包方更改经审定批准的施工组织设计造成费用增加的；

（五）双方约定的其他因素。

第十五条 发承包双方应当根据国务院住房城乡建设主管部门和省、自治区、直辖市人民政府住房城乡建设主管部门的规定，结合工程款、建设工期等情况在合同中约定预付工程款的具体事宜。

预付工程款按照合同价款或者年度工程计划额度的一定比例确定和支付，并在工程进度款中予以抵扣。

第十六条 承包方应当按照合同约定向发包方提交已完成工程量报告。发包方收到工程量报告后，应当按照合同约定及时核对并确认。

第十七条 发承包双方应当按照合同约定，定期或者按照工程进度分段进行工程款结算和支付。

第十八条 工程完工后，应当按照下列规定进行竣工结算：

（一）承包方应当在工程完工后的约定期限内提交竣工结算文件。

（二）国有资金投资建筑工程的发包方，应当委托具有相应资质的工程造价咨询企业对竣工结算文件进行审核，并在收到竣工结算文件后的约定期限内向承包方提出由工程造价咨询企业出具的竣工结算文件审核意见；逾期未答复的，按照合同约定处理，合同没有约定的，竣工结算文件视为已被认可。

非国有资金投资的建筑工程发包方，应当在收到竣工结算文件后的约定期限内予以答复，逾期未答复的，按照合同约定处理，合同没有约定的，竣工结算文件视为已被认可；发包方对竣工结算文件有异议的，应当在答复期内向承包方提出，并可以在提出异议之日起的约定期限内与承包方协商；发包方在协商期内未与承包方协商或者经协商未能与承包方达成协议的，应当委托工程造价咨询企业进行竣工结算审核,并在协商期满后的约定期限内向承包方提出由工程造价咨询企业出具的竣工结算文件审核意见。

(三)承包方对发包方提出的工程造价咨询企业竣工结算审核意见有异议的,在接到该审核意见后一个月内,可以向有关工程造价管理机构或者有关行业组织申请调解,调解不成的,可以依法申请仲裁或者向人民法院提起诉讼。

发承包双方在合同中对本条第(一)项、第(二)项的期限没有明确约定的,应当按照国家有关规定执行;国家没有规定的,可认为其约定期限均为28日。

第十九条 工程竣工结算文件经发承包双方签字确认的,应当作为工程决算的依据,未经对方同意,另一方不得就已生效的竣工结算文件委托工程造价咨询企业重复审核。发包方应当按照竣工结算文件及时支付竣工结算款。

竣工结算文件应当由发包方报工程所在地县级以上地方人民政府住房城乡建设主管部门备案。

第二十条 造价工程师编制工程量清单、最高投标限价、招标标底、投标报价、工程结算审核和工程造价鉴定文件,应当签字并加盖造价工程师执业专用章。

第二十一条 县级以上地方人民政府住房城乡建设主管部门应当依照有关法律、法规和本办法规定,加强对建筑工程发承包计价活动的监督检查和投诉举报的核查,并有权采取下列措施:

(一)要求被检查单位提供有关文件和资料;

(二)就有关问题询问签署文件的人员;

(三)要求改正违反有关法律、法规、本办法或者工程建设强制性标准的行为。

县级以上地方人民政府住房城乡建设主管部门应当将监督检查的处理结果向社会公开。

第二十二条 造价工程师在最高投标限价、招标标底或者投标报价编制、工程结算审核和工程造价鉴定中,签署有虚假记载、误导性陈述的工程造价成果文件的,记入造价工程师信用档案,依照《注册造价工程师管理办法》进行查处;构成犯罪的,依法追究刑事责任。

第二十三条 工程造价咨询企业在建筑工程计价活动中,出具有虚假记载、误导性陈述的工程造价成果文件的,记入工程造价咨询企业信用档案,由县级以上地方人民政府住房城乡建设主管部门责令改正,处1万元以上3万元以下的罚款,并予以通报。

第二十四条 国家机关工作人员在建筑工程计价监督管理工作中玩忽职守、徇私舞弊、滥用职权的,由有关机关给予行政处分;构成犯罪的,依法追究刑事责任。

第二十五条 建筑工程以外的工程施工发包与承包计价管理可以参照本办法执行。

第二十六条 省、自治区、直辖市人民政府住房城乡建设主管部门可以根据本办法制定实施细则。

第二十七条 本办法自2014年2月1日起施行。原建设部2001年11月5日发布的《建筑工程施工发包与承包计价管理办法》(建设部令第107号)同时废止。

实施工程建设强制性标准监督规定

中华人民共和国建设部令第 81 号

第一条 为加强工程建设强制性标准实施的监督工作，保证建设工程质量，保障人民的生命、财产安全，维护社会公共利益，根据《中华人民共和国标准化法》、《中华人民共和国标准化法实施条例》和《建设工程质量管理条例》，制定本规定。

第二条 在中华人民共和国境内从事新建、扩建、改建等工程建设活动，必须执行工程建设强制性标准。

第三条 本规定所称工程建设强制性标准是指直接涉及工程质量、安全、卫生及环境保护等方面的工程建设标准强制性条文。

国家工程建设标准强制性条文由国务院建设行政主管部门会同国务院有关行政主管部门确定。

第四条 国务院建设行政主管部门负责全国实施工程建设强制性标准的监督管理工作。

国务院有关行政主管部门按照国务院的职能分工负责实施工程建设强制性标准的监督管理工作。

县级以上地方人民政府建设行政主管部门负责本行政区域内实施工程建设强制性标准的监督管理工作。

第五条 工程建设中拟采用的新技术、新工艺、新材料，不符合现行强制性标准规定的，应当由拟采用单位提请建设单位组织专题技术论证，报批准标准的建设行政主管部门或者国务院有关主管部门审定。

工程建设中采用国际标准或者国外标准，现行强制性标准未作规定的，建设单位应当向国务院建设行政主管部门或者国务院有关行政主管部门备案。

第六条 建设项目规划审查机关应当对工程建设规划阶段执行强制性标准的情况实施监督。

施工图设计文件审查单位应当对工程建设勘察、设计阶段执行强制性标准的情况实施监督。

建筑安全监督管理机构应当对工程建设施工阶段执行施工安全强制性标准的情况实施监督。

工程质量监督机构应当对工程建设施工、监理、验收等阶段执行强制性标准的情况实施监督。

第七条 建设项目规划审查机关、施工图设计文件审查单位、建筑安全监督管理机构、工程质量监督机构的技术人员必须熟悉、掌握工程建设强制性标准。

第八条 工程建设标准批准部门应当定期对建设项目规划审查机关、施工图设计文件审查单位、建筑安全监督管理机构、工程质量监督机构实施强制性标准的监督进行检查,对监督不力的单位和个人,给予通报批评,建议有关部门处理。

第九条 工程建设标准批准部门应当对工程项目执行强制性标准情况进行监督检查。监督检查可以采取重点检查、抽查和专项检查的方式。

第十条 强制性标准监督检查的内容包括:

(一) 有关工程技术人员是否熟悉、掌握强制性标准;

(二) 工程项目的规划、勘察、设计、施工、验收等是否符合强制性标准的规定;

(三) 工程项目采用的材料、设备是否符合强制性标准的规定;

(四) 工程项目的安全、质量是否符合强制性标准的规定;

(五) 工程中采用的导则、指南、手册、计算机软件的内容是否符合强制性标准的规定。

第十一条 工程建设标准批准部门应当将强制性标准监督检查结果在一定范围内公告。

第十二条 工程建设强制性标准的解释由工程建设标准批准部门负责。

有关标准具体技术内容的解释,工程建设标准批准部门可以委托该标准的编制管理单位负责。

第十三条 工程技术人员应当参加有关工程建设强制性标准的培训,并可以计入继续教育学时。

第十四条 建设行政主管部门或者有关行政主管部门在处理重大工程事故时,应当有工程建设标准方面的专家参加;工程事故报告应当包括是否符合工程建设强制性标准的意见。

第十五条 任何单位和个人对违反工程建设强制性标准的行为有权向建设行政主管部门或者有关部门检举、控告、投诉。

第十六条 建设单位有下列行为之一的,责令改正,并处以20万元以上50万元以下的罚款:

(一)明示或者暗示施工单位使用不合格的建筑材料、建筑构配件和设备的;

(二)明示或者暗示设计单位或者施工单位违反工程建设强制性标准,降低工程质量的。

第十七条 勘察、设计单位违反工程建设强制性标准进行勘察、设计的,责令改正,并处以10万元以上30万元以下的罚款。

有前款行为,造成工程质量事故的,责令停业整顿,降低资质等级;情节严重的,吊销资质证书;造成损失的,依法承担赔偿责任。

第十八条 施工单位违反工程建设强制性标准的,责令改正,处工程合同价款2%以上4%以下的罚款;造成建设工程质量不符合规定的质量标准的,负责返工、修理,并赔偿因此造成的损失;情节严重的,责令停业整顿,降低资质等级或者吊销资质证书。

第十九条 工程监理单位违反强制性标准规定,将不合格的建设工程以及建筑材料、建筑构配件和设备按照合格签字的,责令改正,处50万元以上100万元以下的罚款,降低资质等级或者吊销资质证书;有违法所得的,予以没收;造成损失的,承担连带赔偿责任。

第二十条 违反工程建设强制性标准造成工程质量、安全隐患或者工程事故的,按照《建设工程质量管理条例》有关规定,对事故责任单位和责任人进行处罚。

第二十一条 有关责令停业整顿、降低资质等级和吊销资质证书的行政处罚,由颁发资质证书的机关决定;其他行政处罚,由建设行政主管部门或者有关部门依照法定职权决定。

第二十二条 建设行政主管部门和有关行政主管部门工作人员,玩忽职守、滥用职权、徇私舞弊的,给予行政处分;构成犯罪的,依法追究刑事责任。

第二十三条 本规定由国务院建设行政主管部门负责解释。

第二十四条 本规定自发布之日起施行。

基本建设财务规则

财政部令第 81 号

第一章 总 则

第一条 为了规范基本建设财务行为,加强基本建设财务管理,提高财政资金使用效益,保障财政资金安全,制定本规则。

第二条 本规则适用于行政事业单位的基本建设财务行为,以及国有和国有控股企业使用财政资金的基本建设财务行为。

基本建设是指以新增工程效益或者扩大生产能力为主要目的的新建、续建、改扩建、迁建、大型维修改造工程及相关工作。

第三条 基本建设财务管理应当严格执行国家有关法律、行政法规和财务规章制度,坚持勤俭节约、量力而行、讲求实效,正确处理资金使用效益与资金供给的关系。

第四条 基本建设财务管理的主要任务是:

(一)依法筹集和使用基本建设项目(以下简称项目)建设资金,防范财务风险;

(二)合理编制项目资金预算,加强预算审核,严格预算执行;

(三)加强项目核算管理,规范和控制建设成本;

(四)及时准确编制项目竣工财务决算,全面反映基本建设财务状况;

(五)加强对基本建设活动的财务控制和监督,实施绩效评价。

第五条 财政部负责制定并指导实施基本建设财务管理制度。

各级财政部门负责对基本建设财务活动实施全过程管理和监督。

第六条 各级项目主管部门(含一级预算单位,下同)应当会同财政部门,加强本部门或者本行业基本建设财务管理和监督,指导和督促项目建设单位做好基本建设财务管理的基础工作。

第七条 项目建设单位应当做好以下基本建设财务管理的基础

工作：

（一）建立、健全本单位基本建设财务管理制度和内部控制制度；

（二）按项目单独核算，按照规定将核算情况纳入单位账簿和财务报表；

（三）按照规定编制项目资金预算，根据批准的项目概（预）算做好核算管理，及时掌握建设进度，定期进行财产物资清查，做好核算资料档案管理；

（四）按照规定向财政部门、项目主管部门报送基本建设财务报表和资料；

（五）及时办理工程价款结算，编报项目竣工财务决算，办理资产交付使用手续；

（六）财政部门和项目主管部门要求的其他工作。

按照规定实行代理记账和项目代建制的，代理记账单位和代建单位应当配合项目建设单位做好项目财务管理的基础工作。

第二章 建设资金筹集与使用管理

第八条 建设资金是指为满足项目建设需要筹集和使用的资金，按照来源分为财政资金和自筹资金。其中，财政资金包括一般公共预算安排的基本建设投资资金和其他专项建设资金，政府性基金预算安排的建设资金，政府依法举债取得的建设资金，以及国有资本经营预算安排的基本建设项目资金。

第九条 财政资金管理应当遵循专款专用原则，严格按照批准的项目预算执行，不得挤占挪用。

财政部门应当会同项目主管部门加强项目财政资金的监督管理。

第十条 财政资金的支付，按照国库集中支付制度有关规定和合同约定，综合考虑项目财政资金预算、建设进度等因素执行。

第十一条 项目建设单位应当根据批准的项目概（预）算、年度投资计划和预算、建设进度等控制项目投资规模。

第十二条 项目建设单位在决策阶段应当明确建设资金来源，落实建设资金,合理控制筹资成本。非经营性项目建设资金按照国家有关规定筹集;经营性项目在防范风险的前提下,可以多渠道筹集。

具体项目的经营性和非经营性性质划分,由项目主管部门会同财政部门根据项目建设目的、运营模式和盈利能力等因素核定。

第十三条 核定为经营性项目的,项目建设单位应当按照国家有关固定资产投资项目资本管理的规定,筹集一定比例的非债务性资金作为项目资本。

在项目建设期间,项目资本的投资者除依法转让、依法终止外,不得以任何方式抽走出资。

经营性项目的投资者以实物、知识产权、土地使用权等非货币财产作价出资的,应当委托具有专业能力的资产评估机构依法评估作价。

第十四条 项目建设单位取得的财政资金,区分以下情况处理:

经营性项目具备企业法人资格的,按照国家有关企业财务规定处理。不具备企业法人资格的,属于国家直接投资的,作为项目国家资本管理;属于投资补助的,国家拨款时对权属有规定的,按照规定执行,没有规定的,由项目投资者享有;属于有偿性资助的,作为项目负债管理。

经营性项目取得的财政贴息,项目建设期间收到的,冲减项目建设成本;项目竣工后收到的,按照国家财务、会计制度的有关规定处理。

非经营性项目取得的财政资金,按照国家行政、事业单位财务、会计制度的有关规定处理。

第十五条 项目收到的社会捐赠,有捐赠协议或者捐赠者有指定要求的,按照协议或者要求处理;无协议和要求的,按照国家财务、会计制度的有关规定处理。

第三章 预算管理

第十六条 项目建设单位编制项目预算应当以批准的概算为基础,按照项目实际建设资金需求编制,并控制在批准的概算总投资规模、范围和标准以内。

项目建设单位应当细化项目预算,分解项目各年度预算和财政资金预算需求。涉及政府采购的,应当按照规定编制政府采购预算。

项目资金预算应当纳入项目主管部门的部门预算或者国有资本经营预算统一管理。列入部门预算的项目,一般应当从项目库中产生。

第十七条 项目建设单位应当根据项目概算、建设工期、年度投资和自筹资金计划、以前年度项目各类资金结转情况等,提出项目财政资金预算建议数,按照规定程序经项目主管部门审核汇总报财政部门。

项目建设单位根据财政部门下达的预算控制数编制预算,由项目主管部门审核汇总报财政部门,经法定程序审核批复后执行。

第十八条 项目建设单位应当严格执行项目财政资金预算。对发生停建、缓建、迁移、合并、分立、重大设计变更等变动事项和其他特殊情况确需调整的项目,项目建设单位应当按照规定程序报项目主管部门审核后,向财政部门申请调整项目财政资金预算。

第十九条 财政部门应当加强财政资金预算审核和执行管理,严格预算约束。

财政资金预算安排应当以项目以前年度财政资金预算执行情况、项目预算评审意见和绩效评价结果作为重要依据。项目财政资金未按预算要求执行的,按照有关规定调减或者收回。

第二十条 项目主管部门应当按照预算管理规定,督促和指导项目建设单位做好项目财政资金预算编制、执行和调整,严格审核项目财政资金预算、细化预算和预算调整的申请,及时掌握项目预算执行动态,跟踪分析项目进度,按照要求向财政部门报送执行情况。

第四章 建设成本管理

第二十一条 建设成本是指按照批准的建设内容由项目建设资金安排的各项支出,包括建筑安装工程投资支出、设备投资支出、待摊投资支出和其他投资支出。

建筑安装工程投资支出是指项目建设单位按照批准的建设内容发生的建筑工程和安装工程的实际成本。

设备投资支出是指项目建设单位按照批准的建设内容发生的各种

设备的实际成本。

待摊投资支出是指项目建设单位按照批准的建设内容发生的,应当分摊计入相关资产价值的各项费用和税金支出。

其他投资支出是指项目建设单位按照批准的建设内容发生的房屋购置支出,基本畜禽、林木等的购置、饲养、培育支出,办公生活用家具、器具购置支出,软件研发和不能计入设备投资的软件购置等支出。

第二十二条 项目建设单位应当严格控制建设成本的范围、标准和支出责任,以下支出不得列入项目建设成本:

(一)超过批准建设内容发生的支出;

(二)不符合合同协议的支出;

(三)非法收费和摊派;

(四)无发票或者发票项目不全、无审批手续、无责任人员签字的支出;

(五)因设计单位、施工单位、供货单位等原因造成的工程报废等损失,以及未按照规定报经批准的损失;

(六)项目符合规定的验收条件之日起 3 个月后发生的支出;

(七)其他不属于本项目应当负担的支出。

第二十三条 财政资金用于项目前期工作经费部分,在项目批准建设后,列入项目建设成本。

没有被批准或者批准后又被取消的项目,财政资金如有结余,全部缴回国库。

第五章 基建收入管理

第二十四条 基建收入是指在基本建设过程中形成的各项工程建设副产品变价收入、负荷试车和试运行收入以及其他收入。

工程建设副产品变价收入包括矿山建设中的矿产品收入,油气、油田钻井建设中的原油气收入,林业工程建设中的路影材收入,以及其他项目建设过程中产生或者伴生的副产品、试验产品的变价收入。

负荷试车和试运行收入包括水利、电力建设移交生产前的供水、供电、供热收入,原材料、机电轻纺、农林建设移交生产前的产品收入,交通临时运营收入等。

其他收入包括项目总体建设尚未完成或者移交生产,但其中部分工程简易投产而发生的经营性收入等。

符合验收条件而未按照规定及时办理竣工验收的经营性项目所实现的收入,不得作为项目基建收入管理。

第二十五条 项目所取得的基建收入扣除相关费用并依法纳税后,其净收入按照国家财务、会计制度的有关规定处理。

第二十六条 项目发生的各项索赔、违约金等收入,首先用于弥补工程损失,结余部分按照国家财务、会计制度的有关规定处理。

第六章 工程价款结算管理

第二十七条 工程价款结算是指依据基本建设工程发承包合同等进行工程预付款、进度款、竣工价款结算的活动。

第二十八条 项目建设单位应当严格按照合同约定和工程价款结算程序支付工程款。竣工价款结算一般应当在项目竣工验收后 2 个月内完成,大型项目一般不得超过 3 个月。

第二十九条 项目建设单位可以与施工单位在合同中约定按照不超过工程价款结算总额的 5% 预留工程质量保证金,待工程交付使用缺陷责任期满后清算。资信好的施工单位可以用银行保函替代工程质量保证金。

第三十条 项目主管部门应当会同财政部门加强工程价款结算的监督,重点审查工程招投标文件、工程量及各项费用的计取、合同协议、施工变更签证、人工和材料价差、工程索赔等。

第七章 竣工财务决算管理

第三十一条 项目竣工财务决算是正确核定项目资产价值、反映竣工项目建设成果的文件,是办理资产移交和产权登记的依据,包括竣工财务决算报表、竣工财务决算说明书以及相关材料。

项目竣工财务决算应当数字准确、内容完整。竣工财务决算的编制要求另行规定。

第三十二条 项目年度资金使用情况应当按照要求编入部门决算或者国有资本经营决算。

第三十三条 项目建设单位在项目竣工后,应当及时编制项目竣工财务决算,并按照规定报送项目主管部门。

项目设计、施工、监理等单位应当配合项目建设单位做好相关工作。

建设周期长、建设内容多的大型项目,单项工程竣工具备交付使用条件的,可以编报单项工程竣工财务决算,项目全部竣工后应当编报竣工财务总决算。

第三十四条 在编制项目竣工财务决算前,项目建设单位应当认真做好各项清理工作,包括账目核对及账务调整、财产物资核实处理、债权实现和债务清偿、档案资料归集整理等。

第三十五条 在编制项目竣工财务决算时,项目建设单位应当按照规定将待摊投资支出按合理比例分摊计入交付使用资产价值、转出投资价值和待核销基建支出。

第三十六条 项目竣工财务决算审核、批复管理职责和程序要求由同级财政部门确定。

第三十七条 财政部门和项目主管部门对项目竣工财务决算实行先审核、后批复的办法,可以委托预算评审机构或者有专业能力的社会中介机构进行审核。对符合条件的,应当在 6 个月内批复。

第三十八条 项目一般不得预留尾工工程,确需预留尾工工程的,尾工工程投资不得超过批准的项目概(预)算总投资的 5%。

项目主管部门应当督促项目建设单位抓紧实施项目尾工工程,加强对尾工工程资金使用的监督管理。

第三十九条 已具备竣工验收条件的项目,应当及时组织验收,移交生产和使用。

第四十条 项目隶属关系发生变化时,应当按照规定及时办理财务关系划转,主要包括各项资金来源、已交付使用资产、在建工程、结余资金、各项债权及债务等的清理交接。

第八章 资产交付管理

第四十一条 资产交付是指项目竣工验收合格后,将形成的资产交付或者转交生产使用单位的行为。

交付使用的资产包括固定资产、流动资产、无形资产等。

第四十二条 项目竣工验收合格后应当及时办理资产交付使用手续,并依据批复的项目竣工财务决算进行账务调整。

第四十三条 非经营性项目发生的江河清障疏浚、航道整治、飞播造林、退耕还林(草)、封山(沙)育林(草)、水土保持、城市绿化、毁损道路修复、护坡及清理等不能形成资产的支出,以及项目未被批准、项目取消和项目报废前已发生的支出,作为待核销基建支出处理;形成资产产权归属本单位的,计入交付使用资产价值;形成资产产权不归属本单位的,作为转出投资处理。

非经营性项目发生的农村沼气工程、农村安全饮水工程、农村危房改造工程、游牧民定居工程、渔民上岸工程等涉及家庭或者个人的支出,形成资产产权归属家庭或者个人的,作为待核销基建支出处理;形成资产产权归属本单位的,计入交付使用资产价值;形成资产产权归属其他单位的,作为转出投资处理。

第四十四条 非经营性项目为项目配套建设的专用设施,包括专用道路、专用通讯设施、专用电力设施、地下管道等,产权归属本单位的,计入交付使用资产价值;产权不归属本单位的,作为转出投资处理。

非经营性项目移民安置补偿中由项目建设单位负责建设并形成的实物资产,产权归属集体或者单位的,作为转出投资处理;产权归属移民的,作为待核销基建支出处理。

第四十五条 经营性项目发生的项目取消和报废等不能形成资产的支出,以及设备采购和系统集成(软件)中包含的交付使用后运行维护等费用,按照国家财务、会计制度的有关规定处理。

第四十六条　经营性项目为项目配套建设的专用设施，包括专用铁路线、专用道路、专用通讯设施、专用电力设施、地下管道、专用码头等，项目建设单位应当与有关部门明确产权关系，并按照国家财务、会计制度的有关规定处理。

第九章　结余资金管理

第四十七条　结余资金是指项目竣工结余的建设资金，不包括工程抵扣的增值税进项税额资金。

第四十八条　经营性项目结余资金，转入单位的相关资产。

非经营性项目结余资金，首先用于归还项目贷款。如有结余，按照项目资金来源属于财政资金的部分，应当在项目竣工验收合格后 3 个月内，按照预算管理制度有关规定收回财政。

第四十九条　项目终止、报废或者未按照批准的建设内容建设形成的剩余建设资金中，按照项目实际资金来源比例确认的财政资金应当收回财政。

第十章　绩效评价

第五十条　项目绩效评价是指财政部门、项目主管部门根据设定的项目绩效目标，运用科学合理的评价方法和评价标准，对项目建设全过程中资金筹集、使用及核算的规范性、有效性，以及投入运营效果等进行评价的活动。

第五十一条　项目绩效评价应当坚持科学规范、公正公开、分级分类和绩效相关的原则，坚持经济效益、社会效益和生态效益相结合的原则。

第五十二条　项目绩效评价应当重点对项目建设成本、工程造价、投资控制、达产能力与设计能力差异、偿债能力、持续经营能力等实施绩效评价，根据管理需要和项目特点选用社会效益指标、财务效益指标、工程质量指标、建设工期指标、资金来源指标、资金使用指标、实际投资回收期指标、实际单位生产（营运）能力投资指标等评价指标。

第五十三条　财政部门负责制定项目绩效评价管理办法,对项目绩效评价工作进行指导和监督,选择部分项目开展重点绩效评价,依法公开绩效评价结果。绩效评价结果作为项目财政资金预算安排和资金拨付的重要依据。

第五十四条　项目主管部门会同财政部门按照有关规定,制定本部门或者本行业项目绩效评价具体实施办法,建立具体的绩效评价指标体系,确定项目绩效目标,具体组织实施本部门或者本行业绩效评价工作,并向财政部门报送绩效评价结果。

第十一章　监督管理

第五十五条　项目监督管理主要包括对项目资金筹集与使用、预算编制与执行、建设成本控制、工程价款结算、竣工财务决算编报审核、资产交付等的监督管理。

第五十六条　项目建设单位应当建立、健全内部控制和项目财务信息报告制度,依法接受财政部门和项目主管部门等的财务监督管理。

第五十七条　财政部门和项目主管部门应当加强项目的监督管理,采取事前、事中、事后相结合,日常监督与专项监督相结合的方式,对项目财务行为实施全过程监督管理。

第五十八条　财政部门应当加强对基本建设财政资金形成的资产的管理,按照规定对项目资产开展登记、核算、评估、处置、统计、报告等资产管理基础工作。

第五十九条　对于违反本规则的基本建设财务行为,依照《预算法》、《财政违法行为处罚处分条例》等有关规定追究责任。

第十二章　附　则

第六十条　接受国家经常性资助的社会力量举办的公益服务性组织和社会团体的基本建设财务行为,以及非国有企业使用财政资金的基本建设财务行为,参照本规则执行。

使用外国政府及国际金融组织贷款的基本建设财务行为执行本规

则。国家另有规定的,从其规定。

第六十一条 项目建设内容仅为设备购置的,不执行本规则;项目建设内容以设备购置、房屋及其他建筑物购置为主并附有部分建筑安装工程的,可以简化执行本规则。

经营性项目的项目资本中,财政资金所占比例未超过50%的,项目建设单位可以简化执行本规则,但应当按照要求向财政部门、项目主管部门报送相关财务资料。国家另有规定的,从其规定。

第六十二条 中央项目主管部门和各省、自治区、直辖市、计划单列市财政厅(局)可以根据本规则,结合本行业、本地区的项目情况,制定具体实施办法并报财政部备案。

第六十三条 本规则自2016年9月1日起施行。2002年9月27日财政部发布的《基本建设财务管理规定》(财建〔2002〕394号)及其解释同时废止。

本规则施行前财政部制定的有关规定与本规则不一致的,按照本规则执行。《企业财务通则》(财政部令第41号)、《金融企业财务规则》(财政部令第42号)、《事业单位财务规则》(财政部令第68号)和《行政单位财务规则》(财政部令第71号)另有规定的,从其规定。

基本建设项目竣工财务决算管理暂行办法

财建〔2016〕503号

党中央有关部门，国务院各部委、各直属机构，军委后勤保障部、武警总部，全国人大常委会办公厅，全国政协办公厅，高法院，高检院，各民主党派中央，有关人民团体，各中央管理企业，各省、自治区、直辖市、计划单列市财政厅（局），新疆生产建设兵团财务局：

为推动各部门、各地区进一步加强基本建设项目竣工财务决算管理，提高资金使用效益，针对基本建设项目竣工财务决算管理中反映出的主要问题，依据《基本建设财务规则》，现印发《基本建设项目竣工财务决算管理暂行办法》，请认真贯彻执行。

附件：基本建设项目竣工财务决算管理暂行办法

财政部

2016年6月30日

第一条 为进一步加强基本建设项目竣工财务决算管理，依据《基本建设财务规则》（财政部令第81号），制定本办法。

第二条 基本建设项目（以下简称项目）完工可投入使用或者试运行合格后，应当在3个月内编报竣工财务决算，特殊情况确需延长的，中小型项目不得超过2个月，大型项目不得超过6个月。

第三条 项目竣工财务决算未经审核前，项目建设单位一般不得撤销，项目负责人及财务主管人员、重大项目的相关工程技术主管人员、概（预）算主管人员一般不得调离。

项目建设单位确需撤销的，项目有关财务资料应当转入其他机构承接、保管。项目负责人、财务人员及相关工程技术主管人员确需调离的，应当继续承担或协助做好竣工财务决算相关工作。

第四条 实行代理记账、会计集中核算和项目代建制的，代理记账单位、会计集中核算单位和代建单位应当配合项目建设单位做好项目竣工财务决算工作。

第五条 编制项目竣工财务决算前,项目建设单位应当完成各项账务处理及财产物资的盘点核实,做到账账、账证、账实、账表相符。项目建设单位应当逐项盘点核实、填列各种材料、设备、工具、器具等清单并妥善保管,应变价处理的库存设备、材料以及应处理的自用固定资产要公开变价处理,不得侵占、挪用。

第六条 项目竣工财务决算的编制依据主要包括:国家有关法律法规;经批准的可行性研究报告、初步设计、概算及概算调整文件;招标文件及招标投标书,施工、代建、勘察设计、监理及设备采购等合同,政府采购审批文件、采购合同;历年下达的项目年度财政资金投资计划、预算;工程结算资料;有关的会计及财务管理资料;其他有关资料。

第七条 项目竣工财务决算的内容主要包括:项目竣工财务决算报表(附表1)、竣工财务决算说明书、竣工财务决(结)算审核情况及相关资料。

第八条 竣工财务决算说明书主要包括以下内容:

(一)项目概况;

(二)会计账务处理、财产物资清理及债权债务的清偿情况;

(三)项目建设资金计划及到位情况,财政资金支出预算、投资计划及到位情况;

(四)项目建设资金使用、项目结余资金分配情况;

(五)项目概(预)算执行情况及分析,竣工实际完成投资与概算差异及原因分析;

(六)尾工工程情况;

(七)历次审计、检查、审核、稽察意见及整改落实情况;

(八)主要技术经济指标的分析、计算情况;

(九)项目管理经验、主要问题和建议;

(十)预备费动用情况;

(十一)项目建设管理制度执行情况、政府采购情况、合同履行情况；

（十二）征地拆迁补偿情况、移民安置情况；

（十三）需说明的其他事项。

第九条 项目竣工决（结）算经有关部门或单位进行项目竣工决（结）算审核的，需附完整的审核报告及审核表（附表2），审核报告内容应当详实，主要包括：审核说明、审核依据、审核结果、意见、建议。

第十条 相关资料主要包括：

（一）项目立项、可行性研究报告、初步设计报告及概算、概算调整批复文件的复印件；

（二）项目历年投资计划及财政资金预算下达文件的复印件；

（三）审计、检查意见或文件的复印件；

（四）其他与项目决算相关资料。

第十一条 建设周期长、建设内容多的大型项目，单项工程竣工财务决算可单独报批，单项工程结余资金在整个项目竣工财务决算中一并处理。

第十二条 中央项目竣工财务决算，由财政部制定统一的审核批复管理制度和操作规程。中央项目主管部门本级以及不向财政部报送年度部门决算的中央单位的项目竣工财务决算，由财政部批复；其他中央项目竣工财务决算，由中央项目主管部门负责批复，报财政部备案。国家另有规定的，从其规定。

地方项目竣工财务决算审核批复管理职责和程序要求由同级财政部门确定。

经营性项目的项目资本中，财政资金所占比例未超过50％的，项目竣工财务决算可以不报财政部门或者项目主管部门审核批复。项目建设单位应当按照国家有关规定加强工程价款结算和项目竣工财务决算管理。

第十三条 财政部门和项目主管部门对项目竣工财务决算实行先审核、后批复的办法，可以委托预算评审机构或者有专业能力的社会中介机构进行审核。

第十四条 项目竣工财务决算审核批复环节中审减的概算内投资，按投资来源比例归还投资者。

第十五条 项目主管部门应当加强对尾工工程建设资金监督管理，督促项目建设单位抓紧实施尾工工程，及时办理尾工工程建设资金清算和资产交付使用手续。

第十六条 项目建设内容以设备购置、房屋及其他建筑物购置为主且附有部分建筑安装工程的，可以简化项目竣工财务决算编报内容、报表格式和批复手续；设备购置、房屋及其他建筑物购置，不用单独编报项目竣工财务决算。

第十七条 财政部门和项目主管部门审核批复项目竣工财务决算时，应当重点审查以下内容：

（一）工程价款结算是否准确，是否按照合同约定和国家有关规定进行，有无多算和重复计算工程量、高估冒算建筑材料价格现象；

（二）待摊费用支出及其分摊是否合理、正确；

（三）项目是否按照批准的概算（预）算内容实施，有无超标准、超规模、超概（预）算建设现象；

（四）项目资金是否全部到位，核算是否规范，资金使用是否合理，有无挤占、挪用现象；

（五）项目形成资产是否全面反映，计价是否准确，资产接受单位是否落实；

（六）项目在建设过程中历次检查和审计所提的重大问题是否已经整改落实；

（七）待核销基建支出和转出投资有无依据，是否合理；

（八）竣工财务决算报表所填列的数据是否完整，表间勾稽关系是否清晰、正确；

（九）尾工工程及预留费用是否控制在概算确定的范围内，预留的金额和比例是否合理；

（十）项目建设是否履行基本建设程序，是否符合国家有关建设管理制度要求等；

（十一）决算的内容和格式是否符合国家有关规定；

（十二）决算资料报送是否完整、决算数据间是否存在错误；

（十三）相关主管部门或者第三方专业机构是否出具审核意见。

第十八条 财政部对授权主管部门批复的中央项目竣工财务决算实行抽查制度。

第十九条 项目竣工后应当及时办理资金清算和资产交付手续，并依据项目竣工财务决算批复意见办理产权登记和有关资产入账或调账。

第二十条 项目建设单位经批准使用项目资金购买的车辆、办公设备等自用固定资产，项目完工时按下列情况进行财务处理：

资产直接交付使用单位的，按设备投资支出转入交付使用。其中，计提折旧的自用固定资产，按固定资产购置成本扣除累计折旧后的金额转入交付使用，项目建设期间计提的折旧费用作为待摊投资支出分摊到相关资产价值；不计提折旧的自用固定资产，按固定资产购置成本转入交付使用。

资产在交付使用单位前公开变价处置的，项目建设期间计提的折旧费用和固定资产清理净损益（即公开变价金额与扣除所提折旧后设备净值之间的差额）计入待摊投资，不计提自用固定资产折旧的项目，按公开变价金额与购置成本之间的差额作为待摊投资支出分摊到相关资产价值。

第二十一条 本办法自2016年9月1日起施行。《财政部关于加强和改进政府性基金年度决算和中央大中型基建项目竣工财务决算审批的通知》（财建〔2002〕26号）和《财政部关于进一步加强中央基本建设项目竣工财务决算工作的通知》（财办建〔2008〕91号）同时废止。

附表1：基本建设项目竣工财务决算报表

1. 项目概况表（1-1）
2. 项目竣工财务决算表（1-2）
3. 资金情况明细表（1-3）

4. 交付使用资产总表(1-4)

5. 交付使用资产明细表(1-5)

6. 待摊投资明细表(1-6)

7. 待核销基建支出明细表(1-7)

8. 转出投资明细表(1-8)

附表2：基本建设项目竣工财务决算审核表

1. 项目竣工财务决算审核汇总表(2-1)

2. 资金情况审核明细表(2-2)

3. 待摊投资审核明细表(2-3)

4. 交付使用资产审核明细表(2-4)

5. 转出投资审核明细表(2-5)

6. 待销核基建支出审核明细表(2-6)

基本建设项目建设成本管理规定

财建〔2016〕504 号

第一条 为了规范基本建设项目建设成本管理，提高建设资金使用效益，依据《基本建设财务规则》（财政部令第 81 号），制定本规定。

第二条 建筑安装工程投资支出是指基本建设项目（以下简称项目）建设单位按照批准的建设内容发生的建筑工程和安装工程的实际成本，其中不包括被安装设备本身的价值，以及按照合同规定支付给施工单位的预付备料款和预付工程款。

第三条 设备投资支出是指项目建设单位按照批准的建设内容发生的各种设备的实际成本（不包括工程抵扣的增值税进项税额），包括需要安装设备、不需要安装设备和为生产准备的不够固定资产标准的工具、器具的实际成本。

需要安装设备是指必须将其整体或几个部位装配起来，安装在基础上或建筑物支架上才能使用的设备。不需要安装设备是指不必固定在一定位置或支架上就可以使用的设备。

第四条 待摊投资支出是指项目建设单位按照批准的建设内容发生的，应当分摊计入相关资产价值的各项费用和税金支出。主要包括：

（一）勘察费、设计费、研究试验费、可行性研究费及项目其他前期费用；

（二）土地征用及迁移补偿费、土地复垦及补偿费、森林植被恢复费及其他为取得或租用土地使用权而发生的费用；

（三）土地使用税、耕地占用税、契税、车船税、印花税及按规定缴纳的其他税费；

（四）项目建设管理费、代建管理费、临时设施费、监理费、招标投标费、社会中介机构审查费及其他管理性质的费用；

（五）项目建设期间发生的各类借款利息、债券利息、贷款评估费、国外借款手续费及承诺费、汇兑损益、债券发行费用及其他债务利息支出或融资费用；

（六）工程检测费、设备检验费、负荷联合试车费及其他检验检测类费用；

（七）固定资产损失、器材处理亏损、设备盘亏及毁损、报废工程净损失及其他损失；

（八）系统集成等信息工程的费用支出；

（九）其他待摊投资性质支出。

项目在建设期间的建设资金存款利息收入冲减债务利息支出，利息收入超过利息支出的部分，冲减待摊投资总支出。

第五条 项目建设管理费是指项目建设单位从项目筹建之日起至办理竣工财务决算之日止发生的管理性质的支出。包括：不在原单位发工资的工作人员工资及相关费用、办公费、办公场地租用费、差旅交通费、劳动保护费、工具用具使用费、固定资产使用费、招募生产工人费、技术图书资料费（含软件）、业务招待费、施工现场津贴、竣工验收费和其他管理性质开支。

项目建设单位应当严格执行《党政机关厉行节约反对浪费条例》，严格控制项目建设管理费。

第六条 行政事业单位项目建设管理费实行总额控制，分年度据实列支。总额控制数以项目审批部门批准的项目总投资（经批准的动态投资，不含项目建设管理费）扣除土地征用、迁移补偿等为取得或租用土地使用权而发生的费用为基数分档计算。具体计算方法见附件。

建设地点分散、点多面广、建设工期长以及使用新技术、新工艺等的项目，项目建设管理费确需超过上述开支标准的，中央级项目，应当事前报项目主管部门审核批准，并报财政部备案，未经批准的，超标准发生的项目建设管理费由项目建设单位用自有资金弥补；地方级项目，由同级财政部门确定审核批准的要求和程序。

施工现场管理人员津贴标准比照当地财政部门制定的差旅费标准执行；一般不得发生业务招待费，确需列支的，项目业务招待费支出应当严格按照国家有关规定执行，并不得超过项目建设管理费的 5%。

第七条 使用财政资金的国有和国有控股企业的项目建设管理费,比照第六条规定执行。国有和国有控股企业经营性项目的项目资本中,财政资金所占比例未超过50%的项目建设管理费可不执行第六条规定。

第八条 政府设立(或授权)、政府招标产生的代建制项目,代建管理费由同级财政部门根据代建内容和要求,按照不高于本规定项目建设管理费标准核定,计入项目建设成本。

实行代建制管理的项目,一般不得同时列支代建管理费和项目建设管理费,确需同时发生的,两项费用之和不得高于本规定的项目建设管理费限额。

建设地点分散、点多面广以及使用新技术、新工艺等的项目,代建管理费确需超过本规定确定的开支标准的,行政单位和使用财政资金建设的事业单位中央项目,应当事前报项目主管部门审核批准,并报财政部备案;地方项目,由同级财政部门确定审核批准的要求和程序。

代建管理费核定和支付应当与工程进度、建设质量结合,与代建内容、代建绩效挂钩,实行奖优罚劣。同时满足按时完成项目代建任务、工程质量优良、项目投资控制在批准概算总投资范围3个条件的,可以支付代建单位利润或奖励资金,代建单位利润或奖励资金一般不得超过代建管理费的10%,需使用财政资金支付的,应当事前报同级财政部门审核批准;未完成代建任务的,应当扣减代建管理费。

第九条 项目单项工程报废净损失计入待摊投资支出。

单项工程报废应当经有关部门或专业机构鉴定。非经营性项目以及使用财政资金所占比例超过项目资本50%的经营性项目,发生的单项工程报废经鉴定后,报项目竣工财务决算批复部门审核批准。

因设计单位、施工单位、供货单位等原因造成的单项工程报废损失,由责任单位承担。

第十条 其他投资支出是指项目建设单位按照批准的项目建设内容发生的房屋购置支出,基本畜禽、林木等的购置、饲养、培育支出,办公生活用家具、器具购置支出,软件研发及不能计入设备投资的软件购置等支出。

第十一条 本规定自2016年9月1日起施行。《财政部关于切实加强政府投资项目代建制财政财务管理有关问题的指导意见》（财建〔2004〕300号）同时废止。

项目建设管理费总额控制数费率表　　　　　单位：万元

工程总概算	费率(%)	算例	
		工程总概算	项目建设管理费
1 000以下	2	1 000	1 000×2％=20
1 001—5 000	1.5	5 000	20+(5 000−1 000)×1.5％=80
5 001—10 000	1.2	10 000	80+(10 000−5 000)×1.2％=140
10 001—50 000	1	50 000	140+(50 000−10 000)×1％=540
50 001—100 000	0.8	100 000	540+(100 000−50 000)×0.8％=940
100 000以上	0.4	200 000	940+(200 000−100 000)×0.4％=1 340

中央基本建设项目竣工财务决算审核批复操作规程

财办建〔2018〕2号

党中央有关部门办公厅(室),国务院各部委、各直属机构办公厅(室),全国人大常委会办公厅秘书局,全国政协办公厅秘书局,高法院办公厅,高检院办公厅,各民主党派中央办公厅,有关人民团体办公厅(室),有关中央管理企业:

  为进一步规范中央基本建设项目竣工财务决算审核批复管理工作,根据财政部《基本建设财务规则》(财政部令第81号)、《基本建设项目竣工财务决算管理暂行办法》(财建〔2016〕503号)等规定,制定了《中央基本建设项目竣工财务决算审核批复操作规程》,请贯彻执行。执行中发现问题,请及时反馈。

  附件:中央基本建设项目竣工财务决算审核批复操作规程

财政部办公厅
2018年1月4日

第一章 总 则

  第一条 为进一步规范中央基本建设项目竣工财务决算审核批复程序和行为,保证工作质量,根据财政部《基本建设财务规则》(财政部令第81号)、《基本建设项目竣工财务决算管理暂行办法》(财建〔2016〕503号)等规定,制定本规程。

  第二条 本规程为财政部、中央项目主管部门(含一级预算单位和中央企业,以下简称主管部门)审核批复中央基本建设项目竣工财务决算的行为规范和参考依据。

  第三条 本规程所称中央基本建设项目(以下简称项目),是指财务关系隶属于中央部门（或单位）的项目，以及国有企业、国有控股企业使用财政资金的非经营性项目和使用财政资金占项目资本比例超过50％的经营性项目。

第四条 国家有关文件规定的项目竣工财务决算（以下简称项目决算）批复范围划分如下：

（一）财政部直接批复的范围

1. 主管部门本级的投资额在3 000万元（不含3 000万元，按完成投资口径）以上的项目决算。

2. 不向财政部报送年度部门决算的中央单位项目决算。主要是指不向财政部报送年度决算的社会团体、国有及国有控股企业使用财政资金的非经营性项目和使用财政资金占项目资本比例超过50％的经营性项目决算。

（二）主管部门批复的范围

1. 主管部门二级及以下单位的项目决算。

2. 主管部门本级投资额在3 000万元（含3 000万元）以下的项目决算。

由主管部门批复的项目决算，报财政部备案（批复文件抄送财政部），并按要求向财政部报送半年度和年度汇总报表。

国防类项目、使用外国政府及国际金融组织贷款项目等，国家另有规定的，从其规定。

第二章　决算审核批复原则和程序

第五条 项目决算批复部门应按照"先审核后批复"原则，建立健全项目决算评审和审核管理机制，以及内部控制制度。

由财政部批复的项目决算，一般先由财政部委托财政投资评审机构或有资质的中介机构（以下统称"评审机构"）进行评审，根据评审结论，财政部审核后批复项目决算。

由主管部门批复的项目决算参照上述程序办理。

第六条 评审机构进行了决（结）算评审的项目决算，或已经审计署进行全面审计的项目决算,财政部或主管部门审核未发现较大问题,项目建设程序合法、合规,报表数据正确无误,评审报告内容详实、事实反映清晰、符合决算批复要求以及发现的问题均已整改到位的,可依据评审报告及审核结果批复项目决算。

第七条 未经评审或审计署全面审计的项目决算,以及虽经评审或审计,但主管部门、财政部审核发现存在以下问题或情形的,应开展项目决算评审:

(一)评审报告内容简单、附件不完整、事实反映不清晰且未达到决算批复相关要求。

(二)决算报表填列的数据不完整、存在较多错误、表间勾稽关系不清晰、不正确,以及决算报告和报表数据不一致。

(三)项目存在严重超标准、超规模、超概算,挤占、挪用项目建设资金,待核销基建支出和转出投资无依据、不合理等问题。

(四)评审报告或有关部门历次核查、稽查和审计所提问题未整改完毕,存在重大问题未整改或整改落实不到位。

(五)建设单位未能提供审计署的全面审计报告。

(六)其他影响项目竣工财务决算完成投资等的重要事项。

第八条 主管部门、财政部可对评审机构的工作质量实行报告审核、报告质量评估和质量责任追究制度。主管部门、财政部可对评审机构实行"黑名单"制度,将完成质量差、效率低的评审机构列入"黑名单",3年内不得再委托其业务。

第九条 委托评审机构实施项目竣工财务决算评审时,应当要求其遵循依法、独立、客观、公正的原则。

项目建设单位可对评审机构在实施评审过程中的违法行为进行举报。

第十条 主管部门、财政部收到项目竣工财务决算,一般可按照以下工作程序开展工作:

(一)条件和权限审核。

1. 审核项目是否为本部门批复范围。不属于本部门批复权限的项目决算,予以退回。

2. 审核项目或单项工程是否已完工。尾工工程超过5%的项目或单项工程,予以退回。

(二)资料完整性审核。

1. 审核项目是否经有资质的中介机构进行决(结)算评审,是否附有完整的评审报告。

对未经决(结)算评审(含审计署审计)的,委托评审机构进行决算审核。

2. 审核决算报告资料的完整性,决算报表和报告说明书是否按要求编制、项目有关资料复印件是否清晰、完整。

决算报告资料报送不完整的,通知其限期补报有关资料,逾期未补报的,予以退回。

需要补充说明材料或存在问题需要整改的,要求主管部门在限期内报送并督促项目建设单位进行整改,逾期未报或整改不到位的,予以退回。

属于本规程第七条规定情形的,委托评审机构进行评审。

(三)符合本规程第六条规定情形的,进入审核批复程序。

审核中,评审发现项目建设管理存在严重问题并需要整改的,要及时督促项目建设单位限期整改;存在违法违纪的,依法移交有关机关处理。

(四)审核未通过的,属评审报告问题的,退回评审机构补充完善;属项目本身不具备决算条件的,请项目建设单位(或报送单位)整改、补充完善或予以退回。

第三章 决算审核方式、依据和主要内容

第十一条 审核工作主要是对项目建设单位提供的决算报告及评审机构提供的评审报告、社会中介机构审计报告进行分析、判断,与审计署审计意见进行比对,并形成批复意见。

(一)政策性审核。重点审核项目履行基本建设程序情况、资金来

源、到位及使用管理情况、概算执行情况、招标履行及合同管理情况、待核销基建支出和转出投资的合规性、尾工工程及预留费用的比例和合理性等。

（二）技术性审核。重点审核决算报表数据和表间勾稽关系、待摊投资支出情况、建筑安装工程和设备投资支出情况、待摊投资支出分摊计入交付使用资产情况以及项目造价控制情况等。

（三）评审结论审核。重点审核评审结论中投资审减（增）金额和理由。

（四）意见分歧审核及处理。对于评审机构与项目建设单位就评审结论存在意见分歧的，应以国家有关规定及国家批准项目概算为依据进行核定，其中：

评审审减投资属工程价款结算违反承发包双方合同约定及多计工程量、高估冒算等情况的，一律按评审机构评审结论予以核定批复。

评审审减投资属超国家批准项目概算、但项目运行使用确实需要的，原则上应先经项目概算审批部门调整概算后，再按调整概算确认和批复。若自评审机构出具评审结论之日起3个月内未取得原项目概算审批部门的调整概算批复，仍按评审结论予以批复。

第十二条 审核工作依据以下文件：

（一）项目建设和管理的相关法律、法规、文件规定。

（二）国家、地方以及行业工程造价管理的有关规定。

（三）财政部颁布的基本建设财务管理及会计核算制度。

（四）本项目相关资料：

1. 项目初步设计及概算批复和调整批复文件、历年财政资金预算下达文件。

2. 项目决算报表及说明书。

3. 历年监督检查、审计意见及整改报告。

必要时，还可审核项目施工和采购合同、招投标文件、工程结算资料，以及其他影响项目决算结果的相关资料。

第十三条 审核的主要内容包括工程价款结算、项目核算管理、项目建设资金管理、项目基本建设程序执行及建设管理、概(预)算执行、交付使用资产及尾工工程等。

第十四条 工程价款结算审核。主要包括评审机构对工程价款是否按有关规定和合同协议进行全面评审；评审机构对于多算和重复计算工程量、高估冒算建筑材料价格等问题是否予以审减；单位、单项工程造价是否在合理或国家标准范围，是否存在严重偏离当地同期同类单位工程、单项工程造价水平问题。

第十五条 项目核算管理情况审核主要包括执行《基本建设财务规则》及相关会计制度情况。具体包括：

(一)建设成本核算是否准确。对于超过批准建设内容发生的支出、不符合合同协议的支出、非法收费和摊派，以及无发票或者发票项目不全、无审批手续、无责任人员签字的支出和因设计单位、施工单位、供货单位等原因，造成的工程报废损失等不属于本项目应当负担的支出，是否按规定予以审减。

(二)待摊费用支出及其分摊是否合理合规。

(三)待核销基建支出有无依据、是否合理合规。

(四)转出投资有无依据、是否已落实接收单位。

(五)决算报表所填列的数据是否完整，表内和表间勾稽关系是否清晰、正确。

(六)决算的内容和格式是否符合国家有关规定。

(七)决算资料报送是否完整、决算数据之间是否存在错误。

(八)与财务管理和会计核算有关的其他事项。

第十六条 项目资金管理情况审核主要包括：

(一)资金筹集情况。

1. 项目建设资金筹集，是否符合国家有关规定。

2. 项目建设资金筹资成本控制是否合理。

(二)资金到位情况。

1. 财政资金是否按批复的概算、预算及时足额拨付项目建设单位。

2. 自筹资金是否按批复的概算、计划及时筹集到位,是否有效控制筹资成本。

(三) 项目资金使用情况。

1. 财政资金情况。是否按规定专款专用,是否符合政府采购和国库集中支付等管理规定。

2. 结余资金情况。结余资金在各投资者间的计算是否准确;应上缴财政的结余资金是否按规定在项目竣工后 3 个月内及时交回,是否存在擅自使用结余资金情况。

第十七条 项目基本建设程序执行及建设管理情况审核主要包括:

(一) 项目基本建设程序执行情况。审核项目决策程序是否科学规范,项目立项、可研、初步设计及概算和调整是否符合国家规定的审批权限等。

(二) 项目建设管理情况。审核决算报告及评审或审计报告是否反映了建设管理情况;建设管理是否符合国家有关建设管理制度要求,是否建立和执行法人责任制、工程监理制、招投标制、合同制;是否制定相应的内控制度,内控制度是否健全、完善、有效;招投标执行情况和项目建设工期是否按批复要求有效控制。

第十八条 概(预)算执行情况。主要包括是否按照批准的概(预)算内容实施,有无超标准、超规模、超概(预)算建设现象,有无概算外项目和擅自提高建设标准、扩大建设规模、未完成建设内容等问题;项目在建设过程中历次检查和审计所提的重大问题是否已经整改落实;尾工工程及预留费用是否控制在概算确定的范围内,预留的金额和比例是否合理。

第十九条 交付使用资产情况。主要包括项目形成资产是否真实、准确、全面反映,计价是否准确,资产接受单位是否落实;是否正确按资产类别划分固定资产、流动资产、无形资产;交付使用资产实际成本是否完整,是否符合交付条件,移交手续是否齐全。

第四章　决算批复的主要内容

第二十条　主管部门、财政部批复项目决算主要包括以下内容：

（一）批复确认项目决算完成投资、形成的交付使用资产、资金来源及到位构成，核销基建支出和转出投资等。

（二）根据管理需要批复确认项目交付使用资产总表、交付使用资产明细表等。

（三）批复确认项目结余资金、决算评审审减资金，并明确处理要求。

1. 项目结余资金的交回时限。按照财政部有关基本建设结余资金管理办法规定处理，即应在项目竣工后 3 个月内交回国库。项目决算批复时，应确认是否已按规定交回，未交回的，应在批复文件中要求其限时缴回，并指出其未按规定及时交回问题。

2. 项目决算确认的项目概算内评审审减投资，按投资来源比例归还投资方，其中审减的财政资金按要求交回国库；决算审核确认的项目概算内审增投资，存在资金缺口的，要求主管部门督促项目建设单位尽快落实资金来源。

（四）批复项目结余资金和审减投资中应上缴中央总金库的资金，在决算批复后 30 日内，由主管部门负责上缴。上缴的方式如下：

对应缴回的国库集中支付结余资金，请主管部门及时将结余调整计划报财政部，并相应进行账务核销。

对应缴回的非国库集中支付结余资金，请主管部门由一级预算单位统一将资金汇总后上缴中央总金库。上缴时填写汇款单，"收款人全称"栏填写"财政部"，"账号"栏填 170001，"汇入行名称"栏填"国家金库总库"，"用途"栏填应冲减的支出功能分类、政府支出经济分类科目名称及编码。上述工作完成以后，将汇款单印送财政部（部门预算管理对口司局、经济建设司）备查。

（五）要求主管部门督促项目建设单位按照批复及基本建设财务会计制度有关规定及时办理资产移交和产权登记手续，加强对固定资产的管理,更好地发挥项目投资效益。

(六)批复披露项目建设过程存在的主要问题,并提出整改时限要求。

(七)决算批复文件涉及需交回财政资金的,应当抄送财政部驻当地财政监察专员办事处。

第二十一条 主管部门和财政部驻当地财政监察专员办事处应对项目决算批复执行情况实施监督。

第五章 附 则

第二十二条 财政部将进一步加强对主管部门批复项目竣工财务决算工作的指导和监督,对由主管部门批复的项目竣工财务决算,随机进行抽查复查。

第二十三条 主管部门可依据本规程并视本部门或行业情况进一步细化操作规程。

第二十四条 本规程依据的国家有关政策文件如出台新规定的,以新规定为准。

第二十五条 本规程由财政部(经济建设司)负责解释。

建设工程价款结算暂行办法

财建〔2004〕369 号

第一章 总 则

第一条 为加强和规范建设工程价款结算，维护建设市场正常秩序，根据《中华人民共和国合同法》、《中华人民共和国建筑法》、《中华人民共和国招标投标法》、《中华人民共和国预算法》、《中华人民共和国政府采购法》、《中华人民共和国预算法实施条例》等有关法律、行政法规制订本办法。

第二条 凡在中华人民共和国境内的建设工程价款结算活动，均适用本办法。国家法律法规另有规定的，从其规定。

第三条 本办法所称建设工程价款结算（以下简称"工程价款结算"），是指对建设工程的发承包合同价款进行约定和依据合同约定进行工程预付款、工程进度款、工程竣工价款结算的活动。

第四条 国务院财政部门、各级地方政府财政部门和国务院建设行政主管部门、各级地方政府建设行政主管部门在各自职责范围内负责工程价款结算的监督管理。

第五条 从事工程价款结算活动，应当遵循合法、平等、诚信的原则，并符合国家有关法律、法规和政策。

第二章 工程合同价款的约定与调整

第六条 招标工程的合同价款应当在规定时间内，依据招标文件、中标人的投标文件，由发包人与承包人（以下简称"发、承包人"）订立书面合同约定。

非招标工程的合同价款依据审定的工程预（概）算书由发、承包人在合同中约定。

合同价款在合同中约定后，任何一方不得擅自改变。

第七条　发包人、承包人应当在合同条款中对涉及工程价款结算的下列事项进行约定：

（一）预付工程款的数额、支付时限及抵扣方式；

（二）工程进度款的支付方式、数额及时限；

（三）工程施工中发生变更时，工程价款的调整方法、索赔方式、时限要求及金额支付方式；

（四）发生工程价款纠纷的解决方法；

（五）约定承担风险的范围及幅度以及超出约定范围和幅度的调整办法；

（六）工程竣工价款的结算与支付方式、数额及时限；

（七）工程质量保证（保修）金的数额、预扣方式及时限；

（八）安全措施和意外伤害保险费用；

（九）工期及工期提前或延后的奖惩办法；

（十）与履行合同、支付价款相关的担保事项。

第八条　发、承包人在签订合同时对于工程价款的约定，可选用下列一种约定方式：

（一）固定总价。合同工期较短且工程合同总价较低的工程，可以采用固定总价合同方式。

（二）固定单价。双方在合同中约定综合单价包含的风险范围和风险费用的计算方法，在约定的风险范围内综合单价不再调整。风险范围以外的综合单价调整方法，应当在合同中约定。

（三）可调价格。可调价格包括可调综合单价和措施费等，双方应在合同中约定综合单价和措施费的调整方法，调整因素包括：

1. 法律、行政法规和国家有关政策变化影响合同价款；

2. 工程造价管理机构的价格调整；

3. 经批准的设计变更；

4. 发包人更改经审定批准的施工组织设计（修正错误除外）造成费用增加；

5. 双方约定的其他因素。

第九条 承包人应当在合同规定的调整情况发生后14天内,将调整原因、金额以书面形式通知发包人,发包人确认调整金额后将其作为追加合同价款,与工程进度款同期支付。发包人收到承包人通知后14天内不予确认也不提出修改意见,视为已经同意该项调整。

当合同规定的调整合同价款的调整情况发生后,承包人未在规定时间内通知发包人,或者未在规定时间内提出调整报告,发包人可以根据有关资料,决定是否调整和调整的金额,并书面通知承包人。

第十条 工程设计变更价款调整

(一)施工中发生工程变更,承包人按照经发包人认可的变更设计文件,进行变更施工,其中,政府投资项目重大变更,需按基本建设程序报批后方可施工。

(二)在工程设计变更确定后14天内,设计变更涉及工程价款调整的,由承包人向发包人提出,经发包人审核同意后调整合同价款。变更合同价款按下列方法进行:

1. 合同中已有适用于变更工程的价格,按合同已有的价格变更合同价款;

2. 合同中只有类似于变更工程的价格,可以参照类似价格变更合同价款;

3. 合同中没有适用或类似于变更工程的价格,由承包人或发包人提出适当的变更价格,经对方确认后执行。如双方不能达成一致的,双方可提请工程所在地工程造价管理机构进行咨询或按合同约定的争议或纠纷解决程序办理。

(三)工程设计变更确定后14天内,如承包人未提出变更工程价款报告,则发包人可根据所掌握的资料决定是否调整合同价款和调整的具体金额。重大工程变更涉及工程价款变更报告和确认的时限由发承包双方协商确定。

收到变更工程价款报告一方,应在收到之日起14天内予以确认或提出协商意见,自变更工程价款报告送达之日起14天内,对方未确认也未提出协商意见时,视为变更工程价款报告已被确认。

确认增(减)的工程变更价款作为追加(减)合同价款与工程进度款同期支付。

第三章 工程价款结算

第十一条 工程价款结算应按合同约定办理,合同未作约定或约定不明的,发、承包双方应依照下列规定与文件协商处理:

(一)国家有关法律、法规和规章制度;

(二)国务院建设行政主管部门、省、自治区、直辖市或有关部门发布的工程造价计价标准、计价办法等有关规定;

(三)建设项目的合同、补充协议、变更签证和现场签证,以及经发、承包人认可的其他有效文件;

(四)其他可依据的材料。

第十二条 工程预付款结算应符合下列规定:

(一)包工包料工程的预付款按合同约定拨付,原则上预付比例不低于合同金额的10%,不高于合同金额的30%,对重大工程项目,按年度工程计划逐年预付。计价执行《建设工程工程量清单计价规范》(GB50500-2003)的工程,实体性消耗和非实体性消耗部分应在合同中分别约定预付款比例。

(二)在具备施工条件的前提下,发包人应在双方签订合同后的一个月内或不迟于约定的开工日期前的7天内预付工程款,发包人不按约定预付,承包人应在预付时间到期后10天内向发包人发出要求预付的通知,发包人收到通知后仍不按要求预付,承包人可在发出通知14天后停止施工,发包人应从约定应付之日起向承包人支付应付款的利息(利率按同期银行贷款利率计),并承担违约责任。

(三)预付的工程款必须在合同中约定抵扣方式,并在工程进度款中进行抵扣。

(四)凡是没有签订合同或不具备施工条件的工程,发包人不得预付工程款,不得以预付款为名转移资金。

第十三条 工程进度款结算与支付应当符合下列规定:

（一）工程进度款结算方式

1. 按月结算与支付。即实行按月支付进度款，竣工后清算的办法。合同工期在两个年度以上的工程，在年终进行工程盘点，办理年度结算。

2. 分段结算与支付。即当年开工、当年不能竣工的工程按照工程形象进度，划分不同阶段支付工程进度款。具体划分在合同中明确。

（二）工程量计算

1. 承包人应当按照合同约定的方法和时间，向发包人提交已完工程量的报告。发包人接到报告后 14 天内核实已完工程量，并在核实前 1 天通知承包人，承包人应提供条件并派人参加核实，承包人收到通知后不参加核实，以发包人核实的工程量作为工程价款支付的依据。发包人不按约定时间通知承包人，致使承包人未能参加核实，核实结果无效。

2. 发包人收到承包人报告后 14 天内未核实完工程量，从第 15 天起，承包人报告的工程量即视为被确认，作为工程价款支付的依据，双方合同另有约定的，按合同执行。

3. 对承包人超出设计图纸（含设计变更）范围和因承包人原因造成返工的工程量，发包人不予计量。

（三）工程进度款支付

1. 根据确定的工程计量结果，承包人向发包人提出支付工程进度款申请，14 天内，发包人应按不低于工程价款的 60%，不高于工程价款的 90% 向承包人支付工程进度款。按约定时间发包人应扣回的预付款，与工程进度款同期结算抵扣。

2. 发包人超过约定的支付时间不支付工程进度款，承包人应及时向发包人发出要求付款的通知，发包人收到承包人通知后仍不能按要求付款，可与承包人协商签订延期付款协议，经承包人同意后可延期支付，协议应明确延期支付的时间和从工程计量结果确认后第 15 天起计算应付款的利息（利率按同期银行贷款利率计）。

3. 发包人不按合同约定支付工程进度款，双方又未达成延期付款协议,导致施工无法进行,承包人可停止施工,由发包人承担违约责任。

第十四条 工程完工后,双方应按照约定的合同价款及合同价款调整内容以及索赔事项,进行工程竣工结算。

(一)工程竣工结算方式

工程竣工结算分为单位工程竣工结算、单项工程竣工结算和建设项目竣工总结算。

(二)工程竣工结算编审

1. 单位工程竣工结算由承包人编制,发包人审查;实行总承包的工程,由具体承包人编制,在总包人审查的基础上,发包人审查。

2. 单项工程竣工结算或建设项目竣工总结算由总(承)包人编制,发包人可直接进行审查,也可以委托具有相应资质的工程造价咨询机构进行审查。政府投资项目,由同级财政部门审查。单项工程竣工结算或建设项目竣工总结算经发、承包人签字盖章后有效。

承包人应在合同约定期限内完成项目竣工结算编制工作,未在规定期限内完成的并且提不出正当理由延期的,责任自负。

(三)工程竣工结算审查期限

单项工程竣工后,承包人应在提交竣工验收报告的同时,向发包人递交竣工结算报告及完整的结算资料,发包人应按以下规定时限进行核对(审查)并提出审查意见。

工程竣工结算报告金额审查时间:

1 500万元以下从接到竣工结算报告和完整的竣工结算资料之日起20天;

2 500万元—2 000万元从接到竣工结算报告和完整的竣工结算资料之日起30天;

32 000万元—5 000万元从接到竣工结算报告和完整的竣工结算资料之日起45天;

45 000万元以上从接到竣工结算报告和完整的竣工结算资料之日起60天;

建设项目竣工总结算在最后一个单项工程竣工结算审查确认后

15 天内汇总,送发包人后 30 天内审查完成。

（四）工程竣工价款结算

发包人收到承包人递交的竣工结算报告及完整的结算资料后,应按本办法规定的期限(合同约定有期限的,从其约定)进行核实,给予确认或者提出修改意见。发包人根据确认的竣工结算报告向承包人支付工程竣工结算价款,保留 5％左右的质量保证(保修)金,待工程交付使用一年质保期到期后清算(合同另有约定的,从其约定),质保期内如有返修,发生费用应在质量保证(保修)金内扣除。

（五）索赔价款结算

发、承包人未能按合同约定履行自己的各项义务或发生错误,给另一方造成经济损失的,由受损方按合同约定提出索赔,索赔金额按合同约定支付。

（六）合同以外零星项目工程价款结算

发包人要求承包人完成合同以外零星项目,承包人应在接受发包人要求的 7 天内就用工数量和单价、机械台班数量和单价、使用材料和金额等向发包人提出施工签证,发包人签证后施工,如发包人未签证,承包人施工后发生争议的,责任由承包人自负。

第十五条 发包人和承包人要加强施工现场的造价控制,及时对工程合同外的事项如实记录并履行书面手续。凡由发、承包双方授权的现场代表签字的现场签证以及发、承包双方协商确定的索赔等费用,应在工程竣工结算中如实办理,不得因发、承包双方现场代表的中途变更改变其有效性。

第十六条 发包人收到竣工结算报告及完整的结算资料后,在本办法规定或合同约定期限内,对结算报告及资料没有提出意见,则视同认可。

承包人如未在规定时间内提供完整的工程竣工结算资料,经发包人催促后 14 天内仍未提供或没有明确答复,发包人有权根据已有资料进行审查,责任由承包人自负。

根据确认的竣工结算报告,承包人向发包人申请支付工程竣工结算款。发包人应在收到申请后 15 天内支付结算款,到期没有支付的应承担违约责任。承包人可以催告发包人支付结算价款,如达成延期支付协议,承包人应按同期银行贷款利率支付拖欠工程价款的利息。如未达成延期支付协议,承包人可以与发包人协商将该工程折价,或申请人民法院将该工程依法拍卖,承包人就该工程折价或者拍卖的价款优先受偿。

第十七条 工程竣工结算以合同工期为准,实际施工工期比合同工期提前或延后,发、承包双方应按合同约定的奖惩办法执行。

第四章 工程价款结算争议处理

第十八条 工程造价咨询机构接受发包人或承包人委托,编审工程竣工结算,应按合同约定和实际履约事项认真办理,出具的竣工结算报告经发、承包双方签字后生效。当事人一方对报告有异议的,可对工程结算中有异议部分,向有关部门申请咨询后协商处理,若不能达成一致的,双方可按合同约定的争议或纠纷解决程序办理。

第十九条 发包人对工程质量有异议,已竣工验收或已竣工未验收但实际投入使用的工程,其质量争议按该工程保修合同执行;已竣工未验收且未实际投入使用的工程以及停工、停建工程的质量争议,应当就有争议部分的竣工结算暂缓办理,双方可就有争议的工程委托有资质的检测鉴定机构进行检测,根据检测结果确定解决方案,或按工程质量监督机构的处理决定执行,其余部分的竣工结算依照约定办理。

第二十条 当事人对工程造价发生合同纠纷时,可通过下列办法解决:

(一)双方协商确定;
(二)按合同条款约定的办法提请调解;
(三)向有关仲裁机构申请仲裁或向人民法院起诉。

第五章 工程价款结算管理

第二十一条 工程竣工后,发、承包双方应及时办清工程竣工结算,否则,工程不得交付使用,有关部门不予办理权属登记。

第二十二条 发包人与中标的承包人不按照招标文件和中标的承包人的投标文件订立合同的,或者发包人、中标的承包人背离合同实质性内容另行订立协议,造成工程价款结算纠纷的,另行订立的协议无效,由建设行政主管部门责令改正,并按《中华人民共和国招标投标法》第五十九条进行处罚。

第二十三条 接受委托承接有关工程结算咨询业务的工程造价咨询机构应具有工程造价咨询单位资质,其出具的办理拨付工程价款和工程结算的文件,应当由造价工程师签字,并应加盖执业专用章和单位公章。

第六章 附 则

第二十四条 建设工程施工专业分包或劳务分包,总(承)包人与分包人必须依法订立专业分包或劳务分包合同,按照本办法的规定在合同中约定工程价款及其结算办法。

第二十五条 政府投资项目除执行本办法有关规定外,地方政府或地方政府财政部门对政府投资项目合同价款约定与调整、工程价款结算、工程价款结算争议处理等事项,如另有特殊规定的,从其规定。

第二十六条 凡实行监理的工程项目,工程价款结算过程中涉及监理工程师签证事项,应按工程监理合同约定执行。

第二十七条 有关主管部门、地方政府财政部门和地方政府建设行政主管部门可参照本办法,结合本部门、本地区实际情况,另行制订具体办法,并报财政部、建设部备案。

第二十八条 合同示范文本内容如与本办法不一致,以本办法为准。

第二十九条 本办法自公布之日起施行。

财政部关于切实加强政府投资项目代建制财政财务管理有关问题的指导意见

财建〔2004〕300号

党中央有关部委财务部门，国务院各部委、各直属机构财务部门，全国人大常委会办公厅、全国政协办公厅、高法院、高检院、有关人民团体财务部门，有关中央管理企业，各省、自治区、直辖市、计划单列市财政厅（局），新疆生产建设兵团财务局：

为指导各部门、各地区做好政府投资项目代建制试点工作，规范财务管理，提高项目投资效益，结合落实《国务院关于投资体制改革的决定》精神，根据《预算法》和基本建设财务制度有关规定，现就政府投资项目代建制财政财务管理有关问题，提出如下意见：

一、认真做好政府投资项目代建制投资计划、基建支出预算申报、编制和下达等衔接工作

1. 建设单位自行确定项目代建单位的，项目投资计划、基建支出预算申报、编制和下达仍按现行规定和渠道办理。

2. 政府设立（或授权）、政府招标产生项目代建单位的，其使用单位发生的项目前期费用由计划、财政部门按原渠道下达给项目使用单位。如前期工作委托代建单位完成，前期费可直接安排给代建单位，并按基建财务制度规定计入建设成本。

3. 政府设立（或授权）、政府招标产生的代建单位，可根据代建协议，负责代为编制年度投资计划和年度基建支出预算，并交由项目使用单位按规定程序上报投资计划主管部门、财政部门。投资计划主管部门将年度投资计划下达给使用单位，并抄送代建单位；财政部门审核后，将项目年度基建支出预算编入使用单位部门预算中项目支出预算，注明项目实行代建制，同时，将项目年度基建支出预算函告项目代建单位。对年度追加安排的基建支出，由财政部门将基建支出预算下达给项目使用单位，同时抄送给项目代建单位。

其中政府设立（或授权）产生的代建单位，可视同政府一个部门，直接编制年度投资计划和年度基建支出预算，并上报投资计划主管部门、财政部门。投资计划主管部门和财政部门审核后，将项目投资计划和项目年度基建支出预算直接下达给该代建单位。

4. 实行政府采购的工程，政府采购预算由项目代建单位代为编制，交由使用单位按规定程序上报财政部门，财政部门审核后编入项目使用单位部门预算，同时函告项目代建单位。

二、切实做好建设资金拨付和监督检查

实行政府采购和财政直接支付试点的，建设资金按相关规定支付。

建设单位自行确定项目代建单位的，资金由建设单位负责向代建单位拨付，并按规定监督使用。

政府设立（或授权）、政府招标产生的代建单位，代建项目财政资金的拨付、管理与现行办法有不一致的，可暂按以下规定处理：

1. 财政部门根据项目代建单位的资金申请，向代建单位拨付资金。

2. 代建单位应严格按国家规定的基建支出预算、基建财务会计制度、建设资金账户管理制度等进行管理和单独建账核算，定期向财政部门报送相关材料，并按工程进度、年度计划、年度基建支出预算、施工合同、代建单位负责人签署的拨款申请，请领资金。

3. 续建项目年末资金结余可结转下年度使用，竣工项目除预留工程款外，结余资金按基建财务制度规定处理。

4. 财政部门要加强对代建单位资金管理使用的检查监督，通过对资金申请、账户管理、资金使用、财务报表等审查，加强对代建单位资金管理使用的监督。

三、加强项目会计核算，做好项目竣工财务决算和资产交付管理工作

1. 项目工程管理实行代建制，项目使用单位发生的前期费用会计核算账目，项目使用单位应认真整理形成书面报告材料，经财政部门审核后，移交项目代建单位统一核算管理。

2. 项目竣工财务决算编报和批复。项目竣工后,由项目代建单位按基建财务制度编报项目竣工财务决算,内容包括项目使用单位发生的项目前期费用。财政部门委托投资评审机构对项目竣工财务决算审核后,向项目代建单位批复项目竣工财务决算,同时抄送项目使用单位。

3. 资产交付。财政部门批复项目竣工财务决算后,项目代建单位将项目所有工程、财务资料按规定归档并移交项目使用单位,并按财政部门批复意见,协助使用单位和产权管理部门办理资产交付和产权登记工作。

建设单位自行确定项目代建单位的,项目竣工财务决算由建设单位按现行规定编报。

四、项目代建单位的代建管理费开支标准和核算办法

项目代建单位的代建管理费用由项目主管部门报同级财政部门审核,财政部门根据代建项目实际情况商有关部门核定。

1. 建设单位自行确定项目代建单位和政府设立(或授权)产生的代建单位,其代建管理费由同级财政部门根据代建内容和要求,按不高于基建财务制度规定的项目建设单位管理费标准严格核定,并计入项目建设成本。

2. 政府招标产生的项目代建单位,其代建管理费标底由同级财政部门比照基建财务制度规定的建设单位管理费标准编制,实际发生的代建管理费计入项目建设成本。

3. 代建管理费要与代建单位的代建内容、代建绩效挂钩。财政部门要制定专门的办法加强对项目代建单位建设管理工作的考核,实行奖优罚劣,奖励资金可从项目结余资金中开支。代建管理费的拨付要与工程进度、建设质量等结合起来,原则上可预留20%的代建管理费,待项目竣工一年后再支付。

4. 建设项目实行代建制,除使用单位前期工作发生必要的费用经批准可列支外,任何单位不得再列支建设单位管理费。

本意见未尽事项,仍按现行基本建设财务管理规定执行。

中央各部门(单位)财务主管部门、地方各级财政部门要会同有关部门,积极推进政府工程管理模式改革,积极参与政府投资项目代建制的各项工作,结合预算管理制度改革,推行财政直接支付、政府采购等工作。对试点中出现的新情况、新问题及时进行研究,切实做好财政财务有关问题的衔接和对代建项目财政财务管理全过程监督检查工作。同时,将有关情况及时反馈我部。

教育部直属高校基本建设管理办法
（2017年修订）

教育部关于印发《教育部直属高校基本建设管理办法（2017年修订）》的通知

部属各高等学校、各直属事业单位：

为贯彻落实党中央国务院关于进一步推进简政放权、放管结合、优化服务的决策部署，扩大中央高校基本建设管理权限，简化中央高校基本建设项目审批程序，我部对原《教育部直属高校基本建设管理办法》（教发〔2012〕1号）进行了修订。现将新修订的《教育部直属高校基本建设管理办法（2017年修订）》印发给你们，请按照执行。

教育部
2017年4月11日

第一章 总 则

第一条 为进一步规范教育部直属高等学校（以下简称直属高校）基本建设管理，提高决策水平，保证投资效益，促进直属高校事业持续健康发展，根据有关法律法规和国家相关政策，结合直属高校实际，制定本办法。

第二条 直属高校校园建设总体规划（以下简称校园规划）的编制，新建、扩建、改建等基本建设项目（以下简称建设项目）的管理适用本办法。

第三条 直属高校基本建设项目根据资金来源不同，分别实行审批管理或备案管理。直属高校申请中央预算内基建投资的建设项目，实行审批管理；利用自有资金（包括学校自有、捐赠、地方预算资金等）的建设项目，实行备案管理。

第四条 教育部是直属高校基本建设的主管部门,负责申请中央预算内基建投资、指导编制校园规划及五年基本建设规划、审批备案建设项目和监督项目实施。

第五条 直属高校是基本建设的责任主体,负责编制报审校园规划和五年基本建设规划,报批报备建设项目、筹措建设资金并组织实施项目。

第六条 直属高校基本建设应当遵循基本建设规律,严格遵守基本建设程序,严格执行"三重一大"决策制度。

第二章 校园规划编制

第七条 校园规划是学校确定建设项目、开展基本建设的重要依据,应当具有前瞻性、科学性、稳定性和权威性,不得随意变更。

第八条 编制校园规划(含新编和修订,下同)应当贯彻保护环境、节地、节水、节能、节材的基本方针,构建资源节约型、环境友好型校园。

第九条 编制校园规划应当坚持适用、经济、勤俭节约的原则,正确处理近期建设和远景发展的关系、新建校区和既有校区的关系。校园建筑规划面积应当符合国家和地方相关规定。

第十条 直属高校应当委托有相应资质的单位编制校园规划,组织专家评估论证,并按照有关规定公开相关信息,充分听取师生员工意见。有条件的应当制定相应的规划设计导则,设立校园规划委员会。

第十一条 直属高校校园规划经地方规划部门批准或备案后,在校内公开发布并报送教育部备案。

第十二条 直属高校应当根据校园规划,结合事业发展需要和财务能力,按照国家经济与社会发展规划周期,在教育部的指导下编制五年基本建设规划,确定5年内规划实施的建设项目和投资方案,并上报教育部审核。

第十三条 直属高校五年基本建设规划实施期间,原则上可调整一次。

第十四条 教育部对直属高校五年基本建设规划的实施情况进行

监测和评价。

第三章 项目审批管理

第十五条 直属高校申请中央预算内基建投资的建设项目,应当按照国家有关规定报送教育部或国家发展和改革委员会审批,获得批准后方可实施。

第十六条 直属高校报国家发展和改革委员会审批的建设项目,由教育部初审后,按要求报送国家发展和改革委员会审批。

第十七条 报教育部审批的建设项目,其审批环节包括项目建议书、可行性研究报告、初步设计及概算。对已列入五年基建规划的建设项目,不再审批项目建议书。

第十八条 直属高校因规划设计、土地征用、争取投资等需要,可报请教育部审批建设项目的项目建议书。

直属高校申请审批项目建议书应当提供以下材料:

(一)请示文件;

(二)学校决策会议纪要;

(三)校园规划;

(四)项目建议书,主要包括项目概况、建设依据和必要性、投资估算、效益分析等内容;

(五)其他相关材料。

第十九条 直属高校申请审批可行性研究报告应当提供以下材料:

(一)请示文件;

(二)学校决策会议纪要;

(三)校园规划;

(四)可行性研究报告及编制单位资质文件;

(五)城乡规划、用地、环评等批复文件,以及节能评估材料;

(六)资金筹措证明;

(七)其他相关材料。

第二十条 建设项目可行性研究报告应当委托有相应资质的单位编制,符合国家相关部门要求的前期工作质量和深度,应当包括以下内容:

(一)总论;

(二)需求分析与建设规模;

(三)场址选择;

(四)建筑方案选择;

(五)节能节水措施;

(六)环境影响评价;

(七)劳动安全卫生消防;

(八)组织机构与人力资源配置;

(九)项目实施进度;

(十)投资估算与资金筹措;

(十一)招标方案及项目招标基本情况表;

(十二)财务评价;

(十三)社会评价;

(十四)研究结论与建议。

第二十一条 按照国家预算管理要求,计划申请下一年度中央预算内基建投资的新开工建设项目,项目高校应当于本年度5月底前一次性向教育部报送可行性研究报告及相关文件。教育部受理项目可行性研究报告后,经审查确认符合本办法相关要求的,应于30个工作日内予以批复;不符合要求的,应当说明理由或提出修改意见。

第二十二条 申请中央预算内基建投资的建设项目可行性研究报告实行审批前投资咨询评估制度,咨询评估工作应当按照投资咨询评估管理的有关规定执行。需要委托投资咨询评估的建设项目,其评估时间原则上为30个工作日,此时间不计入批复时限。

第二十三条 建设项目应当在可行性研究报告批复文件下达之日起3年内开工建设。

存在下面情况之一时,应重新报批可行性研究报告:

（一）逾期未开工建设的；

（二）建设地点、主要建设内容等发生重大变化的；

（三）总投资超过批复金额10％的。

第二十四条 可行性研究报告获批后，应委托有相应资质的单位严格依照可行性研究报告批复文件编制初步设计及概算。直属高校应当采取有效措施保证建设项目设计质量，有效控制项目变更。

第二十五条 直属高校申请审批初步设计及概算应当提供以下材料：

（一）请示文件；

（二）初步设计及概算，主要包括设计总说明、总平面图、各专业计算书及设计图纸、工程概算书等；

（三）可行性研究报告批复文件；

（四）其他相关材料。

第二十六条 建设项目概算调增幅度超过原批复概算10％的，学校应当委托审计部门进行审计后报教育部申请调整。

第四章　项目备案管理

第二十七条 直属高校利用自有资金的建设项目，应当先向教育部申请办理项目备案手续。申请项目备案时，直属高校需填写《教育部直属高校基本建设项目备案申请表》，并提供下列材料：

（一）请示文件；

（二）学校决策会议纪要；

（三）校园规划；

（四）五年基本建设规划；

（五）其他需要特殊说明的相关材料。

第二十八条 直属高校申请备案项目应当符合高等教育发展规划，符合学校事业发展规划、校园规划和五年基本建设规划。

第二十九条 教育部应当在正式受理直属高校基本建设项目备案申请后30个工作日内，出具备案意见；对不符合备案要求的项目，应当不予受理并向申请高校说明理由和修改意见。

第三十条 直属高校凭备案意见,按国家和地方相关规定办理计划、规划、用地、环评、节能审查、招标等建设手续。

第三十一条 建设项目应当在备案意见下达之日起5年内开工建设。

存在下面情况之一时,应重新备案:

(一)逾期未开工建设的;

(二)建设地点、主要建设内容等发生重大变化的;

(三)总投资超出备案金额20%的。

第五章 年度投资计划编制和调整

第三十二条 直属高校编制年度投资计划应当优先安排正常教学科研急需的建设项目,保障必需的基本办学条件和校园基础设施建设项目,积极支持服务国家重大战略建设项目。

第三十三条 年度投资计划包括下一年度基本建设投资建议计划(以下简称建议计划)、本年度基本建设投资计划(以下简称年初计划)和本年度基本建设投资调整计划(以下简称调整计划)。

第三十四条 建议计划由直属高校依据项目进展情况和下一年度预期情况编制,按时报教育部。建议计划应当遵循以下原则编制:

(一)投资计划总量应当根据学校资金财务能力和建设需要,综合平衡、统筹安排;

(二)建设资金应当首先保证用于续建项目,并根据项目实际执行情况,合理安排下一年度投资额度,对于收尾项目,应安排足额资金,确保项目及时竣工交付使用;

(三)中央预算内基建投资等政府投资建设项目的配套资金,应当按计划及时足额落实到位;

(四)新建项目原则上应当是可行性研究报告已批复或已备案,且取得建设工程规划许可证的建设项目;

(五)建设项目所需建设投资依据项目审批或备案时确定的投资

额度及筹资方案填报。

第三十五条 直属高校应当依据上一年度确认的建议计划,结合上一年度投资完成情况及财政部确认的当年预算编制年初计划,按时报教育部。

第三十六条 直属高校应当依据年初计划实际执行情况和教育部工作要求编制调整计划,按时报教育部。

第三十七条 直属高校应当加强计划管理,严格按计划实施建设项目。

第六章 建设项目实施

第三十八条 直属高校应当建立完善项目建设组织机构,实行法人责任制度。学校主要领导对项目建设负总责,分管领导对相关工作负领导责任,基建、财务、审计、纪检监察等相关部门负责建设项目的组织实施、资金管理、审计监督、廉政建设等工作。

建设项目实行代建制管理的直属高校应当依法通过招标等方式选择有相应资质的代建单位。

第三十九条 建设项目应当依法实行招标投标制度。勘察、设计、施工、监理、设备和材料的采购、工程咨询及社会审计等均应当依法实行招标。

第四十条 建设项目应当依法实行工程监理制度。项目建设监理应当依照有关法律法规、技术标准、相关文件及合同实施。

第四十一条 直属高校应当严格按照批复文件实施建设项目,不得擅自改变建设选址、建筑面积、项目投资和建设用途。

第四十二条 直属高校应当对建设项目依法实行合同管理制度,完善项目变更内控制度。

第四十三条 直属高校应当依法完善工程质量控制体系,建立健全工程质量责任追究制度,实行工程质量终身负责制度,保证建设项目工程质量。建设项目的合理工期不得随意压缩或拖延。

第四十四条 建设项目应当建立健全安全责任体系,明确各方的安全责任,确保施工现场和校园安全。

第四十五条 建设项目应当建立健全档案管理制度,由专人负责档案资料的收集、保管、整理和移交等相关工作。

第四十六条 建设项目建成后应当及时办理固定资产交付手续。

第七章 建设资金管理

第四十七条 在防范财务风险的前提下,鼓励学校多渠道筹集建设资金。建设资金应依法严格管理,专人负责、专款专用。

第四十八条 直属高校应当建立健全建设资金管理办法和审批程序,建设项目管理与财务管理分离,实行工程款支付"两支笔"会签制度。建设项目预算纳入国库集中支付范围的,资金拨付按照国库集中支付的有关管理办法执行。

第四十九条 基本建设年度财务决算报告应当严格按照调整计划和资金实际使用情况编制,并按规定于下一年度2月底前报教育部,由教育部报财政部备案。审批或备案建设项目的财务决算报表,均应报教育部批复。

第五十条 建设项目应当按照基本建设项目竣工财务决算管理的有关规定,在项目完工可投入使用或者试运行合格后3个月内完成竣工财务决算编报工作,特殊情况确需延长的,不得超过6个月。竣工财务决算应委托有相应资质的会计师事务所评审后,报教育部审核。

第八章 监督与评价

第五十一条 直属高校应当依照本办法和国家相关规定,建立健全建设项目的决策、管理、监督、制约机制和相关制度,加强对建设项目各个环节的监督管理,把廉政建设责任落实到位,把廉政风险防范工作融入建设项目的日常管理工作。

第五十二条 直属高校各级领导干部应当严格执行教育部关于严禁领导干部违反规定插手干预基本建设工程项目管理行为的规定。

第五十三条 直属高校应当根据相关规定加强对建设项目的内部

审计工作,建立健全建设项目内部审计制度,规范内部审计工作程序,项目未经审计不得结算。切实开展建设项目全过程审计、内部控制审计和管理部门主要负责人经济责任审计工作。

第五十四条 直属高校应当规范项目监督,加强对项目招标投标、建设监理、合同管理等关键环节的监督检查。项目责任人或代建机构、勘察设计、施工、监理等单位的名称和责任人姓名应当在施工现场的显著位置公示;学校纪检、监察等监督职能部门应当公布举报电话、设立信箱,受理对项目建设中违法违纪违规问题的举报。

第五十五条 教育部利用直属高校基建管理信息系统对基建项目实施监管,直属高校应当按要求报送有关材料和数据。直属高校建设项目实行后评价制度,教育部根据有关规定要求,对项目建成后的使用效果进行绩效评价。

第五十六条 违反本办法要求,造成建设项目质量低劣、损失浪费或责任事故的直属高校,由教育部予以通报批评,情节严重的扣减或暂停资金拨付,不予批准或备案新的建设项目;对相关责任人员,视情节轻重依据相关法律法规和党内法规追究其责任,对涉嫌犯罪的移交司法机关。

第九章 附 则

第五十七条 教育部直属事业单位基本建设管理参照本办法执行。

第五十八条 本办法自发布之日起施行。原《教育部直属高校基本建设管理办法》(教发〔2012〕1号)同时废止。

教育部直属高校及事业单位基本建设项目竣工财务决算管理办法

教发〔2008〕28号

部属各高等学校,各直属事业单位:

  根据财政部《基本建设财务管理规定》、《财政部关于加强中央级教科文部门基建竣工财务决算审批的通知》、《财政部投资评审管理暂行规定》等有关文件的规定,为了适应国家财政体制改革的要求,进一步加强基本建设财务管理,规范基本建设项目竣工财务决算编制、审批管理工作,控制建设成本,提高投资效益,结合我部直属高校及事业单位基本建设实际情况,制定了《教育部直属高校及事业单位基本建设项目竣工财务决算管理办法》,现印发给你们,请遵照执行。

  附件:教育部直属高校及事业单位基本建设项目竣工财务决算管理办法

中华人民共和国教育部
二〇〇八年十一月二十一日

附件:

教育部直属高校及事业单位基本建设项目竣工财务决算管理办法

  第一条 根据财政部《基本建设财务管理规定》(财建〔2002〕394号)、《财政部关于加强中央级教科文部门基建竣工财务决算审批的通知》(财教〔2006〕11号)、《关于进一步加强中央基本建设项目竣工财务决算工作的通知》(财办建〔2008〕91号)等有关规定,为了规范项目管理,控制基本建设成本,提高投资效益,加强基本建设项目竣工财务决算管理,结合教育部直属高校及事业单位实际情况,制定本办法。

  第二条 本办法适用于教育部直属高校及事业单位基本建设项目。

第三条 基本建设项目竣工财务决算是正确核定建设单位新增固定资产价值、反映竣工项目建设成果的文件,是办理固定资产交付使用手续的依据。

第四条 项目建设单位应加强组织领导,组织专门人员及时、准确地编制竣工财务决算。设计、施工、监理等单位应积极配合建设单位做好竣工财务决算编制工作。建设单位应在项目竣工后三个月内完成竣工财务决算编制工作。

第五条 各编制单位要认真执行有关的财务会计制度,严肃财经纪律,实事求是地编制基本建设项目竣工财务决算,做到编报及时,数字准确,内容完整。

第六条 竣工财务决算由项目建设单位编制,项目建设单位委托其他单位编制项目竣工财务决算,由项目建设单位确认后送中介机构进行评审。

第七条 项目在办理竣工验收、竣工财务决算和固定资产移交之前,原机构不得撤销,项目负责人和决算编报负责人不得调离。

第八条 在编制基本建设项目竣工财务决算前,建设单位要认真做好各项清理工作。清理工作主要包括基本建设项目档案资料的归集整理、账务处理、财产物资的盘点核实及债权债务的清偿,做到账账、账证、账实、账表相符。各种材料、设备、工具、器具等要逐项盘点核实,填列清单,妥善保管,或按照国家规定进行处理,不得任意侵占、挪用。

第九条 基本建设项目竣工财务决算的编制依据包括:项目可行性研究报告、初步设计及概算、概算调整等批准文件;招投标文件;历年投资计划和预算下达文件;勘察设计合同、工程承包合同、监理合同、材料及设备采购合同、工程签证单、监理报告、工程预决算审计报告、经监理机构等有关各方签字认可的竣工验收报告、项目工程价款结算清单和竣工决算报告,以及项目各种建筑物、设备、材料、工具、器具等实物清单、项目各类账表。

第十条 基本建设项目竣工财务决算报告内容包括基本建设项目竣工财务决算报表、竣工财务决算说明书及中介机构审核报告三部分:

(一)竣工财务决算报表

主要有以下报表(表式见附1):

1. 封面;

2. 基本建设项目概况表(建竣决01表);

3. 基本建设项目竣工财务决算表(建竣决02表);

4. 基本建设项目交付使用资产总表(建竣决03表);

5. 基本建设项目交付使用资产明细表(建竣决04表)。

(二)竣工财务决算说明书

主要包括以下内容:

1. 项目概况;

2. 会计账务的处理、财产物资清理及债权债务的清偿情况;

3. 基本建设支出预算、投资计划和资金到位情况;

4. 概算、项目预算执行情况及分析,主要分析决算与概算的差异及原因;

5. 基建结余资金形成等情况;

6. 转出投资及待核销基建支出处理情况;

7. 主要技术经济指标的分析、计算情况;

8. 收尾工程及其工程款和质保金情况说明;

9. 历次审计、核查、稽查及整改情况;

10. 预备费动用情况;

11. 基本建设项目管理经验、问题和建议;

12. 招标情况、工程政府采购情况、合同(协议)履行情况;

13. 需说明的其他事项;

14. 编表说明。

竣工财务决算报送时需附项目立项、可研及初步设计批复文件(复印件)、项目历年投资计划及中央财政预算文件(复印件)。

(三)竣工决算审核报告

竣工财务决算审核机构需附完整的审核报告,其主要内容应包括:

1. 竣工财务决算审核机构从业资质文件;

2. 项目基本情况,主要包括建设内容、建设地点、施工方式、实际建筑面积及实际投资等情况的审核说明;

3. 工程建设程序情况,主要包括对工程立项、可行性研究报告、初步设计批复及执行情况的审核说明;

4. 质量评定情况,主要包括在验收时勘查、设计、施工、监理和建设单位的验收意见及结论情况的审核说明;

5. 工程和物资设备招投标情况,主要包括工程招标方式、招标文件等合规性、合理性和准确性的审核说明;

6. 合同管理情况,主要包括合同签订、合同履行情况的审核说明;

7. 工程概预算情况,主要包括工程概预算执行情况及与工程造价相关的其他情况的审核说明;

8. 项目资金到位和使用情况主要包括项目资金管理是否执行国家有关规章制度、各项资金的使用、管理情况,以及配套资金的筹集情况及资金到位是否与工程建设进度相适应等情况的审核说明;

9. 工程实施过程中发生的重大设计变更及索赔情况的审核说明;

10. 对评审过程中发现的问题作说明并提出建议。

竣工决算审核报告中应附有项目竣工决(结)算审核汇总表(见附2)、待摊投资明细表(见附3)、转出投资明细表(见附4)、待摊投资分配明细表(见附5)及其他与项目决算相关的资料。

第十一条 竣工财务决算审批程序实行"先审核,后审批"的原则,即先委托有资质的中介机构对编制的竣工财务决算进行审核,再按规定报送有关部门审批。一般建设项目由项目建设单位委托评审,重要建设项目由教育部委托审核。

第十二条 基本建设项目竣工财务决算的按下列要求报批:

(一) 投资额在1亿元以上(含1亿元)的项目、国家确定的重点项目及财政部认为需要审批的其他项目,由教育部审核后报财政部审批;

(二) 投资额在3000万元以上(含3000万元)至1亿元以下的项目,由教育部审批,并报财政部备案;

(三) 投资额在3000万元以下的项目,由教育部审批。

第十三条 教育部或项目单位委托中介机构进行竣工项目财务决算审核的费用,从项目投资中开支。

第十四条 审核费用按照财政部《财政性投资评审费用及委托代理业务补助费付费管理暂行办法》(财建〔2001〕512号)规定的委托竣工决算评审付费额标准执行。

第十五条 本办法自发布之日起施行。

四、其他相关法律法规

中华人民共和国政府采购法

中华人民共和国主席令第 68 号

根据 2014 年 08 月 31 日第十二届全国人民代表大会常务委员会第十次会议《关于修改〈中华人民共和国保险法〉等五部法律的决定》修正。

第一章 总 则

第一条 为了规范政府采购行为,提高政府采购资金的使用效益,维护国家利益和社会公共利益,保护政府采购当事人的合法权益,促进廉政建设,制定本法。

第二条 在中华人民共和国境内进行的政府采购适用本法。

本法所称政府采购,是指各级国家机关、事业单位和团体组织,使用财政性资金采购依法制定的集中采购目录以内的或者采购限额标准以上的货物、工程和服务的行为。

政府集中采购目录和采购限额标准依照本法规定的权限制定。

本法所称采购,是指以合同方式有偿取得货物、工程和服务的行为,包括购买、租赁、委托、雇用等。

本法所称货物,是指各种形态和种类的物品,包括原材料、燃料、设备、产品等。

本法所称工程,是指建设工程,包括建筑物和构筑物的新建、改建、扩建、装修、拆除、修缮等。

本法所称服务,是指除货物和工程以外的其他政府采购对象。

第三条 政府采购应当遵循公开透明原则、公平竞争原则、公正原则和诚实信用原则。

第四条 政府采购工程进行招标投标的,适用招标投标法。

第五条 任何单位和个人不得采用任何方式,阻挠和限制供应商自由进入本地区和本行业的政府采购市场。

第六条 政府采购应当严格按照批准的预算执行。

第七条 政府采购实行集中采购和分散采购相结合。集中采购的范围由省级以上人民政府公布的集中采购目录确定。

属于中央预算的政府采购项目,其集中采购目录由国务院确定并公布;属于地方预算的政府采购项目,其集中采购目录由省、自治区、直辖市人民政府或者其授权的机构确定并公布。

纳入集中采购目录的政府采购项目,应当实行集中采购。

第八条 政府采购限额标准,属于中央预算的政府采购项目,由国务院确定并公布;属于地方预算的政府采购项目,由省、自治区、直辖市人民政府或者其授权的机构确定并公布。

第九条 政府采购应当有助于实现国家的经济和社会发展政策目标,包括保护环境,扶持不发达地区和少数民族地区,促进中小企业发展等。

第十条 政府采购应当采购本国货物、工程和服务。但有下列情形之一的除外:

(一)需要采购的货物、工程或者服务在中国境内无法获取或者无法以合理的商业条件获取的;

(二)为在中国境外使用而进行采购的;

(三)其他法律、行政法规另有规定的。

前款所称本国货物、工程和服务的界定,依照国务院有关规定执行。

第十一条 政府采购的信息应当在政府采购监督管理部门指定的媒体上及时向社会公开发布,但涉及商业秘密的除外。

第十二条 在政府采购活动中,采购人员及相关人员与供应商有利害关系的,必须回避。供应商认为采购人员及相关人员与其他供应商有利害关系的,可以申请其回避。

前款所称相关人员,包括招标采购中评标委员会的组成人员,竞争性谈判采购中谈判小组的组成人员,询价采购中询价小组的组成人员等。

第十三条 各级人民政府财政部门是负责政府采购监督管理的部门,依法履行对政府采购活动的监督管理职责。

各级人民政府其他有关部门依法履行与政府采购活动有关的监督管理职责。

第二章 政府采购当事人

第十四条 政府采购当事人是指在政府采购活动中享有权利和承担义务的各类主体,包括采购人、供应商和采购代理机构等。

第十五条 采购人是指依法进行政府采购的国家机关、事业单位、团体组织。

第十六条 集中采购机构为采购代理机构。设区的市、自治州以上人民政府根据本级政府采购项目组织集中采购的需要设立集中采购机构。

集中采购机构是非营利事业法人,根据采购人的委托办理采购事宜。

第十七条 集中采购机构进行政府采购活动,应当符合采购价格低于市场平均价格、采购效率更高、采购质量优良和服务良好的要求。

第十八条 采购人采购纳入集中采购目录的政府采购项目,必须委托集中采购机构代理采购;采购未纳入集中采购目录的政府采购项目,可以自行采购,也可以委托集中采购机构在委托的范围内代理采购。

纳入集中采购目录属于通用的政府采购项目的,应当委托集中采购机构代理采购;属于本部门、本系统有特殊要求的项目,应当实行部门集中采购;属于本单位有特殊要求的项目,经省级以上人民政府批准,可以自行采购。

第十九条 采购人可以委托集中采购机构以外的采购代理机构,在委托的范围内办理政府采购事宜。

采购人有权自行选择采购代理机构,任何单位和个人不得以任何方式为采购人指定采购代理机构。

第二十条 采购人依法委托采购代理机构办理采购事宜的,应当由采购人与采购代理机构签订委托代理协议,依法确定委托代理的事项,约定双方的权利义务。

第二十一条 供应商是指向采购人提供货物、工程或者服务的法人、其他组织或者自然人。

第二十二条 供应商参加政府采购活动应当具备下列条件:

(一)具有独立承担民事责任的能力;

(二)具有良好的商业信誉和健全的财务会计制度;

(三)具有履行合同所必需的设备和专业技术能力;

(四)有依法缴纳税收和社会保障资金的良好记录;

(五)参加政府采购活动前三年内,在经营活动中没有重大违法记录;

(六)法律、行政法规规定的其他条件。

采购人可以根据采购项目的特殊要求,规定供应商的特定条件,但不得以不合理的条件对供应商实行差别待遇或者歧视待遇。

第二十三条 采购人可以要求参加政府采购的供应商提供有关资质证明文件和业绩情况,并根据本法规定的供应商条件和采购项目对供应商的特定要求,对供应商的资格进行审查。

第二十四条 两个以上的自然人、法人或者其他组织可以组成一个联合体,以一个供应商的身份共同参加政府采购。

以联合体形式进行政府采购的,参加联合体的供应商均应当具备本法第二十二条规定的条件,并应当向采购人提交联合协议,载明联合体各方承担的工作和义务。联合体各方应当共同与采购人签订采购合同,就采购合同约定的事项对采购人承担连带责任。

第二十五条 政府采购当事人不得相互串通损害国家利益、社会公共利益和其他当事人的合法权益;不得以任何手段排斥其他供应商参与竞争。

供应商不得以向采购人、采购代理机构、评标委员会的组成人员、竞争性谈判小组的组成人员、询价小组的组成人员行贿或者采取其他不正当手段谋取中标或者成交。

采购代理机构不得以向采购人行贿或者采取其他不正当手段谋取非法利益。

第三章　政府采购方式

第二十六条　政府采购采用以下方式：

（一）公开招标；

（二）邀请招标；

（三）竞争性谈判；

（四）单一来源采购；

（五）询价；

（六）国务院政府采购监督管理部门认定的其他采购方式。

公开招标应作为政府采购的主要采购方式。

第二十七条　采购人采购货物或者服务应当采用公开招标方式的,其具体数额标准,属于中央预算的政府采购项目,由国务院规定;属于地方预算的政府采购项目,由省、自治区、直辖市人民政府规定;因特殊情况需要采用公开招标以外的采购方式的,应当在采购活动开始前获得设区的市、自治州以上人民政府采购监督管理部门的批准。

第二十八条　采购人不得将应当以公开招标方式采购的货物或者服务化整为零或者以其他任何方式规避公开招标采购。

第二十九条　符合下列情形之一的货物或者服务,可以依照本法采用邀请招标方式采购：

（一）具有特殊性,只能从有限范围的供应商处采购的；

（二）采用公开招标方式的费用占政府采购项目总价值的比例过大的。

第三十条　符合下列情形之一的货物或者服务,可以依照本法采用竞争性谈判方式采购：

（一）招标后没有供应商投标或者没有合格标的或者重新招标未能成立的；

（二）技术复杂或者性质特殊，不能确定详细规格或者具体要求的；

（三）采用招标所需时间不能满足用户紧急需要的；

（四）不能事先计算出价格总额的。

第三十一条 符合下列情形之一的货物或者服务，可以依照本法采用单一来源方式采购：

（一）只能从唯一供应商处采购的；

（二）发生了不可预见的紧急情况不能从其他供应商处采购的；

（三）必须保证原有采购项目一致性或者服务配套的要求，需要继续从原供应商处添购，且添购资金总额不超过原合同采购金额百分之十的。

第三十二条 采购的货物规格、标准统一、现货货源充足且价格变化幅度小的政府采购项目，可以依照本法采用询价方式采购。

第四章 政府采购程序

第三十三条 负有编制部门预算职责的部门在编制下一财政年度部门预算时，应当将该财政年度政府采购的项目及资金预算列出，报本级财政部门汇总。部门预算的审批，按预算管理权限和程序进行。

第三十四条 货物或者服务项目采取邀请招标方式采购的，采购人应当从符合相应资格条件的供应商中，通过随机方式选择三家以上的供应商，并向其发出投标邀请书。

第三十五条 货物和服务项目实行招标方式采购的，自招标文件开始发出之日起至投标人提交投标文件截止之日止，不得少于二十日。

第三十六条 在招标采购中，出现下列情形之一的，应予废标：

（一）符合专业条件的供应商或者对招标文件作实质响应的供应商不足三家的；

（二）出现影响采购公正的违法、违规行为的；

（三）投标人的报价均超过了采购预算，采购人不能支付的；

（四）因重大变故，采购任务取消的。

废标后，采购人应当将废标理由通知所有投标人。

第三十七条 废标后，除采购任务取消情形外，应当重新组织招标；需要采取其他方式采购的，应当在采购活动开始前获得设区的市、自治州以上人民政府采购监督管理部门或者政府有关部门批准。

第三十八条 采用竞争性谈判方式采购的，应当遵循下列程序：

（一）成立谈判小组。谈判小组由采购人的代表和有关专家共三人以上的单数组成，其中专家的人数不得少于成员总数的三分之二。

（二）制定谈判文件。谈判文件应当明确谈判程序、谈判内容、合同草案的条款以及评定成交的标准等事项。

（三）确定邀请参加谈判的供应商名单。谈判小组从符合相应资格条件的供应商名单中确定不少于三家的供应商参加谈判，并向其提供谈判文件。

（四）谈判。谈判小组所有成员集中与单一供应商分别进行谈判。在谈判中，谈判的任何一方不得透露与谈判有关的其他供应商的技术资料、价格和其他信息。谈判文件有实质性变动的，谈判小组应当以书面形式通知所有参加谈判的供应商。

（五）确定成交供应商。谈判结束后，谈判小组应当要求所有参加谈判的供应商在规定时间内进行最后报价，采购人从谈判小组提出的成交候选人中根据符合采购需求、质量和服务相等且报价最低的原则确定成交供应商，并将结果通知所有参加谈判的未成交的供应商。

第三十九条 采取单一来源方式采购的，采购人与供应商应当遵循本法规定的原则，在保证采购项目质量和双方商定合理价格的基础上进行采购。

第四十条 采取询价方式采购的，应当遵循下列程序：

（一）成立询价小组。询价小组由采购人的代表和有关专家共三人以上的单数组成，其中专家的人数不得少于成员总数的三分之二。询价小组应当对采购项目的价格构成和评定成交的标准等事项作出规定。

（二）确定被询价的供应商名单。询价小组根据采购需求，从符合相应资格条件的供应商名单中确定不少于三家的供应商，并向其发出询价通知书让其报价。

（三）询价。询价小组要求被询价的供应商一次报出不得更改的价格。

（四）确定成交供应商。采购人根据符合采购需求、质量和服务相等且报价最低的原则确定成交供应商，并将结果通知所有被询价的未成交的供应商。

第四十一条 采购人或者其委托的采购代理机构应当组织对供应商履约的验收。大型或者复杂的政府采购项目，应当邀请国家认可的质量检测机构参加验收工作。验收方成员应当在验收书上签字，并承担相应的法律责任。

第四十二条 采购人、采购代理机构对政府采购项目每项采购活动的采购文件应当妥善保存，不得伪造、变造、隐匿或者销毁。采购文件的保存期限为从采购结束之日起至少保存十五年。

采购文件包括采购活动记录、采购预算、招标文件、投标文件、评标标准、评估报告、定标文件、合同文本、验收证明、质疑答复、投诉处理决定及其他有关文件、资料。

采购活动记录至少应当包括下列内容：

（一）采购项目类别、名称；

（二）采购项目预算、资金构成和合同价格；

（三）采购方式，采用公开招标以外的采购方式的，应当载明原因；

（四）邀请和选择供应商的条件及原因；

（五）评标标准及确定中标人的原因；

（六）废标的原因；

（七）采用招标以外采购方式的相应记载。

第五章　政府采购合同

第四十三条　政府采购合同适用合同法。采购人和供应商之间的权利和义务,应当按照平等、自愿的原则以合同方式约定。

采购人可以委托采购代理机构代表其与供应商签订政府采购合同。由采购代理机构以采购人名义签订合同的,应当提交采购人的授权委托书,作为合同附件。

第四十四条　政府采购合同应当采用书面形式。

第四十五条　国务院政府采购监督管理部门应当会同国务院有关部门,规定政府采购合同必须具备的条款。

第四十六条　采购人与中标、成交供应商应当在中标、成交通知书发出之日起三十日内,按照采购文件确定的事项签订政府采购合同。

中标、成交通知书对采购人和中标、成交供应商均具有法律效力。中标、成交通知书发出后,采购人改变中标、成交结果的,或者中标、成交供应商放弃中标、成交项目的,应当依法承担法律责任。

第四十七条　政府采购项目的采购合同自签订之日起七个工作日内,采购人应当将合同副本报同级政府采购监督管理部门和有关部门备案。

第四十八条　经采购人同意,中标、成交供应商可以依法采取分包方式履行合同。

政府采购合同分包履行的,中标、成交供应商就采购项目和分包项目向采购人负责,分包供应商就分包项目承担责任。

第四十九条　政府采购合同履行中,采购人需追加与合同标的相同的货物、工程或者服务的,在不改变合同其他条款的前提下,可以与供应商协商签订补充合同,但所有补充合同的采购金额不得超过原合同采购金额的百分之十。

第五十条　政府采购合同的双方当事人不得擅自变更、中止或者终止合同。

政府采购合同继续履行将损害国家利益和社会公共利益的,双方当事人应当变更、中止或者终止合同。有过错的一方应当承担赔偿责任,双方都有过错的,各自承担相应的责任。

第六章 质疑与投诉

第五十一条 供应商对政府采购活动事项有疑问的,可以向采购人提出询问,采购人应当及时作出答复,但答复的内容不得涉及商业秘密。

第五十二条 供应商认为采购文件、采购过程和中标、成交结果使自己的权益受到损害的,可以在知道或者应知其权益受到损害之日起七个工作日内,以书面形式向采购人提出质疑。

第五十三条 采购人应当在收到供应商的书面质疑后七个工作日内作出答复,并以书面形式通知质疑供应商和其他有关供应商,但答复的内容不得涉及商业秘密。

第五十四条 采购人委托采购代理机构采购的,供应商可以向采购代理机构提出询问或者质疑,采购代理机构应当依照本法第五十一条、第五十三条的规定就采购人委托授权范围内的事项作出答复。

第五十五条 质疑供应商对采购人、采购代理机构的答复不满意或者采购人、采购代理机构未在规定的时间内作出答复的,可以在答复期满后十五个工作日内向同级政府采购监督管理部门投诉。

第五十六条 政府采购监督管理部门应当在收到投诉后三十个工作日内,对投诉事项作出处理决定,并以书面形式通知投诉人和与投诉事项有关的当事人。

第五十七条 政府采购监督管理部门在处理投诉事项期间,可以视具体情况书面通知采购人暂停采购活动,但暂停时间最长不得超过三十日。

第五十八条 投诉人对政府采购监督管理部门的投诉处理决定不服或者政府采购监督管理部门逾期未作处理的,可以依法申请行政复议或者向人民法院提起行政诉讼。

第七章 监督检查

第五十九条 政府采购监督管理部门应当加强对政府采购活动及集中采购机构的监督检查。

监督检查的主要内容是:

(一)有关政府采购的法律、行政法规和规章的执行情况;

(二)采购范围、采购方式和采购程序的执行情况;

(三)政府采购人员的职业素质和专业技能。

第六十条 政府采购监督管理部门不得设置集中采购机构,不得参与政府采购项目的采购活动。

采购代理机构与行政机关不得存在隶属关系或者其他利益关系。

第六十一条 集中采购机构应当建立健全内部监督管理制度。采购活动的决策和执行程序应当明确,并相互监督、相互制约。经办采购的人员与负责采购合同审核、验收人员的职责权限应当明确,并相互分离。

第六十二条 集中采购机构的采购人员应当具有相关职业素质和专业技能,符合政府采购监督管理部门规定的专业岗位任职要求。

集中采购机构对其工作人员应当加强教育和培训;对采购人员的专业水平、工作实绩和职业道德状况定期进行考核。采购人员经考核不合格的,不得继续任职。

第六十三条 政府采购项目的采购标准应当公开。

采用本法规定的采购方式的,采购人在采购活动完成后,应当将采购结果予以公布。

第六十四条 采购人必须按照本法规定的采购方式和采购程序进行采购。

任何单位和个人不得违反本法规定,要求采购人或者采购工作人员向其指定的供应商进行采购。

第六十五条 政府采购监督管理部门应当对政府采购项目的采购活动进行检查,政府采购当事人应当如实反映情况,提供有关材料。

第六十六条　政府采购监督管理部门应当对集中采购机构的采购价格、节约资金效果、服务质量、信誉状况、有无违法行为等事项进行考核，并定期如实公布考核结果。

第六十七条　依照法律、行政法规的规定对政府采购负有行政监督职责的政府有关部门，应当按照其职责分工，加强对政府采购活动的监督。

第六十八条　审计机关应当对政府采购进行审计监督。政府采购监督管理部门、政府采购各当事人有关政府采购活动，应当接受审计机关的审计监督。

第六十九条　监察机关应当加强对参与政府采购活动的国家机关、国家公务员和国家行政机关任命的其他人员实施监察。

第七十条　任何单位和个人对政府采购活动中的违法行为，有权控告和检举，有关部门、机关应当依照各自职责及时处理。

第八章　法律责任

第七十一条　采购人、采购代理机构有下列情形之一的，责令限期改正，给予警告，可以并处罚款，对直接负责的主管人员和其他直接责任人员，由其行政主管部门或者有关机关给予处分，并予通报：

（一）应当采用公开招标方式而擅自采用其他方式采购的；

（二）擅自提高采购标准的；

（三）以不合理的条件对供应商实行差别待遇或者歧视待遇的；

（四）在招标采购过程中与投标人进行协商谈判的；

（五）中标、成交通知书发出后不与中标、成交供应商签订采购合同的；

（六）拒绝有关部门依法实施监督检查的。

第七十二条　采购人、采购代理机构及其工作人员有下列情形之一，构成犯罪的，依法追究刑事责任；尚不构成犯罪的，处以罚款，有违法所得的，并处没收违法所得，属于国家机关工作人员的，依法给予行政处分：

（一）与供应商或者采购代理机构恶意串通的；

（二）在采购过程中接受贿赂或者获取其他不正当利益的；

（三）在有关部门依法实施的监督检查中提供虚假情况的；

（四）开标前泄露标底的。

第七十三条 有前两条违法行为之一影响中标、成交结果或者可能影响中标、成交结果的，按下列情况分别处理：

（一）未确定中标、成交供应商的，终止采购活动；

（二）中标、成交供应商已经确定但采购合同尚未履行的，撤销合同，从合格的中标、成交候选人中另行确定中标、成交供应商；

（三）采购合同已经履行的，给采购人、供应商造成损失的，由责任人承担赔偿责任。

第七十四条 采购人对应当实行集中采购的政府采购项目，不委托集中采购机构实行集中采购的，由政府采购监督管理部门责令改正；拒不改正的，停止按预算向其支付资金，由其上级行政主管部门或者有关机关依法给予其直接负责的主管人员和其他直接责任人员处分。

第七十五条 采购人未依法公布政府采购项目的采购标准和采购结果的，责令改正，对直接负责的主管人员依法给予处分。

第七十六条 采购人、采购代理机构违反本法规定隐匿、销毁应当保存的采购文件或者伪造、变造采购文件的，由政府采购监督管理部门处以二万元以上十万元以下的罚款，对其直接负责的主管人员和其他直接责任人员依法给予处分；构成犯罪的，依法追究刑事责任。

第七十七条 供应商有下列情形之一的，处以采购金额千分之五以上千分之十以下的罚款，列入不良行为记录名单，在一至三年内禁止参加政府采购活动，有违法所得的，并处没收违法所得，情节严重的，由工商行政管理机关吊销营业执照；构成犯罪的，依法追究刑事责任：

（一）提供虚假材料谋取中标、成交的；

（二）采取不正当手段诋毁、排挤其他供应商的；

（三）与采购人、其他供应商或者采购代理机构恶意串通的；

（四）向采购人、采购代理机构行贿或者提供其他不正当利益的；

（五）在招标采购过程中与采购人进行协商谈判的；

（六）拒绝有关部门监督检查或者提供虚假情况的。

供应商有前款第（一）至（五）项情形之一的，中标、成交无效。

第七十八条　采购代理机构在代理政府采购业务中有违法行为的，按照有关法律规定处以罚款，可以在一至三年内禁止其代理政府采购业务，构成犯罪的，依法追究刑事责任。

第七十九条　政府采购当事人有本法第七十一条、第七十二条、第七十七条违法行为之一，给他人造成损失的，并应依照有关民事法律规定承担民事责任。

第八十条　政府采购监督管理部门的工作人员在实施监督检查中违反本法规定滥用职权，玩忽职守，徇私舞弊的，依法给予行政处分；构成犯罪的，依法追究刑事责任。

第八十一条　政府采购监督管理部门对供应商的投诉逾期未作处理的，给予直接负责的主管人员和其他直接责任人员行政处分。

第八十二条　政府采购监督管理部门对集中采购机构业绩的考核，有虚假陈述，隐瞒真实情况的，或者不作定期考核和公布考核结果的，应当及时纠正，由其上级机关或者监察机关对其负责人进行通报，并对直接负责的人员依法给予行政处分。

集中采购机构在政府采购监督管理部门考核中，虚报业绩，隐瞒真实情况的，处以二万元以上二十万元以下的罚款，并予以通报；情节严重的，取消其代理采购的资格。

第八十三条　任何单位或者个人阻挠和限制供应商进入本地区或者本行业政府采购市场的，责令限期改正；拒不改正的，由该单位、个人的上级行政主管部门或者有关机关给予单位责任人或者个人处分。

第九章　附　则

第八十四条　使用国际组织和外国政府贷款进行的政府采购，贷款方、资金提供方与中方达成的协议对采购的具体条件另有规定的，可以适用其规定，但不得损害国家利益和社会公共利益。

第八十五条 对因严重自然灾害和其他不可抗力事件所实施的紧急采购和涉及国家安全和秘密的采购,不适用本法。

第八十六条 军事采购法规由中央军事委员会另行制定。

第八十七条 本法实施的具体步骤和办法由国务院规定。

第八十八条 本法自 2003 年 1 月 1 日起施行。

中华人民共和国政府采购法实施条例

中华人民共和国国务院令第658号

第一章 总 则

第一条 根据《中华人民共和国政府采购法》（以下简称政府采购法），制定本条例。

第二条 政府采购法第二条所称财政性资金是指纳入预算管理的资金。

以财政性资金作为还款来源的借贷资金，视同财政性资金。

国家机关、事业单位和团体组织的采购项目既使用财政性资金又使用非财政性资金的，使用财政性资金采购的部分，适用政府采购法及本条例；财政性资金与非财政性资金无法分割采购的，统一适用政府采购法及本条例。

政府采购法第二条所称服务，包括政府自身需要的服务和政府向社会公众提供的公共服务。

第三条 集中采购目录包括集中采购机构采购项目和部门集中采购项目。

技术、服务等标准统一，采购人普遍使用的项目，列为集中采购机构采购项目；采购人本部门、本系统基于业务需要有特殊要求，可以统一采购的项目，列为部门集中采购项目。

第四条 政府采购法所称集中采购，是指采购人将列入集中采购目录的项目委托集中采购机构代理采购或者进行部门集中采购的行为；所称分散采购，是指采购人将采购限额标准以上的未列入集中采购目录的项目自行采购或者委托采购代理机构代理采购的行为。

第五条 省、自治区、直辖市人民政府或者其授权的机构根据实际情况，可以确定分别适用于本行政区域省级、设区的市级、县级的集中采购目录和采购限额标准。

第六条 国务院财政部门应当根据国家的经济和社会发展政策,会同国务院有关部门制定政府采购政策,通过制定采购需求标准、预留采购份额、价格评审优惠、优先采购等措施,实现节约能源、保护环境、扶持不发达地区和少数民族地区、促进中小企业发展等目标。

第七条 政府采购工程以及与工程建设有关的货物、服务,采用招标方式采购的,适用《中华人民共和国招标投标法》及其实施条例;采用其他方式采购的,适用政府采购法及本条例。

前款所称工程,是指建设工程,包括建筑物和构筑物的新建、改建、扩建及其相关的装修、拆除、修缮等;所称与工程建设有关的货物,是指构成工程不可分割的组成部分,且为实现工程基本功能所必需的设备、材料等;所称与工程建设有关的服务,是指为完成工程所需的勘察、设计、监理等服务。

政府采购工程以及与工程建设有关的货物、服务,应当执行政府采购政策。

第八条 政府采购项目信息应当在省级以上人民政府财政部门指定的媒体上发布。采购项目预算金额达到国务院财政部门规定标准的,政府采购项目信息应当在国务院财政部门指定的媒体上发布。

第九条 在政府采购活动中,采购人员及相关人员与供应商有下列利害关系之一的,应当回避:

(一)参加采购活动前3年内与供应商存在劳动关系;

(二)参加采购活动前3年内担任供应商的董事、监事;

(三)参加采购活动前3年内是供应商的控股股东或者实际控制人;

(四)与供应商的法定代表人或者负责人有夫妻、直系血亲、三代以内旁系血亲或者近姻亲关系;

(五)与供应商有其他可能影响政府采购活动公平、公正进行的关系。

供应商认为采购人员及相关人员与其他供应商有利害关系的,可以向采购人或者采购代理机构书面提出回避申请,并说明理由。采购人或者采购代理机构应当及时询问被申请回避人员,有利害关系的被申请回避人员应当回避。

第十条 国家实行统一的政府采购电子交易平台建设标准,推动利用信息网络进行电子化政府采购活动。

第二章 政府采购当事人

第十一条 采购人在政府采购活动中应当维护国家利益和社会公共利益,公正廉洁,诚实守信,执行政府采购政策,建立政府采购内部管理制度,厉行节约,科学合理确定采购需求。

采购人不得向供应商索要或者接受其给予的赠品、回扣或者与采购无关的其他商品、服务。

第十二条 政府采购法所称采购代理机构,是指集中采购机构和集中采购机构以外的采购代理机构。

集中采购机构是设区的市级以上人民政府依法设立的非营利事业法人,是代理集中采购项目的执行机构。集中采购机构应当根据采购人委托制定集中采购项目的实施方案,明确采购规程,组织政府采购活动,不得将集中采购项目转委托。集中采购机构以外的采购代理机构,是从事采购代理业务的社会中介机构。

第十三条 采购代理机构应当建立完善的政府采购内部监督管理制度,具备开展政府采购业务所需的评审条件和设施。

采购代理机构应当提高确定采购需求,编制招标文件、谈判文件、询价通知书,拟订合同文本和优化采购程序的专业化服务水平,根据采购人委托在规定的时间内及时组织采购人与中标或者成交供应商签订政府采购合同,及时协助采购人对采购项目进行验收。

第十四条 采购代理机构不得以不正当手段获取政府采购代理业务,不得与采购人、供应商恶意串通操纵政府采购活动。

采购代理机构工作人员不得接受采购人或者供应商组织的宴请、旅游、娱乐,不得收受礼品、现金、有价证券等,不得向采购人或者供应商报销应当由个人承担的费用。

第十五条 采购人、采购代理机构应当根据政府采购政策、采购预算、采购需求编制采购文件。

采购需求应当符合法律法规以及政府采购政策规定的技术、服务、安全等要求。政府向社会公众提供的公共服务项目,应当就确定采购需求征求社会公众的意见。除因技术复杂或者性质特殊,不能确定详细规格或者具体要求外,采购需求应当完整、明确。必要时,应当就确定采购需求征求相关供应商、专家的意见。

第十六条 政府采购法第二十条规定的委托代理协议,应当明确代理采购的范围、权限和期限等具体事项。

采购人和采购代理机构应当按照委托代理协议履行各自义务,采购代理机构不得超越代理权限。

第十七条 参加政府采购活动的供应商应当具备政府采购法第二十二条第一款规定的条件,提供下列材料:

(一)法人或者其他组织的营业执照等证明文件,自然人的身份证明;

(二)财务状况报告,依法缴纳税收和社会保障资金的相关材料;

(三)具备履行合同所必需的设备和专业技术能力的证明材料;

(四)参加政府采购活动前3年内在经营活动中没有重大违法记录的书面声明;

(五)具备法律、行政法规规定的其他条件的证明材料。

采购项目有特殊要求的,供应商还应当提供其符合特殊要求的证明材料或者情况说明。

第十八条 单位负责人为同一人或者存在直接控股、管理关系的不同供应商,不得参加同一合同项下的政府采购活动。

除单一来源采购项目外,为采购项目提供整体设计、规范编制或者项目管理、监理、检测等服务的供应商,不得再参加该采购项目的其他采购活动。

第十九条 政府采购法第二十二条第一款第五项所称重大违法记录,是指供应商因违法经营受到刑事处罚或者责令停产停业、吊销许可证或者执照、较大数额罚款等行政处罚。

供应商在参加政府采购活动前3年内因违法经营被禁止在一定期限内参加政府采购活动,期限届满的,可以参加政府采购活动。

第二十条 采购人或者采购代理机构有下列情形之一的,属于以不合理的条件对供应商实行差别待遇或者歧视待遇:

(一)就同一采购项目向供应商提供有差别的项目信息;

(二)设定的资格、技术、商务条件与采购项目的具体特点和实际需要不相适应或者与合同履行无关;

(三)采购需求中的技术、服务等要求指向特定供应商、特定产品;

(四)以特定行政区域或者特定行业的业绩、奖项作为加分条件或者中标、成交条件;

(五)对供应商采取不同的资格审查或者评审标准;

(六)限定或者指定特定的专利、商标、品牌或者供应商;

(七)非法限定供应商的所有制形式、组织形式或者所在地;

(八)以其他不合理条件限制或者排斥潜在供应商。

第二十一条 采购人或者采购代理机构对供应商进行资格预审的,资格预审公告应当在省级以上人民政府财政部门指定的媒体上发布。已进行资格预审的,评审阶段可以不再对供应商资格进行审查。资格预审合格的供应商在评审阶段资格发生变化的,应当通知采购人和采购代理机构。

资格预审公告应当包括采购人和采购项目名称、采购需求、对供应商的资格要求以及供应商提交资格预审申请文件的时间和地点。提交资格预审申请文件的时间自公告发布之日起不得少于5个工作日。

第二十二条 联合体中有同类资质的供应商按照联合体分工承担相同工作的,应当按照资质等级较低的供应商确定资质等级。

以联合体形式参加政府采购活动的,联合体各方不得再单独参加或者与其他供应商另外组成联合体参加同一合同项下的政府采购活动。

第三章 政府采购方式

第二十三条 采购人采购公开招标数额标准以上的货物或者服务,符合政府采购法第二十九条、第三十条、第三十一条、第三十二条规定情形或者有需要执行政府采购政策等特殊情况的,经设区的市级以上人民政府财政部门批准,可以依法采用公开招标以外的采购方式。

第二十四条 列入集中采购目录的项目,适合实行批量集中采购的,应当实行批量集中采购,但紧急的小额零星货物项目和有特殊要求的服务、工程项目除外。

第二十五条 政府采购工程依法不进行招标的,应当依照政府采购法和本条例规定的竞争性谈判或者单一来源采购方式采购。

第二十六条 政府采购法第三十条第三项规定的情形,应当是采购人不可预见的或者非因采购人拖延导致的;第四项规定的情形,是指因采购艺术品或者因专利、专有技术或者因服务的时间、数量事先不能确定等导致不能事先计算出价格总额。

第二十七条 政府采购法第三十一条第一项规定的情形,是指因货物或者服务使用不可替代的专利、专有技术,或者公共服务项目具有特殊要求,导致只能从某一特定供应商处采购。

第二十八条 在一个财政年度内,采购人将一个预算项目下的同一品目或者类别的货物、服务采用公开招标以外的方式多次采购,累计资金数额超过公开招标数额标准的,属于以化整为零方式规避公开招标,但项目预算调整或者经批准采用公开招标以外方式采购除外。

第四章 政府采购程序

第二十九条 采购人应当根据集中采购目录、采购限额标准和已批复的部门预算编制政府采购实施计划,报本级人民政府财政部门备案。

第三十条 采购人或者采购代理机构应当在招标文件、谈判文件、询价通知书中公开采购项目预算金额。

第三十一条 招标文件的提供期限自招标文件开始发出之日起不得少于5个工作日。

采购人或者采购代理机构可以对已发出的招标文件进行必要的澄清或者修改。澄清或者修改的内容可能影响投标文件编制的,采购人或者采购代理机构应当在投标截止时间至少15日前,以书面形式通知所有获取招标文件的潜在投标人;不足15日的,采购人或者采购代理机构应当顺延提交投标文件的截止时间。

第三十二条 采购人或者采购代理机构应当按照国务院财政部门制定的招标文件标准文本编制招标文件。

招标文件应当包括采购项目的商务条件、采购需求、投标人的资格条件、投标报价要求、评标方法、评标标准以及拟签订的合同文本等。

第三十三条 招标文件要求投标人提交投标保证金的,投标保证金不得超过采购项目预算金额的2%。投标保证金应当以支票、汇票、本票或者金融机构、担保机构出具的保函等非现金形式提交。投标人未按照招标文件要求提交投标保证金的,投标无效。

采购人或者采购代理机构应当自中标通知书发出之日起5个工作日内退还未中标供应商的投标保证金,自政府采购合同签订之日起5个工作日内退还中标供应商的投标保证金。

竞争性谈判或者询价采购中要求参加谈判或者询价的供应商提交保证金的,参照前两款的规定执行。

第三十四条 政府采购招标评标方法分为最低评标价法和综合评分法。

最低评标价法,是指投标文件满足招标文件全部实质性要求且投标报价最低的供应商为中标候选人的评标方法。综合评分法,是指投标文件满足招标文件全部实质性要求且按照评审因素的量化指标评审得分最高的供应商为中标候选人的评标方法。

技术、服务等标准统一的货物和服务项目,应当采用最低评标价法。

采用综合评分法的,评审标准中的分值设置应当与评审因素的量化指标相对应。

招标文件中没有规定的评标标准不得作为评审的依据。

第三十五条 谈判文件不能完整、明确列明采购需求，需要由供应商提供最终设计方案或者解决方案的，在谈判结束后，谈判小组应当按照少数服从多数的原则投票推荐3家以上供应商的设计方案或者解决方案，并要求其在规定时间内提交最后报价。

第三十六条 询价通知书应当根据采购需求确定政府采购合同条款。在询价过程中，询价小组不得改变询价通知书所确定的政府采购合同条款。

第三十七条 政府采购法第三十八条第五项、第四十条第四项所称质量和服务相等，是指供应商提供的产品质量和服务均能满足采购文件规定的实质性要求。

第三十八条 达到公开招标数额标准，符合政府采购法第三十一条第一项规定情形，只能从唯一供应商处采购的，采购人应当将采购项目信息和唯一供应商名称在省级以上人民政府财政部门指定的媒体上公示，公示期不得少于5个工作日。

第三十九条 除国务院财政部门规定的情形外，采购人或者采购代理机构应当从政府采购评审专家库中随机抽取评审专家。

第四十条 政府采购评审专家应当遵守评审工作纪律，不得泄露评审文件、评审情况和评审中获悉的商业秘密。

评标委员会、竞争性谈判小组或者询价小组在评审过程中发现供应商有行贿、提供虚假材料或者串通等违法行为的，应当及时向财政部门报告。

政府采购评审专家在评审过程中受到非法干预的，应当及时向财政、监察等部门举报。

第四十一条 评标委员会、竞争性谈判小组或者询价小组成员应当按照客观、公正、审慎的原则，根据采购文件规定的评审程序、评审方法和评审标准进行独立评审。采购文件内容违反国家有关强制性规定的，评标委员会、竞争性谈判小组或者询价小组应当停止评审并向采购人或者采购代理机构说明情况。

评标委员会、竞争性谈判小组或者询价小组成员应当在评审报告上签字,对自己的评审意见承担法律责任。对评审报告有异议的,应当在评审报告上签署不同意见,并说明理由,否则视为同意评审报告。

第四十二条　采购人、采购代理机构不得向评标委员会、竞争性谈判小组或者询价小组的评审专家作倾向性、误导性的解释或者说明。

第四十三条　采购代理机构应当自评审结束之日起2个工作日内将评审报告送交采购人。采购人应当自收到评审报告之日起5个工作日内在评审报告推荐的中标或者成交候选人中按顺序确定中标或者成交供应商。

采购人或者采购代理机构应当自中标、成交供应商确定之日起2个工作日内,发出中标、成交通知书,并在省级以上人民政府财政部门指定的媒体上公告中标、成交结果,招标文件、竞争性谈判文件、询价通知书随中标、成交结果同时公告。

中标、成交结果公告内容应当包括采购人和采购代理机构的名称、地址、联系方式,项目名称和项目编号,中标或者成交供应商名称、地址和中标或者成交金额,主要中标或者成交标的的名称、规格型号、数量、单价、服务要求以及评审专家名单。

第四十四条　除国务院财政部门规定的情形外,采购人、采购代理机构不得以任何理由组织重新评审。采购人、采购代理机构按照国务院财政部门的规定组织重新评审的,应当书面报告本级人民政府财政部门。

采购人或者采购代理机构不得通过对样品进行检测、对供应商进行考察等方式改变评审结果。

第四十五条　采购人或者采购代理机构应当按照政府采购合同规定的技术、服务、安全标准组织对供应商履约情况进行验收,并出具验收书。验收书应当包括每一项技术、服务、安全标准的履约情况。

政府向社会公众提供的公共服务项目,验收时应当邀请服务对象参与并出具意见,验收结果应当向社会公告。

第四十六条 政府采购法第四十二条规定的采购文件,可以用电子档案方式保存。

第五章 政府采购合同

第四十七条 国务院财政部门应当会同国务院有关部门制定政府采购合同标准文本。

第四十八条 采购文件要求中标或者成交供应商提交履约保证金的,供应商应当以支票、汇票、本票或者金融机构、担保机构出具的保函等非现金形式提交。履约保证金的数额不得超过政府采购合同金额的10%。

第四十九条 中标或者成交供应商拒绝与采购人签订合同的,采购人可以按照评审报告推荐的中标或者成交候选人名单排序,确定下一候选人为中标或者成交供应商,也可以重新开展政府采购活动。

第五十条 采购人应当自政府采购合同签订之日起2个工作日内,将政府采购合同在省级以上人民政府财政部门指定的媒体上公告,但政府采购合同中涉及国家秘密、商业秘密的内容除外。

第五十一条 采购人应当按照政府采购合同规定,及时向中标或者成交供应商支付采购资金。

政府采购项目资金支付程序,按照国家有关财政资金支付管理的规定执行。

第六章 质疑与投诉

第五十二条 采购人或者采购代理机构应当在3个工作日内对供应商依法提出的询问作出答复。

供应商提出的询问或者质疑超出采购人对采购代理机构委托授权范围的,采购代理机构应当告知供应商向采购人提出。

政府采购评审专家应当配合采购人或者采购代理机构答复供应商的询问和质疑。

第五十三条 政府采购法第五十二条规定的供应商应知其权益受

到损害之日,是指:

(一)对可以质疑的采购文件提出质疑的,为收到采购文件之日或者采购文件公告期限届满之日;

(二)对采购过程提出质疑的,为各采购程序环节结束之日;

(三)对中标或者成交结果提出质疑的,为中标或者成交结果公告期限届满之日。

第五十四条 询问或者质疑事项可能影响中标、成交结果的,采购人应当暂停签订合同,已经签订合同的,应当中止履行合同。

第五十五条 供应商质疑、投诉应当有明确的请求和必要的证明材料。供应商投诉的事项不得超出已质疑事项的范围。

第五十六条 财政部门处理投诉事项采用书面审查的方式,必要时可以进行调查取证或者组织质证。

对财政部门依法进行的调查取证,投诉人和与投诉事项有关的当事人应当如实反映情况,并提供相关材料。

第五十七条 投诉人捏造事实、提供虚假材料或者以非法手段取得证明材料进行投诉的,财政部门应当予以驳回。

财政部门受理投诉后,投诉人书面申请撤回投诉的,财政部门应当终止投诉处理程序。

第五十八条 财政部门处理投诉事项,需要检验、检测、鉴定、专家评审以及需要投诉人补正材料的,所需时间不计算在投诉处理期限内。

财政部门对投诉事项作出的处理决定,应当在省级以上人民政府财政部门指定的媒体上公告。

第七章 监督检查

第五十九条 政府采购法第六十三条所称政府采购项目的采购标准,是指项目采购所依据的经费预算标准、资产配置标准和技术、服务标准等。

第六十条 除政府采购法第六十六条规定的考核事项外,财政部门对集中采购机构的考核事项还包括:

（一）政府采购政策的执行情况；

（二）采购文件编制水平；

（三）采购方式和采购程序的执行情况；

（四）询问、质疑答复情况；

（五）内部监督管理制度建设及执行情况；

（六）省级以上人民政府财政部门规定的其他事项。

财政部门应当制定考核计划，定期对集中采购机构进行考核，考核结果有重要情况的，应当向本级人民政府报告。

第六十一条 采购人发现采购代理机构有违法行为的，应当要求其改正。采购代理机构拒不改正的，采购人应当向本级人民政府财政部门报告，财政部门应当依法处理。

采购代理机构发现采购人的采购需求存在以不合理条件对供应商实行差别待遇、歧视待遇或者其他不符合法律、法规和政府采购政策规定内容，或者发现采购人有其他违法行为的，应当建议其改正。采购人拒不改正的，采购代理机构应当向采购人的本级人民政府财政部门报告，财政部门应当依法处理。

第六十二条 省级以上人民政府财政部门应当对政府采购评审专家库实行动态管理，具体管理办法由国务院财政部门制定。

采购人或者采购代理机构应当对评审专家在政府采购活动中的职责履行情况予以记录，并及时向财政部门报告。

第六十三条 各级人民政府财政部门和其他有关部门应当加强对参加政府采购活动的供应商、采购代理机构、评审专家的监督管理，对其不良行为予以记录，并纳入统一的信用信息平台。

第六十四条 各级人民政府财政部门对政府采购活动进行监督检查，有权查阅、复制有关文件、资料，相关单位和人员应当予以配合。

第六十五条 审计机关、监察机关以及其他有关部门依法对政府采购活动实施监督，发现采购当事人有违法行为的，应当及时通报财政部门。

第八章 法律责任

第六十六条 政府采购法第七十一条规定的罚款,数额为10万元以下。

政府采购法第七十二条规定的罚款,数额为5万元以上25万元以下。

第六十七条 采购人有下列情形之一的,由财政部门责令限期改正,给予警告,对直接负责的主管人员和其他直接责任人员依法给予处分,并予以通报:

(一)未按照规定编制政府采购实施计划或者未按照规定将政府采购实施计划报本级人民政府财政部门备案;

(二)将应当进行公开招标的项目化整为零或者以其他任何方式规避公开招标;

(三)未按照规定在评标委员会、竞争性谈判小组或者询价小组推荐的中标或者成交候选人中确定中标或者成交供应商;

(四)未按照采购文件确定的事项签订政府采购合同;

(五)政府采购合同履行中追加与合同标的相同的货物、工程或者服务的采购金额超过原合同采购金额10%;

(六)擅自变更、中止或者终止政府采购合同;

(七)未按照规定公告政府采购合同;

(八)未按照规定时间将政府采购合同副本报本级人民政府财政部门和有关部门备案。

第六十八条 采购人、采购代理机构有下列情形之一的,依照政府采购法第七十一条、第七十八条的规定追究法律责任:

(一)未依照政府采购法和本条例规定的方式实施采购;

(二)未依法在指定的媒体上发布政府采购项目信息;

(三)未按照规定执行政府采购政策;

(四)违反本条例第十五条的规定导致无法组织对供应商履约情况进行验收或者国家财产遭受损失;

（五）未依法从政府采购评审专家库中抽取评审专家；

（六）非法干预采购评审活动；

（七）采用综合评分法时评审标准中的分值设置未与评审因素的量化指标相对应；

（八）对供应商的询问、质疑逾期未作处理；

（九）通过对样品进行检测、对供应商进行考察等方式改变评审结果；

（十）未按照规定组织对供应商履约情况进行验收。

第六十九条 集中采购机构有下列情形之一的，由财政部门责令限期改正，给予警告，有违法所得的，并处没收违法所得，对直接负责的主管人员和其他直接责任人员依法给予处分，并予以通报：

（一）内部监督管理制度不健全，对依法应当分设、分离的岗位、人员未分设、分离；

（二）将集中采购项目委托其他采购代理机构采购；

（三）从事营利活动。

第七十条 采购人员与供应商有利害关系而不依法回避的，由财政部门给予警告，并处2 000元以上2万元以下的罚款。

第七十一条 有政府采购法第七十一条、第七十二条规定的违法行为之一，影响或者可能影响中标、成交结果的，依照下列规定处理：

（一）未确定中标或者成交供应商的，终止本次政府采购活动，重新开展政府采购活动。

（二）已确定中标或者成交供应商但尚未签订政府采购合同的，中标或者成交结果无效，从合格的中标或者成交候选人中另行确定中标或者成交供应商；没有合格的中标或者成交候选人的，重新开展政府采购活动。

（三）政府采购合同已签订但尚未履行的，撤销合同，从合格的中标或者成交候选人中另行确定中标或者成交供应商；没有合格的中标或者成交候选人的，重新开展政府采购活动。

（四）政府采购合同已经履行，给采购人、供应商造成损失的，由责任人承担赔偿责任。

政府采购当事人有其他违反政府采购法或者本条例规定的行为，经改正后仍然影响或者可能影响中标、成交结果或者依法被认定为中标、成交无效的，依照前款规定处理。

第七十二条 供应商有下列情形之一的，依照政府采购法第七十七条第一款的规定追究法律责任：

（一）向评标委员会、竞争性谈判小组或者询价小组成员行贿或者提供其他不正当利益；

（二）中标或者成交后无正当理由拒不与采购人签订政府采购合同；

（三）未按照采购文件确定的事项签订政府采购合同；

（四）将政府采购合同转包；

（五）提供假冒伪劣产品；

（六）擅自变更、中止或者终止政府采购合同。

供应商有前款第一项规定情形的，中标、成交无效。评审阶段资格发生变化，供应商未依照本条例第二十一条的规定通知采购人和采购代理机构的，处以采购金额5‰的罚款，列入不良行为记录名单，中标、成交无效。

第七十三条 供应商捏造事实、提供虚假材料或者以非法手段取得证明材料进行投诉的，由财政部门列入不良行为记录名单，禁止其1至3年内参加政府采购活动。

第七十四条 有下列情形之一的，属于恶意串通，对供应商依照政府采购法第七十七条第一款的规定追究法律责任，对采购人、采购代理机构及其工作人员依照政府采购法第七十二条的规定追究法律责任：

（一）供应商直接或者间接从采购人或者采购代理机构处获得其他供应商的相关情况并修改其投标文件或者响应文件；

（二）供应商按照采购人或者采购代理机构的授意撤换、修改投标文件或者响应文件；

（三）供应商之间协商报价、技术方案等投标文件或者响应文件的实质性内容；

（四）属于同一集团、协会、商会等组织成员的供应商按照该组织要求协同参加政府采购活动；

（五）供应商之间事先约定由某一特定供应商中标、成交；

（六）供应商之间商定部分供应商放弃参加政府采购活动或者放弃中标、成交；

（七）供应商与采购人或者采购代理机构之间、供应商相互之间，为谋求特定供应商中标、成交或者排斥其他供应商的其他串通行为。

第七十五条　政府采购评审专家未按照采购文件规定的评审程序、评审方法和评审标准进行独立评审或者泄露评审文件、评审情况的，由财政部门给予警告，并处2 000元以上2万元以下的罚款；影响中标、成交结果的，处2万元以上5万元以下的罚款，禁止其参加政府采购评审活动。

政府采购评审专家与供应商存在利害关系未回避的，处2万元以上5万元以下的罚款，禁止其参加政府采购评审活动。

政府采购评审专家收受采购人、采购代理机构、供应商贿赂或者获取其他不正当利益，构成犯罪的，依法追究刑事责任；尚不构成犯罪的，处2万元以上5万元以下的罚款，禁止其参加政府采购评审活动。

政府采购评审专家有上述违法行为的，其评审意见无效，不得获取评审费；有违法所得的，没收违法所得；给他人造成损失的，依法承担民事责任。

第七十六条　政府采购当事人违反政府采购法和本条例规定，给他人造成损失的，依法承担民事责任。

第七十七条　财政部门在履行政府采购监督管理职责中违反政府采购法和本条例规定，滥用职权、玩忽职守、徇私舞弊的，对直接负责的主管人员和其他直接责任人员依法给予处分；直接负责的主管人员和其他直接责任人员构成犯罪的，依法追究刑事责任。

第九章 附 则

第七十八条 财政管理实行省直接管理的县级人民政府可以根据需要并报经省级人民政府批准,行使政府采购法和本条例规定的设区的市级人民政府批准变更采购方式的职权。

第七十九条 本条例自 2015 年 3 月 1 日起施行。

关于加强政府采购活动内部控制管理的指导意见

财库〔2016〕99号

党中央有关部门,国务院各部委、各直属机构,全国人大常委会办公厅,全国政协办公厅,高法院,高检院,各民主党派中央,有关人民团体,中央国家机关政府采购中心,中共中央直属机关采购中心,全国人大机关采购中心,各省、自治区、直辖市、计划单列市财政厅(局)、政府采购中心,新疆生产建设兵团财务局、政府采购中心:

加强对政府采购活动的内部控制管理,是贯彻《中共中央关于全面推进依法治国若干重大问题的决定》的重要举措,也是深化政府采购制度改革的内在要求,对落实党风廉政建设主体责任、推进依法采购具有重要意义。近年来,一些采购人、集中采购机构和政府采购监管部门积极探索建立政府采购活动内部控制制度,取得了初步成效,但总体上还存在体系不完整、制度不健全、发展不平衡等问题。为了进一步规范政府采购活动中的权力运行,强化内部流程控制,促进政府采购提质增效,现提出如下意见:

一、总体要求

(一)指导思想。

贯彻党的十八大和十八届三中、四中、五中全会精神,按照"四个全面"战略布局,适应政府职能转变和构建现代财政制度需要,落实政府采购法律法规要求,执行《行政事业单位内部控制规范(试行)》(财会〔2012〕21号)和《财政部关于全面推进行政事业单位内部控制建设的指导意见》(财会〔2015〕24号)相关规定,坚持底线思维和问题导向,创新政府采购管理手段,切实加强政府采购活动中的权力运行监督,有效防范舞弊和预防腐败,提升政府采购活动的组织管理水平和财政资金使用效益,提高政府采购公信力。

(二)基本原则。

1. 全面管控与突出重点并举。将政府采购内部控制管理贯穿于政府采购执行与监管的全流程、各环节,全面控制,重在预防。抓住关键环节、岗位和重大风险事项,从严管理,重点防控。

2. 分工制衡与提升效能并重。发挥内部机构之间,相关业务、环节和岗位之间的相互监督和制约作用,合理安排分工,优化流程衔接,提高采购绩效和行政效能。

3. 权责对等与依法惩处并行。在政府采购执行与监管过程中贯彻权责一致原则,因权定责、权责对应。严格执行法律法规的问责条款,有错必究、失责必惩。

(三)主要目标。

以"分事行权、分岗设权、分级授权"为主线,通过制定制度、健全机制、完善措施、规范流程,逐步形成依法合规、运转高效、风险可控、问责严格的政府采购内部运转和管控制度,做到约束机制健全、权力运行规范、风险控制有力、监督问责到位,实现对政府采购活动内部权力运行的有效制约。

二、主要任务

(一)落实主体责任。

采购人应当做好政府采购业务的内部归口管理和所属单位管理,明确内部工作机制,重点加强对采购需求、政策落实、信息公开、履约验收、结果评价等的管理。

集中采购机构应当做好流程控制,围绕委托代理、编制采购文件和拟订合同文本、执行采购程序、代理采购绩效等政府采购活动的重点内容和环节加强管理。

监管部门应当强化依法行政意识,围绕放管服改革要求,重点完善采购方式审批、采购进口产品审核、投诉处理、监督检查等内部管理制度和工作规程。

(二)明确重点任务。

1. 严防廉政风险。牢固树立廉洁是政府采购生命线的根本理念,把纪律和规矩挺在前面。针对政府采购岗位设置、流程设计、主体责任、与市场主体交往等重点问题，细化廉政规范、明确纪律规矩，形成严密、有效的约束机制。

2. 控制法律风险。切实提升采购人、集中采购机构和监管部门的法治观念，依法依规组织开展政府采购活动，提高监管水平，切实防控政府采购执行与监管中的法律风险。

3. 落实政策功能。准确把握政府采购领域政策功能落实要求，严格执行政策规定，切实发挥政府采购在实现国家经济和社会发展政策目标中的作用。

4. 提升履职效能。落实精简、统一、效能的要求，科学确定事权归属、岗位责任、流程控制和授权关系，推进政府采购流程优化、执行顺畅，提升政府采购整体效率、效果和效益。

三、主要措施

（一）明晰事权，依法履职尽责。采购人、采购代理机构和监管部门应当根据法定职责开展工作，既不能失职不作为，也不得越权乱作为。

1. 实施归口管理。采购人应当明确内部归口管理部门，具体负责本单位、本系统的政府采购执行管理。归口管理部门应当牵头建立本单位政府采购内部控制制度，明确本单位相关部门在政府采购工作中的职责与分工，建立政府采购与预算、财务（资金）、资产、使用等业务机构或岗位之间沟通协调的工作机制，共同做好编制政府采购预算和实施计划、确定采购需求、组织采购活动、履约验收、答复询问质疑、配合投诉处理及监督检查等工作。

2. 明确委托代理权利义务。委托采购代理机构采购的，采购人应当和采购代理机构依法签订政府采购委托代理协议，明确代理采购的范围、权限和期限等具体事项。采购代理机构应当严格按照委托代理协议开展采购活动，不得超越代理权限。

3. 强化内部监督。采购人、集中采购机构和监管部门应当发挥内部审计、纪检监察等机构的监督作用，加强对采购执行和监管工作的常规审计和专项审计。畅通问题反馈和受理渠道,通过检查、考核、设置监督电话或信箱等多种途径查找和发现问题,有效分析、预判、管理、处置风险事项。

(二)合理设岗,强化权责对应。合理设置岗位,明确岗位职责、权限和责任主体,细化各流程、各环节的工作要求和执行标准。

1. 界定岗位职责。采购人、集中采购机构和监管部门应当结合自身特点,对照政府采购法律、法规、规章及制度规定,认真梳理不同业务、环节、岗位需要重点控制的风险事项,划分风险等级,建立制度规则、风险事项等台账,合理确定岗位职责。

2. 不相容岗位分离。采购人、集中采购机构应当建立岗位间的制衡机制,采购需求制定与内部审核、采购文件编制与复核、合同签订与验收等岗位原则上应当分开设置。

3. 相关业务多人参与。采购人、集中采购机构对于评审现场组织、单一来源采购项目议价、合同签订、履约验收等相关业务,原则上应当由 2 人以上共同办理,并明确主要负责人员。

4. 实施定期轮岗。采购人、集中采购机构和监管部门应当按规定建立轮岗交流制度,按照政府采购岗位风险等级设定轮岗周期,风险等级高的岗位原则上应当缩短轮岗年限。不具备轮岗条件的应当定期采取专项审计等控制措施。建立健全政府采购在岗监督、离岗审查和项目责任追溯制度。

(三)分级授权,推动科学决策。明确不同级别的决策权限和责任归属,按照分级授权的决策模式,建立与组织机构、采购业务相适应的内部授权管理体系。

1. 加强所属单位管理。主管预算单位应当明确与所属预算单位在政府采购管理、执行等方面的职责范围和权限划分,细化业务流程和工作要求,加强对所属预算单位的采购执行管理,强化对政府采购政策落实的指导。

2. 完善决策机制。采购人、集中采购机构和监管部门应当建立健全内部政府采购事项集体研究、合法性审查和内部会签相结合的议事决策机制。对于涉及民生、社会影响较大的项目,采购人在制定采购需求时,还应当进行法律、技术咨询或者公开征求意见。监管部门处理政府采购投诉应当建立健全法律咨询机制。决策过程要形成完整记录,任何个人不得单独决策或者擅自改变集体决策。

3. 完善内部审核制度。采购人、集中采购机构确定采购方式、组织采购活动,监管部门办理审批审核事项、开展监督检查、做出处理处罚决定等,应当依据法律制度和有关政策要求细化内部审核的各项要素、审核标准、审核权限和工作要求,实行办理、复核、审定的内部审核机制,对照要求逐层把关。

(四)优化流程,实现重点管控。加强对采购活动的流程控制,突出重点环节,确保政府采购项目规范运行。

1. 增强采购计划性。采购人应当提高编报与执行政府采购预算、实施计划的系统性、准确性、及时性和严肃性,制定政府采购实施计划执行时间表和项目进度表,有序安排采购活动。

2. 加强关键环节控制。采购人、集中采购机构应当按照有关法律法规及业务流程规定,明确政府采购重点环节的控制措施。未编制采购预算和实施计划的不得组织采购,无委托代理协议不得开展采购代理活动,对属于政府采购范围未执行政府采购规定、采购方式或程序不符合规定的及时予以纠正。

3. 明确时限要求。采购人、集中采购机构和监管部门应当提高政府采购效率,对信息公告、合同签订、变更采购方式、采购进口产品、答复询问质疑、投诉处理以及其他有时间要求的事项,要细化各个节点的工作时限,确保在规定时间内完成。

4. 强化利益冲突管理。采购人、集中采购机构和监管部门应当厘清利益冲突的主要对象、具体内容和表现形式,明确与供应商等政府采购市场主体、评审专家交往的基本原则和界限,细化处理原则、处理方式和解决方案。采购人员及相关人员与供应商有利害关系的,应当严格执行回避制度。

5. 健全档案管理。采购人、集中采购机构和监管部门应当加强政府采购记录控制,按照规定妥善保管与政府采购管理、执行相关的各类文件。

四、保障措施

采购人、集中采购机构和监管部门要深刻领会政府采购活动中加强内部控制管理的重要性和必要性,结合廉政风险防控机制建设、防止权力滥用的工作要求,准确把握政府采购工作的内在规律,加快体制机制创新,强化硬的制度约束,切实提高政府采购内部控制管理水平。

(一)加强组织领导。建立政府采购内部控制管理工作的领导、协调机制,做好政府采购内部控制管理各项工作。要严格执行岗位分离、轮岗交流等制度,暂不具备条件的要创造条件逐步落实,确不具备条件的基层单位可适当放宽要求。集中采购机构以外的采购代理机构可以参照本意见建立和完善内部控制管理制度,防控代理执行风险。

(二)加快建章立制。抓紧梳理和评估本部门、本单位政府采购执行和监管中存在的风险,明确标准化工作要求和防控措施,完善内部管理制度,形成较为完备的内部控制体系。

(三)完善技术保障。运用信息技术落实政府采购内部控制管理措施,政府采购管理交易系统及采购人内部业务系统应当重点强化人员身份验证、岗位业务授权、系统操作记录、电子档案管理等系统功能建设。探索大数据分析在政府采购内部控制管理中的应用,将信息数据科学运用于项目管理、风险控制、监督预警等方面。

(四)强化运行监督。建立内部控制管理的激励约束机制,将内部控制制度的建设和执行情况纳入绩效考评体系,将日常评价与重点监督、内部分析和外部评价相结合,定期对内部控制的有效性进行总结,加强评估结果应用,不断改进内部控制管理体系。财政部门要将政府采购内部控制制度的建设和执行情况作为政府采购监督检查和对集中采购机构考核的重要内容,加强监督指导。

财政部

2016年6月29日

最高人民法院关于审理建设工程施工合同纠纷案件适用法律问题的解释

中华人民共和国最高人民法院公告（法释〔2004〕14号）

根据《中华人民共和国民法通则》、《中华人民共和国合同法》、《中华人民共和国招标投标法》、《中华人民共和国民事诉讼法》等法律规定，结合民事审判实际，就审理建设工程施工合同纠纷案件适用法律的问题，制定本解释。

第一条 建设工程施工合同具有下列情形之一的，应当根据合同法第五十二条第（五）项的规定，认定无效：

（一）承包人未取得建筑施工企业资质或者超越资质等级的；

（二）没有资质的实际施工人借用有资质的建筑施工企业名义的；

（三）建设工程必须进行招标而未招标或者中标无效的。

第二条 建设工程施工合同无效，但建设工程经竣工验收合格，承包人请求参照合同约定支付工程价款的，应予支持。

第三条 建设工程施工合同无效，且建设工程经竣工验收不合格的，按照以下情形分别处理：

（一）修复后的建设工程经竣工验收合格，发包人请求承包人承担修复费用的，应予支持；

（二）修复后的建设工程经竣工验收不合格，承包人请求支付工程价款的，不予支持。

因建设工程不合格造成的损失，发包人有过错的，也应承担相应的民事责任。

第四条 承包人非法转包、违法分包建设工程或者没有资质的实际施工人借用有资质的建筑施工企业名义与他人签订建设工程施工合同的行为无效。人民法院可以根据民法通则第一百三十四条规定，收缴当事人已经取得的非法所得。

第五条 承包人超越资质等级许可的业务范围签订建设工程施工

合同,在建设工程竣工前取得相应资质等级,当事人请求按照无效合同处理的,不予支持。

第六条 当事人对垫资和垫资利息有约定,承包人请求按照约定返还垫资及其利息的,应予支持,但是约定的利息计算标准高于中国人民银行发布的同期同类贷款利率的部分除外。

当事人对垫资没有约定的,按照工程欠款处理。

当事人对垫资利息没有约定,承包人请求支付利息的,不予支持。

第七条 具有劳务作业法定资质的承包人与总承包人、分包人签订的劳务分包合同,当事人以转包建设工程违反法律规定为由请求确认无效的,不予支持。

第八条 承包人具有下列情形之一,发包人请求解除建设工程施工合同的,应予支持:

(一)明确表示或者以行为表明不履行合同主要义务的;

(二)合同约定的期限内没有完工,且在发包人催告的合理期限内仍未完工的;

(三)已经完成的建设工程质量不合格,并拒绝修复的;

(四)将承包的建设工程非法转包、违法分包的。

第九条 发包人具有下列情形之一,致使承包人无法施工,且在催告的合理期限内仍未履行相应义务,承包人请求解除建设工程施工合同的,应予支持:

(一)未按约定支付工程价款的;

(二)提供的主要建筑材料、建筑构配件和设备不符合强制性标准的;

(三)不履行合同约定的协助义务的。

第十条 建设工程施工合同解除后,已经完成的建设工程质量合格的,发包人应当按照约定支付相应的工程价款;已经完成的建设工程质量不合格的,参照本解释第三条规定处理。

因一方违约导致合同解除的,违约方应当赔偿因此而给对方造成的损失。

第十一条 因承包人的过错造成建设工程质量不符合约定,承包人拒绝修理、返工或者改建,发包人请求减少支付工程价款的,应予支持。

第十二条 发包人具有下列情形之一,造成建设工程质量缺陷,应当承担过错责任:

(一)提供的设计有缺陷;

(二)提供或者指定购买的建筑材料、建筑构配件、设备不符合强制性标准;

(三)直接指定分包人分包专业工程。

承包人有过错的,也应当承担相应的过错责任。

第十三条 建设工程未经竣工验收,发包人擅自使用后,又以使用部分质量不符合约定为由主张权利的,不予支持;但是承包人应当在建设工程的合理使用寿命内对地基基础工程和主体结构质量承担民事责任。

第十四条 当事人对建设工程实际竣工日期有争议的,按照以下情形分别处理:

(一)建设工程经竣工验收合格的,以竣工验收合格之日为竣工日期;

(二)承包人已经提交竣工验收报告,发包人拖延验收的,以承包人提交验收报告之日为竣工日期;

(三)建设工程未经竣工验收,发包人擅自使用的,以转移占有建设工程之日为竣工日期。

第十五条 建设工程竣工前,当事人对工程质量发生争议,工程质量经鉴定合格的,鉴定期间为顺延工期期间。

第十六条 当事人对建设工程的计价标准或者计价方法有约定的,按照约定结算工程价款。

因设计变更导致建设工程的工程量或者质量标准发生变化,当事人对该部分工程价款不能协商一致的,可以参照签订建设工程施工合同时当地建设行政主管部门发布的计价方法或者计价标准结算工程价款。

建设工程施工合同有效，但建设工程经竣工验收不合格的，工程价款结算参照本解释第三条规定处理。

第十七条　当事人对欠付工程价款利息计付标准有约定的，按照约定处理；没有约定的，按照中国人民银行发布的同期同类贷款利率计息。

第十八条　利息从应付工程价款之日计付。当事人对付款时间没有约定或者约定不明的，下列时间视为应付款时间：

（一）建设工程已实际交付的，为交付之日；

（二）建设工程没有交付的，为提交竣工结算文件之日；

（三）建设工程未交付，工程价款也未结算的，为当事人起诉之日。

第十九条　当事人对工程量有争议的，按照施工过程中形成的签证等书面文件确认。承包人能够证明发包人同意其施工，但未能提供签证文件证明工程量发生的，可以按照当事人提供的其他证据确认实际发生的工程量。

第二十条　当事人约定，发包人收到竣工结算文件后，在约定期限内不予答复，视为认可竣工结算文件的，按照约定处理。承包人请求按照竣工结算文件结算工程价款的，应予支持。

第二十一条　当事人就同一建设工程另行订立的建设工程施工合同与经过备案的中标合同实质性内容不一致的，应当以备案的中标合同作为结算工程价款的根据。

第二十二条　当事人约定按照固定价结算工程价款，一方当事人请求对建设工程造价进行鉴定的，不予支持。

第二十三条　当事人对部分案件事实有争议的，仅对有争议的事实进行鉴定，但争议事实范围不能确定，或者双方当事人请求对全部事实鉴定的除外。

第二十四条　建设工程施工合同纠纷以施工行为地为合同履行地。

第二十五条　因建设工程质量发生争议的，发包人可以以总承包人、分包人和实际施工人为共同被告提起诉讼。

第二十六条 实际施工人以转包人、违法分包人为被告起诉的,人民法院应当依法受理。

实际施工人以发包人为被告主张权利的,人民法院可以追加转包人或者违法分包人为本案当事人。发包人只在欠付工程价款范围内对实际施工人承担责任。

第二十七条 因保修人未及时履行保修义务,导致建筑物毁损或者造成人身、财产损害的,保修人应当承担赔偿责任。

保修人与建筑物所有人或者发包人对建筑物毁损均有过错的,各自承担相应的责任。

第二十八条 本解释自二〇〇五年一月一日起施行。

施行后受理的第一审案件适用本解释。

施行前最高人民法院发布的司法解释与本解释相抵触的,以本解释为准。

最高人民法院关于印发《全国民事审判工作会议纪要》的通知(节选)

法办〔2011〕442号

2011年6月22日至24日,最高人民法院在杭州召开了全国民事审判工作会议。通过讨论,与会同志对今后一段时期如何更好开展民事审判工作提出了许多意见和建议,并形成广泛共识。现将有关情况纪要如下:

一、民事审判工作的总体要求

1. 民事审判要始终坚持"三个至上"的指导思想,始终坚持社会主义法治理念,始终坚持公正司法、能动司法,始终坚持群众路线,以人为本、司法为民,深入推进"三项重点工作",为服务经济社会又快又好发展、保障和改善民生提供强有力的司法保障。

2. 民事审判要适应社会主义法律体系形成对工作的新要求,要求全国民事法官更加自觉地加强学习,更加注重对中国特色社会主义法律精神的深入领会,更加注重对司法实践中新情况、新问题的调查研究,更加注重对与民事审判工作相关联的新知识的学习理解。

3. 民事审判要始终坚持"调解优先、调判结合"工作原则,努力提高调解质量,做好调判结合;要继续创新和完善多元化矛盾纠纷解决机制;要积极推广诉调对接,做好诉前调解;要完善人民调解协议司法确认机制,推动人民调解工作更大发展。

4. 民事审判要始终坚持重心下移,适应人民法院基层基础建设对民事审判工作新要求,把基层能力建设放在更加突出的位置,进一步解决基层法院面临的困难,进一步提高基层民事法官的法律适用能力,进一步规范人民法庭的案件审理,切实保证民事审判固本强基。

5. 民事审判要始终坚持改革创新,全面加强对下监督指导工作。要有效解决实践中存在的法律理解、裁判尺度不统一问题,切实提高一、二审案件裁判质量;要有效降低上诉、申请再审、申诉上访的比例,从源头上预防和减少信访案件,最大限度地就近做好当事人服判息诉工作;要做好小额速裁试点工作,发挥小额速裁机制在及时化解矛盾、提高司法效率中的重要作用,为我国民事诉讼法律制度的不断完善,积累更多更好的经验。

6. 民事审判要始终坚持加强队伍建设,进一步增强党性观念,自觉接受党的领导,大力弘扬公正、廉洁、为民的司法核心价值观,大力加强司法能力建设,大力加强司法作风建设,大力加强司法廉洁建设。

二、关于物权纠纷案件(略)

三、关于房地产纠纷案件(略)

四、关于建设工程合同纠纷案件

23. 招标人和中标人另行签订的改变工期、工程价款、工程项目性质等中标结果的约定,应当认定为变更中标合同实质性内容;中标人作出的以明显高于市场价格购买承建房产、无偿建设住房配套设施、让利、向建设方捐款等承诺,亦应认定为变更中标合同的实质性内容。

建设工程开工后,发包方与承包方因设计变更、建设工程规划指标调整等原因,通过补充协议、会谈纪要、往来函件、签证等形式变更工期、工程价款、工程项目性质的,不应认定为变更中标合同的实质性内容。

24. 对按照"最低价中标"等违规招标形式,以低于工程建设成本的工程项目标底订立的施工合同,应当依据招标投标法第四十一条第(二)项的规定认定无效。

对建设工程施工合同中有关违反工程建设强制性标准,任意压缩合理工期、降低工程质量标准的约定内容,应认定为无效。该约定被认定为无效后,依据《关于审理建设工程施工合同纠纷案件适用法律问题的解释》相关规定处理。

25. 当事人以审计机关作出的审计报告、财政评审机构作出的评审结论,主张变更有效的建设工程施工合同约定的工程价款数额的,不予支持。

26. 非因承包人的原因,建设工程未能在约定期间内竣工,承包人依据合同法第二百八十六条规定享有的优先受偿权不受影响;承包人行使优先受偿权的期限为六个月,自建设工程合同约定的竣工之日起计算;建设工程合同未约定竣工日期,或者由于发包人的原因,合同解除或终止履行时已经超出合同约定的竣工日期的,承包人行使优先受偿权的期限自合同解除或终止履行之日起计算。

27. 当事人以《关于审理建设工程施工合同纠纷案件适用法律问题的解释》第十四条第(二)、(三)项规定的竣工日期作为承包人行使建设工程价款优先受偿权期间起算点的,不予支持。

28. 人民法院在受理建设工程施工合同纠纷时,不能随意扩大《关于审理建设工程施工合同纠纷案件适用法律问题的解释》第二十六条第二款的适用范围,要严格控制实际施工人向与其没有合同关系的转包人、违法分包人、总承包人、发包人提起的民事诉讼,且发包人只在欠付工程价款范围内对实际施工人承担责任。

29. 因违法分包、转包等导致建设工程合同无效的,实际施工人请求依据合同法第二百八十六条规定对建设工程行使优先受偿权的,不予支持。

30. 在审理建设工程施工合同纠纷案件时,应当准许并鼓励合同当事人就与诉争焦点密切相关的工程管理、质量标准、工程技术、计价方法和计价标准等专业性问题,聘请专家证人参加庭审、邀请鉴定人出庭接受质询或者出具专业性书面意见。

五、关于民间借贷纠纷案件(略)

六、关于侵权责任纠纷案件(略)

七、关于婚姻家庭纠纷案件(略)

八、关于劳动争议纠纷案件(略)

九、关于民事诉讼程序及其他问题(略)

后 记

说到对建设工程管理审计的认知,有一个场景和一个人是我难以忘怀的。

这得追溯至 2007 年 12 月,那是我从学校的对外联络与发展处长转岗审计处长尚不足半年的时候。我与一位同事一道,去参加教育部直属高校内部审计第一协作组的会议,清晰地记得会议地点是在南京大学。为寻求破解工程审计诸多矛盾之法,报到的当晚,我便和同事走进了时任北京大学审计部主任王雷的房间。谁知,第一个问题刚出口,就感受到与王雷同住一室的另一部属高校审计处长近似鄙夷的眼神:"你们是审计处,还是基建处的复核科啊?"而王雷则微笑着平和温雅地答道:"你们这是在做工程审价吧,我们早已不这么干了!"一句犀利的设问和一个婉转的回答,瞬间将我击醒:啊,看来是我们的审计定位和审计理念犯了方向性的错误!接下来两天里,我抓住会议的所有空隙时间,不停地向王雷讨教,受益颇深。记得会议结束道别时,我握着王雷的手说:"感谢指点,我们一定会站在巨人的肩膀上,把复旦的工程审计工作做好!"

未曾预料的是,其时这一句近乎表决心的话,竟化作了之后十余年的漫漫长路。历经了前后数批复旦审计人的持之以恒和不折不挠,通过树立理念、明确定位、取得共识、融会磨合等一系列的实践与锻造,我们终于将审计理念、定位和内涵,成功地植入了我校的工程审计活动中，原创性地整合出一套既符合审计内涵又适合学校实际的工程审计管理体制、机制与制度，步入了从弱到强、从强到优、从优到精的工程审计探索与创新之路。由此，也铸就了我们今天编撰《建设工程管理审计知识读本》的底气。

但若是论及这十余年来走过的蜿蜒之路和当下获得的丰硕果实，下面三位审计同仁劳苦功高、功不可没——

第一位是我至今还常常感念的张志华老师。想当年，工程审计的大方向虽已明了，但若无工程专业技术的支撑，审计人员要想与被审计对象理论、抗衡、辩证，无疑是纸上谈兵，徒劳而枉然。2008年2月，张志华加入了审计队伍，成为了我们的审计战友。她超强的专业技术能力，加上她敢于坚守原则、依规执业的硬朗作风，让我们得以在专业技术上站稳了脚跟，从而为内部审计履职奠定了坚实的基础。

第二位是本书的主编、现已任复旦大学审计处副处长的刘丹丹女士。刘丹丹是李若山教授的博士，毕业后留校就职管理学院学生工作岗位。2010年5月，作为学校后备干部派至审计处挂职。2011年5月挂职期满，她毅然地留在了当时看来索然无味的内部审计战线。七年来，她一直活跃在工程审计领域，与我和其他审计同仁一道，在张志华老师以及审计助手单位的专业人才提供的技术支撑基础上，不断地探索适合学校实际的工程审计工作思路和路径，构建起了以"建设工程管理审计信息化系统"为引导的复旦工程审计全生命周期管理体系，也为这本书的编辑、出版奉献了个人的智慧与精力。

第三位是现已任复旦审计处处长的张育女士。2012年7月，张育由财务处副处长轮岗到审计处任副处长。自那时起，她服从工作安排，不计个人得失地投入到她分管的工程审计业务领域，凭借着丰富的财务管理经验，以滴水穿石的坚韧和细致入微的作风，带领工程审计人员和审计助手单位，同心协力地构建了富有鲜明复旦特色的工程审计管理模式，也筑就了审计处与其他相关部门"共为其主、和而不同"的良好工作局面。本书的第二章"建设工程管理审计业务指南（参考）"，就是在她的主抓和力推下所形成的建设工程管理审计的重要成果。

后　记

　　在这里，我还要感谢所有参与本书编辑的审计处人员；感谢在本书编辑中参与研讨的上海华融投资咨询中心、上海求是工程造价有限公司、上海沪港建设咨询有限公司、上海立信工程咨询有限公司、上海东华建设造价咨询有限公司、中国建设银行股份有限公司上海市分行（造价咨询中心）、上海龙胜建设咨询有限公司、上海天城工程造价咨询有限公司等助手单位的相关人员。

　　与此同时，我不会忘记历届校领导所给予的重视与支持，特别是当年曾带领我们跋山涉水的原党委副书记、纪委书记刘建中教授；我更不会忘记曾携手在这条战线一起攻克时难的吴佳新、李名铭、瞿荣娟等审计同事。在此，向各位学校领导和各位老同事们致以深切的谢意。

　　非常有幸的是，我们邀请到了南京财经大学党委常委、副校长时现教授为读本作序，她给予了本书高度的肯定。时现教授是中国工程审计业务领域公认的理论与实务双剑合璧的大师级专家，现任国际内部审计师协会（IIA）准则委员会委员，同时担任了国内内部审计专业领域的诸多重要职位。为此，谨向时现教授表示由衷的敬意与感谢！

　　但愿这本凝聚着集体智慧的读本，具备一定的推广价值，且能够发挥相应的示范作用，相信这是为本书付出过心血和努力的所有人员的共同心愿。

丛书编委会主编　郁炯
2018 年 11 月 20 日

图书在版编目(CIP)数据

建设工程管理审计知识读本/复旦大学审计处编. —上海:复旦大学出版社,2018.12
(2023.7 重印)
(高等学校内部审计知识系列丛书)
ISBN 978-7-309-14093-4

Ⅰ.①建… Ⅱ.①复… Ⅲ.①高等学校-基本建设项目-审计-研究 Ⅳ.①F239.63

中国版本图书馆 CIP 数据核字(2018)第 285018 号

建设工程管理审计知识读本
复旦大学审计处　编
责任编辑/陆俊杰

复旦大学出版社有限公司出版发行
上海市国权路 579 号　邮编:200433
网址:fupnet@fudanpress.com　http://www.fudanpress.com
门市零售:86-21-65102580　　团体订购:86-21-65104505
外埠邮购:86-21-65642846　　出版部电话:86-21-65642845
杭州日报报业集团盛元印务有限公司

开本 787×1092　1/16　印张 37.75　字数 499 千
2023 年 7 月第 1 版第 3 次印刷

ISBN 978-7-309-14093-4/F·2538
定价:80.00 元

如有印装质量问题,请向复旦大学出版社有限公司出版部调换。
版权所有　　侵权必究